Franz M. Wuketits

Zustand und Bewußtsein

Leben als biophilosophische Synthese

Hoffmann und Campe

CIP-Kurztitelaufnahme der Deutschen Bibliothek

Wuketits, Franz M.:
Zustand und Bewußtsein: Leben als biophilos. Synthese / Franz Wuketits. – 1. Aufl. –
Hamburg: Hoffmann und Campe, 1985.
ISBN 3-455-08244-0

Lektorat Claudia Glismann
Einbandgestaltung Hannes Jähn
Gesetzt aus der Garamond
Satzherstellung Fotosatz Otto Gutfreund, Darmstadt
Druck und Bindung Mainpresse Richterdruck Würzburg
Printed in Germany

Diderot: Sie erlauben also, daß ich unsere Sonne auslösche.
d'Alembert: Um so lieber, als es nicht die erste ist, die erlischt.

Rousseau an Voltaire: Wenn man nicht behauptet hätte zu wissen, daß die Erde sich nicht bewege, so würde man Galilei nicht dafür bestraft haben, daß er sagte, sie bewege sich.

Goethe zu *Eckermann*: Wir sind von einer Atmosphäre umgeben, von der wir noch gar nicht wissen, was sich alles in ihr regt.

Inhalt

Vorwort

Die Welt, in der wir leben, muß uns geradezu als lebensfeindlich erscheinen. Physikalisch gesehen ist jener Zustand der Materie, den wir als »Leben« bezeichnen, unwahrscheinlich. Nach allem, was wir heute an Wissen über dieses Universum zur Verfügung haben, ist unser Planet denn auch weit und breit der einzige, der Leben hervorgebracht hat – und hier, auf diesem kleinen Planeten, beginnt nun der Mensch, das letzte Glied einer drei bis vier Jahrmilliarden währenden Evolution, das Leben zu zerstören.

Tief in der »Geistesgeschichte« des Menschen liegen die Gründe für die heute deutlich sichtbar werdenden Tendenzen, das Leben aus unserer »Lebens«-Welt zu verbannen und damit, im letzten, den Menschen selbst seiner Lebendigkeit zu berauben. In mehr als zweitausend Jahren abendländischer Kulturgeschichte waren wir darauf bedacht, das Leben, unser eigenes Leben, zu entzweien; ja, der Begriff vom Leben ist von seiner Ganzheit säkularisiert und ersetzt worden, entweder durch den der *toten Materie* oder den des *reinen Geistes.* Die Anzeichen mehren sich, daß der Mensch sich selbst zu ersetzen bestrebt ist – durch die Produkte seines eigenen Geistes: »Der Mensch, eine Maschine«, und »Der Mensch, ein Ebenbild Gottes« sind zwei »Menschenbilder«, die, wenngleich unterschiedlich akzentuiert, in den verschiedenen Epochen unserer Kulturgeschichte mitunter radikal vertreten worden sind und sich noch heute machtvoll auf das Denken von Wissenschaftlern, Lehrern und Politikern auswirken.

So wie das Leben im allgemeinen einmal als bloße Anhäufung von toten Molekülen, ein andermal als Entäußerung spiritueller Kräfte betrachtet wird, so erscheint auch der Mensch entweder als bloß mechanisch funktionierendes Gebilde oder als gottähnliches (Geist-) Wesen. Es ist an der Zeit, daß wir uns von diesen antiquierten und lebensgefährlich gewordenen »Menschenbildern« verabschieden. Denn die Reflexionen über das Leben, menschliches Leben also eingeschlossen, sind nicht ohne Konsequenzen geblieben für die menschliche »Lebenspraxis«: Wenn nämlich der Mensch nicht nur in theoretischen Versuchen über sein eigenes Wesen beispielsweise als mechanisch funktionierendes System betrachtet, sondern auch so *behandelt* wird, als sei er ein willenloser Automat, ein programmierter und deshalb programmierbarer Roboter, sind die Auswirkungen ebenso furchterregend wie leicht zu errechnen.

Kurzum: Das Nachdenken über das Leben ist nicht ohne Konsequenzen geblieben für das Leben selbst. Wir müßten dies spätestens heute erkennen, da ein Verlust von Lebenswerten auf allen Ebenen unseres Daseins zum Symptom geworden ist: zum Symptom einer »Lebens«-Welt, die geprägt ist von dem Bemühen der Ideologen, den unmündigen Menschen zu züchten. Den Menschen auf die Dimensionen seines eigenen Lebens zurückzuführen, auf die Möglichkeit seiner *Selbstbestimmung*, ist hingegen das vordringliche Postulat im Dienste eines eben »lebendigen Menschenbildes«, welches uns den Menschen aus der *Dynamik* seiner Evolution zu verstehen erlaubt.

Das vorliegende Buch handelt vom Leben – und von den verschiedenen Interpretationen, die wir dem Leben gegeben haben. Es ist der Versuch einer umfassenden Bestimmung des Lebens, nicht zuletzt des menschlichen, im Sinne einer *biophilosophischen* Synthese: einer Synthese biologischer Realerkenntnis und philosophischer Kontemplation. Während in der modernen Biologie die Frage »Was ist Leben?« häufig als metaphysisch verstanden (und mißverstanden!) wird, glaube ich, daß es sich dabei nicht nur um eine sehr sinnvolle (und nicht-metaphysische!) Frage handelt, sondern um eine im Wortsinn lebenswichtige Frage. Es wird darauf ankommen, daß wir – kraft unseres *Bewußtseins* – eine theoretisch befriedigende und »praktisch« – in unserem Leben, in unserem Handeln – *lebensorientierte* Vorstellung vom Menschen entwickeln. Dies aber wird nur möglich sein, wenn wir Leben – abermals kraft unseres Bewußtseins und der diesem entsprungenen wissenschaftlichen Reflexion – als eine grundlegende Bezugskategorie neu einbringen, wenn wir die Vielfalt der Lebensformen auf unserem Planeten in ihrer evolutionären Dynamik erfassen: nicht als Anhäufungen toter Atome und Moleküle, aber auch nicht als Manifestationen eines unerfahrbaren »geistigen Prinzips«.

Viele Hinweise, Bemerkungen und Aussagen von Kollegen, Gleichgesinnten und Andersdenkenden sind in dieses Buch eingeflossen. Ich danke ihnen allen ungenannt. Dank gebührt vor allem auch den Mitarbeitern des Verlags Hoffmann und Campe und hier insbesondere Frau Claudia Glismann für die vorbildliche verlegerische Betreuung dieses Bandes und die ausgezeichnete Zusammenarbeit.

Dezember 1984 Franz M. Wuketits

Prolog: Leben – der verlorene Bezugspunkt

»Die Natur ist für die denkende Betrachtung Einheit in der Vielheit, Verbindung des Mannigfaltigen in Form und Mischung, Inbegriff der Naturdinge und Naturkräfte, als ein lebendiges Ganzes.«

Alexander v. Humboldt

Seit dem Altertum sind die Phänomene des Lebendigen eine Herausforderung an das philosophische Denken, und philosophische Reflexionen haben die wissenschaftliche Untersuchung dieser Phänomene, die biologische Forschung, wiederholt beeinflußt. Freilich vertreten heute nicht wenige Biologen die Auffassung, philosophische Besinnung sei für den Erkenntnisprogreß ihrer Wissenschaft ohne Bedeutung. In der Regel glaubt sich der Biologe gut beraten, wenn er den engen Bereich seiner Spezialdisziplin nicht verläßt[1] oder sich, tut er es dennoch, für seinen Seitensprung mit triftigen Gründen entschuldigt: wie es etwa Monod (1971, S. 5) tat, als er schrieb: »... die Pflicht, die den Wissenschaftlern heute mehr denn je auferlegt ist, ihre Fachdisziplin im Gesamtzusammenhang der modernen Kultur zu sehen und diese nicht nur durch technisch bedeutende Erkenntnisse zu bereichern, sondern auch durch Gedanken, die sich aus ihrer Fachwissenschaft ergeben und die nach ihrer Ansicht für die Menschheit wichtig sein könnten.«

Umgekehrt kann man bei nicht wenigen Philosophen der Meinung begegnen, die Biologie würde mit illegitimen Erklärungsansprüchen auftreten und die Probleme des Lebens simplifizieren; vor allem jene Probleme, die den Menschen, sein Wesen, seine Stellung im Kosmos betreffen, solle der Biologe doch besser denen überlassen, die zwar weniger im Umgang mit naturwissenschaftlicher Methodik, um so mehr aber in der Liebe zur Weisheit geschult sind.

Mißtrauen also und Herablassung auf beiden Seiten. Beides erleichtert nicht gerade den Dialog, der notwendig ist, wenn wir uns ernsthaft um ein naturwissenschaftlich wie philosophisch gleichermaßen anspruchsvolles Weltbild bemühen wollen. Wie wichtig es jedoch ist, ein zwischen naturwissenschaftlichem und philosophischem Verständnis ausgewogenes Weltbild zu schaffen, wird spätestens verständlich, wenn man sich die zahlreichen einseitig ausgerichteten Konzepte vergegenwärtigt, die – häufig genug zu Dogmen stilisiert – unseren Blick auf die Wirklichkeit getrübt haben. Die Fährnisse einseitigen Denkens werden am ehesten dort erkennbar, wo es um den Menschen geht.

Der Mensch ist sich selbst, was unbestritten sein dürfte, ein zentrales Anliegen. Auf der Suche nach seinem Platz in der Welt hat er sich jedoch oft schon in die Irre leiten lassen, von seiner eigenen Unvernunft nämlich, die ihm neben dem Glauben an ein ›schöneres Leben‹ im Jenseits nicht zuletzt auch die verhängnisvolle Hoffnung auf eine Verbesserung der ›irdischen Zustände‹ durch Revolutionen und Kriege beschert hat. In seinem Bedürfnis, Illusionen zu entwikkeln und zu pflegen (Topitsch 1979) hat der Mensch fortgesetzt Mythen und Ideologien angerufen, und es kann nicht verwundern, daß auch heute die Verkünder ewiger (Halb-)Wahrheiten und die Priester pseudowissenschaftlicher Irrlehren ihr geneigtes Publikum finden. »Der Glaube reinen Unsinns ist«, wie Konrad Lorenz einmal in einer Vorlesung sagte, »ein Privileg des Menschen.« Denn nur ein vernunftbegabtes Wesen ist in der Lage, die Vernunft in ihr Gegenteil zu verkehren.

Wie oft die Vernunft der Unvernunft, der Verstand einem durch kein stichhaltiges Argument zu erhärtenden Glauben hat weichen müssen ist heute nicht mehr zu übersehen: Astrologen, Handaufleger und Sektierer gewinnen für den größten Humbug ihre Anhänger; täglich via Fernsehschirm verbreiteter Unsinn – von der Waschmittelwerbung bis zum verzerrten Wirklichkeitsbild der Unterhaltungssendungen und -filme – lassen dem Zuschauer Nebensächlichkeiten als lebenswichtig erscheinen. Seit man die Ursachen verschiedener Arten körperlichen Gebrechens in ›falscher‹ Ernährung gefunden zu haben glaubt, hat jedes Land seine Diätapostel, und jeder Tageszeitung ist eine hohe Verkaufsauflage gewiß, wenn sie nur den um sein Wohlergehen Besorgten darüber ›aufzuklären‹ weiß, wie, wann und wo er die ›richtige‹ Mahlzeit einzunehmen hat. Viele Wege also versprechen, ins Paradies zu führen, man muß nur an das Paradies glauben und sich – von wem auch immer – vertrauensvoll dorthin führen lassen.

Angesichts all der ihm angebotenen Hinweise auf ein ›lebenswertes‹ Leben hat der Mensch jedoch das Leben selbst aus den Augen verloren und beginnt seine Erfahrung von Leben zu verlieren. Nüchtern betrachtet jedoch sind die Widersprüche kaum zu übersehen, wenn es gilt, die fortwährend gepredigte Lebensqualität mit der sozialen und psychischen Realität des Menschen zu vergleichen. Wohnghettos in modernen Reißbrettstädten, Krankenhäuser und psychiatrische Kliniken, in denen Menschen zu Behandlungsobjekten degradiert werden, Kindertageshorte, die nichts weiter sind als Bewahranstalten, mit deren Hilfe sich für die seelischen ›Gleichgewichtsstörungen‹ ihrer Sprößlinge blind gewordene Eltern ungestört ihrer Karriere widmen können, legen beredtes Zeugnis davon ab, wie es um den Fetisch Lebensqualität realiter bestellt ist. Die Liste wäre endlos fortzusetzen, pars pro toto hier einige weitere Beispiele: entmündigte, von kurzsichtigen Bürokraten kontrollierte Menschen, sterbende ›Naturvölker‹,[2] ausgerottete oder von Ausrottung bedrohte Tier- und Pflanzenarten, die Zustände an den Schlachthöfen unserer Großstädte, die Hühner- und Schweinefabriken, die verseuchten Flüsse und Seen, die vom Massentourismus überfluteten Meeresstrände, die Verwandlung von Wald- in Betonlandschaften – und, von vielen auf unverständliche Weise verdrängt, die drohende Gefahr eines atomaren Infernos. Man denkt beklommen an die Visionen eines Aldous Huxley und wundert sich, wie schnell so manche Utopie Wirklichkeit werden kann...

Ein Autor, der dem Leser eine ›biophilosophische Synthese‹ verspricht und in diese mit kulturkritischen Anmerkungen einführt, also in den Chor der Kulturpessimisten einstimmt, ist dem Leser eine Erklärung schuldig. Daher ist es geboten, das Ziel des vorliegenden Buches sogleich zu präzisieren.

Ich werde zeigen, welche unmittelbare Beziehung zwischen dem mancherorts spürbar werdenden Unbehagen in unserer ›schönen neuen Welt‹ und der Notwendigkeit einer biophilosophischen Synthese besteht. Mangels einer Synthese nämlich, die das Leben als *grundlegende Bezugskategorie* begreift, geht der Fragende in seiner Ratlosigkeit oft Wege, die ihn empirisch und erkenntnistheoretisch nicht verifizierbaren Ideologien in die Arme treiben oder in die Labyrinthe der Mystik führen, beispielsweise zu dem Glauben, das Schicksal des einzelnen werde von den Positionen der Gestirne bestimmt. Ich dagegen halte es mit Monod (1971, S. 218) und bin davon überzeugt, daß der Mensch »in der teilnahmslosen Unermeßlichkeit des Universums allein ist«, daß es an ihm liegt, »zwischen dem Reich und der Finsternis zu wählen«. Sicher hat der eine oder andere Leser die vehement geführten Diskussionen gegenwärtig, die Monod vor einigen Jahren ausgelöst hat. Die Annahme, das Universum sei dem Menschen gegenüber gleichgültig, ist freilich weniger befriedigend als das Gefühl des Geborgenseins in einer von ›ewigen Gesetzen‹ regierten Welt; und die Aufforderung an den Menschen, die Entscheidung zwischen dem Reich und der Finsternis – zwischen der objektiven Erkenntnis und den trügerischen Annahmen – *allein* zu treffen, setzt beim Menschen das Vermögen zur Selbstbestimmung voraus. Dieses Vermögen wiederum kann nur voll entfaltet werden, wenn Leben als eigene Kategorie erfahren wird. Nur eine aus kritisch philosophischer Sicht entwickelte Lebenslehre kann diese Kategorie beschreiben – ohne Rückgriff auf spirituelle ›Kräfte‹ und ohne kraß mechanistische Erklärungen zu gebrauchen, Leben eben als eigenständige Kategorie in der realen Welt.

Damit mag die diesem Buch zugrunde liegende Denkrichtung angedeutet sein: Das Lebendige ist zwar integriert in das komplexe Netz der *Gesamtwirklichkeit,* doch ist seine relative *Eigenständigkeit* nicht zu leugnen. In der Geschichte der Biologie bzw. Biophilosophie sind hier Gegensätze aufgebaut worden: Entweder man betrachtete Lebewesen als materielle Strukturen – was sie ja zweifelsfrei sind –, reduzierte sie aber darüber hinaus auf das rein Anorganische; oder man gestand ihnen zwar Eigengesetzlichkeit zu, versuchte diese jedoch mit Hilfe geistiger Grundsätze und allerlei obskurer Formeln zu erklären. Hier *Geist,* dort *Materie.* Die Komplexität des Lebens ist offenbar schwer zu fassen: Ist es eine Entäußerung des Weltgeistes oder nur eine Frage des Molekulargewichts?

Über eines sollte von Anfang an Klarheit herrschen: Jeder Versuch einer biophilosophischen Synthese hat zwei große Hindernisse zu überwinden: erstens die tradierte Trennung zwischen Geistes- und Naturwissenschaft, zweitens einen zu enggefaßten Materiebegriff.

In der Geschichte des abendländischen Denkens sind zwei ›Kulturen‹ auseinandergefallen, die geisteswissenschaftliche und die naturwissenschaftliche. Snow (1964) sprach von *traditional culture* und *scientific culture*[3]; dieser gehört die Biologie, jener die Philosophie. Also erscheint eine *Bio-Philosophie* als geradezu widersprüchlich. Daher wird denn auch der Dialog zwischen Biologen und Philosophen durch Vorurteile auf beiden Seiten erschwert. »Es stünde besser«, meint Grassé (1973, S. 11), »wenn die Philosophen sich in der Biologie auskennten und die Biologen nicht die Philosophie verachteten.« Dem ist nichts hinzuzufügen. Eine objektive Geschichtsbetrachtung zeigt aber, daß es diese Kluft zwischen geistes- und naturwissenschaftlichen Disziplinen nicht immer gegeben hat. Auf diese Tatsache werde ich unter anderem meine Darstellung stützen und sie mit den entsprechenden Argumenten biologisch versierter Philosophen und philosophisch orientierter Biologen ergänzen und erhärten.

Da aber die bislang geschaffenen biophilosophischen Systeme ein recht uneinheitliches Bild bieten, will ich versuchen, zumindest Ansätze für eine Synthese zu zeigen.

Jene biophilosophischen Systeme, die sich auf die Materie gründen, führen meist in einen trivialen Materialismus, dagegen arten die von der Materie emanzipierten Systeme der Regel nach in einen *Idealismus* aus. Das ist, zugegeben, eine vereinfachte Zeichnung der Sachlage; aber sie trifft durchaus den Kern des Problems. Zwischen Materie und Geist, zwischen Materialismus und Idealismus klafft eine Lücke; für Leben ›im eigentlichen Sinne‹ bleibt kein Platz, Leben geht als Bezugspunkt verloren, indem es entweder mit Materie oder mit Geist identifiziert wird.

Das Problem beginnt mit einem enggefaßten Begriff von Materie. Materie wird – und davon überzeugt man sich in Diskussionen mit den Naturwissenschaften fernstehenden Gesprächspartnern stets aufs neue – meist mit ›totem Stoff‹ assoziiert. Wie also soll man entscheiden, wenn als Alternative zum ›Geistigen‹ nur das ›Tote‹ angeboten wird? Bei dieser (falschen) Fragestellung muß die Antwort klar zugunsten des Geistigen ausfallen. Was wäre Leben, könnte man es gegen das rein Stoffliche nicht abheben? Diese Beschränkung führt jedoch beinahe unvermeidlich zu einer gefährlichen Metaphysik.

Es ist deshalb an dieser Stelle zu betonen, daß den Ausführungen in diesem Buch ein umfassenderer Materiebegriff vorgeordnet wird. Wenn im Rahmen eines breitangelegten Begriffs von Materie das Leben als spezifische Kategorie eingefangen werden soll, dann braucht der Leser nicht zu befürchten, eine Neuauflage jener Variante des Materialismus in die Hand zu bekommen, die die Lebewesen (den Menschen nicht ausgenommen) nur als Ansammlung beweglicher Moleküle versteht. Jedes lebendige System – von der einfachen

Bakterie bis zum *homo sapiens* – ist selbstverständlich mehr als ein Haufen toter Moleküle. Daß aber Leben überhaupt entstehen konnte, ein physikalisch eher unwahrscheinliches Ereignis, ist nur mit charakteristischen Eigenschaften der Materie zu erklären.

Dieser Annahme folgend, werde ich eine im weiteren Sinne ›materialistische‹ Grundtendenz zeigen. Und darin sieht man sich bestärkt durch neue (bio-)physikalische Untersuchungen, die – bei Eigen und Winkler (1975), bei Prigogine und Stengers (1981) – zu einer Innovation des physikalischen Weltbildes und zu einer Neuorientierung im naturwissenschaftlichen Denken überhaupt Anlaß geben: *Materie ist dynamisch zu verstehen*, keineswegs nur als toter Stoff, sondern vielmehr als stets sich veränderndes, *sich selbst organisierendes* ›Prinzip‹.

An dieser Stelle ist es wichtig, etwas zur Methodik zu sagen, die ich auf die Auseinandersetzung anwenden will.

Ich werde Probleme, Problementwicklungen und mögliche Problemlösungen behandeln. An der Basis stehen Probleme, die in der Geschichte sowohl für die Biologie als auch für die Philosophie (wo immer diese mit auf das Lebende bezogenen Fragen konfrontiert war) von Bedeutung gewesen sind und ihre Aktualität bis heute nicht verloren haben. Diesen Fragen – die ich an anderer Stelle (Wuketits 1982a, 1983a) schon als Grundprobleme einer Biophilosophie zusammenfassend behandelt habe – soll je ein Kapitel gewidmet werden: Beschäftigen wird uns dabei zunächst der Lebensbegriff und insbesondere die Frage, ob Leben[4] prinzipiell definierbar ist (Kapitel 2); folgen werden die Probleme der Herkunft und Entwicklung (Evolution) des Lebens (Kapitel 3), der Organisation des Lebens im Hinblick auf das altehrwürdige Problem der Zweckmäßigkeit (Kapitel 4), der Beziehung zwischen Gehirn und Bewußtsein (Kapitel 5) und der Bestimmung des Menschen auf der Grundlage biophilosophischer Überlegungen (Kapitel 6). Zuvor jedoch soll die Aufgabe und der systematische Ort einer Biophilosophie genauer beschrieben werden (Kapitel 1), zumal die Meinungen zu diesem Thema stark voneinander abweichen. Im abschließenden Epilog soll die Bedeutung der Kategorie ›Leben‹ für unser modernes Weltbild herausgestellt und der Ausblick auf eine Versöhnung des modernen Menschen mit dieser Kategorie gegeben werden.

Stichwortartig lassen sich die hier in Rede stehenden Probleme zu den Begriffen *Leben, Entwicklung, Organisation, Bewußtsein, Mensch* zusammenfassen. Der Darstellung jedes Problems folgt ein Abriß seiner Geschichte, dann der für eine ›zeitgemäße‹ Biophilosophie relevante Lösungsansatz. Selbstverständlich können nicht alle (Teil-)Probleme erschöpfend auseinandergesetzt werden; aber es geht in der Hauptsache um die für eine Synthese essentiellen Elemente.

Bezeichnend – und destruktive Kritik herausfordernd – ist der Umstand, daß zu den fraglichen Problemen in der Geschichte (bis in unsere Tage) meist ›Entweder-oder-Standpunkte‹ vertreten, mitunter gar dogmatisch verfochten worden sind. Wir kennen diese Standpunkte in den vielen ›Ismen‹, die, hier als *Thesen* formuliert, dort *Antithesen* provoziert haben. Die Wissenschaftsgeschichte bietet reichhaltiges Material über miteinander konkurrierende Ansätze; die Geschichte biophilosophischer Kontroversen war hierfür ein überaus fruchtbarer Boden, was man einsehen wird, wenn man sich der Diskussionen im Spannungsfeld von Materie und Geist entsinnt; und darum soll es hier ja gehen.

Eine *Synthese* hingegen wird jeglichen Dogmatismus vermeiden. Erst die Überwindung der alten, miteinander im Widerstreit stehenden Positionen wird eine neue Biophilosophie ermöglichen, in die, naturgemäß und sachverpflichtet, biologisches wie philosophisches Gedankengut einfließt und die verschiedene scheinbare Gegensätze in ihrer Komplementarität zu erfassen hat (siehe auch Wuketits 1982d). Daher wird uns in der Erörterung der möglichen Problemlösungen eine *systemtheoretische* Argumentation begleiten, fußend auf der Überzeugung, daß Materie und Leben, Leben und Geist nicht als Gegensätze aufzufassen sind und daß ein Ganzes stets mehr ist als die Summe seiner Teile, obwohl das Verständnis der Teile unabdingbar ist für ein Verständnis der Funktionen des Ganzen.

Entscheidend für das Verständnis meiner Auseinandersetzung mit dem Begriff Leben ist natürlich mein erkenntnistheoretischer Standpunkt: Ich vertrete einen *Realismus,* der sogenannte Erkenntnisse über ›die Welt an sich‹ nicht akzeptieren kann, weil unser ›Wahrnehmungsapparat‹ Täuschungen unterliegt. Ich meine aber mit Lorenz (1973), Monod (1971), Riedl (1980), Vollmer (1975) u.a., daß es eine reale Welt auch unabhängig vom Subjekt, unabhängig von menschlicher Wahrnehmung gibt, daß diese Welt für uns in ihren Strukturen zumindest teilweise erkennbar ist und daß wir jedenfalls gut beraten sind, wenn wir unsere Außenwelt als *real* annehmen. Diese Prämisse weist in Richtung eines *hypothetischen Realismus.* Obwohl im Begriffssystem der evolutionären Erkenntnistheorie (vgl. Kap. 5) längst etabliert, ist diese Bezeichnung vielleicht nicht sehr glücklich gewählt, wenn es gilt, erkenntnistheoretische Fragen im Kern zu definieren, doch will ich den Begriff seiner Kürze wegen übernehmen. Wir wollen darunter fundamentale Postulate nicht allein der Wissenschaft, sondern auch unseres täglichen Lebens verstehen. Gewiß nämlich ist es, wie Popper (1972) mit aller nötigen Schärfe betont hat, ein erschreckendes Paradoxon der Philosophie, daß einige Philosophen permanent darüber streiten, ob es diese Welt wirklich gibt – und das, während wir unermüdlich dabei sind, sie zugrunde zu richten.

Das Ziel dieses Buches und den Rahmen, in dem die angesprochenen Probleme diskutiert werden sollen, habe ich in groben Umrissen skizziert. Ich hoffe, es wird mir gelingen, aus dem Spannungsfeld der konstruierten Gegensätze zwischen Materie und Geist einen neuen Begriff von Leben zu schaffen, der seine materiellen und seine geistigen Komponenten akzeptiert. Die Entstehung des Lebens war kein notwendiges Resultat materieller Prozesse, aber es war offenbar *möglich*; und Leben mußte nicht zwangsläufig, aber es *konnte* – in den letzten Phasen seiner bisherigen Entwicklung – geistige Eigenschaften entfalten.

Wenn so auf dem Wege zu einer biophilosophischen Synthese einige Leitlinien sichtbar gemacht werden könnten, hätte der Autor sein Ziel zunächst erreicht. Ich sage ›zunächst‹, weil ich mir dessen bewußt bin, wie viele über den Inhalt des vorliegenden Buches hinausgehende Fragen darin nicht beantwortet werden können. Welche Bedeutung aber einer biophilosophischen Synthese in unserer Zeit zukommt, will ich fürs erste – in der Hoffnung, der Leser möge mir folgen – damit erklären, daß heute dem Bewußtsein der meisten Menschen ein umfassender Begriff vom Leben abhanden gekommen ist. Es ist also wichtig, sich erneut grundsätzlich mit diesem Begriff auseinanderzusetzen. Nur eine umfassende biophilosophische Synthese kann eine Bestimmung des Lebens enthalten, die Basis bilden für einen den fragenden Menschen befriedigenden Lebensbegriff. Sich dabei gleichzeitig abzugrenzen gegen all jene Lebensdeutungen, die sich in letzter Konsequenz als lebensfeindlich erweisen, ist eine nicht gerade dankbare, aber wichtige Aufgabe.

Eines sei noch gesagt, bevor wir uns an die Arbeit machen: Wo wir nach objektiver Erkenntnis streben, ist jede Ideologie fehl am Platz, und keine ideologische Doktrin verträgt sich mit einer naturwissenschaftlich-philosophischen Synthese. Ideologien unterschiedlichster Art waren es gerade, die den Menschen ›ewige Wahrheiten‹ und ›ewige Werte‹ versprochen haben, sie deshalb daran hinderten, die Wirklichkeit zu erkennen. Nur der, den eine Ideologie unmündig gemacht hat, ist auf zwanghafte Glücksversprechen angewiesen.[5] Erwartet der Leser also von diesem Buch etwa einen Fingerzeig auf eine Ideologie (ganz gleich, welcher Richtung), dann kann er sich die Lektüre schenken.

1 Leben und Philosophie

»Man weiß, daß jede Wissenschaft ihre Philosophie haben muß. Nur dann macht sie wahre Fortschritte.« *Jean B. de Lamarck*

Ein Spektrum von Fragen und Antworten

Die Eigentümlichkeiten und vielfältigen Erscheinungsformen des Lebens haben Philosophen aller Epochen zum Nachdenken angeregt und zu Definitionen herausgefordert. Daß sich aber die *Biophilosophie* in Vergangenheit und Gegenwart uneinheitlich darstellt, liegt wohl überwiegend an der inneren Inkonsistenz der Philosophie.

Während ihrer langen Geschichte hat die Philosophie zahlreiche Denkrichtungen und Schulen hervorgebracht. Diemer (1967) weiß in einer lexikalischen Übersicht sieben Haupttypen philosophischer Systeme mit insgesamt nicht weniger als dreiundsiebzig – meist auf ›-ismus‹ endenden – Richtungen anzuführen, die hinsichtlich der Beurteilung, Interpretation und Lösung verschiedener Probleme voneinander abweichen. Höchst unterschiedliche Resultate folgen dementsprechend philosophischen Diskussionen im Umkreis der Biologie. Ein Vertreter beispielsweise der *analytischen Philosophie* wird die Probleme des Lebendigen anders sehen als etwa ein Anhänger des *Neukantianismus*[6]; und selbst innerhalb einer relativ klar eingegrenzten Schule gehen die Meinungen über die Beziehungen zwischen Biologie und Philosophie und deren Tragweite oft erheblich auseinander.

So gelangen z. B. zwei Vertreter der sogenannten Marburger Schule der neukantianischen Richtung, Ernst Cassirer (1874–1945) und Nicolai Hartmann (1882–1950), zu unterschiedlichen Auffassungen über die Stellung der Biologie: Bietet für Cassirer die Biologie als eine exakt gewordene Naturwissenschaft neue, das Denken verändernde Kategorien, ist sie auf der anderen Seite für Hartmann eine Wissenschaft, die für die Erforschung einer bestimmten ›Seinsschicht‹ verantwortlich ist und deren besondere Problematik darin liegt, den

Menschen einzubeziehen (vgl. Regelmann 1979). Auch die Vertreter anderer Schulen haben untereinander oft Differenzen.

Angesichts dieser Situation hat der Leser ein Recht zu erfahren, welcher Art der philosophische Standpunkt des Autors ist. Wie ich schon erwähnt habe, gehe ich von einem im engeren Sinne verstandenen (erkenntnistheoretischen) Realismus aus, und das zu skizzierende Gesamtbild einer Biophilosophie wird sich einer im weitesten Sinne materialistischen Position nähern, der ein dynamischer Materiebegriff vorgeordnet ist. Jedoch sehe ich mich keiner der traditionellen philosophischen Schulen in besonderer Weise verpflichtet. Selbstverständlich werden – zumal in den historischen Abschnitten des Buches – so manche Fürsprecher auch jener Positionen zu Wort kommen, die mit einer biophilosophischen Synthese, wie sie hier angestrebt wird, im Prinzip unvereinbar sind; denn dieses Buch soll, was ich ebenfalls einleitend bereits hervorgehoben habe, auch dazu dienen, dem interessierten Leser die Problementwicklung und Problemlage der Biophilosophie auf möglichst breiter Basis verständlich zu machen und zu zeigen, welche (philosophischen) Deutungen des Lebens sich als Fehldeutungen erweisen.

Ferner wird man erfahren wollen, welcher Begriff von *Philosophie* denn hier verwendet werden soll. Darüber Klarheit zu gewinnen ist wichtig, weil eine verbindliche Definition der Philosophie über alle Grenzen zwischen ihren Schulen hinweg kaum zu erwarten ist. Jedenfalls sei an dieser Stelle betont, daß Philosophie hier nicht als Konkurrenz zu den (Natur-)Wissenschaften verstanden werden darf. Die Philosophie gegenteilig aufzufassen hieße, eben weiterhin auf eine Trennung zweier Bereiche unseres Denkens zu bestehen, und diese Art der Betrachtung wird eine Synthese ausschließen.

Da kommt schon Russell (1967) einer für unsere Belange brauchbaren Auffassung von Philosophie sehr viel näher: Philosophie soll die Gedanken erweitern und sie von der Tyrannei der Gewohnheit befreien. Anders gewendet: Die Philosophie oder – besser – das Philosophieren gewinnt im ständigen Hinterfragen sowohl unserer alltäglichen als auch der wissenschaftlichen Erkenntnis an Bedeutung. »Die Philosophie ist immer da«, schreibt Jaspers (1971, S. 15); und man versteht, daß jede Trennung der Philosophie von anderen Bereichen des Denkens – also etwa von der Naturwissenschaft – stets eine gewaltsame sein muß; denn Philosophie, philosophische Reflexion, ist jedem Streben nach Erkenntnis eigen. Der Naturforscher, der Biologe beispielsweise, ist auch heute, wenngleich er sich dessen nicht immer bewußt ist, in so mancher Hinsicht beeinflußt von philosophischen Denkweisen, von der philosophischen Tradition und vielfach auch von aus der einen oder der anderen philosophischen Schule erwachsenen Vorurteilen. Und wann immer ein Naturforscher über Voraussetzungen und Konsequenzen seiner Forschung nachdenkt, *philosophiert* er – in dem Sinne, daß seine Tätigkeit Gegenstand kritischer Überlegungen ist. Wenn heute die Naturwissenschaften im Lehr- und Forschungsgetriebe der Universitäten von der Philosophie getrennt sind, dann handelt es sich dabei lediglich um eine pragmatische, instituierte Trennung, die zwar den Dialog zwischen Naturwissenschaft und Philosophie erschwert, nicht aber darüber hinwegtäuschen kann, daß dieser Dialog möglich und auch notwendig ist. Die Loslösung der verschiedenen (natur-)wissenschaftlichen Disziplinen von der Philosophie hat sich in der Geistesgeschichte ja erst allmählich vollzogen.

Fragt man nach der konkreten Funktion einer umfassend verstandenen Philosophie in den Wissenschaften, in den Naturwissenschaften zumal, so lassen sich der Philosophie mehrere Aufgaben zuordnen (vgl. Austeda 1972), von denen im vorliegenden Kontext zumindest zwei hervorzuheben sind.

Erstens kommt der Philosophie im fortgesetzten Hinterfragen der in den einzelnen Wissenschaften gewonnenen Erkenntnisse eine *kritisierende* Aufgabe zu. Philosophiert man, dann wird man sich mit dieser oder jener Erkenntnis nicht zufriedengeben; man muß vielmehr die Überprüfung oder, falls erforderlich, auch die Abänderung von Forschungsresultaten anregen und weitere (Nach-)Forschungen gleichsam erzwingen.

Zweitens ist es Aufgabe der Philosophie, eine Synthese anzustreben, eine Synthese unterschiedlicher Erkenntnisse ungeachtet der disziplinären Barrieren zwischen den einzelnen Wissenschaften. Diese *synthetisierende* Funktion der Philosophie soll Weltbilder[7] zusammensetzen. Ein Weltbild kann zwar niemals vollständig, in sich geschlossen und endgültig sein, aber als jeweiliges Bild unserer Erkenntnisse das Niveau wissenschaftlich-philosophischen Denkens reflektieren.

Nun hört man gelegentlich von philosophischen, heute aber noch häufiger von naturwissenschaftlichen Weltbildern. Ein ›rein‹ philosophisches Weltbild kann es aber ebensowenig geben wie ein ›rein‹ naturwissenschaftliches. Jedes für sich wäre eine perspektivische Verkürzung der Wirklichkeit und damit schon kein Weltbild mehr in engerer Wortbedeutung. Nochmals sei also deutlich auf die Notwendigkeit des Dialogs zwischen Philosophie und (Natur-)Wissenschaft hingewiesen. Entsprechend gilt für die Erkenntnis des Lebenden, für ein Bild des Organismus, die Forderung einer wechselseitigen Durchdringung (empirisch gewonnener) *biologischer Realerkenntnis* und *philosophischer Kritik,* wobei diese Kritik sich nicht an einer bestimmten Schulmeinung orientieren darf.

Zunächst wollen wir uns den wichtigsten Fragen zuwenden, die sich im Grenzbereich zwischen Biologie und Philosophie stellen. Darauf einzugehen ist unerläßlich, wenn wir die Biophilosophie und ihre Ziele annähernd genau bestimmen wollen.

Natürlich ändern sich mit dem Erkenntnisstand auch die Fragestellungen jeder Wissenschaft und ›ihrer‹ Philosophie. Welche sind die Hauptfragen der Biophilosophie *heute*? Bunge (1979a) hat sie auf einer Liste zusammengestellt:

- Wie sollte die biologische Spezies (Art) definiert werden?
- Worin besteht der Unterschied zwischen Arten und Populationen?[8]
- Können die Eigenschaften und Prozesse des Lebenden auf physikalisch-chemische Phänomene reduziert werden?
- Ist der Zufall die Quelle aller biologischen (evolutiven) Neuheiten?
- Wenn der Biologe die Sprache der Informationstheorie gebraucht: geschieht das im wörtlichen oder metaphorischen Sinn?
- Wie läßt sich der Wert oder Vorteil eines Merkmals charakterisieren?
- Gibt es biologischen ›Fortschritt‹? Und wenn ja, was bedeutet er?
- Ist Sozialität bzw. soziales Verhalten genetisch determiniert?
- Stellt das Geistige eine Stufe oberhalb des Lebenden dar?

Wenn dies auch nur ein flüchtig ›hingeworfener‹ Fragenkatalog und eine sehr knapp gehaltene Formulierung biophilosophischer Fragen und Probleme ist, so sind damit im wesentlichen doch die zentralen Fragen angesprochen, die heute wichtig sind für jeden, der sich mit dem Thema ›Biophilosopie‹ beschäftigt. Man wird leicht feststellen können, daß sich diese Fragen den schon im Prolog angeführten und für dieses Buch maßgeblichen fünf Problemgruppen unterordnen lassen. Und diese Problemgruppen finden sich, obschon in unterschiedlichen Kontexten und mit unterschiedlichen Schwerpunkten, in allen Phasen der Biologie- bzw. Philosophiegeschichte. Die Liste enthält selbstverständlich auch Fragen, die sich erst in jüngster Zeit stellen: so ist das Problem des informationstheoretischen Sprachgebrauchs in der Biologie seit relativ kurzer Zeit erst aktuell, weil die Informationstheorie selbst noch jung ist. Andere Fragen wiederum sind so alt wie die Auseinandersetzung mit dem Lebendigen überhaupt. Das Problem der Beziehung zwischen dem Geistigen und dem Lebenden beispielsweise stellt sich der Reflexion im biologisch-philosophischen Grenzbereich seit eh und je.

Welche Fragen aber auch immer im Detail für einzelne (oder alle) Epochen der Geschichte der Biophilosophie charakteristisch sein mögen und wie lang auch immer ein Fragenkatalog der gegenwärtigen Biophilosophie ausfallen mag – stets hat unser Denken im Spannungsfeld biologisch-philosophischer Überlegungen sich am Ende auf eine Grundfrage konzentriert: *Was ist Leben?* Sicher haben Biologen und Philosophen auf höchst unterschiedliche Weise versucht, diese Frage zu beantworten. Dennoch müssen dabei keineswegs zwangsläufig Widersprüche zwischen einer biologischen und einer philosophischen ›Definition‹ von Leben entstehen. Gerade um einer Synthese willen wird man sich um ein Zusammenführen beider Ansätze bemühen (siehe auch Jeuken 1975).

Im Laufe der neueren Geschichte allerdings ist die Frage ›Was ist Leben?‹ mehr und mehr eine ausschließlich philosophische geworden. Das liegt an einer Veränderung des Selbstverständnisses der Biologie und vor allem auch an ihrem heute bemerkbaren philosophischen Defizit. Die allermeisten Biologen unserer Tage haben längst den Ehrgeiz aufgegeben, sich mit der Frage ›Was ist Leben?‹ ernsthaft zu befassen und klammern diese Frage aus der Biologie aus. Nachtigall (1972, S. 13) schreibt: »Die Biologie ist die Lehre von den Eigenschaften lebender Systeme. Sie ist nicht die Lehre vom Leben. Der Begriff ›Leben‹ ist ein metaphysischer Begriff.« Nicht einmal die Philosophie (im engeren Sinne) solle diesem Begriff – und dem, was sich dahinter verbirgt – Genüge leisten; man müsse also schon die

Metaphysik strapazieren. Aber das ist einfach nicht wahr! Hoffentlich gelingt es mir, den Leser davon zu überzeugen, daß ›Leben‹ durchaus kein metaphysischer Begriff ist – auch wenn er häufig in metaphysischem Sinne gebraucht wird. Gerade der Biologe arbeitet doch fortwährend mit Lebewesen oder doch mit bestimmten ihrer Eigenschaften oder mit Teilsystemen eines Lebewesens; was könnte ihm Gewißheit darüber geben, daß die von ihm untersuchten Phänomene belebt sind oder etwas mit Leben zu tun haben, wenn er keinen Begriff von Leben hat und auf die Metaphysik verweisen muß? Darauf wird noch weiter unten (in Kap. 2, S. 45 ff.) ausführlicher einzugehen sein.

Natürlich kann die Frage ›Was ist Leben?‹ kaum für sich allein gestellt werden, d.h., sie ist nur sinnvoll im Zusammenhang mit einer möglichen Beantwortung verschiedener Teilfragen auf der Grundlage empirisch erzielter Erkenntnisse. Aber empirisch zu gewinnende Erkenntnisse über lebende Systeme (oder Teilsysteme) basieren selbst auf einem ›Vorbegriff‹ von Leben, der als unabdingbare Prämisse in jede biologische Untersuchung eingeht. Für die Biophilosophie ergibt sich andererseits, soll sie nicht wie ein Luftschloß gebaut sein, das Postulat, unter Rückbezug auf biologische Einzelerkenntnisse eine Synthese anzustreben, die letztlich eine umfassende Antwort auf die Frage ›Was ist Leben?‹ ermöglicht.

Ein Blick zurück in die Geschichte macht deutlich, daß die ersten zu einem umfassenden (philosophischen) System vereinten Ansätze in der Auseinandersetzung mit dieser Frage Aristoteles vorgelegt hat. Aristoteles' Gesamtwerk besteht zu einem Drittel aus biologischen Schriften, und selbst in seinen nichtbiologischen Arbeiten macht sich sein starkes Interesse an biologischen Problemen bemerkbar (vgl. Kullmann 1981). Hervorzuheben ist aber, daß Aristoteles nur in der Ganzheit seines imposanten Werkes begriffen werden kann: Das will heißen, er war Philosoph im ursprünglichen, umfänglichen Wortsinn und vollzog keine Trennung der Philosophie von den (Natur-)Wissenschaften. Die einzelnen Wissenschaften wurden, wie angedeutet, erst wesentlich später von der Philosophie getrennt. Aristoteles war gleichwohl empirisch ausgerichtet, wovon etwa seine Schriften über die Entwicklung (Ontogenese) der Lebewesen Zeugnis ablegen. Seine Arbeiten über das Lebendige können mithin als prototypisch gelten für das, was eine biophilosophische Synthese sein soll (ungeachtet der

Tatsache, daß die meisten Ergebnisse seiner Arbeit nach der heutigen Detailkenntnis nicht mehr zutreffen).

Die Aussagen des Aristoteles über das Phänomen der Zweckmäßigkeit im Bereich des Organischen, über die Teleologie, werden uns noch beschäftigen (vgl. S. 61). Hier soll mit dem Hinweis auf sein Werk ein Streifzug durch die Geschichte biophilosophischer Reflexion angetreten werden. In der Folge geht es dabei allerdings zunächst nur um die Geschichte neuzeitlicher Biologie bzw. Philosophie; außerdem sei vorweg gesagt, daß vorerst nur Aussagen sehr allgemeinen Charakters erörtert werden können, fundamentale Aussagen, die auf eine Beantwortung der Frage ›Was ist Leben?‹ zielen. Die Impulse für eine Diskussion dieser Frage, die – wohl überflüssig, es eigens zu betonen – zu den faszinierendsten Fragen des abendländischen Denkens zählt, gingen sowohl von der Philosophie als auch von der Biologie aus. Ich will mich, dem Dialog verpflichtet, bemühen, beiden Seiten Aufmerksamkeit zu schenken und gehe in chronologischer Reihenfolge vor.

Erwähnen möchte ich als ersten René Descartes, der vor allem mit seinem Werk ›Discours de la méthode‹ (›Abhandlung über die Methode‹), erschienen 1637, einen mechanistischen Lebensbegriff (vgl. Kapitel 2) signalisiert hat. In diesem Opus beschrieb Descartes Organismen als Maschinen und identifizierte die Prinzipien des Lebens mit automatenartigen Vorgängen. Für ihn »ist das Lebewesen eine Maschine und benimmt sich als solche. Hier, wie bei der Maschine hängt der Verlauf der Prozesse nur von der Konstruktion ab, und es braucht keinerlei Lebenskraft, um diese Maschine in Gang zu setzen und zu erhalten« (Anker und Dahl 1938, S. 83), (vgl. Abb. 1).

Die Wissenschaft, wie sie sich vor Descartes' Augen konturiert hatte, soll überhaupt alle Naturphänomene ›exakt‹ erklären, auf der Basis der ›neuen Physik‹, die im 17. Jahrhundert bereits ihre ersten Blüten trieb. Auch den menschlichen Körper versuchte Descartes vor diesem Hintergrund zu erklären; er hob den Menschen aber insoweit von den übrigen Naturdingen ab, als dieser mit einer unsterblichen Seele vereinigt sei. Auf Descartes' Haltung in bezug auf das Leib-Seele-Problem komme ich noch zurück. Im Sinne einer kritischen Würdigung ließe sich die Naturphilosophie Descartes', wie Specht (1980, S. 102) in seiner biographischen Darstellung erkennt, folgendermaßen charakterisieren: »Gewiß, die Aufklärung der Natur war

Abb. 1: Figur zur mechanischen [mechanistischen] Erklärung der sensorischen Nervenfunktionen nach Descartes' ›Traité de l'homme‹ (Gezeichnet aus Specht 1980)

eher Vision als Wirklichkeit; aber diese Philosophie, so überholt sie heute sein mag, trat unverzagt mit dem Anspruch auf, alle Vorgänge im Universum mit ihren wenigen Prinzipien exakt zu erklären, und nicht ihr Inhalt, sondern dieser Anspruch macht sie unsterblich.«[9]

Mehr als ein Jahrhundert später schrieb Diderot die ›Pensées sur l'interpretation de la nature‹ (1754) und entwarf darin eine Geschichte des Lebenden. Der Evolutionsgedanke begann sich als ›Interpretation der Natur‹ abzuzeichnen; so auch im Gespräch mit d'Alembert (1717–1783), wo Diderot (vgl. 1981, S. 368f.) zu verstehen gab: »Wenn Sie die Frage der Priorität des Eis vor der Henne oder der Henne vor dem Ei beunruhigt, dann nehmen Sie an, daß die Tiere ursprünglich das gewesen sind, was sie heute sind. Welch ein Unsinn! ... Das unsichtbare Würmchen, das im Schlamm kriecht, wird vielleicht eines Tages ein großes Tier.« Und als d'Alembert ihn fragte: »Warum sollten, wenn sich die gleichen verstreuten Elemente zusammenfinden, nicht die gleichen Resultate erzielt werden?«, da antwortete Diderot (vgl. 1981, S. 369): »Weil alles in der Natur voneinander abhängt, und wer ein neues Phänomen annimmt oder einen vergangenen Zustand wiederherstellt, der schafft eine neue Welt.« Die Welt als komplexes Netz von Beziehungen, die Welt in der Dynamik – diese Gedanken werden uns in späteren Teilen des Buches begleiten (vgl. Kapitel 4). Indes glaubte Diderot an fortdauernde Prinzipien des Lebendigen, die in der Materie ›verstreut‹ sein sollen; insofern war er Materialist, und – in freizügiger Begriffsinterpretation gesagt – auch Evolutionist.

Immanuel Kants Überlegungen zum Organischen wiederum zentrierten sich um das Phänomen der Teleologie. Hierzu hat Löw (1980) eine umfassende Studie geliefert, mit der Intention eines Neuansatzes der Biophilosophie ausgehend von dem Begriff des Organischen bei Kant (siehe unten). Kant distanzierte sich deutlich von jedem strikt mechanistisch verstandenen Lebensbegriff und schrieb in seiner ›Kritik der Urteilskraft‹ (1790 [vgl. 1976, S. 340f.]): »Ein organisiertes Wesen ist also nicht bloß Maschine: denn die hat lediglich bewegende Kraft; sondern es besitzt in sich bildende Kraft, und zwar eine solche, die es den Materien mitteilt, welche sie nicht haben (sie organisiert): also eine sich fortpflanzende bildende Kraft, welche durch das Bewegungsvermögen allein (den Mechanism[us]) nicht erklärt werden kann.«

Im übrigen war Kant, wie kürzlich auch Kraft (1982) betont hat, mit seinen Ausführungen über die Teleologie um den Hinweis auf die Möglichkeit bemüht, daß die Welt auf eine Weise organisiert sei, die eine zumindest teilweise Realisierung des ›Guten‹ gestattet. Hier begegnen Biophilosophie und Moralphilosophie einander – ein nicht unwesentliches Zusammentreffen, denn die Moralität ist, wie ich später erklären werde (vgl. S. 301f.), im Leben verwurzelt und die Ethik in ihren Grundzügen aus einem umfassenden Lebensbegriff ableitbar.

Nun würde man die Beiträge von Descartes, Diderot und Kant zum Verständnis des Lebenden – entsprechend der üblichen Praxis – als ›philosophisch‹ im engeren Wortsinn bezeichnen. Daß Descartes vor allem auch Mathematiker und Physiker war, wovon sein Bestreben nach einer universellen physikalischen Welterklärung (Anmerkung 9) zeugt, widerspricht dieser Aussage nicht. Viele Leser würden vermutlich in allen drei Fällen von *philosophischen* Entwürfen sprechen. Das ist legitim, nur muß man sich dabei vor Augen führen, daß – sei es bei Descartes, Diderot oder Kant – die Philosophie noch einen größeren Radius hatte als heute, also in einer Zeit, in der viele Philosophen von den Naturwissenschaften nichts wissen wollen und viele Naturwissenschaftler philosophische Erkenntnisse nicht akzeptieren oder, schlimmer: ignorieren. Immanuel Kant wußte von den naturwissenschaftlichen Erkenntnissen seiner Zeit. Man bedenke, daß er auch etwa Vorlesungen über Geographie hielt. Umgekehrt war es vor zweihundert Jahren durchaus üblich, daß Naturforscher ihre Arbeiten als ›philosophisch‹ bezeichneten. Aus gutem Grund nannte z.B. Lamarck seine wichtigste methodologische Schrift ›Philosophie zoologique‹ (1809), ›Zoologische Philosophie‹[10].

Lamarck war Naturforscher und um eine Synthese bemüht; das Ergebnis seiner Bestrebungen – von seinen Zeitgenossen kaum gewürdigt – war ohne Frage eine großangelegte biophilosophische Synthese. Lamarck hat klar die Veränderbarkeit der Organismenarten erkannt, darüber hinaus aber noch viel mehr. Seine *Evolutionstheorie* erfüllt alle drei nach heutigen wissenschaftstheoretischen Kriterien hierfür erforderlichen Bedingungen (vgl. Wuketits 1982c): Nicht nur hat Lamarck die Wandelbarkeit der Lebewesen in der Zeit bejaht, sondern er versuchte auch, die verwandtschaftlichen Beziehungen zwischen den Organismen zu rekonstruieren und, vor allem, die Triebfedern des Evolutionsgeschehens zu finden und damit eine kausale Erklärung der evolutiven Prozesse zu benennen. Seinem Erklärungsmodell entsprechend erfolgt die Evolution der Lebewesen mittels ›aktiver Selbstanpassung‹[11] und direkter Weitergabe der in einer Generation erworbenen Eigenschaften (Merkmale) an die jeweilige Folgegeneration. Daß dieser Erklärungsversuch Lamarcks ›Vererbung erworbener Eigenschaften‹ ein Irrtum war, soll uns hier weiter nicht stören.

Evolutionär orientiert ist auch das Werk des Philosophen Herbert Spencer, dessen Bedeutung heute leider nicht genügend gewürdigt wird. In Spencers breitgefächertem, philosophischem System nimmt die Problematik des Lebens einen wichtigen Platz ein. Von Interesse ist dabei in erster Linie das Konzept der Anpassung: In seinen 1867 erschienenen ›Principles of Biology‹ vertrat Spencer eine adaptationistische Betrachtungsweise, wonach Leben – auf eine Kurzformel gebracht – die stete Anpassung ›innerer Beziehungen‹ an ›äußere Gegebenheiten‹ bedeutet, die interne Organisation eines Lebewesens durch die Umwelt geprägt sein soll. Wie später noch auseinandergesetzt wird, ist diese Interpretation des Lebendigen bzw. der Evolution des Lebendigen zu einseitig; sie hat aber biologiehistorisch unbestreitbare Relevanz. Übrigens hat Spencer als erster den Evolutionsbegriff in einem modernen Sinne verwendet und auch die Metapher vom ›Überleben des Tüchtigsten‹ eingeführt, die für Charles Darwin eine wichtige Rolle spielen sollte.

Darwins eigentliche Bedeutung für die Philosophie liegt auf der Hand, wenngleich man ihn nicht gerade als Philosophen bezeichnen wird. Es bleibt hier an den Einfluß zu erinnern, den sein 1859 veröffentlichtes Buch ›Über die Entstehung der Arten‹ auf verschiedene Bereiche unseres Denkens auch außerhalb der Biologie ausgeübt hat (siehe hierzu etwa die Beiträge in Altner 1981). Die Erklärung der Evolution durch den Mechanismus der natürlichen Auslese oder Selektion ist biophilosophisch bis heute von größter Tragweite geblieben. In den Kapiteln 2 und 3 wird noch ausführlicher die Rede sein von den biophilosophischen Implikationen und Konsequenzen der Selektionstheorie. Was aus dieser Theorie unmittelbar folgt, ist ja nicht weniger als eine fundamentale Kennzeichnung des Lebens: Das Leben in seinen einzelnen Erscheinungsformen ist nach Darwin, apodiktisch gesagt, auf eine mechanisch wirkende Triebkraft zurückzuführen. Sein umsichtiges, zurückhaltendes Wesen hinderte Darwin daran, die philosophischen Konsequenzen aus seinem Werk selbst zu ziehen. Den philosophischen Gehalt seiner Arbeiten haben andere gedeutet und – im Fall des Sozialdarwinismus (vgl. Anmerkung 110) – auch katastrophal fehlgedeutet.

Einer der streitbarsten Fürsprecher Darwins und ein Naturforscher, der in zahlreichen seiner Werke als Philosoph zu sprechen versucht hat, war Ernst Haeckel. Die biologische Philosophie Haeckels ist eine materialistische, eine monistische, um genau zu sein. Auf einen einfachen Nenner gebracht sagt Haeckels Monismus aus, die Materie sei als einigendes Prinzip zu verstehen. Im Lebendigen würden dementsprechend nur physikalisch-chemische Kräfte wirken, auf jede Annahme eines spezifischen ›Lebensfaktors‹ sei zu verzichten. Ein beredtes Zeugnis seiner materialistisch-monistischen Philosophie legte Haeckel mit seinen Büchern ›Die Welträthsel‹ (1899) und ›Die Lebenswunder‹ (1905) vor. Einige Gedanken aus der Biophilosophie Haeckels werden noch in Kapitel 2 zur Diskussion stehen; und in Kapitel 5 werden wir Haeckels Lösungsversuch des Leib-Seele-Problems begegnen. Es muß aber an dieser Stelle gesagt werden, daß die im vorliegenden Buch anvisierte ›materialistische‹ Biophilosophie ziemlich wenig zu tun hat mit einem Materialismus à la Haeckel. Der Materiebegriff der Materialisten des 19. Jahrhunderts unterscheidet sich wesentlich von jenem der modernen Physik, der uns vor allem in Kapitel 4 (S. 187ff.) dieses Bandes beschäftigen wird.

In krassem Gegensatz zu Haeckels Materialismus stehen die biophilosophischen Systeme von Henri Bergson, Hans Driesch und Jakob v. Uexküll, die in ihren Grundsätzen auch vom originären Entwurf Darwins erheblich abweichen: Für Bergson ist Leben ›schöpferische Aktivität‹, für Driesch verkörpert jedes Lebewesen die Existenz einer über das Anorganische hinausgehenden eigenen Naturkraft, und in Uexkülls ›Funktionskreis‹ kommt die Annahme harmonischer Beziehungen zwischen Organismus und Außenwelt im finalistisch zu verstehenden Sinn zum Ausdruck. In allen drei Denksystemen finden wir – wenngleich unterschiedlich akzentuiert – eine vitalistisch geprägte Sicht des Lebenden, worauf aber noch ausführlich zurückzukommen sein wird. Vorerst mögen diese wenigen Hinweise genügen.

Zum Zwecke der Übersichtlichkeit habe ich in Tab. 1 die erwähnten biophilosophischen Ansätze – von Descartes bis Uexküll – in ihrer Quintessenz zusammengestellt. Die hiermit schlaglichtartig beleuchteten Aussagen von Naturforschern und Philosophen aus drei Jahrhunderten lassen aber bereits voneinander abweichende Auffassungen über das Leben und über die Möglichkeit seiner Bestimmung erkennen: Auf der einen Seite steht der Versuch, das Lebende auf mechanisch wirkende Prinzipien zu reduzieren, auf der anderen Seite soll allein die Annahme einer spezifischen immateriellen ›Kraft‹ einer Deutung der Lebensphänomene gerecht werden. Descartes, Diderot, Spencer, Darwin und Haeckel legen ein mehr oder minder klares Bekenntnis zum mechanistischen Lebensbegriff ab, Bergson, Driesch und Uexküll sind erklärte Befürworter einer in weiterer Wortbedeutung gemeinten vitalistischen Tradition. Kapitel 2 ist sowohl diesen widersprüchlichen Denkansätzen als auch ihrer möglichen Überwindung gewidmet. Nur Kant und Lamarck nehmen gewissermaßen eine Zwischenstellung ein. Auch davon wird noch später die Rede sein.

Tab. 1 Einige biophilosophisch bedeutsame Werke der Neuzeit in ihren quintessentiellen Aussagen

R. Descartes (1596–1650), ›Discours de la méthode‹ (1637)	Das Lebensprinzip entspricht dem Mechanismus der Maschinen
D. Diderot (1713–1784), ›Pensées sur l'interpretation de la nature‹ (1754)	Das Lebende hat seit jeher seine eigentümlichen in der Materie verstreuten und vermischten Elemente
I. Kant (1724–1804), ›Kritik der Urteilskraft‹ (1790)	Lebewesen sind organisierte und organisierende Ganzheiten
J.B. de Lamarck (1744–1829), ›Philosophie zoologique‹ (1809)	Organismen sind veränderlich (Evolution); die Veränderung erfolgt durch aktive Selbstanpassung und Vererbung individuell erworbener Eigenschaften
H. Spencer (1820–1903), ›Principles of Biology‹ (1867)	Leben bedeutet Anpassung innerer Beziehungen an äußere Umstände
Ch. Darwin (1809–1882), ›On the Origin of Species‹ (1859)	Organismen sind veränderlich (Evolution); die Triebkraft der Veränderung ist die ntürliche Auslese (Selektion)
E. Haeckel (1834–1919), ›Die Lebenswunder‹ (1905)	Die Evolution des Lebendigen ist auf physikalische Kräfte und chemische Energie zurückführbar
H. Bergson (1859–1941), ›L'evolution créatrice‹ (1907)	Leben ist in seinem Wesen schöpferische Aktivität; die

	Lebensschwungkraft treibt in der Dauer zu immer neuen Schöpfungen
H. Driesch (1867–1941), ›Philosophie des Organischen‹ (1909)	Im Lebendigen waltet eine eigene Kategorie von Naturkräften
J. v. Uexküll (1864–1944), ›Theoretische Biologie‹ (1928)	Alle Organismen (Tiere) sind Subjekte in einer ihnen jeweils eigenen Umwelt; zwischen Organismus und Außenwelt ist ein Funktionskreis gebildet

Offensichtlich läuft die Biophilosophie seit Beginn der Neuzeit auf mehreren Gleisen und ist alles andere als ein einheitlich ausgerichtetes System. Man glaube nicht, daß sich die Biophilosophie *heute* schon als homogenes Gebilde portraitieren ließe. Vielmehr stehen wir vor einem buchstäblichen Chaos von Lehrmeinungen. Auf diese Situation ist oben bereits hingewiesen worden; sie soll jetzt anhand mehrerer Beispiele genauer beschrieben werden.

Betrachtet man moderne Arbeiten, die sich schon dem Titel oder Untertitel nach explizit mit Biophilosophie befassen, genauer, so wird man sehr unterschiedliche Ergebnisse vorfinden; ebenso variieren die Methoden und Auseinandersetzungen mit biophilosophischen Fragen. Die Frage ›Was ist Leben?‹, wird sie in direkter oder auch indirekter Weise gestellt, zieht auch in der Gegenwart, wie ehedem, unterschiedliche Antworten nach sich und wird vor einem uneinheitlichen Hintergrund projiziert. Einige biophilosophische Abhandlungen aus neuerer Zeit sollen diese Situation illustrieren.

Wie oben erwähnt, hat Bunge (1979a) einige Grundprobleme der Biophilosophie aufgelistet und das Dilemma dieser – mit seinen Worten – »undisziplinierten Disziplin« folgendermaßen auf den Punkt gebracht[12]: »Diejenigen Philosophen, die etwas von Biologie verstehen, beherrschen gewöhnlich keine exakten Methoden, und jene, die sich in Formalismen auszeichnen, geben sich keine Mühe, Biologie zu lernen« (Bunge 1979a, S. 156). Für Bunge gibt es offenbar nur ›exakte‹ und ›nicht exakte‹ Wissenschaften, dementsprechend auch nur exakte und nicht exakte Philosophien. Er selbst versucht die Probleme der Biophilosophie anhand formaler (mathematischer) Mittel zu lösen. Allerdings hat Bunge die Bedeutung der ›formalen Methode‹ in der Biophilosophie überschätzt (das ist nicht verwunderlich, sein Metier ist die theoretische Physik). Er übersieht aus dem Blickwinkel des ›Formalisierers‹, daß er im Grunde keine biophilosophischen Probleme *löst*, sondern alte Probleme nur in die formale Sprache *übersetzt.* Ob der mit Biophilosophie und ihren verschiedenen Denktraditionen Vertraute die Probleme besser versteht, wenn sie ihm in mathematische Schablonen gegossen vorgesetzt werden, bleibt fraglich. Eine formalisierte Darstellung etwa des Problems der Teleologie mag Musik in den Ohren der Mathematiker sein, aber Mathematiker interessieren sich in der Regel herzlich wenig für Biophilosophie. Und Biologen, die nach einer Klärung jenes Problems suchen, werden angesichts einer mathematischen Formel kaum ein ›Aha‹-Erlebnis haben, solange ihnen nicht eine andere – eben *biologische* – Lösung einfällt.

Anders als die Ansätze von Bunge lesen sich die biophilosophischen Essays von Grene (1974). Unter dem Titel ›The Understanding of Nature‹ publizierte Grene – eine *Philosophin* übrigens – mehrere meist schon früher getrennt erschienene Arbeiten und vereinte sie zu einem unfangreichen (bio-)philosophischen Werk, dessen Grundtenor in einer nichtreduktionistischen Auffassung liegt und das von dem Bestreben um eine philosophische Anthropologie geleitet wird. Grene weist auf eine Philosophie des Menschen *in der Natur* hin, sieht für diese Philosophie in der Evolutionstheorie einen wesentlichen theoretischen Faktor, nicht aber einen hinreichenden Denkrahmen. Es scheint mir aber, daß sie die Bedeutung der Evolutionstheorie dabei unterschätzt. Die Schlußbemerkungen des Buches lassen eine Botschaft seiner Verfasserin erkennen, die man jedoch wird ernst nehmen müssen: »Wir *sind,* wie andere [belebte] Dinge physikochemische Systeme; wir leben, wie andere Tiere, ein physisches Leben abhängig von physischen Erfordernissen und Funktionen, aber wir *existieren* als menschliche Wesen an der Grenze zwischen Natur und Kunst, zwischen der Realität und ihrer Leugnung. Das ist... unsere Gefahr und unsere Möglichkeit.« (S. 360)

Die ›Philosophy of Biological Science‹ Hulls (1974), um ein weiteres Beispiel zu nennen, enthält die Erörterung primär *wissenschaftstheoretischer* Fragen und entspricht den Grundzügen einer

›Wissenschaftstheorie der Biologie‹.[13] Behandelt werden hierbei unter anderem Probleme der Reduktion von Theorien, d.h. des Zurückführens von Theorien auf Konzepte größeren Inhalts und größeren Umfangs[14], biologische Gesetze, das Problem der Teleologie in der Biologie und die Kontroverse ›Organizismus–Reduktionismus‹. Mit einigen dieser Probleme beschäftigt sich auch das vorliegende Buch, so z.B., wie angedeutet, mit dem Problem der Zweckmäßigkeit (vgl. Kapitel 4, S. 172ff.).

Wiederum eine andere Tendenz ist bei Löw (1980) zu erkennen. Hier wird Kants Begriff vom Organischen (siehe oben) als Ausgangspunkt genommen für eine Rekonstruktion und Neubewertung abermals der Teleologie, wobei Löws Analyse auf eine Gegenkritik zur Teleologiekritik neuerer philosophischer Strömungen hinausläuft. Löw zeigt auch gerade, ähnlich wie ich noch im nächsten Kapitel darlegen werde, daß die Geschichte der Biologie (und Biophilosophie) von einem kontinuierlichen Positionswechsel vom Vitalismus zum Mechanismus und umgekehrt gekennzeichnet ist. Hierin also stimme ich mit ihm durchaus überein, folge aber nicht seiner ›Kritik an der Teleologiekritik‹ dort, wo sie in einen Angriff gegen die modernen kybernetisch und systemtheoretisch untermauerten Evolutionskonzepte ausartet (siehe auch Spaemann und Löw 1981) und verschiedene *nicht*reduktionistische Versuche einer Rehabilitierung der Teleologie unberücksichtigt läßt.

Eines der umfassendsten biophilosophischen Systeme der Gegenwart formulierte Bernhard Rensch, der ein universales evolutionäres Weltbild anstrebt, das schon allein seiner Eigenständigkeit wegen Beachtung verdient. Der interessierte Leser sei vor allem auf Renschs ›Biophilosophie auf erkenntnistheoretischer Grundlage‹ (1968) hingewiesen, ein Buch, in dem sich der Verfasser – so wie auch in zahlreichen anderen Arbeiten (vgl. Rensch 1977 a, b, c, 1979) – einem panpsychistischen Identismus verpflichtet fühlt. Auf die Bedeutung und Position des panpsychistischen Identismus werde ich später genauer eingehen. Hier ist festzuhalten, daß Rensch, als Biologe und Naturphilosoph zugleich, sein Weltbild mit einem breitgefaßten Materiebegriff begründet und eine – wie sie auch zu fordern ist – dynamische Betrachtung der Natur forciert. Nach Rensch (1979, S. 71) ist anzunehmen, »daß alle ›Materie‹ (das ›letzte Etwas‹) die ambivalente Eigenheit hat, bei Integration zu bestimmten hochkomplizierten Strukturen wie den Zentralnervensystemen Funktionen hervorbringen zu können, die dann nicht nur physiologischer Natur sind, sondern auch solche, die von einem Lebewesen als Empfindungen und Vorstellungen erlebt werden können«. Rensch könnte meines Erachtens einige in diesem Buch wichtige Theorien für eine biophilosophische Synthese unterstützen.

Ein letzter Hinweis soll diese Übersicht abrunden, der Hinweis auf ein Werk, das offensichtlich ziemlich isoliert ist unter den derzeitigen Arbeiten zum Thema Biophilosophie: das Buch ›Die Philosophen und das Lebendige‹ von Müller-Hill (1981). Es hält aber leider nicht ganz, was sein Titel verspricht. Gewiß, es ist die Rede von Philosophen und vom Lebendigen, aber wer erwartet, Müller-Hill hätte damit eine Geschichte der Biophilosophie geschrieben, wird enttäuscht. Der Verfasser versucht mit Hilfe der philosophiehistorischen Rekonstruktion die Aussagen des *historischen Materialismus* zu untermauern. Dieser Ansatz ist ja nicht uninteressant, aber auch nicht unbedenklich – so wie halt alle naturwissenschaftlich-philosophischen Gedankengebäude, für die eine Gesellschaftsideologie Pate steht. Zum Beweis eine Kostprobe aus dem ersten Kapitel des auf einer Vorlesungsreihe basierenden Buches: »Ich werde... zu zeigen versuchen, wie der Gang der Entdeckung der Geschichte des Lebendigen dem Gang menschlicher Geschichte folgt« (S. 18); und: »Das historisch-materialistische Denken... hat sich weite Bereiche der Biologie erobert, ohne daß die Molekularbiologen[15] sich dessen bewußt wären. Aus dieser Bewußtlosigkeit erwachend, können sie den Menschen und alle seine Werke als Objekte eben dieser historisch-materialistischen Methode sehen« (S. 19). Sicher, der ›Gang der Entdeckung der Geschichte des Lebenden‹, die Geschichte der Biologie, ist eng verknüpft mit der soziokulturellen Entwicklung der Menschheit – eine Feststellung, die eigentlich ein Gemeinplatz ist. Aber diese Verknüpfung ist eine *gegenseitige*: Die Wissenschaftsgeschichte folgt nicht strikt den sozialen Bedingungen und deren Wandel, sondern sie beeinflußt diesen Wandel auch; die Wissenschaft schreibt immer selbst ein Stück soziokultureller Geschichte mit. Und die Entwicklung der Wissenschaft zeigt auch eine Eigendynamik, weil eine Erkenntnis nicht richtig oder falsch ist, weil sie von einer mehr oder minder großen Zahl von Menschen akzeptiert wird. Die einmal gewonnene Erkenntnis, als intersubjektiv mitteilbares, objektives Wissen, bleibt in allen soziokulturellen Kontexten dieselbe. Das kann nur jemand leugnen, der von einem ideologischen Apriori gefangengehalten wird und somit *objektive* Erkenntnis für unmöglich hält – oder seine Subjektivität mit objektiver Betrachtung verwechselt. An objektiver Erkenntnis aber liegt Müller-Hill, wie ich befürchte, nicht sehr viel.

Ich habe hiermit nun die Grundideen einiger neuerer Arbeiten Revue passieren lassen, Arbeiten, die sich in einem engeren Sinne als Beiträge zur Biophilosophie verstehen, wenige Beispiele zwar, aber recht markante. Wollte man die zitierten Werke in ein einheitliches biophilosophisches System bringen, hätte man damit kaum Erfolg. Zu verschieden sind die Ansätze, zu vielfältig die Ergebnisse. Freilich gibt es Berührungspunkte, ja Schnittpunkte – schließlich geht es um immer dieselben Grundfragen. Aber einen gemeinsamen Nenner zu finden scheint müßig. Indessen wird man viele Aspekte erkennen können, die aufgenommen und weiterentwickelt werden müssen und für das Anliegen des vorliegenden Buches von großer Bedeutung sind. Der Leser wird sehen, wo wir uns auf bereits Erarbeitetes stützen können. Zu erbringen sind darüber hinaus Argumente für ein einheitliches Gedankengebäude mit dem Ziel, den Begriff des Lebens wieder in den Mittelpunkt des individuellen und öffentlichen Interesses zu rücken. Ich will also Bausteine für eine biophilosophische Synthese ›erarbeiten‹, ohne den Anspruch zu erheben, eine solche Synthese zwischen ihren klassischen Protagonisten Philosophie und Biologie, eine vollkommene Synthese zwischen These und Antithese (wenn man so will) herzustellen.

Der Schnittpunkt von Biologie und Philosophie

In diesem Unterkapitel soll der Rahmen, in dem wir den Begriff Biophilosophie verstehen wollen, abgesteckt werden.

Eines geht den heterogenen Ansätzen zur Biophilosophie gestern wie heute voraus: die Überzeugung, daß zwischen Biologie und Philosophie eine Beziehung besteht, die es zu pflegen und zu vertiefen gilt. Diese Beziehung muß auf Gegenseitigkeit beruhen: Philosophische Reflexionen beeinflussen biologische Erkenntnisse, die Ergebnisse biologischer Forschung erweitern philosophische Überlegungen, liefern ihnen gewissermaßen Rohmaterial. Das dürfte wohl auch im Sinne von Stegmüller gesagt sein, der seinen ›Hauptströmungen der Gegenwartsphilosophie‹ (1975) ein umfangreiches Kapitel über die Evolution des Lebens voranstellt, und darin moderne Evolutionskonzepte (Eigen, Kuhn, Monod [vgl. S. 123 f.]) referiert.

So wichtig aber für einen Philosophen Grundkenntnisse aus den Naturwissenschaften sind, so wichtig ist auch für den Naturwissenschaftler die Orientierung im philosophischen Bereich. Man darf nicht übersehen, daß Wandlungen im menschlichen Denken ihre historischen Ursprünge vielfach im Umkreis philosophischer Positionen haben: »Darum sollte«, wie Stegmüller (1975, S. 13) schreibt, »heute gerade der Naturwissenschaftler und für Naturwissenschaften Interessierte von philosophischen Ideen Kenntnis nehmen, die ihm fremd sind, ja vielleicht gänzlich abwegig und unsinnig erscheinen, damit er nicht eines Tages, wenn solche Denkgebäude zu einer historisch-gesellschaftlichen Macht geworden sind, dieser überrascht und damit hilflos gegenübersteht.« Dies ist denn auch ein wesentlicher Grund dafür, daß in den weiteren Kapiteln dieses Buches verschiedene (bio-)philosophische Denksysteme historisch zurückverfolgt werden – Traditionen, die so manchem Biologen unserer Tage unbedeutend scheinen, vorausgesetzt, er nimmt sie überhaupt wahr, die aber sein Denken oft mehr beeinflussen, als er zugeben würde, und die umgekehrt von der Biologie gelegentlich auch neu befruchtet werden.

Was also ist Biophilosophie? Ich definiere dieses Gebiet vorläufig recht allgemein *»als das Gebiet, welches sich mit jenen Problemen beschäftigt, die über die jeweiligen Grenzen empirisch gewonnenen Wissens in der Biologie hinausgehen«* (Wuketits 1982 a, S. 66). Diese Definition bedarf in der Folge einiger Zusatzbemerkungen.

Die Biophilosophie ist ein Teilbereich der *Naturphilosophie* (Wuketits 1983 b). ›Naturphilosophie‹ – das ist freilich ein Tummelplatz verschiedenster Denkrichtungen, wie schon z.B. die von König (1967) präsentierte knappe Übersicht zeigt. Auch erinnert der Begriff Naturphilosophie an Metaphysik und an das Fluidum beschaulich-spekulativer Naturbetrachtungen der Romantiker. Ich meine mit Naturphilosophie jedoch keine irgendwelchen Schulen verschriebene (metaphysische) Deutung der Natur, sondern vielmehr den Schnittpunkt naturwissenschaftlichen und philosophischen Denkens. Insbesondere formt die Naturphilosophie »aus dem naturwissenschaftlichen Erkenntnismaterial ein Gesamtbild der Natur, um das Naturgeschehen einheitlich zu verstehen« (Austeda 1972, S. 42). Biophilosophie behandelt also aus dem Gesamtgebiet der Natur eine spezielle ›Wirklichkeitsform‹, das Organische, und soll sich um eine möglichst einheitliche Gesamtschau des Lebendigen bemühen.

Um einer ›Metaphysik des Lebendigen‹ auszuweichen, muß die Biophilosophie stets auf die Realerkenntnisse der Biologie Bezug nehmen. Ein biophilosophisches System, soll es nicht zu einem Phantasiegebilde verkommen, kann sich den unterschiedlichen von der Biologie erzielten Ergebnissen nicht verschließen. Der Biophilosophie sind durch die, sagen wir, ›biologieinternen‹ Erkenntnisse gleichzeitig gewisse Grenzen gesetzt: Biophilosophische Reflexionen sind nur sinnvoll in einem Rahmen, der von überprüfbaren biologischen Resultaten ausgefüllt werden kann. Wo die Grenzen des Möglichen überschritten werden, wo die Biophilosophie methodisch nicht einlösbare Forderungen stellt oder jenseits zumindest prinzipiell nachprüfbarer Behauptungen ohne Bezug auf die Realerkenntnis eigene Hypothesen entwickelt, dort ist ein ›Obskurantismus‹ die nachgerade zwingende Konsequenz. Die Biophilosophie soll ja keine mit der Biologie als Realwissenschaft[16] konkurrierende Disziplin sein, sondern deren notwendige Ergänzung. Die Aufgaben der Biophilosophie entsprechen daher für den Bereich des Lebenden den Aufgaben der Philosophie, wie sie im Hinblick auf die einzelnen Wissenschaften bereits formuliert worden sind.

Zum ersten kann die Biophilosophie im Hinterfragen der jeweils aufgestellten biologischen Theorien weitere Untersuchungen stimulieren, welche die betreffenden Theorien zu festigen vermögen oder auch logische Widersprüche aufdecken, wonach die Theorien zu revidieren bzw. aufzugeben und durch andere, ›bessere‹ zu ersetzen sind.

Zum zweiten ist es für die biophilosophische Forschung eine nicht minder bedeutungsvolle Aufgabe, übergreifende Aspekte zu finden. Denn erst damit wird eine Synthese von Aussagen, Theorien und Modellen, die in verschiedenen Bereichen der Biologie aufgestellt worden sind, möglich gemacht.

Der kritische Leser wird nun vielleicht fragen, worin denn der Unterschied zwischen einer Biophilosophie und der *theoretischen*

Biologie bestehen soll. Tatsächlich ist es schwer, dazwischen eine Grenzlinie zu ziehen. Frühere Arbeiten, die sich explizit der theoretischen Biologie widmen, kann man mit gutem Gewissen als ›biophilosophisch‹ bezeichnen. Zu nennen sind dabei die Bücher von Bertalanffy (1932, 1942), Reinke (1911) und Uexküll (1928) sowie die Bände der Schriftenreihe ›Bios‹ (z.B. Alverdes 1935, Meyer-Abich 1934 und Schmalfuß 1937).[17] Heute wird unter der theoretischen Biologie oft besonders die mathematische Behandlung biologischer Probleme verstanden, wovon z.B. das ›Journal of Theoretical Biology‹ Zeugnis ablegt.[18] Ebenso gibt es in den Arbeiten Bertalanffys zur theoretischen Biologie mathematische Ansätze, aber in letzter Instanz ging es Bertalanffy eben doch um ein biophilosophisches System jenseits von Vitalismus und Mechanismus, deren Überwindung kein mathematisches, sondern ein geistesgeschichtliches Problem ist. Meiner Meinung nach gewinnt bei Bertalanffy das Desiderat einer neuen Naturphilosophie (Biophilosophie) die Oberhand über seine Versuche, bestimmte Probleme der Biologie zu mathematisieren.

Über eine verbindliche Definition der theoretischen Biologie verfügen wir also leider auch heute noch nicht. An anderer Stelle habe ich die theoretische Biologie umschrieben als »biologische Disziplin, die eine Koordinierung unseres Wissens vom Lebendigen zum Zwecke einer universellen Theorie belebter Systeme intendiert« (Wuketits 1978 b, S. 187). Wollen wir diese allgemein gehaltene Definition beibehalten, dann brauchen wir uns um eine Abgrenzung der Biophilosophie von der theoretischen Biologie nicht sonderlich zu kümmern, weil, so gesehen, diese mit jener – in Aufgabenstellung und Zielsetzung – identisch ist. Versteht man aber die theoretische Biologie als *Biomathematik*, dann ist die Biophilosophie davon abzuheben. Im Gegensatz beispielsweise zu Bunge (1979 a) betrachte ich das Operieren mit formalen Methoden nicht als erklärtes Ziel einer Biophilosophie. Mathematische Formalismen mögen ja in dem einen oder anderen Fall tatsächlich zum besseren Verständnis eines (biologischen) Problems beitragen, einen Lebensbegriff darauf gründen zu wollen wäre indes ein ziemlich absurdes Unterfangen, weil sich nämlich die Vielfalt der Lebewesen und der an ihnen beobachtbaren (Lebens-)Erscheinungen nicht in Formeln pressen oder auf einen Computerausdruck bringen läßt. Wer das Gegenteil behauptet, hat nicht verstanden, was Leben ist.

Halten wir fest: Die Biophilosophie ist ein Ort der Begegnung biologischen und philosophischen Denkens. Nur aus der steten Wechselwirkung zwischen Biologie und Philosophie, unter Vermeidung jeglichen Dogmatismus, können wir zu einem umfassenden biophilosophischen System gelangen. »Worauf es ankommt, ist die Schaffung einer soliden Kommunikationsbasis für den Dialog von Biologie und Philosophie. Philosophische Neubesinnung wird im Bereich der ›Lebensproblematik‹ vonnöten sein, denn viele der biologischen Erkenntnis- und Denkperspektiven wollen philosophisch noch verarbeitet werden; umgekehrt wird in die biologische Theorienbildung in verstärktem Maße noch philosophisches – aus einer langen *Problemgeschichte* kommendes – Bewußtsein eingehen müssen« (Wuketits 1982 d, S. 10).

Das folgende steht im Zeichen des Versuchs, die ›zentralen Probleme des Lebens‹ als Verbindungslinien zwischen Biologie und Philosophie zu zeichnen. Zur Erinnerung: Allein im Gespräch zwischen Biologie und Philosophie können wir darauf hoffen, den unter die Oberfläche des ›Geistes unserer Zeit‹ verschwundenen Lebensbegriff zu finden und damit einige konstitutive Momente unseres eigenen Daseins einfangen zu können.

2 Begriffe des Lebendigen

»Ob tot oder lebendig; es existiert unter einer Form. Doch ganz gleich, unter welcher Form es existiert: Was ist dabei das Prinzip?«
Denis Diderot

Ist ›das Lebendige‹ definierbar?

Es ist nicht auszumachen, wie oft schon in der Geschichte – der Biologie, der Philosophie – die Frage ›Was ist Leben?‹ gestellt worden ist, wie oft der denkende Mensch sich diese Frage gestellt hat. Kein Zweifel aber kann darüber bestehen, daß diese Frage eine der Kardinalfragen unseres Denkens ist. Jedoch: Wie wäre sie zu beantworten? Läßt sich überhaupt eine verbindliche Antwort darauf geben?

Jemand, der rasch eine knappe – und nichtsdestoweniger zuverlässige Information hierzu haben will, wird vermutlich in einer der großen Enzyklopädien nachschlagen, um dann unter dem Stichwort ›Leben‹ z. B. folgende Feststellung zur Kenntnis nehmen zu müssen: »... ein für Lebewesen (Organismen) eigentümliches Geschehen, das sich von der belebten Natur nicht ausreichend durch einzelne Merkmale, sondern nur als ein komplexes System... von Eigenschaften unterscheiden läßt« (Brockhaus Enzyklopädie, Bd. 11, S. 225 [1970]). Man sehe genau hin: *Leben* ist für *Lebe*wesen ein eigentümliches Geschehen – ja, aber was sind *Lebe*wesen?

Lebewesen existieren in einem fast unüberschaubar großen Artenreichtum, und es erscheint müßig, sie in ein allgemein verbindliches ›Schema‹ pressen zu wollen. Die Frage, was Leben ist, was Lebewesen in ihrer Gesamtheit als *Lebendes* sind (vgl. Anmerkung 4), bleibt hingegen bestehen, als Grundfrage jeder Reflexion im Grenzbereich von Biologie und Philosophie. Nur haben viele Fragen von der Art ›Was ist (sind)...?‹ ziemlich unangenehme Eigenschaften: Entweder sie sind nicht exakt zu beantworten und werden mithin verdrängt, oder sie ziehen einen Rattenschwanz unterschiedlicher, einander widersprechender Antworten nach sich. Beides ist unbefriedigend und wird einen fragenden, kritischen Geist nicht ruhen lassen, es sei denn, man entschließt sich – wie Popper (1972) –, solche Fragen erst gar nicht zu stellen.[19] Nun, die Frage ›Was ist Leben?‹ hat man wiederholt gestellt, und daß diese Frage voneinander abweichende Antworten mit sich brachte und in verschiedenen philosophischen Lehren auf unterschiedliche Weise diskutiert wurde, haben wir bereits im ersten Kapitel gesehen. In diesem Kapitel soll näher darauf eingegangen werden.

Wäre es – ehe man ›Unexaktheit‹ in Kauf nimmt – nicht angemessener, die Frage aus der Naturwissenschaft auszuklammern und ohne viel Aufhebens in den Bereich der Metaphysik zu verweisen?

Tatsächlich werden viele Biologen auf diese Frage mit einem müden Lächeln antworten, sie als metaphysisch abtun und dafür plädieren, daß es ihre Aufgabe sei, die ›konkreten‹ Gegenstände im Bereich des Lebenden empirisch zu untersuchen, zu messen und zu zählen und nicht philosophische Allgemeinplätze zu formulieren; weil eben der Lebensbegriff ein philosophischer oder gar metaphysischer sei. (Man vergegenwärtige sich nochmals das Zitat auf S. 26.) Wenn aber der Begriff ›Leben‹ ein metaphysischer ist, dann »müßte man«, wie Erben (1981, S. 256) anmerkt, »auch das Wesen... so mancher anderer Naturphänomene als nicht naturwissenschaftlich ›erklärbar‹, sondern höchstens als metaphysisch ›verständlich‹... bezeichnen, und es fragt sich, ob damit wohl etwas gewonnen wäre«. Ich bin sicher: gewonnen wäre *damit* überhaupt nichts!

Der Biologe wird doch zugeben müssen, daß er, welches konkrete Phänomen aus dem Bereich des Lebenden er auch immer untersucht, eben dieses Phänomen aufgrund bestimmter Kriterien als belebt voraussetzt oder, wenn er Teilstrukturen eines Organismus studiert, von vornherein weiß, daß die fraglichen Strukturen Teile eines lebenden Systems sind. Das ist ein Punkt, an dem die Biophilosophie in ihrer kritisierenden Funktion auf den Plan treten muß, indem sie den Lebensbegriff des Biologen hinterfragt und darauf drängt, die Wurzeln dieses Begriffs zu ergründen.

Woher also nimmt der Biologe die Fähigkeit, ein Lebewesen als *Lebe*wesen zu erkennen? Und weshalb gar kann jeder Mensch etwas Lebendes von etwas Leblosem unterscheiden? Jedes Kleinkind erkennt ja schon – war es nur einmal mit einem Tier konfrontiert – ein Tier als *Tier* und würde kaum einen Pflasterstein mit einem Lebewesen verwechseln. Und kein Mensch mit ›gesundem Sinn‹ würde, sähe er eine tote Katze, von anorganischer Materie sprechen, sondern wissen, daß da einmal Leben war, wenngleich es mittlerweile erloschen ist.

Dieses Vermögen der ›Lebenserkenntnis‹ beruht offenbar auf den Leistungen der *Gestaltwahrnehmung*.

Die Gestaltwahrnehmung ist die Quelle des Erkennens von Ähnlichkeiten und erlaubt uns ebenso, nichtähnliche Gegenstände klar voneinander zu unterscheiden. Eine besondere Leistung ist dabei die *Abstraktion* der Gestalt, das Herausschälen des Wesentlichen an einem Körper oder Gegenstand oder an einer ›Gruppe‹ von Körpern oder Gegenständen, seien diese nun belebt oder unbelebt. So werden auch Sie, verehrter Leser, jede der in Abb. 2 gezeichneten Figuren mit Sicherheit als Umrißbild einer Katze identifizieren können. Sie werden die Gestalt aus Teilen aller ihrer Merkmale abstrahieren. Diese komplizierte Verrechnung »eliminiert das sich Wandelnde und gewichtet das Kennzeichnende« (Riedl 1980, S. 92). Nicht etwa liegt hier eine Bewußtseinsleistung vor; vielmehr sind das Wägen von Merkmalen und die Abstraktion der essentiellen Merkmale *vorbewußte* Operationen, deren Entwicklungsgeschichte weit zurückliegt, zurückreicht zu unseren frühen Vorfahren in der ›Wirbeltierreihe‹. Auf dem Weg zum Menschen bleiben diese Operationen, wiewohl immer komplizierter, auch dem menschlichen Bewußtsein entzogen.

Wir können mit Lorenz (1978 a, S. 35) festhalten: »Schlechterdings all unser Wissen um die uns umgebende Wirklichkeit gründet sich auf die Meldung eines... heute schon recht gut erforschten sensorischen und neuralen Apparates, der aus Sinnesdaten Wahrnehmungen formt. Ohne ihn, vor allem aber ohne die objektivierende Leistung der Konstanzmechanismen, zu denen auch die Gestaltwahrnehmung gehört, wüßten wir nichts von der Existenz jener natürlichen Einheiten, die wir Gegenstände nennen.« Und die von uns »als ›wahr‹ hingenommenen Mitteilungen dieses Apparates«, so fährt Lorenz an derselben Stelle fort, »sind auf Vorgänge begründet, die zwar der Selbstbeobachtung und der verstandesmäßigen Kontrolle völlig unzugänglich, in ihren Funktionen aber rationalen Operationen, beispielsweise Schlußfolgerungen und Berechnungen, analog sind.«

Mit den Leistungen der Gestaltwahrnehmung ist wohl der Schlüssel für eine Erklärung jenes Umstands gegeben, daß der Biologe – selbst wenn er nicht angestrengt über die Frage ›Was ist Leben?‹

Abb. 2: Abstraktion der Gestalt einer Katze aus verschiedenen Umrißbildern des Tieres (Konstanz-Wahrnehmung der Gestalt). Durch die Abstraktion in der Gestaltwahrnehmung wird das Betrachten der unterschiedlichen Figuren zu dem Resultat führen, daß es sich in allen Gestalten um ein und dasselbe Phänomen handelt. (Nach Riedl 1980; ergänzt.)

nachdenkt – mit schlafwandlerischer Sicherheit weiß, was er als Lebewesen ansehen kann und was nicht. Die Entstehung eines Lebensbegriffes muß folglich das Ergebnis einer komplizierten Abstraktionsleistung sein. Der Biologe geht mit einem vorbewußten Begriff, mit einem *Vorbegriff* von Leben an die einzelnen Gegenstände heran, abstrahiert aus der Fülle wahrgenommener Erscheinungsformen die für Leben typischen Merkmale bzw. Merkmalskombinationen. (Siehe hierzu auch die entsprechenden Ausführungen in Wuketits 1983b.) Dieser Lebensbegriff reicht denn auch in der ›Alltagsbiologie‹ aus. Möchte ein Biologe, nehmen wir an, die Fortbewegungsmechanismen von Regenwürmern untersuchen, dann braucht er in der Tat zuvor nicht angestrengt über die Frage nachzudenken, was Leben überhaupt sei. Seine Untersuchung kann trotzdem erfolgreich sein. Der Biologe also arbeitet mit vorrationalen Lebensbegriffen; er weiß, daß ein Regenwurm, oder was immer, etwas Lebendes ist. Erst auf der der vorbewußten Ebene nachgeordneten rationalen Ebene wird die Frage ›Was ist Leben?‹ wieder ein Problem; sie wird ein Problem, wenn sie bewußt gestellt wird.

Wie können wir den vorbewußten Lebensbegriff ins Bewußtsein führen? Dieses Problem muß uns in der Folge etwas genauer beschäftigen.

Sicher ist zunächst, daß unser Gestalten abstrahierender Wahrnehmungsapparat die Wesensmerkmale lebender Erscheinungen zu *einem* Bild zusammenzufassen vermag. Dieses Bild ist natürlich nicht vollständig; es steht als Abbild eines Teils des Mesokosmos, der ›Welt der mittleren Dimensionen‹ (Vollmer 1975), die wahrzunehmen jedoch für die Vorfahren unserer Spezies und für den heutigen Menschen in seinem täglichen Leben *lebenserhaltende* Funktionen hat. Der Mesokosmos, »die Umwelt, an der sich unsere subjektiven Erkenntnisstrukturen bewähren mußten (und immer wieder bewähren müssen), reicht von Millimetern zu Kilometern, von Sekunden zu Jahren, von Geschwindigkeit Null bis zu einigen Metern pro Sekunde (≙ Kilometern pro Stunde), ... von Gramm zu Tonnen« (Vollmer 1975, S. 162). Diese Welt umfaßt auch Lebendes, und unsere vorbewußten Wahrnehmungsleistungen ermöglichen uns mittels Abstraktion von immer wiederkehrenden Merkmalen jene Abbildungen des Organischen, die sich in einem vorbewußten Begriff von Leben manifestieren. Die vorbewußten Wahrnehmungsleistungen zeugen von den Tiefenstrukturen unserer Verrechnung der uns umgebenden Welt und sind integrierender Bestandteil unseres Lebens, gleichsam als Ausdruck unserer ›Vor-Geschichte‹ (vgl. S. 251 ff.).

Wenn der heutige Mensch aber solche primären Lebenserfahrungen – solche vorbewußten Erfahrungen der Gegenstände der *natürlichen* Welt, vor allem der Lebewesen – zu verlieren beginnt, dann ist das eine Folge der zunehmenden Entfernung des Menschen von der Natur und der Entfernung der Natur aus der Welt des Menschen durch den Menschen selbst. Und die Anzeichen mehren sich, daß sich der Mensch allmählich von sich selbst entfernt – in einem sich beschleunigenden Prozeß der ›Dehumanisierung‹. Die Welt der in Großstädten aufwachsender Kinder ist eine Welt von Gegenständen, die selten noch, und auch dann meist nur im entferntesten Sinne, an die Natur erinnert. Das morbide Grün eines Plastikrasens auf einem Spielplatz erweckt aber nicht einmal in einem Kind, das ohne Erfahrung mit Natur aufgewachsen ist, die Vorstellung, er könne lebendig sein. In dieser Welt – und aus ihr – abstrahiert der Wahrnehmungsapparat des Kindes das Auto, die Straßenbahn, die Verkehrsampel und den Rummel in einem Shopping-Center (welches ihm und seinen ›erziehungsbewußten‹ Eltern neben vielen anderen schönen Sachen auch Kriegsspielzeug zu günstigen Preisen anbietet: als unverkennbares Symptom einer pervertierten Kultur). Das Kind vermag sich demnach kraft seiner vorbewußten Wahrnehmungsleistungen von allen möglichen Gegenständen ein Bild einzuprägen, aber kaum noch von Lebewesen. Schlimm daran ist, daß es nicht nur den Bezug zu Lebewesen auf der Ebene der Wahrnehmung verliert, sondern es wird in dieser Konsequenz auch außerstande sein, mit Leben *Werte* zu verbinden. Die Wertempfindungen aber – und ich komme darauf noch zurück – würden wohl dennoch erwachen, »wenn der Gestaltwahrnehmung heranwachsender Menschen das unverfälschte Tatsachenmaterial nahegebracht wird, das uns die ›wissende Wirklichkeit der Natur‹ offenbart« (Lorenz 1983, S. 270). Dies ist letzten Endes die Frage nach einer ›naturorientierten‹, ›lebensorientierten‹ Bildung.

Zurück zu obigem Problem: der Frage nach einer verstandesmäßigen, rationalen Erfassung des vorbewußten Lebensbegriffs. Das menschliche Bewußtsein, die Ratio, hat diesen Begriff neu einzubringen und zu ergänzen durch die Erkenntnisse der Wissenschaft. Wir verfügen also, um es nochmals zu betonen, über einen vorbewußten Zugang zum Lebenden – aber dadurch wird die naturwissenschaftliche Frage erstens in bezug auf die Charakterisierung des Lebens, zweitens hinsichtlich des ›Wie?‹ unserer Lebenserfahrung nicht beantwortet: *Der vorrationale Lebensbegriff ist mithin auf die Ebene des Rationalen zu übertragen.*

Unsere Vernunft ist das jüngste Produkt der Evolution (Riedl 1980). Wissenschaftliche Erkenntnis, die allein auf rationaler Grundlage möglich ist, bildete sich erst vor wenigen Jahrtausenden heraus. »Die Wissenschaft«, schreibt Hays (1972, S. 13), »hatte man zu erfinden.«

So ist es. Mehrere Millionen Jahre lang haben unsere Vorfahren – vom *Australopithecus* über den *homo erectus* bis zum frühen *homo sapiens*[20] – ihre Umwelt, die Welt mittlerer Dimensionen, vorrational kalkuliert, und zwar durchaus ›richtig‹ kalkuliert, denn das war eine Überlebensnotwendigkeit. Zu hinterfragen im buchstäblichen Sinne, zu ergänzen mittels rationaler Erkenntnis begann man die vorbewußten Abbilder der Wirklichkeit erst sehr viel später. In diesem Prozeß der Rationalisierung, der ›Szientifikation‹, hat der Mensch die Suche nach den objektiven Kriterien des Lebens aufgenommen, hat der Mensch immer und immer wieder bewußt gefragt, was Leben sei und wie es wissenschaftlich zu erklären wäre. Es ging mithin um einen ›neuen‹ Lebensbegriff, einen das Vorbewußte übersteigenden Begriff vom Organischen und von dessen Eigenheiten. Dieser auf naturwissenschaftlicher Forschung und philosophischen Überlegungen beruhende Lebensbegriff ist allerdings, wie zu bemerken bleibt, nicht gänzlich zu entbinden von unseren vorbewußten Lebenserfahrungen. Letztere gehen in jede Bestimmung von Leben ein. So stellt sich schließlich das Problem, wie die vorbewußten Erfahrungen mit der bewußten Reflexion sinnvoll zu verbinden sind. Im Rahmen einer evolutionären Theorie des Erkennens und Denkens wird dieses Problem noch in Kapitel 5 ins Auge zu fassen sein.

Jeder Versuch, das Leben naturwissenschaftlich, biologisch zu *definieren*, müßte von derartigen Prämissen ausgehen. Ein akribischer Wissenschaftstheoretiker wird mich hier vielleicht ermahnen, es mit dem Begriff ›Definition‹ nicht zu leicht zu nehmen, da das Problem von Definitionen seit Aristoteles fortgesetzt diskutiert worden sei. (Dem interessierten Leser vermittelt z.B. Leinfellner 1967 einige erkenntnis- und wissenschaftstheoretische Aspekte dazu.) Ich will aber den mehr am Leben als an Wissenschaftstheorie interessierten Leser hier nicht durch weitschweifige wissenschaftstheoretische Erörterungen ermüden. Überdies möchte ich mich davor hüten, in der Art vieler heutiger Wissenschaftstheoretiker ›Metaprobleme‹ zu erfinden und diese so lange zu diskutieren, bis immer weitere Probleme auftreten, die logisch-semantischer Natur sind und der Realität unerreichbar fernliegen.

Nur der Vollständigkeit halber sollen hier zwei Definitionsformen im Hinblick auf eine mögliche Lebensdefinition dargelegt werden: die *Realdefinition* und die *Nominaldefinition*. Die Realdefinition ist pragmatisch ausgerichtet, hat summativen Charakter und faßt unter ›Leben‹ einfach verschiedene Gegenstände mit vergleichbaren Eigenschaften zusammen. Anders die Nominaldefinition, die aussagt, was unter Leben verstanden werden soll und die somit festsetzenden Charakter hat.

Beide Definitionsformen sind miteinander verbunden. Leben wäre ja nicht zu bestimmen, würde es nicht in konkreten, wahrnehmbaren Gegenständen existieren. Auf der anderen Seite kann der aus den wahrgenommenen Einzelphänomenen abstrahierte Lebensbegriff als Voraussetzung dafür gelten, was unter Leben ein für allemal verstanden werden soll. Eine Realdefinition wird auf primär induktivem Wege gebildet, eine Nominaldefinition hingegen entspricht einem in der Hauptsache deduktiven System. Beide Denkmethoden, die Induktion und die Deduktion, sind in der realen Forschung der Biologie miteinander verknüpft. Wird von verschiedenen vergleichbaren Gegenständen (hier: Lebewesen) auf einen allgemeinen Lebensbegriff geschlossen, dann bedeutet dies stets auch, daß bereits in den Prozeß des ›Schließens‹ eine bestimmte Vorstellung von Leben eingegangen ist, während eine Nominalbestimmung des Lebens umgekehrt schon gewonnene Erfahrungen mit einzelnen Lebewesen zur Voraussetzung hat.

Als empirische Wissenschaft, die sich ja immer auch um allgemeine Prinzipien, um die Erkenntnis durchgängig anzuwendender Gesetzlichkeiten in ihrem Objektbereich bemüht, kann die Biologie signifikante Merkmale lebender Systeme angeben, die das Miteinander und Ineinander der beiden Definitionsformen zum Ausdruck bringen. Was ist gemeint?

Nun, es lassen sich beim Stand gegenwärtiger biologischer Forschung Kriterien formulieren, die für alle Lebewesen typisch sind und die auch nicht für andere Gegenstände der uns bekannten realen Welt in dieser spezifischen Konstellation gelten. Es handelt sich also darum, Merkmale zu formulieren, die das Feld der Lebenserscheinungen abdecken. Vor einiger Zeit schon hat Mohr (1965) sechs Prinzipien als *Allsätze*[21] der Biologie dargelegt, worin sämtliche grundlegenden Eigenschaften ausgedrückt sind, die für Lebewesen *ausnahmslos* festgestellt werden können und die an unbelebten Gebilden nicht beobachtbar sind (vgl. auch Wuketits 1983 b):

- Das Prinzip der Entwicklung: Alle lebenden Systeme zeigen kontinuierlich Wandlungsprozesse.
- Das Prinzip $\Delta G \neq 0$: Alle Lebewesen befinden sich fern vom thermodynamischen Gleichgewicht; das Ausmaß freier Energie in einem Organismus entspricht niemals dem Nullwert, wird dieses Prinzip ausgeschaltet, ist der Organismus tot.
- Das Prinzip der Struktur: Alle belebten Systeme sind hochgradig organisiert (strukturiert).
- Das Prinzip der Regulation: Alle Lebewesen weisen komplizierte Regelungs- bzw. Rückkoppelungsmechanismen auf und vermögen ungeachtet äußerer Störeinflüsse ein dynamisches Gleichgewicht oder Fließgleichgewicht aufrechtzuerhalten.
- Das Prinzip der Vererbung: Alle Organismen sind durch die Weitergabe ihrer genetischen Information – und damit die Weitergabe der ›Bauanleitungen‹ ihrer Art – gekennzeichnet.
- Das Prinzip der enzymatischen Katalyse: Alle lebenden Systeme zeigen biochemische Vorgänge, die durch (Bio-)Katalysatoren (das sind Enzyme bzw. Reaktionsbeschleuniger) reguliert werden.

In ähnlicher Weise als Prinzipien der Biologie zu formulieren sind die von Monod (1971) auseinandergesetzten drei fundamentalen Merkmale des Lebens:

- Teleonomie: Alle Lebewesen sind mit einem Plan ausgestattete Objekte.
- Autonome Morphogenese: Alle lebenden Systeme entwickeln sich autonom, spontan, sie konstruieren sich sozusagen selbst.
- Invariante Reproduktion: Alle Organismen sind in der Lage, ihre eigene Information zu reproduzieren und auf die Nachkommen zu übertragen.

Unschwer wird man diese Merkmale in den oben genannten sechs Prinzipien finden. In beiden Fällen jedenfalls handelt es sich um die Bestimmung lebender Systeme durch spezifische Merkmalskomplexe.

Heute, im Computerzeitalter, ist an dieser Stelle freilich der Einwand zu erwarten, daß auch technische Systeme, Automaten, über die eine oder die andere der genannten Eigenschaften verfügen, daß sie sich beispielsweise selbst regulieren. Ich muß den Leser um ein wenig Geduld bitten; dieser Einwand wird noch in Kapitel 2 zu untersuchen sein. Darüber hinaus werde ich auf die genannten Prinzipien noch verschiedentlich zurückkommen, so daß einiges, was hier kursorisch gesagt wird, etwas deutlicher werden dürfte. Vorerst geht es allein um die Möglichkeit, Organismen durch Merkmale so zu bestimmen, daß daraus eine Definition des Lebendigen abgeleitet werden kann, und zwar eine über den vorbewußten Lebensbegriff hinausreichende Definition.

Auf der Basis obiger sechs Prinzipien erhalten wir eine Realdefinition des Lebenden, die sich folgendermaßen liest: *Leben ist die Gesamtheit spezifisch strukturierter und sich entwickelnder Gebilde, fern vom thermodynamischen Gleichgewicht mit bestimmten (Selbst-)Regulationsleistungen und der Fähigkeit zur Weitergabe des eigenen Programms.* Im Sinne einer Nominaldefinition läßt sich sagen: *Ein Gebilde ist genau dann ein Lebewesen, wenn es eine bestimmte Struktur zeigt, sich entwickelt, sich fern vom thermodynamischen Gleichgewicht befindet und über bestimmte (Selbst-)Regulationsleistungen sowie über das Vermögen der Weitergabe des eigenen Programms verfügt.* Man sieht, daß mit beiden Definitionen ein und derselbe Sachverhalt ausgedrückt wird – nur unter jeweils unterschiedlichen ›Vorzeichen‹.

Dem Biologen ist mit diesen Definitionen[22] kaum etwas grundsätzlich Neues gesagt. Generationen von Biologen waren ja damit beschäftigt, die für Lebewesen typischen Merkmale herauszuarbeiten und Organismen vom Anorganischen abzugrenzen. Wessen sich aber, auch heute noch, offenbar wenige Biologen bewußt sind, ist der Umstand, daß solche oder ähnlich lautende Definitionen nichtssagend wären und im Grunde wahrscheinlich gar nicht formuliert werden könnten, gäbe es da nicht als Voraussetzung jeder Beschreibung des Lebens schon unsere Lebenserfahrung, entwickelt in den langen Zeiträumen unserer Evolution auf der Basis des Gestalten abstrahierenden Wahrnehmungsapparats. Diese Primärerfahrung von Leben ist es, die – ohne daß sie ins Bewußtsein dringt – in jede Beschreibung bzw. Definition des Lebens auf rationaler Ebene eingeht.

Vermutlich würde es den meisten Menschen widerstreben, einen Roboter als Lebewesen zu bezeichnen, auch dann, wenn dieser äußerlich alle Merkmale eines Organismus aufweisen sollte. Denn seine Merkmale wären Eigenschaften eines künstlich – durch Menschenhand – aus Blech, Drähten und Schrauben zusammengesetzten Systems und nicht Eigenschaften eines natürlich entstandenen Gefüges. In diesem Zusammenhang – dem des vorbewußten Lebensbegriffs – ist es interessant, daß Kinder, nach dem Unterschied zwischen Computer und Menschen gefragt, sagen: »Ein Computer kann nicht fühlen.« Erwachsene geraten dagegen in Schwierigkeiten, die immer komplizierter werdenden Unterschiede zwischen künstlicher und menschlicher Intelligenz zu erklären. Ihre Begriffe davon sind formalisierter. Die allermeisten Menschen würden einen Roboter eben nicht als Lebewesen *erfahren*, sondern allenfalls verblüfft sein über seine Ähnlichkeit mit einem bestimmten Organismus, z. B. mit dem Menschen.

Während eine umfassende Bestimmung des Lebens aus biologisch-philosophischer Sicht und systemtheoretisch untermauert noch in Kapitel 2 weitergehend erörtert wird, soll hier, nach allem, festgehalten werden, daß Leben *kein* metaphysischer Begriff ist und daher auch prinzipiell definiert werden kann. Arnold Gehlen hat in seinem Buch ›Die Seele im technischen Zeitalter‹ (1957) davon gesprochen, daß die anorganische Natur weitgehend erkennbar und der mathematischen Begriffsbildung zugänglich ist, dagegen bleibe das Organische hartnäckig irrational. Dabei bezieht sich Gehlen auf Bergson (1921, S. 158): »Zielt also der Intellekt auf handwerkliches Verfertigen, dann läßt sich voraussehen, daß ihm teilweise entgehen muß, was das Reale an Fließendem birgt und ganz und gar, was dem Lebendigen an wirklichem Leben eignete.« Andererseits aber muß man sich vor Augen führen, daß der Mensch doch von alters her die Entwicklung individueller Lebewesen, den Wandel der organischen Natur im Rhythmus der Jahreszeiten, kurzum, eine gewisse Dynamik des Lebens erfahren hat; und diese Erfahrung bildet heute unsere vorbewußten Wahrnehmungsstrukturen. Gewiß sind diese Strukturen irrational oder, wie ich lieber sagen möchte, vorrational, aber kraft der in den Wissenschaften geleisteten Reflexion verharren sie für uns nicht länger im verborgenen.

Lebewesen als *Lebewesen* zu erkennen ist für den Menschen offensichtlich kein Problem, und es fällt unseren von Lorenz (1973) so apostrophierten ›angeborenen Lehrmeistern‹ der Evolution auch nicht sonderlich schwer, einen allgemeinen Lebensbegriff zu bilden, der so verschiedene Organismen wie Katzen, Hunde, Papageien, Schlangen, Spinnen und Würmer und vieles andere mehr unter ein und dieselbe ›Klasse‹ von Phänomenen subsumiert. »Die Bezeichnung Leben«, so schreiben Eigen und Winkler (1975, S. 206), »umfaßt eine komplexe Vielfalt von Erscheinungen, und eben diese Vielgestaltigkeit sehen wir als eines ihrer wesentlichen Merkmale an.« Aus dieser Vielgestaltigkeit wird, wie hinzuzufügen ist, sowohl auf vorbewußter als auf rationaler, bewußter Ebene ein bestimmter Lebensbegriff abstrahiert. Mit Metaphysik hat dies auch nicht das geringste zu tun.

Unsere Alltagssprache ist voll von abstrakten Begriffen, ohne daß wir dabei immer unterstellen, metaphysische Begriffe zu gebrauchen. Wer würde behaupten, das Wort ›Schule‹ sei ein metaphysischer Terminus? Dabei meint dieser Begriff durchaus nicht nur eine Anordnung von Gegenständen; vielmehr verknüpfen wir damit eine spezifische Tätigkeit bestimmter Personen bzw. Personengruppen und die Resultate dieser Tätigkeit (Lehr- und Lernerfolge, Ausbildungs- und Bildungsniveau). Auf der anderen Seite wird es jemandem, der nie eine Schule besucht hat und auch sonst keinerlei Erfahrungen mit etwas Vergleichbarem hat, schwer beizubringen sein, welche Bewandtnis es mit dem Begriff ›Schule‹ hat, vor allem, wenn der Begriff im Sinne einer bestimmten Lehrmeinung gebraucht wird. Dieses Wort gehört nämlich nicht ins Repertoire der in der Evolution entwickelten und demnach vorbewußt vorhandenen Erfahrungen.

Leben ist freilich nicht ausschließlich ein Allgemeinbegriff. Selbst wenn jemand völlig isoliert von belebten Objekten aufwachsen müßte oder würde, hätte er immer noch die Erfahrung *seines* Lebens zur Verfügung, seine *Eigenerfahrung*, die Geschichte des Caspar Hauser wäre sonst nicht geschrieben worden. Und er würde, zum ersten Male eines anderen Menschen ansichtig werdend, von den Erfahrungen an und mit seinem eigenen Leben ausgehen und diesen anderen als ein ihm zumindest sehr ähnliches Wesen erkennen können. Und käme es danach zu einer ersten Begegnung mit einem Schimpansen, dann wäre der vorher ›fremdes‹ Leben nicht Gewohnte wahrscheinlich ebenfalls ziemlich sicher, daß es sich hierbei um ein ihm ähnliches Wesen handeln müsse. Allmählich erst würde dieser in der Isolation aufgewachsene Mensch wohl auch einen allgemeineren Begriff von

Leben bilden können. Gut, dies braucht uns nicht zu verwundern, wenn – wie ausgeführt wurde – der Mensch von seiner Stammesgeschichte schon mit einer ›Lebenserfahrung‹ im voraus ausgestattet ist, so daß beim ersten Anblick eines anderen Lebewesens nur sozusagen vorprogrammierte Assoziationen wachgerufen werden müssen. Aber, das Experiment gedanklich weitergesponnen, selbst wenn das Gehirn des Menschen stammesgeschichtlich eine *tabula rasa* wäre (was es sicher nicht ist), blieben auch bei einem isoliert aufgewachsenen Menschen immer noch die Eindrücke von seiner *Innenwelt* – es bliebe die Erfahrung, das Erleben des eigenen Lebens. Kurzum: Ein bestimmter Begriff von Leben ist für den Menschen als ein *Apriori* jeder weiteren Lebenserfahrung und der Objektivierung des Lebens vorhanden.[23]

Die rationale Reflexion in den Naturwissenschaften und in der Philosophie kann allerdings nicht dabei stehenbleiben, auf einen vorbewußt geprägten Lebensbegriff hinzuweisen. Nicht nur geht es auf dieser Bühne um die Erfahrung von Leben, sondern auch – und vor allem – um dessen Erklärung. Darüber streitet man sich in der Biologie und Biophilosophie seit über zwei Jahrtausenden. Ist das Lebendige mit den Mitteln der physikalisch-chemischen Wissenschaften erklärbar? Oder muß man dafür Prämissen erarbeiten, die über den Bereich der Wissenschaften vom Anorganischen hinausgehen? Die Antwort darauf wird lauten müssen: Obschon sich die Voraussetzungen für Leben im Anorganischen finden und physikalisch-chemisch beschreibbar sind, ist Leben mehr als tote Materie. Das Wörtchen ›mehr‹ ist aber nicht quantitativ, sondern qualitativ zu verstehen. Um das qualitativ Andersartige des Lebens gegenüber dem Unbelebten zu begreifen, ist jedoch die Voraussetzung spiritueller ›Kräfte‹ eine falsche.

Der Streit um eine adäquate Erklärung des Lebenden hat die Biologie bzw. Biophilosophie in zwei Lager gespalten und zwei unterschiedliche Begriffe hervorgebracht: einen *vitalistischen* und einen *mechanistischen* ›Lebensbegriff‹. Das ist vorerst eine Vereinfachung, weil *Vitalismus* und *Mechanismus* in der Geschichte der Natur- und Geisteswissenschaften nicht immer in ›Reinkultur‹ auftreten, sondern sich im Denken vieler Forscher auch überlappen. Ohne Zweifel aber ist die Vitalismus-Mechanismus-Debatte eines der aufregendsten Kapitel der Wissenschaftsgeschichte (eine knappe Übersicht dazu bietet z.B. Klerk 1979). Die Debatte zieht sich durch die gesamte Geschichte der Biowissenschaften – als ein Streitgespräch zwischen ›Idealisten‹ und ›Materialisten‹, als ein Tauziehen um die Ergründung der ›Wesenhaftigkeit‹ des Lebens. Das *kausale* (mechanistische) Denken wird dabei gegen das *teleologische* (finalistische) ausgespielt. Es handelt sich gleichsam um einen kontinuierlichen ›Konkurrenzkampf‹ zweier Grundlegungen der Biologie (Löw 1980). Einmal dominierte in der Geschichte die eine Grundlegung, dann wieder die andere (vgl. Wuketits 1980a, c, 1981b).[24]

Das Schisma der Biologie (und Biophilosophie) ist nicht schuldlos am Prozeß der Verdrängung der Kategorie ›Leben‹ aus dem Selbstverständnis moderner Naturwissenschaft. Der Versuch, die Eigenständigkeit des Lebens zu erfassen, verleitete vitalistisch orientierte Biologen und Philosophen dazu, Leben aufzulösen in der Kategorie ›Geist‹, während die Mechanisten in ihrer Einschränkung des Lebensbegriffs auf mechanisch wirkende Prinzipien Leben als eigene Kategorie überhaupt negiert haben. *Beide* Erklärungsansätze entsprechen aber im Grunde metaphysischen Überzeugungen und gehen in letzter Konsequenz am Leben vorbei.

In den folgenden zwei Abschnitten möchte ich versuchen, die zentralen Denkelemente des Vitalismus auf der einen, des Mechanismus auf der anderen Seite herauszustellen und die darauf gegründeten Lebensbegriffe zu rekonstruieren. Nicht minder soll die Unzulänglichkeit beider Ansätze aufgezeigt werden. In ihren dogmatischen Ansprüchen sind, vorweg gesagt, Vitalismus und Mechanismus nicht geeignet, das Lebende in umfassendem Sinn zu bestimmen.

Was kümmert uns all das – so werden viele Biologen unisono fragen. ›Ich bin Stoffwechselphysiologe‹, wird der eine sagen, ›mich interessiert der ATP-(Adenosintriphosphat-)Gehalt von Muskelzellen und meine Forschungsergebnisse sind unbeeinflußt vom Streit um einen Lebensbegriff; würde ich mich in diesen Streit einmengen, es würde mich nur von meiner eigentlichen Arbeit abhalten.‹ Ein anderer wiederum wird sich als Acarologe (›Milbenforscher‹) deklarieren und zugeben, daß er sich seit Jahren schon ausschließlich mit der geographischen Verarbeitung jener Tierordnung beschäftigt, der er nun einmal seine Tätigkeit gewidmet hat. Selbstverständlich ist es jedermanns gutes Recht, sein Leben den Milben zu widmen, und obendrein sind solche ›Überspezialisten‹ meist rührende Leute. Bedenklich ist nur ihre Naivität, da sie offenbar nicht wissen, inwieweit die jeweils herrschende ›Philosophie‹ – die sie angeblich gar nicht beeinflußt – und inwieweit damit der jeweilige Begriff von Leben in ihre Arbeit sehr wohl eingreifen: beispielsweise dann, wenn es um die Vergabe von Forschungsgeldern geht.

Nicht nur wird der Lebensbegriff von den angehäuften empirischen Forschungsresultaten bestimmt, sondern er dient umgekehrt vielfach auch als Leitlinie für einzelne Forschungsarbeiten und die Interpretation ihrer Ergebnisse, egal worauf sich diese Arbeiten im einzelnen Fall beziehen. Und soll unsere Erklärung bzw. Deutung von Leben nicht das Fundament bilden für ideologische Doktrinen oder – verkehrt herum – diesen nicht zum Opfer fallen, dann müssen wir uns um so mehr bemühen, das Lebendige frei von weltanschaulichen Motiven (vgl. Anmerkung 7) – und das heißt: objektiv – zu bestimmen. Eine grundlagenorientierte, kritische biophilosophische Reflexion, die dem bisher Geleisteten gebührend Rechnung trägt, viele der Lebensdeutungen aber als Fehldeutungen zurückweist und sich dem Dunstkreis lebensgefährlicher Ideologien entzieht, vermag hierfür Maßstäbe zu setzen, Leitlinien zu bieten.

Der vitalistische Lebensbegriff – Leben als Entfaltung geistiger Prinzipien

Der vitalistischen Lehre liegt die Überzeugung zugrunde, daß nicht allein mechanisch wirkende Faktoren das Lebensgeschehen bestimmen, sondern daß in jedem Lebewesen darüber hinausgehende Faktoren wirksam sind, ›Kräfte‹, die nicht weiter physikalisch-chemischen Gesetzlichkeiten untergeordnet werden können. Zwar sind sich die Vitalisten weitgehend darin einig, daß die Lebenserscheinungen ›teilweise‹ mechanisch erklärbar sind, bestehen aber darauf, daß ein mechanisch nicht erklärbarer ›Rest‹ stets zurückbleibt.

»Für die mechanisch nicht erklärbaren Tatsachen im Gebiet des Lebens erscheint den Vitalisten die Annahme eines spezifisch vitalen Faktors notwendig, der nun naturgemäß für jenen Rest von Lebenserscheinungen verantwortlich gemacht wird, der eben chemisch-physikalisch, oder (was nach Anschauung der meisten Vitalisten wesentlich dasselbe ist) ›mechanisch‹ nicht verständlich ist« (Sapper

1928, S. 56). In diesem Sinne definierte Driesch (1928, S. 378) den individuellen Organismus als »ein aus organisch-chemischen Stoffen... bestehendes, im Stoffwechsel stehendes, sich entwickelndes materielles System«, um jedoch sogleich hinzuzufügen: »Die *Essenz* des Organismus aber ist seine *Entelechie*. Sie ist der Inbegriff von allem, was an ihm ausgeprägt ist und was an ihm *und* von ihm aus sich ausprägen kann – auch in der Folge künftiger Generationen« (S. 379).

In zwei Punkten herrscht unter den Vertretern des Vitalismus grundsätzliche Übereinstimmung: Erstens soll Leben auf mechanische Komponenten nicht reduzierbare Eigengesetzlichkeiten aufweisen, zweitens soll alles Lebende daher durch eine ihm immanente Kraft zu kennzeichnen sein.

Im übrigen aber ist der Vitalismus historisch und inhaltlich keineswegs als einheitliche biophilosophische Lehre darstellbar. Wenn ich in Tab. 2 eine längere Reihe von Autorennamen wiedergegeben und die verwendeten Ausdrücke für die postulierte lebensimmanente Kraft zusammengestellt habe, dann bin ich mir dessen bewußt, daß nicht alle diese Autoren in ein und demselben Sinne Vitalisten sind und daß die Bezeichnungen für den ›Lebensfaktor‹ auch nicht beständig ein und dieselbe Bedeutung hatten. In dieser Tabelle also sollen die wichtigsten Vertreter jener vorerst nur sehr allgemein als ›vitalistisch‹ zu umschreibenden Auffassung genannt werden, derzufolge der – im nächsten Abschnitt zu besprechende – mechanistische Lebensbegriff ungenügend ist und einer Ergänzung durch spezifische, meist nicht näher erklärbare Faktoren bedarf.

Um Mißverständnisse zu vermeiden, muß bemerkt werden, daß der im Rahmen des Vitalismus postulierte Lebensfaktor nicht in jedem Fall als buchstäblich *geistiges Prinzip* gemeint ist. Wird in der Überschrift zu diesem Abschnitt der vitalistische Lebensbegriff durch die Annahme einer ›Entfaltung geistiger Prinzipien‹ charakterisiert, so ist das zunächst eine Verallgemeinerung, mit deren Hilfe der Kontrast zum mechanistischen Lebensbegriff verschärft werden soll. Es ist daher notwendig, das Knäuel vitalistischer Ansichten vor dem Hintergrund biologie- und philosophiehistorischer Ergebnisse zu entwirren, die einzelnen Spielarten des Vitalismus voneinander abzugrenzen, gleichwohl aber das ihnen Gemeinsame herauszustellen.

Zumeist wird als Urheber des Vitalismus Aristoteles genannt[25], und zwar aufgrund seiner Auffassungen über die Zweckmäßigkeit

Tab. 2 Vertreter vitalistischer Lehren und Bezeichnungen für den ›Lebensfaktor‹. Mit * gekennzeichnet sind einige Lebenserscheinungen, die vitalistische Deutungen erfahren haben

Aristoteles (384–322 v. Chr.)	*entelecheia*	F. W. Schelling (1775–1854)	Bildungstrieb
Galenos (129–199 n. Chr.)	*spiritus, pneuma*	G. Treviranus (1776–1837)	Lebensgeist, *enórmion*
T. Paracelsus (1493–1541)	*archeus*		
J. B. v. Helmont (1577–1644)	*archeus, vis plastica*	K. E. v. Baer (1792–1876)	Gestaltungskraft
F. Glisson (1597–1677)	*virtus plastica*	J. P. Müller (1801–1858)	Lebenskraft
H. Boerhaave (1668–1738)	*succus nervosum, Lebensgeist*	J. v. Hanstein (1822–1880)	Gestaltsamkeit*
E. Swedenborg (1688–1772)	*fluidum spirituosum*	J. Reinke (1829–1931)	Dominanten, Systemkräfte
G. E. Stahl (1694–1734)	*anima*	E. v. Hartmann (1842–1906)	höhere Richtkräfte
G. L. de Buffon (1707–1788)	*moule interne*		
A. v. Haller (1708–1777)	*Reizbarkeit*, vis mortua, vis viva insita*	G. v. Bunge (1844–1920)	Lebensaktivität
		H. Bergson (1859–1941)	*élan vital*
J. A. Unzer (1727–1799)	Nervenkraft	H. F. Osborn (1857–1935)	Aristogenesis
J. Hunter (1728–1793)	*living principle, vital power*	J. v. Uexküll (1864–1944)	Funktionskreis*
C. F. Wolff (1733–1794)	*vis essentialis*	G. Wolff (1865–1941)	Zweckmäßigkeit*
F. J. Barthez (1734–1806)	*principe vital*	H. Driesch (1867–1941)	Entelechie, Psychoid
J. F. Blumenbach (1752–1840)	*nisus formativus*		
C. F. Kielmeyer (1765–1844)	organische Kraft, beherrschende Kraft	R. H. Francé (1874–1943)	Sinnesleben*
		R. Woltereck (1877–1944)	geschehenmachende Kräfte
T. G. A. Roose (1771–1803)	Lebenskraft	E. Becher (1882–1929)	Seelenwesen
M. F. X. Bichat (1771–1802)	Sensibilität*, Gewebe*, Membranen*	L. du Noüy (1883–1949)	Telefinalismus
		H. Conrad-Martius (1888–1960)	Bildungs-, Wesensentelechie

(Teleologie) des Lebendigen. Die von Kullmann (1979) vorgelegte kritische Analyse der Teleologie in der aristotelischen Biologie[26] zwingt jedoch zu einer Relativierung dieser Ansicht. Nur kurz sei hier das Wesentliche dazu erwähnt.

Neben der Annahme einer Zweck- oder Endursache (*causa finalis*) hat Aristoteles durchaus die Wirkung der Antriebsursache, der mechanischen Ursache (*causa efficiens*) zugestanden. Zwar war seine Vorstellung von der Funktion des Organismus zweckorientiert, dennoch bestimmte er die Lebewesen nicht im Hinblick auf ihre möglichen ›Gesamtzwecke‹ innerhalb des Kosmos. Die aristotelische Biologie ist nicht in dem Sinne finalistisch, auf ›letzte Weltzwecke‹ hin konzipiert, daß jedem belebten Wesen ein universeller Zweck gleichsam ›von oben nach unten‹ vorgegeben wäre. Daher war Aristoteles, wie Kullmann (1979, S. 23) kommentiert, »weit davon entfernt, den ganzen Organismus als eine zweckbestimmte Konstruktion aus einem Guß zu betrachten«, denn: »die uns durch die Evolutionstheorie geläufige Tatsache, daß bestimmte Organbildungen erst im Laufe der Entwicklungsgeschichte der Arten ihre heutige Funktion erhalten haben, konnte Aristoteles nicht kennen, aber er hat intuitiv aufgrund seines Studiums des Aufbaues des Organismus den sekundären Charakter vieler Funktionen von Körperorganen erkannt«.

Wie schon auf S. 27 erwähnt wurde, fühlte sich Aristoteles stark der Empirie, der Erfahrung verpflichtet, und deshalb ist es keineswegs zu rechtfertigen, seinem Werk schlechthin spekulative Tendenzen zu unterstellen. Ob es jedoch legitim ist, in der aristotelischen Naturforschung und Philosophie insgesamt in engerer Bedeutung auch ›materialistische‹ Ansatzpunkte zu vermuten (vgl. Jahn et al. 1982), soll hier nicht erörtert werden. Als ›Vitalist‹ aber darf Aristoteles – aus heutiger Perspektive betrachtet – wohl insofern gelten, als er ein auf Verwirklichung eines Ziels gerichtetes Prinzip des Lebendigen annahm. Er nannte dieses Prinzip *Entelechie.*

Der Entelechie-Begriff sollte später in vitalistischen Denksystemen eine große Rolle spielen, insbesondere bei Driesch (1928), der sich auf Aristoteles beruft und in ihm auch den ersten Vitalisten sieht. Man kann also sagen, daß sich die vitalistische Tradition auf Aristoteles gründet – wenn auch Aristoteles selbst weniger einem Vitalismus verbunden war als so mancher seiner Epigonen. Deutlich indessen sah Aristoteles die Unzulänglichkeit mechanistischer Erklärungen im

Bereich des Lebenden und die Nicht-Reduzierbarkeit der Lebewesen auf tote Materie. Eine Revision verschiedener Aristoteles-Interpretationen würde wahrscheinlich ergeben, daß der systemtheoretische Lebensbegriff, wie er im Abschnitt über den systemtheoretischen Lebensbegriff dargelegt werden wird, der aristotelischen (Bio-)Philosophie sehr viel verdankt.

Während Aristoteles mithin das entelechiale Prinzip im Lebenden nicht schlechterdings als einen spirituellen Faktor verstanden hat, begegnet uns im Verlaufe der weiteren Geschichte häufig die Meinung, im Lebenden herrsche eine immaterielle ›Kraft‹, ein geistiges Prinzip. Dieser animistische Standpunkt ist eine besondere Variante des Vitalismus; viele assoziieren damit (irrtümlicherweise) den Vitalismus im ganzen. Freilich ist nicht zu leugnen, daß der vitalistische Denkstil im allgemeinen sehr entscheidend von diesem Standpunkt geprägt ist.

Der Animismus reicht in der Geschichte weit zurück und findet sich als *vorwissenschaftliche* Deutung des Lebenden bereits in vorantiken mythischen Denkweisen, zu einer Zeit also, in der noch nicht von einer Philosophie oder Wissenschaft gesprochen werden konnte. Monod (1971) ist sicher zuzustimmen, wenn er sagt, animistische Weltvorstellungen gingen bis auf die Kindheitstage der Menschheit zurück.

Unter jenen Forschern, die gemeinhin als Vitalisten gelten, waren aber nur einzelne streng animistisch ausgerichtet, so z. B. Galenos. Für ihn ist die ›Seele‹ gleichsam die höchste Einheit des Organismus. Seine von Aristoteles abgeleitete ›Zweckmäßigkeitslehre‹ führte Galenos allerdings »mitunter bis ins Parodistische, so wenn er z. B. von der Unzweckmäßigkeit der verhältnismäßig kleinen Ohren für das [menschliche] Gehör gesprochen hat und dies damit begründet, daß der Mensch eben in der Lage sein müsse, einen Hut auf dem Kopf zu tragen« (Anker und Dahl 1938, S. 36). Das Prinzip *spiritus* bei Galenos ist Ausdruck einer Seelenmetaphysik, ebenso wie die mit *archeus* und *vis plastica* umschriebene ›geheime Kraft‹ bei Helmont, einem Schüler des Paracelsus, der schon den Begriff *archeus* gebraucht hatte. In ähnlicher Weise sprach der ›Geisterseher‹ Swedenborg von einem *fluidum spirituosum*[27], und auch Stahls *anima* ist als Bekenntnis zum ›Prinzip Seele‹ zu verstehen. In demselben oder doch einem sehr ähnlichen Sinne fand fast zwei Jahrhunderte später der Ausdruck *Psychoid* bei Driesch seine Verwendung.

Auf jene Spielart des Vitalismus, die – wie in diesen Beispielen – Leben buchstäblich als Entfaltung geistiger Faktoren interpretiert, trifft die Bezeichnung *Psychovitalismus* (Kochanski 1979) zu.

Etwas anders liegen die Dinge bei den sogenannten *Lebenskraftlehren.* Ich meine, diese könne man gleichfalls als vitalistisch bezeichnen, möchte aber den mit der Biologiegeschichte weniger Vertrauten doch darauf hinweisen, daß es sich hierbei um eine von der animistischen, seelenmetaphysischen (psychovitalistischen) Denkrichtung abweichende Lehren handelt. »Die im 18. Jahrhundert entstehenden Lebenskraftlehren grenzen sich im wesentlichen nach zwei Seiten hin ab. Sie entwickeln sich im Zuge der Erkenntnis, daß einerseits die... Maschinentheorie des Organischen und allgemeiner, die bereits bekannten physikalischen und chemischen Gesetzmäßigkeiten zur Erklärung der spezifischen Phänomene des Organischen (Fortpflanzung, Wachstum, Ernährung, Regulationsleistungen, Selbstbewegung usw.) nicht ausreichen, andererseits jedoch ein Rückgriff auf die Seelenmetaphysik... dem naturwissenschaftlichen Erkenntnisideal jener Zeit nicht angemessen ist« (Engels 1982, S. 93 f.).

Da aber der Terminus ›Lebenskraft‹ – der wahrscheinlich von dem Arzt und Botaniker Medicus im Jahre 1774 ins Deutsche eingeführt worden ist (Engels 1980, 1982) – sehr unterschiedlich verwendet wurde und verschiedenste Lebensleistungen kennzeichnete, ist es auch hier nicht einfach, einen gemeinsamen Nenner zu finden. Die in Tab. 2 aus dem Zeitraum zwischen 1707 (Geburt Buffons) und 1858 (Tod Müllers) eingetragenen Autoren lassen sich jedoch meines Erachtens als Vertreter einer im weiteren Sinne verstandenen Lebenskraftlehre bezeichnen. Vielleicht kann man auch die Aussage Hansteins zu dieser Lehre zählen.

Die ›Lebenskraftschulen‹ umfaßten geographisch den französischen, den englischen und den deutschen Raum. In gewisser Hinsicht wäre auch der niederländische Arzt Boerhaave als ein Protagonist dieser Lehre zu sehen, obwohl es damit eine besondere Bewandtnis hat: Sein *Lebensgeist* erinnert, zumindest dem Begriff nach, an die Seelenmetaphysik; aber Boerhaave – ein Lehrer Hallers, nebenbei gesagt – wandte sich nur inhaltlich gegen den mechanistischen Ansatz vor allem eines Descartes, versuchte andererseits das Lebensgeschehen letztendlich auf physikalisch-chemischer Grundlage zu erklären.[28] Der kundige Biologiehistoriker wird wahrscheinlich seine Bedenken haben, wenn er in obiger Tabelle Boerhaave den Vitalisten zugerechnet findet. Anstelle umständlicher Erklärungsversuche möchte ich hier nochmals das generelle Problem anschneiden, mit dem grundsätzlich jede historische Rekonstruktion der Mechanismus-Vitalismus-Debatte konfrontiert ist. Das ist die schon angedeutete Crux, daß ein und dieselbe Forscherpersönlichkeit nicht selten zwei entgegengesetzte Denkweisen verkörpert. ›Zwei Seelen wohnen, ach, in meiner Brust‹; manchmal sind es sogar mehr als zwei. So kommt es, daß sich etwa auch Karl Ernst v. Baer und Johannes Müller von der spekulativen Naturphilosophie distanzierten, in ihrem ›persönlichen Denken‹ aber doch der Gestaltungs- bzw. Lebenskraft einen besonderen Platz reservierten (vgl. Lenoir 1981). Und Blumenbachs Annahme einer Lebenskraft (*nisus formativus*) steht auf dem Boden eines ›vitalistischen Materialismus‹ (eines *vital materialism* nach Lenoir 1980, 1982). Das alles mutet bei oberflächlicher Betrachtung widersprüchlich an, löst sich aber auf, wenn man sich vergegenwärtigt, daß Blumenbach die Lebenskraft eben als *innerhalb* eines Organismus (und nicht von außen als spirituelle ›Kraft‹) wirksam gesehen hat. Damit wurde die immateriell zu verstehende Lebenskraft sozusagen ›materialisiert‹. (Zur genaueren Abgrenzung der Lehre Blumenbachs von den Lebenskraftlehren eines Wolff, eines Kielmeyer u.a. sowie zur Verwendung des Begriffs *Bildungstrieb* bei Blumenbach siehe ferner Engels 1982.)

Im allgemeinen waren die Lebenskraftlehren um die Probleme der Gestaltung bzw. Entwicklung und Organisation der Lebewesen zentriert und stellten den hypothetischen Rahmen dar für mechanistisch nicht hinreichend erklärte und also noch zu erklärende Phänomene. Vor allem wurde dabei auch auf das Phänomen der Reizbarkeit (*irritabilitas*) hingewiesen, bei Glisson und Haller (vgl. Lohff 1980). War ursprünglich die Interpretation solcher Phänomene noch stark vom Psychovitalismus beeinflußt (bei Glisson, der unter dem Einfluß Helmonts argumentierte), kann bei späteren Konzepten gerade zum Vermögen der Reizbarkeit in gewisser Hinsicht eine Entmystifizierung festgestellt werden, wenngleich die Grundlage der (vitalistischen) Lebenskraftlehren nicht verlassen wurde. Das trifft z.B. auf Haller zu, der unter Reizbarkeit eine »Eigenschaft der Muskelfaser« versteht, »vermöge derer sie sich zusammenzieht, wenn sie berührt und gereizt wird« (zit. nach Engels 1982, S. 94). Und für dieses

Vermögen strapazierte Haller den Begriff ›Lebenskraft‹, die *vis mortua*, die die Kontraktilität der Muskeln bestimmen soll und die *vis viva insita*, eine dem Leben des Muskels innewohnende Kraft (vgl. Lohff 1980). Die Lebenskraft sei zwar von der Seele unabhängig, wirke aber als ein spezifischer Faktor in Lebewesen.

Im Dienste einer Systematik vitalistischer Lehren kann man, unter historischen Gesichtspunkten, den Neovitalismus vom klassischen Vitalismus abheben. Die Grenzen zwischen beiden sind fließend, unterschiedliche Erkenntnisse im 19. Jahrhundert bedeuteten aber auch inhaltlich einen Schnitt zwischen alten und neuen vitalistischen Auffassungen.[29] Zu diesen Erkenntnissen zählt allem voran die Evolution durch Selektion (Darwin 1859); von großer Tragweite aber war auch Wöhlers Harnstoffsynthese. Dem Chemiker Friedrich Wöhler (1800–1882) war es im Jahre 1828 gelungen, Harnstoff – also eine *organische* Substanz – zu synthetisieren. Dieser Nachweis, daß etwas Organisches *künstlich* hergestellt werden kann, darf als ein Meilenstein in der Geschichte der ›Chemie des Lebendigen‹ betrachtet werden und gilt weithin als ein deutlicher Bruch mit dem klassischen Vitalismus (vgl. Anker und Dahl 1938, Jahn et al. 1982, Kochanski 1979, Rothschuh 1963a, Schubert-Soldern 1951 u.a.). Obzwar das nicht heißen muß, daß in vitalistischer Perspektive die Annahme einer, wie immer artikulierten, Lebenskraft überflüssig geworden wäre.

Denn auch wenn organische Stoffe künstlich hergestellt werden können, darf der überzeugte Vitalist immer noch sagen: »Die absichtsvoll planmäßige Tätigkeit des Chemikers, der im Laboratorium organische Verbindungen... herstellt, ist in der freien Natur ersetzt durch die ›Lebenskraft‹« (Sapper 1928, S. 59).

Was ist denn dann das Neue am Neovitalismus?

Generell ist es wichtig zu erwähnen, daß Autoren, die eine nachträgliche Klassifizierung als Neovitalisten übermittelt – chronologisch also die in Tab. 2 ab 1829 (Geburt Reinkes) angeführten Biologen und/oder Philosophen – sich der neuen Erkenntnisse einerseits aus der Evolutionsforschung und andererseits aus der organischen Chemie durchaus bewußt waren. Sie akzeptierten diese Erkenntnisse vielfach auch, waren aber der Meinung, sie durch die Annahme eines Faktors, der die Vitalistenthese stützt, ergänzen zu müssen.

Der Leser darf nicht dem Optimismus verfallen, daß sich der Neovitalismus als eine einheitliche Lehre charakterisieren ließe. Schon Sapper (1928) hat drei Richtungen des Neovitalismus auseinandergehalten, entsprechend den unterschiedlichen Antworten auf die Frage, worin der vitale Faktor bestände. Im großen und ganzen waren sich die Vertreter des Neovitalismus darüber im klaren, daß aufgrund des Energieerhaltungs-Prinzips[30] eine Lebenskraft nicht ohne weiteres ins energetische Geschehen eingreifen kann; diese Einsicht hebt sie von ihren geistigen Vätern ab. Der Versuch einer Neubestimmung des Lebensfaktors also hat in drei Lehren seinen Niederschlag gefunden: erstens in der Auffassung, das energetische Geschehen des Organismus werde von keiner spirituellen, sondern einer natürlichen, allerdings nicht hinreichend erklärten Kraft zielstrebig gelenkt (Reinke); zweitens in einem zwar psychistischen Deutungsversuch des Lebendigen, der aber keine ›geistige Kraft‹ von außen auf den Organismus wirken läßt, sondern dem Organismus selbst, ja, schon jeder seiner Einzelzellen, analog dem zweckbewußten menschlichen Handeln eine Art Bewußtseinsprinzip unterstellt (Francé)[31]; drittens schließlich in der Lehre von einem überindividuellen (seelischen, geistigen) Prinzip, die in einer Umdeutung des Gesetzes von der Energieerhaltung ›Kräfte aus anderen Sphären‹ auf das Leben einwirkend annimmt (Becher, Driesch u.a.). Diese letztgenannte Deutung ist zweifelsfrei unter den neovitalistischen Strömungen die phantastischste. Sie erinnert an den alten Animismus und ist in der Tat mit diesem in mancher Beziehung identisch.

Es würde in unserem Zusammenhang zu weit führen und den Leser vermutlich ermüden, wollte ich die als Neovitalisten eingestuften Forscher streng der einen oder der anderen dieser drei genannten Lehren zuordnen (sofern eine genaue Einordnung überhaupt sinnvoll ist) oder in der Folge alternative Einteilungsmöglichkeiten des Neovitalismus ersinnen. Was hier mehr interessiert, ist die Struktur der Argumentation der Neovitalisten, die sich, ungeachtet ihrer Meinungsverschiedenheiten im einzelnen, einigermaßen verallgemeinern läßt, und die anhand einiger Beispiele kurz beleuchtet werden soll (wobei nicht alle in Tab. 2 zu den Neovitalisten zu zählenden Autoren berücksichtigt werden).

Wenden wir uns zunächst dem Werk von Julius Reinke zu. In seiner ›Einleitung in die theoretische Biologie‹ (1911), die die Grundzüge eines biophilosophischen Systems enthält (man beachte die Bemerkungen auf S. 42), bringt Reinke die Lebensfaktoren als *Dominanten* und *Systemkräfte* auf den Begriff. Er geht auf die Argumente verschiedener seiner Gewährsleute ein, weiß den einen oder anderen seiner Gesinnungsgenossen auch zu kritisieren (z.B. Driesch) und entwickelt endlich seine eigenen Vorstellungen über ›Die in den Organismen wirksamen Kräfte und Gesetze‹. Worum handelt es sich dabei? »In den Dominanten«, schreibt Reinke (1911, S. 195), »erblikke ich... die letzten, einem Lebewesen... immanenten Ursachen seiner sich in Systembedingungen verkörpernden Organisation. Ohne Annahme von Dominanten würden die Systembedingungen unbegreiflich sein.« (Es ist, am Rande bemerkt, nicht uninteressant, daß sich Reinke des Begriffs der Systembedingungen bedient, den wir weiter unten, auf S. 100, im Kontext der modernen Systembetrachtung des Lebenden wiederfinden werden – in anderer Bedeutung aber.) Durch die Systembedingungen werden »die statischen Beziehungen, durch den Begriff der Systemkräfte oder Formkräfte die dynamischen Beziehungen in der Organisation der Lebewesen... zum Ausdruck gebracht« (Reinke 1911, S. 194). Eine bloße Wortspielerei, so wird man kritisch feststellen. Was *erklärt* denn die *Annahme* irgendwelcher obskurer ›Dominanten‹? Aber sehen wir doch vorher weiter; lassen wir als nächsten Henri Bergson zu Wort kommen.

Die (neo-)vitalistische Biophilosophie Bergsons findet sich in dem Buch ›Schöpferische Entwicklung‹ (1907 [1921]). Der quintessentielle Schluß aus diesem Werk wurde schon auf S. 33 bzw. in Tab. 1 gezogen. Darüber hinaus ist an dieser Stelle zu resümieren: Der tragende Begriff in Bergsons (Bio-)Philosophie ist die ›Dauer‹, *durée*, der vom ›Zeitbegriff‹ der Naturwissenschaften, *temps*, unterschieden wird; in der Dauer soll das Leben zu immer neuen Schöpfungen streben, angetrieben durch die ›Lebensschwungkraft‹, den ›Lebensimpuls‹ (*élan vital*). Bergson (1921, S. 93) charakterisierte die Lebensschwungkraft folgendermaßen: »Diese Schwungkraft, die in den verschiedenen Entwicklungsreihen, an die sie sich verteilt, fortlebt, ist die tiefere Ursache der Variationen, derer zumindest, die sich regelmäßig vererben, die sich summieren, die neue Arten schaffen. Im allgemeinen betonen die Arten, wenn sie nach Verlassen ihres gemeinsamen Wurzelstocks erst einmal zu divergieren begonnen haben, diese ihre Divergenz um so stärker, je weiter in ihrer Entwicklung sie vorrücken. Dennoch können, ja müssen... sie auf bestimmten Punkten eine identische Entwicklung haben.« Ungeachtet der verschiedenen sicher sehr anregenden Gedanken, die Bergsons Werk insgesamt bietet, wird sich zumal der Biologe heute fragen, worin denn der *Erklärungswert* einer mysteriösen ›Lebensschwungkraft‹ bestehen soll, und sich kopfschüttelnd von so viel Metaphysik abwenden. Der Leser möge sich aber gedulden – wie gesagt, ich will einige Lehren der Neovitalisten zunächst nur in aller gebotenen Kürze darlegen. Driesch ist der nächste, dem (nochmals) das Wort erteilt werden soll.

»Können Sie sich vorstellen«, fragt Driesch (1928, S. 176), »daß eine sehr komplizierte Maschine... Hunderte und Hunderte von Malen geteilt werden und trotzdem ganz bleiben kann?« – »Vielleicht antworten Sie mir«, überlegt Driesch weiter, »daß während der Zeit der Zellteilungen noch gar keine Maschine da sei, daß die Maschine erst nach Vollendung der Teilungen entstehe.« Und sein vitalistisches Credo vorwegnehmend, fährt er an gleicher Stelle fort: »... wer baut denn die Maschine in den definitiven Zellen unserer Systeme, beispielsweise der Eier? Vielleicht eine andere Maschine? Das würde uns nicht viel nützen.« Worauf Driesch hinaus will, ist nach dem bereits Gesagten nicht schwer einzusehen: auf die Unzulänglichkeit des mechanistischen Standpunkts, auf die Unzulänglichkeit einer Maschinentheorie des Lebens und auf die Notwendigkeit, den Erklärungsregreß im Hinblick auf die Lebenserscheinungen zur Annahme der Entelechie zu führen.

Die Entelechie bezieht Driesch allerdings nur auf das Phänomen der Formbildung der Organismen. Von diesem, das Lebewesen *bildenden* Agens unterscheidet er eine den Körper *lenkende* ›Kraft‹, die er mit dem Ausdruck *Psychoid* umschreibt. Das Psychoid ist »ein Etwas, welches zwar keine Psyche ist, aber doch nur in psychologischen Analogien erörtert werden kann« (Driesch 1928, S. 259). Schließlich erkennt man, wie Driesch die die Lebewesen kennzeichnenden Eigenschaften vom Plateau des naturwissenschaftlich-empirisch Zugänglichen abhebt, sich die Entelechie auf das Leben als gleichsam von einer ›anderen Welt‹ kommend vorstellt: »Entelechie wird«, so begründet er seinen Mystizismus, »von räumlicher Kausalität affiziert und wirkt auf räumliche Kausalität, als wenn sie jenseits des Raumes herkäme: *sie wirkt nicht im Raum, sie wirkt in den Raum hinein*; sie ist nicht im Raum, im Raum hat sie nur Manifestationsorte« (Driesch 1928, S. 330). Diese ›Philosophie des Organischen‹ verkörpert also am Ende eine Seelenmetaphysik; sie ist die Wiederkehr des Animismus.

Ähnliches gilt für Bechers Postulat eines *überindividuellen Seelenwesens*. Der ›Einführung in die Philosophie‹ (Becher 1926 [1949]) entnimmt man – bezeichnenderweise in dem Abschnitt ›Metaphysik‹ – die Hypothese, »daß zu jeder Lebenseinheit, jeder Zelle, jedem Organ, jedem gewöhnlichen Individuum, jedem Tierstock und -staat auch ein einheitlicher Lebensfaktor, ein einheitliches Seelisches gehören werde. Den Zellseelen werden Organseelen, den Organseelen Organismusseelen, diesen aber überindividuelle Tierstock- und Tierstaatenseelen übergeordnet sein« und es mag »auch überindividuelles Seelisches geben, das noch viel weiter reicht... so daß schließlich über Organismen ein großes überindividuelles Seelisches sich erstreckt« (Becher 1949, S. 299).

Gegen diese spekulativen Denkweisen bei Driesch und Becher – dieser war von Berufs wegen Philosoph, jener aber hatte Zoologie studiert und wandte sich erst später der Metaphysik zu – nimmt sich das Werk Uexkülls ziemlich nüchtern aus. Man mag sich fragen, ob es legitim ist, Uexküll in die Reihen der Neovitalisten zu stellen. Hierüber werden die Meinungen auseinander gehen, wenn man sich seine überaus wertvollen Beiträge über die Beziehungen zwischen Organismus und Umwelt vor Augen führt. Den vitalistischen Grundtenor in Uexkülls Biologie und Biophilosophie wird man hingegen nicht leugnen können, wenn man seine ›Theoretische Biologie‹ (1928) aufschlägt und dort vor allem die Bemerkungen über ›das Psychoid‹ liest. Immerhin konstatierte auch Driesch (1933) zwischen seinen eigenen und den Ansichten Uexkülls über das Lebendige eine große Ähnlichkeit – und umgekehrt brachte Uexküll der Metaphysik Drieschs Sympathie entgegen. Dafür hatte er mit der Abstammungslehre Darwins seine Schwierigkeiten: Was Wunder, ein baltischer Baron konnte ja schlechterdings nicht vom Affen abstammen – wie Konrad Lorenz dies einmal in einem seiner privaten Seminare in Altenberg augenzwinkernd zu erklären wußte. Mit seinem Konzept des *Funktionskreises* kam Uexküll aber sicherlich in die Nähe modernen ökologischen Denkens und nahm wichtige Erkenntnisse über die Organismus-Außenwelt-Relationen vorweg. Aber im Ausdruck schon war seine Lehre vitalistisch durchwirkt. »Jedes Tier«, so schreibt Uexküll (1928 [1973, S. 150]), »ist ein Subjekt, das dank seiner ihm eigentümlichen Bauart aus den allgemeinen Wirkungen der Außenwelt bestimmte Reize auswählt, auf die es in bestimmter Weise antwortet. Diese Antworten bestehen wiederum in bestimmten Wirkungen auf die Außenwelt, und diese beeinflussen ihrerseits die Reize. Dadurch entsteht ein in sich geschlossener Kreislauf, den man Funktionskreis nennen kann. Die Funktionskreise der verschiedenen Tiere hängen... miteinander zusammen und bilden gemeinsam die Funktionswelt der Lebewesen... Pflanzen mit inbegriffen...« Bis hierher würde wahrscheinlich auch ein moderner Ökologe, wenn er nicht gerade einem milieutheoretischen Dogma huldigt, zustimmen. Doch Uexküll fährt fort: »Das Tier selbst bildet... eine Welt für sich, die ich als *Innenwelt* bezeichnen will. Die Wirkungen, die das Tier auf die Außenwelt ausübt, ergeben die dritte Welt, die *Wirkwelt.*«

Genug der Beispiele. Die ›Argumente‹ der Neovitalisten werden, wie nunmehr deutlich ist, von *Annahmen* begleitet, die das *zu Erklärende* (die Entwicklung der Lebewesen, ihre Organisation usw.) in den Bereich des noch nicht Erforschten oder gar nicht Erforschbaren verweisen. Darin entspricht der Neovitalismus dem klassischen Vitalismus. Selbstverständlich blieben vitalistische Lehren nicht unwidersprochen. Die an ihnen geübte Kritik faßt Julian Huxley – bezogen auf Bergsons *élan vital* – treffend zusammen: »Die Evolution auf einen *élan vital* zurückzuführen ist ähnlich der ›Erklärung‹ des Fortbewegens eines Eisenbahnzugs durch einen *élan locomotif*« (zit. nach Simpson 1963, S. 199). In diesem Sinne auch ist meine Bemerkung (auf S. 57) zu verstehen: Der Vitalismus geht *am Leben vorbei.* Der vitalistische Begriff von Leben ist gebunden an eine noch unbekannte Lebenskraft oder an metaphysisch gedachte Prämissen, die sich der naturwissenschaftlichen Forschung prinzipiell entziehen. Der postulierte Lebensfaktor, wie immer er bezeichnet wird, ist im Vitalismus nicht erklärt und bleibt auch unerklärbar. »Auf alle Fälle«, schrieb Aster (1932, S. 136), »bleibt dieser Faktor – Lebenskraft, Entelechie, Dominante – etwas... nicht unmittelbar Beobachtbares oder gar Meßbares. Es ist ein Schritt ins Jenseits der Erfahrung, den wir hier notgedrungen tun.«

Daß indes gerade die Lebenskraftlehren in ihrer Funktion als *Lückenparadigmen* (Engels 1982)[32] heuristisch wertvoll waren, die tiefergehende Untersuchung der Lebenserscheinungen stimuliert haben – wie insbesondere die Konzepte Blumenbachs, Kielmeyers u.a. (vgl. Larson 1979) –, kann niemand bestreiten, der auch nur ein wenig ›Fingerspitzengefühl‹ für Wissenschaftsgeschichte hat.

Für den Leser, der sich über die unterschiedlichen vitalistischen Denkstile einen groben Überblick verschaffen will, bevor er mir weiter folgt, kann dann vielleicht Tab. 3 sinnvoll sein. Diese Tabelle ist der Versuch einer Systematik des Vitalismus in großen Linien; sie ist nicht frei von der Willkür ihres Urhebers, so wie jede Systematik ideengeschichtlicher Abläufe mit fließenden Übergängen.

Es sollte mich nicht wundern, wenn der eine oder andere Leser jetzt allmählich genug hat von *anima* und *spiritus*, Entelechie und Psychoid, Seelenmetaphysik und Lebenskraftlehren – ich muß aber um Geduld bitten, noch kann dieser Streifzug durch die verschiedenen Vitalismen und Animismen nicht beendet werden. Vor allem bleibt noch zu zeigen, daß der Vitalismus (Neovitalismus) nicht bloß ein Kapitel aus der Geschichte der Biologie bzw. Biophilosophie ist, sondern sich bis in die jüngste Zeit hat halten können, wenngleich in abgeschwächter und vielfach modifizierter Form.

Schien etwa von 1950 an der Vitalismus (Neovitalismus) infolge der bahnbrechenden Erkenntnisse der Genetik und Molekularbiologie endgültig begraben, spielte er in den letzten zwei bis drei Jahrzehnten in der Biologie doch hier und da eine Rolle. Vitalistische Akzente zeigen beispielsweise die Arbeiten von Schubert-Soldern (1951, 1974). Zwar hat sich Schubert-Soldern nicht *expressis verbis* als Vitalist ausgewiesen, kam aber zu einer mit dem Vitalismus eng verwandten Naturansicht.[33] Er schließt seine ›Philosophie des Lebendigen‹ (1951, S. 273f.) mit den Worten: »Wir müssen also für alles Lebensgeschehen auch über das lebende Individuum hinaus ein Prinzip der Zueinanderordnung anerkennen. Nach unserer... Erklärung ist also jene Harmonie der überindividuellen Ordnung wiederum ein Ziel, dem Einzelvorgänge... zugeordnet sind. Auch diese Harmonie ist ein ursächlich wirkendes Ziel: die prästabilierte Harmonie der Natur.« Das erinnert an Uexküll, den Schubert-Soldern auch häufig zitiert; und offenbar huldigt der Autor einem Finalismus, der ja historisch und inhaltlich mit vitalistischen Thesen verknüpft ist.[34]

Tab. 3 Umrisse einer Systematik vitalistischer Lehren

1. Klassischer Vitalismus (3. Jh. v. bis 19. Jh.)	a. Animismus (Seelenmetaphysik, Psychovitalismus): Der Lebensfaktor ist ein immaterielles, *geistiges* Prinzip (z. B. Stahl) b. Lebenskraftlehren (18., 19. Jh.): Der Lebensfaktor ist ein *natürliches*, aber mechanisch nicht erklärbares Prinzip* (z. B. Blumenbach)
2. Neovitalismus (spätes 19. Jh. bis etwa 1950, vereinzelt auch danach)	a. Naturalistische Deutung des Lebensfaktors (analog zu 1. b.) (z. B. Reinke) b. Panpsychistische Deutung des Lebensfaktors (vgl. Anmerkung 31) (z. B. Francé) c. Psychistische Deutung des Lebensfaktors (analog zu 1. a.) (z. B. Driesch)

Auch Haas (1958) versuchte, ausgehend von der Organisation der Lebewesen, ein vitalistisches Bild vom Organismus zu verteidigen. Er stützte sich auf Ergebnisse der Zellphysiologie – hier soll nicht in Rede stehen, inwieweit er diese falsch gedeutet oder daraus die falschen (philosophischen) Schlüsse gezogen hat – und meinte, die mechanistische (materialistische) Konzeption des Lebens damit widerlegen zu können. Haas scheint dem Mechanismus als ›Forschungsstrategie‹ durchaus seine Bedeutung beizumessen, nimmt aber zur Frage nach der ›Wesensbestimmung‹ des Lebens eine vitalistisch

* Nur im größeren Ramen der romantischen Naturphilosophie (z. B. bei Schelling) wird die Lebenskraft wieder ›entmaterialisiert‹; die Verwendung des Begriffs ›Lebenskraft‹ nimmt dabei echt teleologische Züge an (vgl. Engels 1982) (siehe in diesem Band S. 184).

dekorierte Position ein (wie ja schon diese Frage nach dem ›Wesen‹ des Lebens ein vitalistisches Anliegen ist), obwohl mit dem Bewußtsein, daß eine nichtmechanistische Bestimmung des Lebendigen nicht zwangsweise zum Vitalismus führen muß.

Von vitalistischen ›Lebensgeistern‹ angehaucht ist ferner das biophilosophische Vermächtnis Adolf Portmanns. Wie anders wäre sein Konzept der *Selbstdarstellung* des Lebenden (Portmann 1965, 1973, 1976) zu verstehen? Portmann fühlte sich der *idealistischen Morphologie* im Sinne von Goethe (1749–1832) verpflichtet, wovon seine Ausführungen über ›Bauplan‹, ›Typus‹ und ›Gestalt‹ zeugen.[35] Und die idealistische Morphologie trifft bei Portmann zusammen mit Uexkülls Umweltlehre, der ›Lehre von den Funktionskreisen‹. Selbstdarstellung des Lebens – das soll bedeuten, »daß der Organismus über das bloße Fristen des Lebens hinaus, über alles nur Notwendige hinaus, eine Form aufbaut, welche das Besondere gerade dieser Art darstellt«, so schreibt Portmann (1976, S. 82), und ich würde hier gar nicht widersprechen, käme nicht sogleich sein mahnender Hinweis auf »ein tiefes Geheimnis des Lebensstoffes« (S. 83) und schließlich der Ausruf: »›Innerlichkeit‹, die sich äußert!« (S. 83)

Man meint, einem ›biologischen Surrealismus‹ gegenüberzustehen. Gewiß, Portmann (er starb 1982) hat seine Meriten, er hat sich in mehreren Disziplinen der Biologie seine Verdienste erworben, in der Meeresbiologie, in der Entwicklungslehre (Embryologie), in der Verhaltensforschung. Und seine Ausführungen sind sicher sympathischer als die so mancher Laboratoriumsbiologen, für die nur zählt, was ›exakt‹ meßbar ist. Jenen Lesern, die mit dem zeitgenössischen Reduktionismus in der Biologie vertraut sind, können die Arbeiten Portmanns als entspannende Lektüre empfohlen werden; es sind Arbeiten eines Mannes, der eigenständig gedacht hat und nicht bereit gewesen wäre, sich irgendeiner Mode anzuschließen. (Für den an einer umfassenden Auseinandersetzung mit der Biophilosophie Portmanns interessierten Leser sei auf das 1967 erschienene Werk von Kugler hingewiesen, in dem er sich ausführlich mit allen bis dahin veröffentlichten Schriften Portmanns beschäftigt hat; auch einige Abschnitte in dem bereis zitierten Buch von Grene [1974] sind der biologischen Philosophie Portmanns gewidmet.)

Zu stark jedoch war Portmann von der Überzeugung erfüllt, daß die ›Geheimnisse des Lebens‹ nicht gelüftet werden können, zu oft hat er den Naturwissenschaften Grenzen gezogen und davor haltgemacht. Seine Mission sah er nicht zuletzt darin, den Naturforscher wiederholt an seine Pflicht zur Bescheidenheit zu erinnern – und man hat jene Zeilen im Ohr, die Albrecht v. Haller (zit. nach Reinig 1934, S. 408) niedergeschrieben hat, nahezu als Warnung vor Grenzüberschreitungen:

»Ins Innre der Natur
Dringt kein erschaffner Geist.
Glückselig! wem sie nur
Die äußre Schale weist!«

Portmanns Bescheidenheit und Ehrfurcht vor dem Leben wie vor den Grenzen des Wissens und den ›Geheimnissen jenseits dieser Grenzen‹ wären ja zu respektieren. Fährt aber der Naturforscher nicht besser in dem Bestreben, »die Spanne seines Lebens ... zugleich auch dazu zu verwenden, den letzten Fragen nachzugehen«, wie Rensch (1968, S. 1) angeregt hat, und »den Becher der Erkenntnis bis zur Neige zu leeren«? Ich denke schon. Nichts, was unserem Verstand prinzipiell zugänglich gemacht werden kann, sollten wir verschleiern; und was uns verschleiert erscheint, sollten wir uns zu enthüllen bemühen.

Im Zusammenhang mit dem Vitalismus muß jetzt abschließend noch der *Holismus* erwähnt werden; und zwar ist der *metaphysische* Holismus gemeint, der klar abzugrenzen ist von einem *systemtheoretischen* Holismus (Wuketits 1983b). In systemtheoretischer Bedeutung wird der Holismus noch besprochen werden. Die Denkrichtung eines metaphysischen Holismus wurde in den dreißiger und vierziger Jahren unseres Jahrhunderts von verschiedenen Autoren eingeschlagen. Für sie spricht Adolf Meyer-Abich (1934, 1948), der seine Lehre ausdrücklich als Überwindung des Mechanismus verstanden wissen wollte, sie aber gleichzeitig vom Vitalismus zu unterscheiden suchte. Seine ›holistische These‹ war, daß die physikalischen Gesetzlichkeiten durch simplifizierende Ableitung aus biologischen Gesetzlichkeiten zu deduzieren seien. Damit stellte Meyer-Abich das Organische *vor* das Anorganische – eine Drehung des Mechanismus um 180 Grad. Die gesamte Natur wäre demnach als eine ›organische Ganzheit‹ zu betrachten.

Lassen wir es damit genug sein. Ich hoffe, daß der Leser aus dieser – freilich bruchstückhaften – Darstellung vitalistischer Lehren und ihnen verwandter Denkweisen diesen einen roten Faden erkennt, der sich als spezifischer Versuch einer Deutung des Lebenden durch die Geschichte zieht. Bevor ich den zweiten roten Faden, die mechanistische Lebensdeutung, aufnehme, ist ein kritischer Rückblick angebracht.

Alle voranstehend behandelten Lehren – der Vitalismus in seiner engeren Wortbedeutung mit seinen animistischen und naturalistischen Spielarten sowie die dem Vitalismus nahestehenden Positionen (z. B. Meyer-Abich, Portmann) – sind in der Geschichte der neuzeitlichen Philosophie und Naturwissenschaft wiederholt als *Reaktionen* auf den mechanistischen Lebensbegriff aufgetreten. Da die mechanistischen Erklärungen des Lebens als unzureichend empfunden wurden, kam man zu der Überzeugung, Leben könne nur unter Zuhilfenahme eines eigenständigen Lebensfaktors erklärt und verstanden werden. »Der Streit zwischen Mechanismus und Vitalismus«, sagt Cassirer (1950, S. 216), »hat die Wissenschaft nicht näher an eine Erklärung des ›Wesens des Lebendigen‹ gebracht. Aber er hat die Biologie immer wieder gezwungen, *ihre eigene Natur als Wissenschaft* zu bedenken und so eine deutlichere Vorstellung von ihren spezifischen Aufgaben zu gewinnen und von den Denkmethoden, die im besonderen geeignet sind, diese Aufgaben zu erfüllen.« Nur über das Leben selbst erfahren wir durch diesen Streit zuwenig. Leider sind uns alle Vitalisten die Antwort auf die Frage schuldig geblieben, worin konkret der postulierte Lebensfaktor besteht.

Somit erweist sich der Vitalismus, alles in allem, als eine dem Leben unangemessene Deutung. Der Verweis auf ›geistige Kräfte‹ besonders im Psychovitalismus ist keine Antwort auf die Frage ›Was ist Leben?‹ – eher drängt er diese Frage zurück, ignoriert gewissermaßen die Welt unserer Erfahrungen.

Der Annahme ›höherer Prinzipien‹ der Vitalisten hat man im Mechanismus ›tieferliegende Prinzipien‹ entgegengestellt; Prinzipien, die mit physikalisch-chemischen Vokabeln beschrieben und durch physikalisch-chemische Gesetze erklärt werden sollten. Ich habe schon darauf hingewiesen, daß die Kontroverse um Vitalismus und Mechanismus die gesamte Geschichte biophilosophischer Diskussionen begleitet hat. Nicht immer läßt sich die Dualität Vitalismus–Mechanismus genau erkennen, beide Denkweisen finden sich, wie auch bereits erwähnt, gelegentlich in ein und demselben Kopf. Daher mag es im einzelnen problematisch sein, im Mechanismus strikt das Gegenteil zum Vitalismus zu sehen, dann nämlich, wenn sich die Diskussion auf unterschiedlichen Ebenen abspielt: Es kann jemand *methodisch* Mechanist, *ontologisch* aber Vitalist sein.[36]

Was uns hier interessiert, ist jedoch ausschließlich die Ebene der *Lebensdeutung*, worauf sich die Frage bezieht, ob Leben grundsätzlich mechanistisch erklärbar ist, oder ob wir die Mechanik (und im weiteren die Physik und Chemie) übersteigende Gesetze annehmen müssen, um die Frage ›Was ist Leben?‹ beantworten zu können. Wir befinden uns damit also im wesentlichen auf der ontologischen Ebene der Diskussion; hier ist die Polarisierung ›Vitalismus–Mechanismus‹ nicht nur legitim, sondern historisch begründet: Ist Leben *Geist* oder *Mechanik*? –

Als ein fortgesetztes Streitgespräch also, ein Streitgespräch zwischen ›oben‹ und ›unten‹, im Spannungsfeld von Materie und Geist – so zeigt sich uns die seit über zwei Jahrtausenden ausgetragene Kontroverse um eine den Menschen nicht allein *objektiv interessierende,* sondern auch *subjektiv betreffende* Frage.

Der mechanistische Lebensbegriff – Leben als Mechanik

»Leben bedeutet partielle, kontinuierliche, progressive, vielgestaltige und den Gegebenheiten nach wechselwirksame Selbstrealisation der Potenzen von Elektronenzuständen des Atoms« – so lautet eine Definition des Lebens nach Bernal (1972, S. 259), womit eine selten mit dieser Klarheit gegebene *mechanistische* Erklärung des Lebendigen ausgesprochen wird. Man täusche sich nicht über den Ausdruck ›Selbstrealisation‹! Was hier gemeint ist, entspricht in keiner Weise etwa der ›Selbstdarstellung‹ (des Lebenden), wie sie Portmann im Sinne hatte. Nur »die Ausbildung jeder einzelnen Form oder jedes Individuums, die durch genetische Zusammensetzung (das Erbmaterial) in Beziehung zu der jeweils gegebenen Umgebung bestimmt wird« (Bernal 1972, S. 216), ist damit begrifflich fixiert.

Solche und ähnliche Definitionen des Lebens entstammen jener alten Auffassung, wonach Lebendes sich restlos auf das Anorganische zurückführen lassen und/oder durch die Prinzipien der Mechanik erklärbar sein soll. Entspricht der Vitalismus im allgemeinen weitgehend einer *idealistischen* Philosophie, kann für den Mechanismus das Prädikat *materialistisch* verwendet werden. Was hierbei mit ›materialistisch‹ gemeint ist, bedarf freilich einer genaueren Erläuterung. In diesem Abschnitt will ich mich daher darum bemühen, eine etwas differenziertere Darstellung der im engeren Sinne mechanistischen Erklärungsversuche des Lebendigen vor dem Hintergrund der Biologie- bzw. Philosophiegeschichte zu geben. Allerdings muß der Mechanismus – so wie der Vitalismus (als Animismus) – in seinen Wurzeln in die Zeit des prähistorischen Menschen zurückführbar sein. Bereits der frühe Mensch trug wohl nicht nur den *homo metaphysicus* in sich, der in seiner Unfähigkeit, sich seine Umgebung zu erklären, ›Lebensgeister‹ anrief, sondern auch schon den *homo faber* (vgl. Tab. 6). In ihrer psychologischen Tiefenstruktur sind meines Erachtens der Vitalismus und der Mechanismus letzten Endes zurückzuführen auf diese Polarität zweier Wesenszüge des Menschen: seinem ›Bedürfnis nach Metaphysik‹ auf der einen, seinem Bemühen um ›Machbarkeit‹ auf der anderen Seite. Auch dieses Streben nach Machbarkeit entspringt im Grunde einer *metaphysischen* Hoffnung: Doch ist es nicht die ins Jenseits des Erfahrbaren projizierte Hoffnung, sondern der Wunsch, irgendwelche ›Kräfte‹ mit *eigenen* Mitteln zu beherrschen.

Erstmals artikuliert wurde die mechanistische Weltsicht in der Antike. Am Anfang unseres Exkurses durch die mechanistische Philosophie stehen die Lehren von Demokrit (um 460–370 v. Chr.) und Empedokles (um 492–432 v. Chr.). Für beide galt – wie auch für einige andere Philosophen aus der Periode voraristotelischen Denkens – das Lebende im Prinzip als etwas vom Anorganischen nicht spezifisch Unterschiedenes. Insbesondere bei Empedokles erfuhren die Lebewesen eine streng kausal-mechanische Deutung, als »das labile Resultat des Miteinander von Gegensätzen«, wie Löw (1980, S. 28) kommentiert, »und in ihnen findet der Kampf zwischen diesen [Gegensätzen] statt«[37]. Der Gedanke an eine Zweckmäßigkeit belebter Körper wurde dabei ausgeklammert; vielmehr konturierte sich bei Empedokles zum ersten Male »die Denkfigur, das Zweckvolle durch das Zwecklose… erklären zu wollen« (Löw 1980, S. 28).

Die aristotelische Lehre war eine kontroverse Antwort auf die mechanistische Deutung des Lebenden; doch schon Theophrast (371–287 v. Chr.), ein Schüler des Aristoteles, kontradizierte diesem

Vorschlag mit der Forderung, »der Wissenschaftler solle Naturvorgänge an Hand von Prozessen erklären, die man in den mechanischen Künsten beobachte« (Sachsse 1968, S. 4).

Im Mittelalter erhielt der Mechanismus kaum neue Nahrung. Einen kräftigen Auftrieb erlebte das mechanistische Denken erst wieder zu Beginn der Neuzeit mit der Etablierung jener *scientia nova*, die – ausgehend von Galilei (1564–1642), Newton (1642–1726) u. a. – einem Wissenschaftsideal Folge leistete, welches Imperative wie die folgenden nach sich zieht: »Auf dem Boden der Tatsachen bleiben!«; »Die Erfahrung vor jede Metaphysik stellen!«; »Die Dinge messen und zählen!«; »Die Welt erklären und nicht verstehen wollen!«[38]. Nach dem tausendjährigen mittelalterlichen Schlummer der Naturforschung mußte diese ›neue Wissenschaft‹ erfrischend wirken.

Hinzu trat nun die Aufforderung des Philosophen Francis Bacon (1561–1626), die Natur nicht nur zu beschreiben und (theoretisch) zu erklären, sondern sie auch zu beherrschen und die Erkentnis natürlicher Zusammenhänge in den Dienst dieses Ziels zu stellen. Bacons ›Neues Organ der Wissenschaften‹ (1620 [1974, S. 236]) führt zur Konklusio, daß »eine Verbesserung des menschlichen Zustandes und eine erhöhte Macht über die Natur erfolgen muß«. Hinter diesem Desiderat verbirgt sich die alte Sehnsucht des Menschen nach einer ›Beherrschung der Materie‹, jene starke und sich selbst verstärkende Sehnsucht, die den Menschen dazu verleitet, die Natur um ihn herum umzugestalten, und zwar in einem Ausmaß, daß der *homo faber* sich längst anschickt, die Natur (und mit ihr sich selbst) zugrunde zu richten. Dies ist eine zumindest auf Umwegen erreichte Konsequenz des mechanistischen Lebensbegriffs: die Konsequenz der Destruktion des Lebendigen. Denn der mechanistische Lebensbegriff ist kein theoretischer Begriff geblieben, sondern er ist auch in die Tat umgesetzt worden. Die Dämonen des Lebens zu entfesseln und sie in Automaten wirksam werden zu lassen – dieser alte Wunschtraum der Menschheit ist nicht zu trennen von der theoretischen Diskussion einer Bestimmung des Lebendigen.

Wenn Lebewesen in Automaten nachzubilden wären... – ein faszinierender Gedanke, gewiß, ein Gedanke, der auch schon vor Jahrhunderten seinen Ausdruck fand: in der ›mechanischen Ente‹ von Vaucanson (1709–1782) beispielsweise (Abb. 3). Vaucansons technischer Begabung verdankt das 18. Jahrhundert dieses denkwürdige

Abb. 3: Die ›mechanische Ente‹ von Vaucanson. (Nach Cohen 1968.)

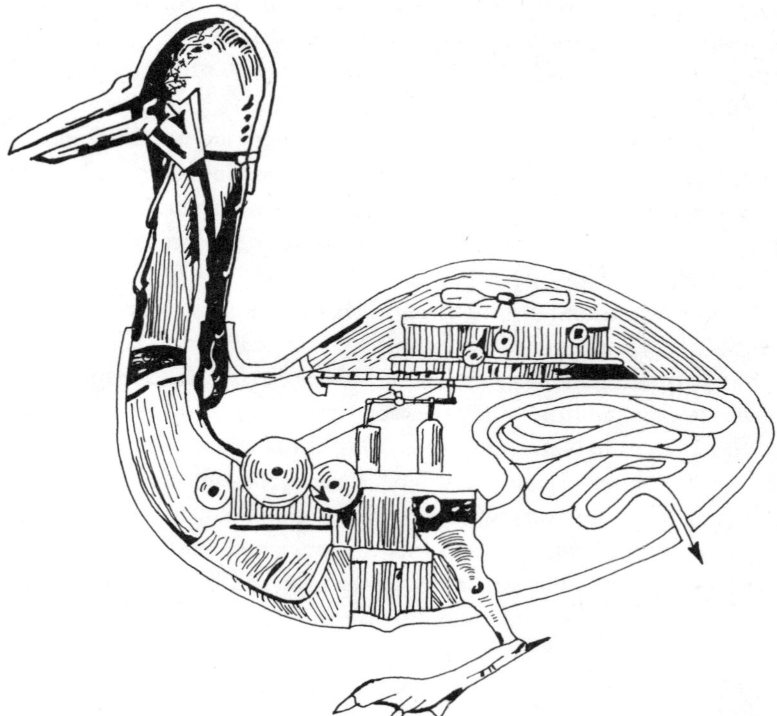

Geschöpf, das einer Ente glich: »Die Ente reckte den Kopf, nahm Körner aus der Hand, schluckte und verdaute sie. Sie trank, paddelte, quakte und imitierte die Bewegungen einer echten Ente, die hastig etwas hinunterschlingt« (Cohen 1968, S. 78). Faszinierend an dieser ›Ente‹ und an anderen Automaten, die Vaucanson schuf[39], war »der scheinbare Nachweis, daß der Mensch lebende Prozesse mechanisch abbilden kann« (Grmek 1972, S. 194). Zum Unterschied von einer ›echten Ente‹ aber war die ›mechanische Ente‹ nicht aus Fleisch und Blut, was heißen will: sie *lebte* nicht. Wenn aber eine Maschine die gleichen Funktionen erfüllen kann wie ein lebender Organismus, ist es dann nicht doch gerechtfertigt, einen Organismus als Maschine zu definieren?

Im 17. Jahrhundert bereits hatte sich die Schule der *Jatromechanik* gebildet, eine medizinische Richtung, deren Vertreter biologische Funktionen auf mechanische Funktionen zurückzuführen versuchten. Borelli (1608–1679) war einer der bedeutendsten ›Jatromechaniker‹; er interpretierte die Konstruktion des Menschen als eine Arbeit leistende *Skelett-Muskel-Maschine* und suchte die Bewegung aus der Verkürzung von Muskeln zu erklären (vgl. z.B. Gutmann und Bonik 1980b).

Allmählich also, im 17. und 18. Jahrhundert, bekam eine *Maschinentheorie* der Lebewesen ihre klar umrissene Gestalt. Descartes hat dieser Theorie einen philosophischen Rahmen gegeben; die Theorie stand ganz im Zeichen der Bemühungen neuzeitlicher Naturwissenschaft, die Phänomene der Natur – der unbelebten wie der belebten – einer quantifizierenden Betrachtung zugänglich zu machen. Lamettrie (1709–1751) und d'Holbach (1723–1789) profilierten sich als die wohl bekanntesten Vertreter dieser Position, die als eine besondere Variante des Mechanismus angesehen werden kann, womit wir uns noch näher zu beschäftigen haben. Das Besondere an der Maschinentheorie unter den mechanistischen Lehren war, daß ihre Vertreter das Lebende im wesentlichen mit Maschinen gleichsetzten; und es macht natürlich einen Unterschied, ob man Lebewesen *analog* zu Maschinen interpretiert oder sie dem Prinzip nach mit Maschinen *identifiziert.* Daher ist die Maschinentheorie des 17. und 18. Jahrhunderts abzugrenzen vom Mechanismus der Antike. Demokrit, Empedokles und andere Denker haben zwar die mechanistische Weltdeutung vorweggenommen, doch der philosophische Hintergrund ihrer Auffassungen ist zu unterscheiden von dem der ›neuen‹ Maschinentheorie.

Der Mechanismus der Antike war im allgemeinen von dem Streben nach einer kosmischen Weltsicht begleitet, dem Streben nach einer Erkenntnis kosmischer Prinzipien, denen das Lebende, so wie alles ›Seiende‹, gehorchen soll. Bei Heraklit (544–480 v. Chr.) ist der gesamten Wirklichkeit ein *logos* immanent, eine Art ›Weltvernunft‹ oder ›Weltgesetz‹; bei Empedokles fehlt zwar der *logos*, wohl aber steht seine Betrachtung des Lebendigen auf der Grundlage eines Gedankens an den kosmischen Kreislauf der Gegensätze. Obschon auch die Maschinentheorie der Neuzeit auf eine einheitliche Weltsicht hin konzipiert ist, steht sie in einem anderen Rahmen: im Rahmen der Mechanik. Die Mechanik wurde gleichsam zu einer *Einheitswissenschaft.* Diese Unterschiede zwischen dem antiken und dem neuzeitlichen Mechanismus sind leicht zu begreifen, wenn man sich vergegenwärtigt, daß die Physik – und das heißt in engerem Sinne wiederum Mechanik – in der Neuzeit einen anderen Forschungsstand erreicht hatte und technisch vielfach schon nutzbar gemacht worden war. »Die Theorie der Tier-Maschinen ist somit eine direkte Konsequenz des Standes der Erkenntnis im 17. Jahrhundert« (Jacob 1972, S. 43). Nicht nur können bestimmte mechanische Gesetze für die Erklärung bestimmter Leistungen des Organismus als methodische Hilfsmittel herangezogen werden, sondern die Lebensfunktionen werden auch, anders herum, technisch nachzubilden versucht.

Die Maschinentheorie vom Lebenden im 17. und 18. Jahrhundert hat also insgesamt zwei Wurzeln: Zum einen lebt die Antike wieder auf, die *Atomistik*, zum anderen erlebt die Mechanik nach Galilei ihre Blüte (vgl. Engels 1982). War bereits für die griechische Atomistik die Reduktion der Phänomene auf die Materie und die Auflösung der Qualitäten in Quantitäten ein deutlich spürbares Postulat, so wurde vor dem Hintergrund des erwähnten neuen Wissenschaftsideals diese Forderung noch um so deutlicher ausgesprochen.

Was mit dem Aufblühen der neuzeitlichen Naturwissenschaft in der Betrachtung des Lebenden hinzukam, war vor allem der Blick ins Innere des Tierkörpers. Nur Vesal (1514–1564) und Harvey (1578–1657) mögen in diesem Zusammenhang erwähnt werden, als zwei Pioniere in der Erforschung vormals unbekannter Landschaften des Organismus. Das von der Antike überlieferte Wissen über den Aufbau der Lebewesen war fragmentarisch und vielfach auf Mutmaßungen gestützt. Nach der langen Nacht des Mittelalters begann man, verstärkt empirisch zu forschen und so die fundamentalen Lebensvorgänge zu erhellen; die Konturen einer neuen Physiologie wurden sichtbar (vgl. z.B. Rothschuh 1965).

Das Verdienst Vesals ist in erster Linie auf anatomischem Gebiet zu suchen. Er reformierte die Human-Anatomie und insbesondere den Anatomieunterricht; er wandte sich gegen die mittelalterlichen Usancen, Anatomie unter Berufung auf die Texte von Galenos lediglich vorzutragen, und führte statt dessen – was ihm nicht gerade die Sympathie der Kirchen einbrachte – Sektionen und Demonstrationen an Leichen durch. Das Ergebnis seiner jahrelangen Arbeit hat Vesal in dem monumentalen Opus ›De Humani Corporis Fabrica‹ (›Vom Bau des menschlichen Körpers‹) niedergelegt, welches 1543 erschien; Vesal war damals gerade dreißig Jahre alt. Das Werk ist insofern

Abb. 4: Menschliches Skelett aus Vesals ›De Humani Corporis Fabrica‹. (Gezeichnet nach Taylor 1967.)

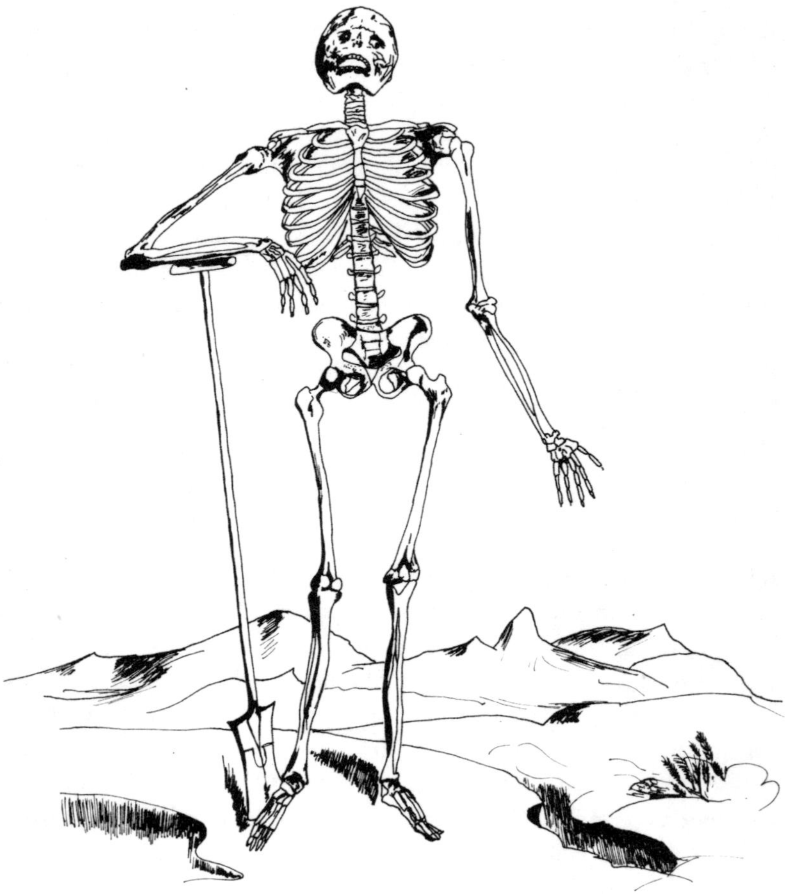

einzigartig, als es sehr genaue Darstellungen des menschlichen Skeletts (Abb. 4), des Muskelsystems, der Nerven usw. enthielt. »Das waren Bildtafeln, wie sie die Welt zuvor nie gesehen hat, Tafeln, die den menschlichen Körper in lebendigen Posen rekonstituierten« (Taylor 1967, S. 25).

Harveys Verdienst wiederum ist die Entdeckung des Blutkreislaufs. Zu dieser Entdeckung hatte unter anderen auch Harveys Lehrer Fabricio (1533–1619) schon wichtige Vorarbeit geleistet, indem er zu einer bereits ziemlich profunden Beschreibung der Venenklappen gelangt war (vgl. z.B. Jahn et al. 1982).

Die Arbeiten Harveys und Vesals zusammen boten Anregungen zu vielerlei Experimenten, die generell als Ausdruck einer Quantifizierung von Strukturen und Funktionen des Organismus verstanden werden können. Natürlich trugen diese Arbeiten auch wesentlich zur Entmystifizierung des Lebewesens, zumal des menschlichen Organismus, bei. »Die Bewegungen des Herzens sind allein Gott bekannt«, so dachte noch der Arzt und Humanist Gerolamo Fracastoro (1478–1553) (zit. nach Taylor 1967, S. 39) und drückte damit die seinerzeit allgemein übliche Meinung aus. Durch die Arbeiten von Harvey, Vesal u.a. wurde diese Meinung zurückgewiesen. Die neue Anatomie und Physiologie also enthüllten einstige Geheimnisse. Gleichzeitig fügt sich die Forcierung der quantitativen, analytischen Betrachtung des Lebendigen ein in die in der neuzeitlichen Naturforschung generell deutlich gewordene Tendenz einer *Mechanisierung* der Natur; die Maschinentheorie des Lebens wird so ideengeschichtlich verständlich. (Siehe hierzu z.B auch Rudolph 1983.)

Im 19. Jahrhundert konnte dann die (organische) Chemie bedeutende Erkenntnisse erzielen. Ich erwähnte schon oben die Harnstoffsynthese Wöhlers und deutete auch deren (naturphilosophische) Konsequenzen an. Die Resultate der damaligen Chemie wurden »zur Voraussetzung für die Entwicklung einer empirischen Wissenschaft, die in der Zusammensetzung der Lebewesen ihren Forschungsgegenstand erkennt und sukzessiv ihre eigenen Vorstellungen und ihre eigene Sprache entwickelt« (Jacob 1972, S. 110). Ja, die Grundfesten der *Molekularbiologie* waren damit gelegt. Sicher brauchte es seine Zeit, bis die Molekularbiologie im heutigen Sinne einen soliden theoretischen wie empirischen Unter- und Überbau erhielt; aber methodische Leitlinien dieser Disziplin wurden im 19. Jahrhundert bereits vorgezeichnet. Ich komme darauf noch zurück. Jedenfalls hat der mechanistische Lebensbegriff mit Hilfe der chemischen Forschung im 19. Jahrhundert zusätzlich an Inhalt gewonnen.

Besondere Aufmerksamkeit muß an dieser Stelle der Selektionstheorie Darwins geschenkt werden. »Aus dem Kampf der Natur«, so schrieb Darwin (1859 [1967, S. 678]), »aus Hunger und Tod geht also unmittelbar das Höchste hervor, das wir uns vorstellen können: die Erzeugung immer höherer und vollkommenerer Wesen. Es ist wahrlich etwas Erhabenes um die Auffassung, daß... aus einem so schlichten Anfang eine unendliche Zahl der schönsten und wunderbarsten Formen entstand und noch weiter entsteht.« In seinem Wesen war Charles Darwin ein bescheidener Geist. Auf die Frage nach den Eigentümlichkeiten seines Charakters gab er zur Antwort: »Beharrlichkeit – große Wißbegierde in bezug auf Tatsachen und deren Bedeutung. Einige Liebe für Neues und Wunderbares« (zit. nach Hemleben 1968, S. 137). Nicht nur versuchte Darwin die Natur, die Lebewesen, in ihrer Entwicklung zu erklären, sondern er war auch von Bewunderung für die Natur erfüllt. Doch kann es hier nicht darum gehen, Darwins Person und deren Eigenarten in Beziehung zu setzen zu seinem Werk. Was immer das Ergebnis einer solchen ›wissenschaftspsychologischen‹ Untersuchung wäre – es würde nichts daran ändern, daß die Deutung, die Darwin der Natur, dem Leben, gab, eine mechanistische ist.

Die (Selektions-)Theorie Darwins operiert mit einem mechanistisch zu verstehenden Prinzip: Lebewesen in ihrer Vielfalt sind das Ergebnis einer *auf sie wirkenden* Selektion; die Selektion ist durch die Umweltbedingungen definiert, *überleben* können nur diejenigen Individuen, die die beste ›Ausstattung‹ zum Leben unter den jeweiligen Umweltbedingungen aufweisen. Jede wie auch immer geartete Lebenskraft ist überflüssig, die Selektion ist ein *natürliches*, mechanisch wirksames Gesetz. Womit Darwin schließlich die Vorstellungen von der Teleologie forträumte (vgl. z.B. Himmelfarb 1968, Hull 1974, Lenoir 1981, 1982, Mayr 1979), wenngleich sich für ihn dieses Problem nicht so einfach dargestellt hat wie für so manchen seiner Epigonen.[40] Von all denen, die in der Selektionsidee das tragende Gerüst einer Erklärung des Lebenden erblickten, wurde der Gedanke an eine Zweckmäßigkeit, an eine zweckgebundene Harmonie des Organischen, konsequent fallengelassen. Inwieweit sich die Teleologie mit einem über die Theorie Darwins hinausgehenden Konzept verträgt, inwieweit teleologisches Denken auf genetischer, evolutionärer Basis heute vertretbar ist, wird uns aber im Kapitel 4 aus neuer, systemtheoretischer Perspektive beschäftigen.

Der von Darwin ausgehende Mechanismus ist jedoch nach zwei Kriterien zu unterscheiden von der Maschinentheorie des Lebendigen. Erstens war Darwins Konzept ein *naturalistisches*, d.h., es beruhte auf Beobachtungen *in der Natur* und hatte den Versuch zur

Folge, die Natur, das Lebende, mittels *natürlicher* Prinzipien zu erklären. Zweitens wurde dadurch eine von einem ›höheren Wesen‹ stammende, dem Leben gleichsam eingehauchte Zweckmäßigkeit eine vollkommen überflüssige Annahme. Der maschinentheoretische Standpunkt dagegen war grundsätzlich mit teleologischem Denken vereinbar: Einzelne Prozesse in der Natur, das Lebensgeschehen, auch der Mensch im Vollzug seines Lebens, könnten sich nach streng mechanischer Notwendigkeit vollziehen, ohne daß der Gedanke an eine göttliche Schöpferkraft aufgegeben werden müßte. So schrieb denn auch Descartes in seinen ›Meditationes de prima philosophia‹ (1641) (›Meditationen über die Grundlagen der Philosophie‹ [1915, S. 37]): »Es ist, sage ich, diese Idee [Gottesidee] im höchsten Grade wahr. Denn wenngleich man sich etwa ausdenken könnte, daß ein solches Wesen nicht existiert, so kann man doch nicht ausdenken, daß seine Idee mir nichts Reales vorstellt.« Freilich fehlte dieser Gedanke bei einigen ›Maschinentheoretikern‹; so bei Lamettrie, der sich polemisch gegen die Theologen wandte: »Was sollen uns... besonders die Theologen zu sagen haben? Ist es nicht lächerlich, sie ohne Scham über einen Gegenstand entscheiden zu hören, den zu kennen sie keineswegs imstande sind; im Gegenteil: sie sind vollständig von ihm abgewandt durch verdunkelnde Studien, die sie zu tausend Vorurteilen und, kurz gesagt, zum Fanatismus geführt haben, der noch zu ihrer Unwissenheit über den Mechanismus des Körpers hinzukommt« (Lamettrie 1747 [1909, S. 11]). Aber im allgemeinen noch »wird im Zuge der neuzeitlichen Mechanisierung des Weltbildes die Finalität aus der Natur in ein der Natur selbst *transzendentes* göttliches Bewußtsein verlagert, das die Natur zweckmäßig organisiert hat« (Engels 1982, S. 85). Maschinentheorie und Teleologie stehen also nicht im Widerspruch zueinander, während aus der Theorie Darwins der Zweckgesichtspunkt ausgeklammert worden ist.

In Darwins Selektionstheorie ist die Kausalität weitgehend eingeengt auf die Antriebsursache, die aristotelische *causa efficiens* (vgl. Wuketits 1980a). Schon Haeckel (1899, S. 104) meinte, durch jene Theorie wären wir »in den Stand gesetzt, die bunte Mannigfaltigkeit der zweckmäßigen Einrichtungen in der lebendigen Körperwelt ebenso auf natürliche mechanische Ursachen zurückzuführen, wie dies vorher nur in der anorganischen Natur möglich war«. Haeckel glaubte daher, in Darwin jenen ›Newton der organischen Natur‹

erblicken zu dürfen, auf dessen Erscheinen ein Jahrhundert davor Immanuel Kant noch nicht zu hoffen gewagt hatte.[41]

Doch nicht allein Haeckel – im Geschichtsverständnis vieler Biologiehistoriker der bravste ›Darwinist‹ des ausklingenden 19. Jahrhunderts[42] – rekurrierte in seinem Plädoyer für eine mechanistische Weltdeutung auf Darwin. Auch andere Materialisten seiner Zeit sahen in Darwin ihren Gewährsmann: Büchner (1824–1899), Moleschott (1822–1893) und Vogt (1817–1895) waren von der Lehre Darwins nicht unwesentlich beeinflußt (vgl. Gregory 1977); und nicht zu vergessen ist, daß sich Friedrich Engels (1820–1895) in seinen im Zeitraum von 1873 bis 1883 zusammengestellten Konvoluten zur ›Dialektik der Natur‹ (vgl. F. Engels 1973) wiederholt auf Darwins Lehre berufen hat.

So lassen sich vom 19. Jahrhundert herauf zwei auf einen Mechanismus hinauslaufende Linien ziehen. Erinnern wir uns: Die eine Linie führte von der organischen Chemie des vorigen Jahrhunderts zur modernen Molekularbiologie; die andere von Darwins Selektionstheorie zur *synthetischen Theorie* der Evolution, die zwar Darwins Konzept vor allem durch Erkenntnisse der Genetik und Populationsbiologie ergänzt, aber weiterhin mit einem mechanistisch zu verstehenden Selektionsprinzip operiert.[43]

Sehr viel verdankt die moderne Molekularbiologie Erwin Schrödinger, der in seinem Buch ›What is Life‹ (1944) die lebende Zelle mit den Augen des Physikers betrachtet und versucht hat, die Phänomene des Lebenden mit physikalisch-chemischen Prinzipien in Einklang zu bringen. Ich werde auf Schrödingers Betrachtungen noch auf S. 131 zurückkommen. An dieser Stelle muß erwähnt werden, daß Schrödinger aber nicht in dem Maße einem Mechanismus huldigte wie viele seiner Kollegen; er war sich durchaus der Eigenarten des Lebendigen bewußt (vgl. Olby 1971).

In der Folgezeit war die Molekularbiologie von großem Erfolg gekrönt – erwähnt sei nur die Entzifferung des *genetischen Codes* (vgl. Watson 1969; siehe Abb. 5) –, viele Wissenschaftler waren daher außerordentlich optimistisch. Endlich glaubte man, vitalistische Konzepte, die in der ersten Hälfte des 20. Jahrhunderts erneut propagiert wurden (siehe oben), widerlegen und überwinden zu können. Charakteristisch hierfür ist, um nur ein Beispiel zu nennen, folgendes Zitat: »So sind in der zweiten Hälfte des zwanzigsten Jahrhunderts

Abb. 5: Schematische Darstellung eines DNS-Moleküls (oben) und seiner Reduplikation (unten). Die DNS wird durch zwei miteinander verknüpfte Polynucleotid-Stränge gebildet. A (= Adenin), G (= Guanin), C (= Cytosin) und T (= Thymin) sind stickstoffhaltige Basen; sie ergeben das genetische Alphabet. Die Basen sind in spezifischer Reihenfolge assoziiert, demnach sind die beiden Stränge komplementär. Bei der Reduplikation des Moleküls trennen sich die beiden Stränge, die komplementären Stränge werden neu gebildet. (Nach Watson 1969.)

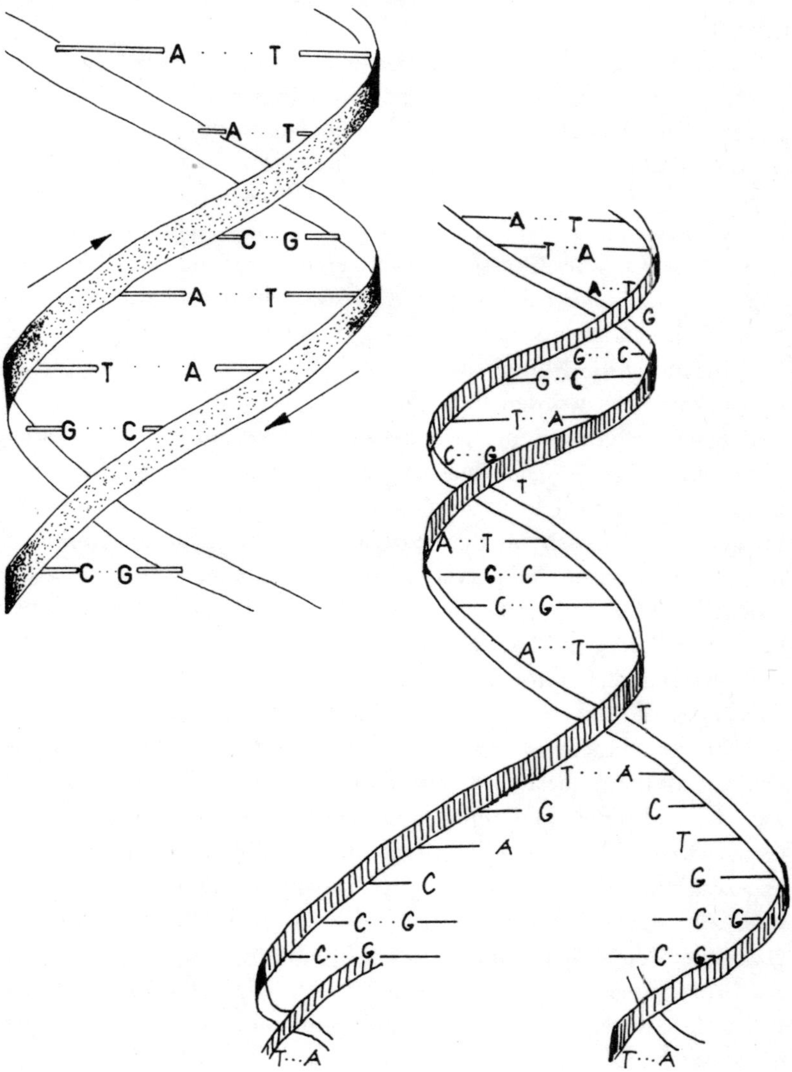

die Beweise für die Einheit und Allgemeinheit der Naturwissenschaft sehr überzeugend geworden und neue Entdeckungen könnten zu einem Schluß zwingen, zu dem die Wissenschaft schon lange drängt: Die regelmäßige und vorhersagbare Wirkung einer einzigen Gruppe physikalischer Gesetze reicht aus ohne jegliche Unterstützung durch ein außerwissenschaftliches oder vitalistisches Prinzip alle Aspekte der menschlichen Erfahrung zu erfassen« (Wooldridge 1968, S. 177f.).

Unter dem Einfluß der stürmisch sich fortentwickelnden Molekularbiologie gelangten viele Biologen der sechziger Jahre zu der Überzeugung, die Biologie insgesamt als *Molekular*biologie betreiben zu müssen, damit die Eule der Minerva ihren Flug starte. Das Postulat der *Vereinfachung* wurde gewissermaßen der neue Mythos: »Ein Teil des Arbeitsansatzes der Molekularbiologen war«, schreibt Kendrew (1966, S. 99f.), »die Biologie simplifizieren zu müssen, weil sie allein auf diese Weise hoffen konnten, ein kohärentes Bild der enormen Komplexitäten lebender Organismen zu erzeugen.« – Ob bei so viel Vereinfachung die Komplexitäten des Lebenden nicht gänzlich ›hinwegsimplifiziert‹ worden sind (?).

Die Wunschvorstellung, Leben *ausschließlich* auf der Basis seiner chemischen Zusammensetzung ergründen zu können, wurde schon zu Beginn des 20. Jahrhunderts klar formuliert. Elemente der Maschinentheorie flossen mit auf die organische Chemie gestützten Hoffnungen zusammen, wenn etwa Jacques Loeb (1906, S. 1) sagte: »Wir sehen... die Lebewesen als chemische Maschinen an, welche wesentlich aus kolloidalem Material bestehen, und welche die Eigentümlichkeit besitzen, sich automatisch zu entwickeln, zu erhalten und fortzupflanzen. Dadurch, daß die Maschinen, welche unsere Technik bis jetzt hervorgebracht hat, nicht imstande sind, diese letzteren Leistungen auszuführen, besteht einstweilen ein prinzipieller Unterschied zwischen lebenden Maschinen und den Maschinen der Technik. Es spricht aber nichts gegen die Möglichkeit, daß den technischen oder experimentellen Naturwissenschaften auch die künstliche Herstellung lebender Maschinen gelingen wird.« (Die zuletzt in Erwägung gezogene Möglichkeit wird in diesem Buch noch Gegenstand weiterer Erörterungen sein.) Und nicht zu vergessen ist Emil Du Bois-Reymond (1818–1896), eine illustre Persönlichkeit in der Physiologie der zweiten Hälfte des 19. Jahrhunderts, ein strikter Gegner vitalistischer bzw. neovitalistischer Denkweisen und ein Protagonist des Mechanismus über sein Jahrhundert hinaus. (Über Du Bois-Reymond informieren die Beiträge in Mann 1981.)

Alles in allem hat sich in der Biologie unseres Jahrhunderts endlich die Vorstellung eines zielführenden reduktionistischen Denkens bei vielen Biologen durchgesetzt. Sie bekennen sich oft sowohl in *methodischer* als auch in *ontologischer* Hinsicht zum Reduktionismus. Der methodische Reduktionismus ist sicherlich eine Notwendigkeit für den Naturforscher; er ist so etwas wie eine Forschungsstrategie. Will man die Teilstrukturen und -funktionen eines Lebewesens untersuchen, dann kommt man in der Tat nicht umhin, ›das Ganze‹ zu zerlegen, zu zergliedern – in der Naturforschung mittlerweile längst eine Binsenweisheit. Gewiß hätte die Biologie der neueren Zeit ihre bahnbrechenden Erkenntnisse nicht gewonnen, hätte sie sich stets auf *Ganzheitsschau* beschränkt. Das Zerlegen der Phänomene, die Analyse erst gewährte dem Menschen Einblicke in das ›Innere‹ des Lebewesens, das so lange von Geheimnissen umwittert blieb, wie es nicht – mit Hilfe eines technisch verfeinerten Instrumentariums – bis in seine verborgensten Winkel erschlossen war; was heißen will: durchleuchtet bis in seine molekularen Bausteine.

Aber ein ontologischer Reduktionismus meint, daß ein Lebewesen *nichts anderes* ist als die Summe seiner Elemente. Methodische Prämissen werden dabei übertragen auf die Bestimmung des Lebens im Ganzen. Und was ist dann Leben? Nichts anderes als eine (zufällig) bewegliche Ansammlung von Molekülen; und – wie hoffnungsvoll! – wenn einmal alle einen Organismus aufbauenden Moleküle erforscht sein werden, dann werden, woran viele offenbar glauben, alle Lebenserscheinungen *genauestens* bekannt sein. Und nimmt man dazu ein Quentchen Philosophie nach den Rezepten des Francis Bacon, dann ist der Schritt zur *Beherrschung* des Lebens nur mehr sehr klein – und herrschen werden jene Technokraten, die am liebsten den ›gläsernen Menschen‹ hätten, den durch und durch kontrollierten und kontrollierbaren willenlosen Automaten. (Alles weitere entnehme man George Orwells ›1984‹.)

Über das Reduktionismus-Problem in der Biologie ist viel geschrieben worden; der an erkenntnis- und wissenschaftstheoretischen Gesichtspunkten dieses Problems interessierte Leser wird z.B. bei Hull (1974), Kochanski (1979), Mohr (1981), Popper (1974) und

Wuketits (1983b) weitere Ausführungen dazu finden. In diesem Zusammenhang, im Hinblick auf die Ziele des vorliegenden Buches, beschränke ich mich auf die Feststellung, daß ein methodischer Reduktionismus heuristisch bedeutsam ist; dies heißt aber nicht, daß man deshalb einen ontologischen Reduktionismus rechtfertigen könnte. Er ist schlicht unhaltbar, weil er ein kraß vereinfachtes Bild von der Wirklichkeit, vom Organischen, fördert.

Ich will an dieser Stelle versuchen, die mechanistischen Lehren in ein System zu bringen. Für diesen in Tab. 4 wiedergegebenen Versuch gelten die gleichen Einschränkungen wie für die Systematik vitalistischer Denkweisen (Tab. 3). Allerdings sind an dieser Stelle noch einige Hinweise angebracht.

Eine Zwischenform von Vitalismus und Mechanismus (im Sinne der Maschinentheorie) stellt in vielerlei Hinsicht die Betrachtungsweise des Lebens bei Boerhaave dar. Diderot, dessen zentrale Aussagen über das Lebende in Tab. 1 erwähnt wurden, kann hingegen als Materialist der ›alten Schule‹ gelten, d.h. als Vertreter einer materialistischen Richtung nach dem Vorbild der voraristotelischen Philosophie. Er trat im wesentlichen in die Fußstapfen des Empedokles (vgl. Löw 1980), ging aber mit seinen evolutionstheoretischen Implikationen darüber hinaus (man beachte Anmerkung 37). Und zu Lamarck sagte ich schon, daß seine Position zwischen Mechanismus und Vitalismus liegt. Als Mechanist wäre er allenfalls in methodischer Hinsicht zu bezeichnen und dann, wenn man seine Kritik am Vitalismus schon als mechanistische Auffassung deutet (siehe hierzu z.B. Regelmann 1982 und Wuketits 1980a). Strenggenommen dürfte Lamarck weder zu den Vitalisten noch zu den Mechanisten gerechnet werden. Als ein repräsentativer Vertreter der naturalistischen Variante des Mechanismus im 19. Jahrhundert ist ergänzend auch noch Herbert Spencer zu nennen. Wird Leben als Anpassung innerer Beziehungen des Organismus an äußere Umstände begriffen, dann heißt das: Die Faktoren der Erklärung sucht man in der Natur, aber der Begriff ›Leben‹ wird dadurch gewissermaßen externalisiert, auf lebensexterne Bedingungen zurückgeführt (siehe unten).

Und nun zur Kritik am Mechanismus. Leben ist Mechanik – so lautet hier die Kurzformel. Das ist gewiß eine sehr allgemeine Charakterisierung. Aber im Prinzip meint der Mechanismus in seinen verschiedenen Formen – von der griechischen Atomistik bis zum

Tab. 4 Umrisse einer Systematik mechanistischer Lehren

1. Griechische Atomistik 5. bis 3. Jh. v. Chr.	Qualitäten können ›materiell aufgelöst‹ werden; Leben unterscheidet sich nicht grundsätzlich von anorganischer Materie (z. B. Demokrit). Andeutung des maschinentheoretischen Standpunktes: Leben läßt sich nach den Prinzipien der ›mechanischen Künste‹ erklären (Theophrast)
2. Neuzeitliche Maschinentheorie 17., 18. Jh.	a. Jatromechanik: Erklärung biologischer Funktionen durch mechanische Prinzipien (z. B. Borelli) b. Maschinentheorie i. e. S.: Lebewesen sind Maschinen (z. B. de Lamettrie)
3. Naturalismus i. e. S. 19., 20. Jh.	Die Entwicklung (Evolution) der Lebewesen beruht auf mechanisch wirkenden Kräften von seiten der Umwelt (natürliche Auslese als Milieuselektion): Selektionstheorie Darwins, spätere darwinistisch ausgerichtete Evolutionstheorien. Hierher wäre auch zu zählen: der dialektische Materialismus* (z. B. Engels)
4. ›Molekularmechanismus‹ etwa ab 1950	Organismen lassen sich auf ihre molekularen Grundelemente zurückführen: analytisch-summative Betrachtungsweise vieler zeitgenössischer (Molekular-) Biologen

* Ausschließlich als naturphilosophisches und nicht als gesellschaftsideologisches System verstanden.

›Molekularmechanismus‹ der Moderne –, Leben auf mechanische Kräfte zurückführen, Leben in der Mechanik, ganz recht, *auflösen* zu können. Die Mechanik wird dabei vielleicht überbewertet, denn sie ist ja nur *eine* physikalische Disziplin, während der Mechanismus in seinem vollen Inhalt auch von anderen Quellen gespeist wird: von der (organischen) Chemie, von der Molekularbiologie usw. Wie auch immer: Es tut nichts zur Sache, wenn wir nach den *prinzipiellen* Aspekten des mechanistischen Lebensbegriffs fragen. Hier geht es uns darum zu zeigen, daß der mechanistische Begriff von Leben seinem Wesen nach von der Überzeugung getragen ist, Leben auf das Anorganische reduzieren zu können, und damit verschwinden dessen Eigenheiten auch schon aus dem Blickfeld: Sie werden nicht gesehen oder bewußt ignoriert.

Die Situation in weiten Bereichen der Biologie läßt sich für die letzten hundert Jahre auch wie folgt beschreiben: »Seit der Mitte des 19. Jahrhunderts setzt sich auf alten Wurzeln einer materialistischen und deterministischen Naturphilosophie aufbauend und getragen durch eine mechanistische Physik... eine mechanistische Biologie auf breiter Front durch. Die heute als Metaphysik erkannte Hoffnung, daß alles Geschehene auf Gesetze der Mechanik, auf Masse und Bewegung zurückführbar sein könne, bildete dafür den Erwartungshintergrund« (Bonik und Gutmann 1980, S. 1). Jedoch haben, und man sollte hier nicht zu optimistisch sein, auch heute nicht alle Biologen diese Hoffnung als *Metaphysik* erkannt – bemerkenswerterweise glauben gerade Biologen, die sich dem Mechanismus verpflichtet fühlen, absolut unempfänglich für metaphysisches Gedankengut zu sein.

So wie der Vitalismus geht also auch der Mechanismus *am Leben vorbei.* Ich sagte dies bereits und hoffe, es wird für den Leser einsichtig sein, warum das so ist. Wenn man Lebewesen nämlich beispielsweise als Maschinen deklariert, dann hat man wohl ihre Teilkonstruktionen und -funktionen *technisch verstanden,* aber das, was ein Lebewesen als *Lebe*wesen ausmacht, nicht *erklärt.* Vielmehr hat man das Leben in die Maschine externalisiert: Man baut eine Maschine, die z.B. die gleichen Bewegungen wie eine Ente ausführt und meint, daß nun diese Maschine bereits ›Leben‹ verkörpere und daß daher die ›Konstruktion‹ des Lebens nicht anders sein könne als die Konstruktion einer Maschine. Kurzum, man sucht das Leben in der Maschine und führt sich selbst vom Leben weg, hin zur Maschine, zum Automaten.

In gewissem Sinne externalisiert worden ist das Leben auch von der klassischen Selektionstheorie: Organismen sollen sich mittels äußerer Kräfte entwickeln, also anhand selektiver Einwirkungen aus der Umwelt. Um nicht mißverstanden zu werden: Kein ernsthafter Biologe kann heute die grundsätzliche Gültigkeit des Selektionsprinzips in der Evolution leugnen, und ganz ohne Zweifel hat Darwin *einen* bedeutsamen Faktor der Evolution gefunden; die moderne Evolutionstheorie wäre, was zu betonen mir sehr wichtig scheint, ohne Darwin nicht vorstellbar. Könnte es aber nicht sein, daß zur *externen* Selektion noch ein *interner* Lebensfaktor hinzukommt, der *nicht* als ›Lebensgeist‹ oder sonstwie als ›Vitalkraft‹ interpretiert werden muß? Diese Frage ist nicht selten aufgeworfen worden; darauf komme ich im nächsten Kapitel ausführlich zurück.

An einer vollständigen Definition von Leben gehen erst recht jene Molekularbiologen vorbei, die Biologie auf molekulares Geschehen beschränken und der Annahme folgen, allein dieses Geschehen erklärte das Leben schlechthin. In den Schlußbemerkungen seines Essays wendet sich Paul Weiss (1969, S. 400) mit den Worten an den Leser: »Organismen sind eben nicht einfach Molekülhaufen. Jedenfalls kann ich mich nicht als solcher fühlen. – Können Sie es?« Ich kann diese Frage nur mit einem klaren Nein beantworten.

Im übrigen ist das Dilemma einer streng mechanistisch ausgerichteten Biologie für die Wissenschaft vom *Leben* (!) ein zweifaches: Eine mechanistische Biologie stellt die Frage ›Was ist Leben?‹ entweder erst gar nicht – denn »es gehört zu den methodischen Grundsätzen der Wissenschaft, daß man gewisse fundamentale Fragen nicht stellt« (Weizsäcker 1974, S. 287); oder der Begriff ›Leben‹ wird allmählich verdrängt. Die Frage etwa, warum es diese Welt gibt, ist nun tatsächlich sinnlos; ebenso absurd scheint die Frage, ob wir in der besten oder in der schlechtesten aller möglichen Welten leben (wir kennen ja nur diese eine Welt). Aber was Leben ist, ist eine sinnvolle Frage: Und der Mensch hat dazu einen vorbewußten Zugang, doch hat er sich diesen Zugang verstellt, weil er alle erdenklichen Argumente ins Feld führt, die ihn von der zentralen Frage nach dem Lebensbegriff ablenken. Und wo immer die kraß mechanistische Naturauffassung auf das Lebende übertragen wurde, hat man »eine Vergewaltigung des

Charakters des organischen Lebens auf allen uns bekannten Stufen« (Sapper 1928, S. 54f.) begangen.

Die Konsequenzen des mechanistischen Lebensbegriffs für den ›Umgang mit dem Leben‹ sind heute überall zu beobachten. Denn die mechanistische ›Lebensauffassung‹ ist keineswegs ausschließlich ein Gegenstand akademischen Disputs geblieben. Ihre Folgen sind überall dort zu erkennen, wo der Mensch – wie in den einleitenden Passagen bereits gesagt – das Leben zu vergessen beginnt. So etwa in der Medizin, die zwar Heilkunde sein sollte, mehr und mehr jedoch sich zu einer *Heiltechnik* entwickelt und mit einem mechanistischen, maschinentheoretischen Lebensmodell arbeitet. Aber wundert uns das noch? Wenn der Mensch eben nur ein Automat ist, dann genügt es doch, im Falle daß er krank, und das heißt dann: *reparaturbedürftig*, ist, einige Schrauben auszuwechseln, um ihn wieder *funktionstüchtig* zu machen; und funktionstüchtig soll er ja bleiben – o nein, nicht um seines Lebens willen, sondern weil er beispielsweise ein Produktionsfaktor unserer Wirtschaft ist. Na ja, und man erinnert sich in diesem Zusammenhang auch daran, daß es im Dritten Reich allwissende Ärzte und Eugeniker gab, die nicht zuletzt darüber entschieden haben, welche dieser seltsamen Automaten, die wir als Menschen kennen, nicht mehr wert sind, repariert zu werden oder am besten gleich auf die Müllhalde zu transportieren sind – nach Auschwitz, nach Mauthausen ...[44]

Der systemtheoretische Lebensbegriff – Leben als Systemkomplexität der Materie

Was ist Leben? – Eine faszinierende Frage also, eine herausfordernde, aber beängstigende Frage auch; beängstigend, wenn man die Antworten bedenkt, die darauf gefunden werden: Hier Maschinen, dort Lebensgeister, hier Mechanik, dort Gespenstermetaphysik. Haben wir tatsächlich nur diese beiden Alternativen? Nein! Eine Möglichkeit, Leben zu begreifen, besteht gerade in der Überwindung sowohl vitalistischer als auch mechanistischer Denkweisen. Gewiß, Vitalisten und Mechanisten – sie alle waren von dem Bemühen getrieben, die ›Wahrheiten‹ des Lebens zu finden. Bei aller Kritik wird man die vielen ernsthaften Versuche würdigen müssen, eine Antwort auf diese

Frage zu finden. Die Fährnisse aber liegen überall dort, wo ›halbe Wahrheiten‹ zu der einen und letzten Wahrheit deklariert werden. Wir kennen die Mängel hier des mechanistischen, dort des vitalistischen ›Lebens‹-Begriffs; ich setze *Leben* hier wieder in Anführungszeichen, weil wir von diesen Begriffen über das Leben letztendlich kaum etwas erfahren. Noch einmal: Beide ›Lebens‹-Begriffe gehen in ihrer Konsequenz am Leben vorbei, sie führen über das Leben hinweg und münden nicht selten in lebensfeindliche Ideologien, die der Mensch in seiner Hybris schuf, um die Materie, das Leben, zu beherrschen.

Der *systemtheoretische* Lebensbegriff, der nun anvisiert werden soll, lautet, auf eine Kurzformel gebracht: *Leben ist Systemkomplexität der Materie.* Inwieweit, so könnte man fragen, unterscheidet sich diese Formel vom mechanistischen Lebensbegriff? Unterliegt man nicht einer Selbsttäuschung, wenn man meint, Leben *nicht* im herkömmlichen Sinne materialistisch zu bestimmen, indem man dem Materiebegriff lediglich den Ausdruck ›Systemkomplexität‹ hinzufügt?

Ich sagte bereits, daß eine Grundvoraussetzung für eine umfassende Bestimmung des Lebenden außerhalb vitalistischer und mechanistischer Denkkreise in einem erneuerten Begriff von Materie zu finden ist. Materie, so sei wiederholt, ist nicht gleichzusetzen mit totem Stoff, denn immerhin war es möglich, daß sich Leben aus Materie entwickelt hat. Leben *ist* Materie – aber eine ihrer spezifischen Erscheinungsformen, die der ›toten Materie‹ gegenüber grundsätzlich neue ›Qualitäten‹ aufweist, als »geprägte Form, die lebend sich entwickelt«, wie Goethe sagt. Vielleicht hat der griechische Philosoph Anaximander (ca. 610–545 v. Chr.) sich schon einem solchen Materiebegriff genähert, indem er einen ›Urstoff‹ als etwas ›Ursprüngliches‹ voraussetzte, das alle Qualitäten als *Möglichkeiten* in sich enthalten soll (vgl. Schöndorfer 1954). Wie auch immer; aus heutiger Sicht wird darzulegen sein, daß die Entstehung neuer Qualitäten der Materie unter bestimmten Rahmenbedingungen möglich ist.

Vorerst soll der systemtheoretische Lebensbegriff jenseits von Mechanismus und Vitalismus angesetzt werden, womit der Weg zu einer neuen Biophilosophie markiert ist (Wuketits 1982g). Dabei können wir uns auf eine mittlerweile stark gewordene Tradition der ›Holisten‹ und ›Organismiker‹, eine Tradition weitblickender Denker stützen, die – unzufrieden mit der Alternative ›Mechanismus oder Vitalismus‹ – eine Systembetrachtung des Lebenden vorangetrieben haben. Ludwig v. Bertalanffy und Paul Weiss genießen für diese Betrachtungsweise historische Priorität. Ihre im Systemdenken verankerten Untersuchungen sind Basis für eine kraftvolle Biophilosophie; erste Ansätze dazu finden wir in den späten zwanziger und den frühen dreißiger Jahren.

In einer kurzen Übersicht über die empirischen Grundlagen des Systemdenkens bezeichnet Weiss (1978) Bertalanffy als »eine Art Schüler von mir«, gesteht ihm aber zu, die systemtheoretische Denkrichtung in der Biologie erst »wirklich vorangebracht« zu haben. Dieser Meinung will ich mich unbedingt anschließen, obwohl der Systemgedanke im weiteren Sinne – wie viele großartige Ideen – seine Wurzeln in der Antike hat (vgl. z.B. Dingler 1931, Oeser 1976 [Bd. 2]) und eine historische Studie aus jüngster Zeit (Breidbach 1982) auch Hegel (1770–1831) als einen Wegbereiter des Systemdenkens ausweist. Seine volle inhaltliche Bedeutung für die Biologie, vor allem auch im Hinblick auf (bio-)philosophische Diskussionen, erhielt der Systembegriff aber erst im 20. Jahrhundert. Eine knappe, einführende Darstellung des Systemdenkens in der Biologie habe ich bereits an anderer Stelle (Wuketits 1979b) gegeben. Bertalanffy selbst hat in seinem Buch ›General System Theory‹ (1973) das Systemdenken hinsichtlich seiner Fundamente und seiner Bedeutung über das Gebiet der Biologie hinaus umfassend dargelegt. Diese *allgemeine Systemtheorie* wäre am ehesten als eine Naturphilosophie zu charakterisieren. Dabei soll hier nicht entschieden werden, inwieweit der Ausdruck ›Theorie‹ legitim ist, ob also die System-›Theorie‹ die für eine Theorie maßgeblichen (erkenntnis-, wissenschaftslogischen) Kriterien erfüllt. Jedenfalls handelt es sich bei der Systemtheorie um eine sehr fruchtbare und (natur-)philosophisch relevante Betrachtungsweise.

In bezug auf seine philosophische Tragweite läßt sich das Systemdenken in der Biologie in dem Satz zusammenfassen: *Das Ganze ist mehr als die Summe seiner Teile.*[45] Dieser vielzitierte Satz soll eine dem Kybernetiker wohl bekannte Tatsache ausdrücken, nämlich daß bei der spezifischen Zusammenschaltung zweier (oder mehrerer) Elemente zu einem Ganzen neue Systemeigenschaften auftreten können, die den einzelnen Elementen fehlen. Ein Automobil etwa hat andere Systemeigenschaften als seine einzelnen Bestandteile. Achsen, Räder, Lenkrad usw. ergeben, sinnlos zusammengebaut, noch kein Auto; erst wenn sie in spezifischer Weise miteinander verknüpft, *integriert* werden, entsteht ein neues System mit der Eigenschaft, sich – gleichsam auf Knopfdruck – fortbewegen zu können. Mit diesem Beispiel soll kein maschinentheoretischer Standpunkt vertreten werden, es fungiert nur als einfaches Analogiemodell. Das Prinzip der Integration hat, allgemein gesprochen, in der Entwicklung und Organisation des Lebenden einen wichtigen Stellenwert. Das hat die Kybernetik bzw. Regelungslehre in den letzten Jahrzehnten recht gut zeigen können. Modelle dazu finden sich z.B. bei Fuchs-Kittowski (1976), Hassenstein (1973) und Nachtigall (1972).

Vielleicht aber ist das der Ort, um sogleich auf einen trivialen wie grundlegenden Unterschied zwischen belebten und technischen Systemen hinzuweisen. Technische Systeme sind stets von Menschenhand geschaffen, sie sind nach menschlichen Vorstellungen zweckgebunden. Lebende Systeme dagegen sind in der Natur entstanden, ihre ›Zwecke‹ sind nach den Kriterien menschlichen Denkens nicht erkennbar. Man könnte sagen, sie seien zweckvoll, aber sinnlos (vgl. S. 184). Erkenntnistheoretisch folgt daraus der fundamentale Unterschied: Technische Systeme können wir konstruieren, lebende Systeme (ihren Aufbau, ihre Funktionen, ihre Enwicklung) aber nur rekonstruieren. Wo immer wir uns bei dieser Rekonstruktion unserer Kenntnisse aus der Technik bedienen, handelt es sich um Analogien, die uns Teilfunktionen eines Organismus verständlicher machen. Weil ein technisches System auf bestimmte Weise funktioniert, dürfen wir jedoch nicht glauben, ein diesem ähnliches System, welches *lebt*, auch technisch erklären zu können. Automaten können hierbei allenfalls der Veranschaulichung dienen, der Veranschaulichung jener sehr verwickelten Funktionszusammenhänge im Organismus. Nur die, die vergessen haben, daß Lebewesen leben, können ernsthaft behaupten, Leben wäre schlechthin technisch erklärbar. Dazu wird noch weiter unten einiges zu sagen sein.

Die Integration von Elementen zu einem (ihnen dann übergeordneten) Ganzen also – und dies ist eine grundlegende Feststellung zum systemtheoretischen Lebensbegriff – ermöglicht das Entstehen vorher nicht dagewesener Systemeigenschaften oder konstitutiver Eigenschaften (*constitutive characteristics* [nach Bertalanffy 1973]). Und

»genau dies«, so folgen wir Lorenz (1973, S. 48), »ist der tiefe Wahrheitsgehalt des mystisch klingenden, aber durchaus richtigen Satzes der Gestaltpsychologen: ›Das Ganze ist mehr als seine Teile.‹« Übrigens hat sich, wie der mit dem Gegenstand schon vertraute Leser weiß, für das Entstehen solcher Eigenschaften im Englischen der Ausdruck *emergence* eingebürgert, ein Ausdruck, der im Deutschen als *Emergenz* wiederholt nachzulesen ist. Lorenz (1973, S. 47) allerdings schlug dafür den Begriff *Fulguration* vor, weil das Wort ›Emergenz‹ »sprachlogisch die Vorstellung erweckt, etwas Präformiertes tauche plötzlich auf, wie ein luftholender Wal an der Oberfläche des Meeres, das eben noch, bei buchstäblich oberflächlicher Betrachtung, leer zu sein schien«. Mit der Integration von Elementen zu einem neuen System taucht aber nicht etwas auf, was zuvor schon im verborgenen vorhanden war, sondern es entsteht etwas, das man aus den Eigenschaften der (einfacheren) Elemente nicht zwingend ableiten kann.

Der systemtheoretische Lebensbegriff, der im weiteren noch zu präzisieren ist, zumal er uns in weiten Teilen des folgenden Textes begleiten wird, ist systematisch, historisch dem Holismus und Organizismus zuzuordnen, die – um es nochmals hervorzuheben – eine Alternative jenseits von Mechanismus und Vitalismus darstellen. Beiden, dem Holismus wie dem Organizismus, ist die *ganzheitliche* Betrachtung des Lebenden gemein, jene Betrachtung, die dem Systemdenken entspricht. Der Begriff ›Holismus‹ ist 1926 von I.C. Smuts geprägt worden (vgl. Goerdt 1973) und versteht sich als Charakterisierung einer biophilosophischen Denkrichtung, die sich als eigenständiges System von den traditionellen ›-ismen‹ abwendet.

Ich möchte betonen, daß ich diesen Terminus ausschließlich im systemtheoretischen Sinn gebrauche und ihn deutlich von einem metaphysischen Holismus-Begriff unterschieden wissen will, der etwa in den Schriften von Meyer-Abich vertreten ist. Demnach bedeutet die holistische Denkweise, daß weder das Ganze seine Teile bestimmt, noch die bloße Addition von Teilen ein Ganzes ergibt, sondern daß Teil(e) und Ganzheit(en) *in Wechselwirkung zueinander stehen.* Ich setze aber die holistische Betrachtungsweise als identisch mit dem Organizismus oder der *organismischen Biologie* voraus, die erstmalig von dem Zoologen W.E. Ritter in seinem Werk ›The Unity of the Organism‹ (1919) definiert, erklärt und als *organismalism* (kein gerade sehr schönes Wort) bezeichnet wurde, um die Auffassung deutlich zu machen, daß »der Organismus in seiner Ganzheit für die Erklärung seiner Teile genauso wichtig ist, wie es seine Elemente für die Erklärung eines Organismus sind« (zit. nach Beckner 1967, S. 549).[46]

Die systemtheoretische (holistische, organizistische) Perspektive zeichnet sich nun dadurch aus, daß die physikalisch-chemischen Gesetzlichkeiten für den Bereich des Organischen voll anerkannt werden, daß aber gleichzeitig diesen Gesetzlichkeiten gegenüber eine gewisse Eigendynamik und Autonomie für jeden Organismus (und auch für überindividuelle organismische Systeme, z.B. Populationen) betont wird. Die Möglichkeit einer vollständigen Reduktion des Lebewesens auf physikalisch-chemische Komponenten wird also ausgeklammert. Dies bedeutet auch, daß die Biologie als Naturwissenschaft eine bestimmte Autonomie aufweist (Ayala 1968), eines Methoden- bzw. Theorien- und Begriffssystems bedarf, welches über die Konzepte der physikalisch-chemischen Wissenschaften hinausgeht.

Die organismische Biologie bei Bertalanffy (1932, 1942, 1951, 1973) impliziert drei Leitsätze, die den systemtheoretischen Lebensbegriff sowohl vom mechanistischen als auch vom vitalistischen Lebenskonzept deutlich abgrenzen (vgl. Bendmann 1967):

- Die Vorgänge in einem Organismus sind stets vom *Gesamtsystem* bestimmt. Diese ganzheitliche (System-)Auffassung, in der Element und System eine untrennbare funktionelle Einheit bilden, verträgt sich weder mit dem Postulat einer (spirituellen) Lebenskraft noch mit der These, daß das Lebewesen allein durch seine physikalisch-chemischen Komponenten determiniert wird.
- Alle Organismen sind dynamische Systeme, die *natürlich* geworden sind; eine maschinentheoretische Beschreibung wird dieser ›Naturhaftigkeit‹ nicht gerecht.
- Organismen sind *primär aktive* Systeme, d.h., sie werden nicht einfach von äußeren, mechanisch wirkenden Kräften ›angetrieben‹, sondern verfügen über die Fähigkeit, eigene Aktivitäten im Wandel äußerer Umstände zu setzen.

Dieser dritte Punkt muß ergänzt werden. Es ist ein offenkundiges

Abb. 6: Schematische Darstellung der Wechselwirkungen zwischen Organismus und Umwelt. Jedes Lebewesen vermag primäre, also eigene Aktivitäten (Autoaktivitäten) zu setzen und auf Umweltreize in spezifischer Weise zu reagieren. Dieses Miteinander von Aktion und Reaktion ergibt die Wechselwirkung (Interaktion) des Lebewesens mit seiner Umwelt.

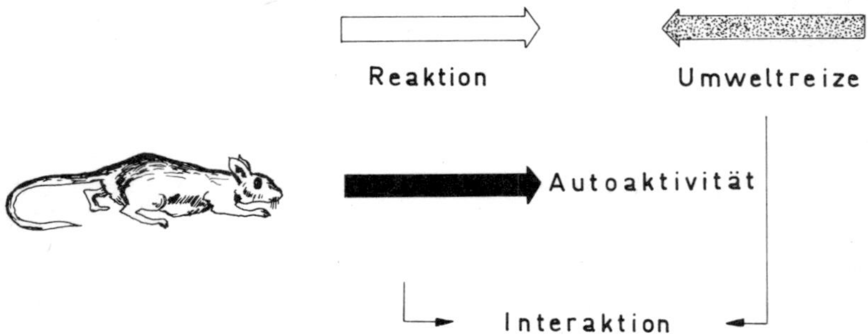

Kriterium der Lebewesen, daß sie mit ihrer Umwelt konstant in ›irgendeiner‹ Beziehung stehen. Einerseits setzen sie selbst bestimmte Aktivitäten, andererseits reagieren sie auf Umweltreize. Das ergibt – wie Abb. 6 deutlich machen soll – eine grundlegende dreigliedrige Relation: *Aktion – Reaktion – Interaktion.* Wichtig zu betonen ist, daß Lebewesen keineswegs Spielbälle externer Kräfte sind, sondern eben primär schon über einen durch die Rahmenbedingungen ihres eigenen Systems definierten Aktionsradius verfügen, so daß »das Lebensgeschehen nicht in erster Linie durch äußere Bedingungen unterhalten« wird (Rothschuh 1963 a, S. 107). Jene Vorstellungen von streng automatenhaft sich abspielenden Lebensprozessen, Vorstellungen, die auf gefährliche Weise in die Interpretationen des menschlichen Lebens eingreifen und sich beispielgebend im Behaviorismus niederschlagen, sind demnach zurückzuweisen.

Für die Evolution des Lebenden folgen hieraus bedeutsame theoretische Neuansätze. Die durch die Lehre Darwins postulierte Umweltselektion genügt noch nicht, um den Wandel organismischer Systeme – von einfachen Bio-Molekülen bis zur Struktur des Zentralnervensystems der Säugetiere – hinreichend zu erklären. Vielmehr ist auch der Komplex *innerer Systembedingungen* der Lebewesen (Riedl 1975) dafür als maßgeblich erachtet worden, denn erst die Sicherung der grundsätzlichen Funktionsbedingungen durch innere Selektion läßt die Selektion im konventionellen Sinne (als äußere Selektion) plausibel erscheinen und erklärt die im Lebensraum sich beständig abspielende Konkurrenz (Bonik und Gutmann 1982). (Näheres dazu wird noch auszuführen sein.)

Im Rückgriff auf die oben gegebenen Definitionen des Lebens ist jetzt folgendes festzuhalten: *Lebende Systeme sind hierarchisch organisierte (geordnete) Systeme, deren Teile eng miteinander verknüpft und deren Prozesse so geregelt sind, daß durch stete Beziehung untereinander auch bei ständigem Wechsel der das Gesamtsystem aufbauenden Stoffe (und Energien) und trotz Störungen von außen das System seinen eigenen Zustand bewahren kann (oder wiederherzustellen vermag) und zur Erzeugung ihm ähnlicher Systeme führt (Reproduktion).* Mit dieser Definition halte ich mich an Bertalanffy (1932), der an anderer Stelle auch eine knapper formulierte, aber dennoch präzise und für den Leser gut nachvollziehbare Definition lebender Systeme gegeben hat: »Im Gegensatz zu einem in seinen Molekülen gleichbleibenden Kristall«, so schrieb Bertalanffy (1951, S. 134), »steht jedes organische Gebilde in immerwährendem Stoffwechsel, es erhält sich in einem fortwährenden Zerfall und Wiederaufbau seiner Bestandteile.« Nichts anderes ist auch gemeint, wenn Leben – wie auf S. 52 nach Monod (1971) ausgeführt – durch Teleonomie, autonome Morphogenese und invariante Reproduktion gekennzeichnet wird.

Damit möchte ich wieder den bereits erwähnten möglichen Einwand gegen die Auffassung einer Spezifizität oder Autonomie des Lebenden aufgreifen. Entsinnen wir uns der auf S. 52 festgestellten sechs Prinzipien, so scheint es zunächst, als kämen *einzelne* dieser Prinzipien auch unbelebten Gebilden in der einen oder anderen Art zu. Betrachten wir etwa *Kristalle*. Die sind anorganische Gebilde, die ja bekanntlich auch wachsen und insofern, so könnte man meinen, lebenden Systemen entsprechen. Aber das wäre eine voreilige Schlußfolgerung. Das Wachstum der Lebewesen ist an ein komplexes Prozeß*gefüge* gebunden, das bei genauerer Hinsicht drei Teilprozesse erkennen läßt, und zwar:

- Größenzunahme,
- strukturelle Differenzierung,
- Formveränderung.

Dieses Prozeßgefüge kann mit anderen Worten als *Entwicklungsgeschehen* bezeichnet und das Wachstum als besonderer Ausdruck dieses Geschehens betrachtet werden. Doch das Prinzip der Entwicklung ist seinerseits undenkbar, wenn nicht gleichzeitig das Prinzip $\Delta G \neq O$, das Prinzip der Regulation und das Prinzip der enzymatischen Katalyse wirksam sind. So zeigt sich ein *Ineinandergreifen* von Prozessen im Vollzug der Wachstumsvorgänge bei lebenden Systemen, womit anorganisches ›Wachstum‹ davon kategorial wesensverschieden ist. Kristalle und beispielsweise auch Eiszapfen ›wachsen‹, indem lediglich an ihren Oberflächen mehr und mehr von dem Material, aus dem sie zusammengesetzt sind, angereichert wird. Der lebende Organismus hingegen wächst sozusagen *aus sich heraus*, nach Gesetzlichkeiten, die in seiner genetischen Information enthalten sind. (Eine gut lesbare Einführung in diese Thematik bieten z.B. Tanner und Taylor 1970.) Der Organismus als Ganzes also ist in allen seinen Vorgängen ein Komplex eng miteinander zusammenwirkender Strukturen und Funktionen. »Das Ganze ist... nicht eine Unformität, nicht nur äußere Form, sondern eine Vielförmigkeit zusammenhängender Teile« (Dullemeijer 1982, S. 10).

Etwas schwerer wiegen dürfte heute der Einwand, daß *technische* Gebilde (Automaten in weitester Wortbedeutung) *doch* wesentlich den Prinzipien des Organischen entsprechen, besser jedenfalls als eben Kristalle oder Eiszapfen. Denn Automaten sind komplizierte Gefüge, die offenbar *aktiv* gewisse Leistungen vollbringen. Könnte also ein systemtheoretischer Lebensbegriff letztlich nicht einem ›allgemeinen technischen Systembegriff‹ untergeordnet werden? Selbstverständlich nicht!

Lebewesen sind natürlich entstandene Systeme, sie haben sich entwickelt, haben Geschichte. Jedes individuelle Lebewesen hat so etwas wie eine *Bio*graphie; in seinem genetischen System ist seine eigene Geschichte niedergeschrieben (Riedl 1975), und alle Organismenarten sind das Ergebnis langer Entwicklungs-, d.h. Evolutionsprozesse. Diese ›historischen Gesichtspunkte‹ fehlen bei technischen Systemen. Und mögen Automaten, zumindest in dem einen oder anderen Fall, den Organismen oder bestimmten Arten der Organismen *ähnlich* funktionieren, dann nicht deshalb, weil Lebewesen selbst Automaten sind, sondern weil im Automaten bestimmte Naturgesetzlichkeiten *nachgebildet* worden sind.[47] Eine Maschine ist und bleibt ein Erzeugnis aus Menschenhand, sie zeigt zwar eine hochgradige Funktionalität, aber keine Historizität in ihr selbst. Ein Automat funktioniert nur deshalb *analog* zu Organismen, weil diese wie jener – um überhaupt ›leistungsfähig‹, ›funktionsfähig‹ sein zu können – fundamentalen physikalischen Prinzipien folgen müssen (so etwa dem Gravitationsgesetz).[48] Aber der Automat folgt ausschließlich physikalischen Gesetzlichkeiten, während Organismen darüber hinausgehende Eigengesetzlichkeiten aufweisen, z. B. von der Art der Wachstumsprozesse bzw. der Entwicklung im allgemeinen. Oder will jemand behaupten, schon einmal einen aus sich heraus wachsenden Automaten gesehen zu haben, der überdies aus der Selbstreplikation vorhergehender ›Automatengenerationen‹ entstanden ist? Mir jedenfalls ist ein solcher noch nicht begegnet!

Ein Erkenntnisaspekt ist hier noch anzuführen, der in Diskussionen dieses Problemkomplexes meiner Meinung nach zu wenig berücksichtigt wird. Ich habe bereits hervorgehoben, daß wir Menschen Lebewesen als Lebewesen *erleben* und unsere eigene Lebendigkeit sowie auch die anderer Organismen zu erfahren in der Lage sind, wobei es sich um eine aus vorbewußten Elementen konfigurierte Erfahrung handelt. Diese Erfahrung geht weit zurück in die Geschichte, in die Evolution unserer Gattung. Kaplan (1972, S. 1) merkt dazu an: »Da jene Verhaltensweisen von Tieren denen entsprachen, die die Menschen an sich selbst als verbunden mit ihren Gefühlen und Trieben ›erlebten‹, lag es nahe, solchen Tieren ebenfalls ›Erleben‹ und damit ›Leben‹ zuzuschreiben, dagegen die Dinge ohne solches menschenähnliches Verhalten als ›leblos‹ einzustufen. Auch an Pflanzen wurden, allerdings wohl später, Lebenserscheinungen entdeckt: Sie wachsen, entwickeln und vermehren sich, brauchen Nahrung.« Einen Roboter aber wird der Mensch kaum als etwas Lebendiges *erleben*.

Mit diesem Aspekt des Erlebens ist keineswegs beabsichtigt, einen Subjektivismus wachzurufen. Man darf nämlich nicht den fatalen Irrtum begehen und meinen, Lebewesen existieren, weil der Mensch sie erkennt. Es mag ja ein Gemeinplatz sein, daß Lebewesen auch außerhalb unseres eigenen Erlebens existieren. Doch sollten wir nicht vergessen, daß die idealistische Philosophie selbst die These ›nichts existiert außerhalb unserer eigenen Empfindungen‹ vertreten hat! Es verhält sich genau umgekehrt: Der Mensch erfährt Lebewesen, *weil* sie existieren und weil er selber – als Lebewesen, wohlgemerkt! – existiert. Ein ähnlicher in diesem Zusammenhang wichtiger Umkehrschluß muß auch aus Descartes' Ausspruch *cogito ergo sum* (»ich denke, daher bin ich«) gezogen werden: *Sum ergo cogito,* »ich bin, also denke ich« (Riedl 1980). Daran ändert auch jener Umstand nichts, daß der Mensch sich als *denkendes* Wesen eben nur deshalb bewußt erfahren kann, weil er gerade denkt. Denn die Tatsache, daß er denkt, hat a priori seine Existenz zur Voraussetzung, die also biologisch, ›historisch‹ zuerst da war.

Auf die Bedeutung des *Erlebens von Leben* wollte ich das Augenmerk des Lesers lenken, weil dieser Aspekt in unserem ›maschinengläubigen‹ Zeitalter nur allzu rasch verlorengeht und gern übersehen wird.

Der frühe Mensch schon muß Lebewesen als *komplexe* Gebilde erfahren, erlebt haben, als Gebilde, die sich vom Anorganischen wesentlich unterscheiden. Wundert es da, daß er diesen Gebilden, die er mangels ›wissenschaftlicher Vernunft‹ nicht in der Weise zu erklären versuchen konnte, wie wir dies heute zu tun bestrebt sind, ›geheime Kräfte‹, ›spirituelle Mächte‹ zugeschrieben hat? Gewiß, die frühen animistischen Deutungen des Lebendigen sind aus der Erklärungsnot des Menschen entstanden. Auf rationaler Grundlage können wir diese Not überwinden, indem wir die vielfältigen Ausprägungen des Lebens als Systemkomplexität der Materie in ihrer Dynamik erfassen und als eigenständige, zwar aus anorganischer Materie hervorgegangene, diese aber in der Komplexität und Ordnung bei weitem übertreffende Phänomene erklären. Es war ein Irrtum, dem Vitalismus als einzige Alternative den Mechanismus gegenüberzustellen. Dies zu erkennen ist heute endlich an der Zeit.

Leben als eine eigenständige Kategorie der realen Welt – das war der Ausgangspunkt unserer Betrachtung. Die bisherigen Ausführungen sind abzurunden mit der Feststellung: Leben ist eine spezielle Ausprägung der materiellen Welt. Und der Mensch ist, was wir noch zu vertiefen haben (Kapitel 6), eine spezifische Ausformung der belebten Welt.

Zu bedenken ist an dieser Stelle bereits: Nur wir Menschen sind in der Lage, Leben nicht nur zu *erleben*, sondern auch *rational zu reflektieren.* Diese Eigenschaft hat uns dazu verführt, alles Leben auf diesem Planeten in einem von uns selbst diktierten gleichsam apokalyptischen Auftrag nicht nur zu erkennen, sondern auch zu *beherrschen.* Alte Sehnsüchte sind in uns erwacht und wurden verstärkt noch von den Erfolgen unserer rationalen Leistungen: Leben zu beherrschen und in der Machart der Roboter, jener Karikaturen der Fehlleitungen unserer eigenen Vernunft, zu kopieren, ja viel mehr noch, Leben in letzter Instanz zu ersetzen. Das ist die Kehrseite unserer Ratio.

Science-fiction und bittere Wahrheiten beginnen sich zu vermengen, wenn wir unserer Technokraten und ihrer konstanten Fehlplanungen gewahr werden. ›Ihr Drang nach einem schöneren Leben war mit dem Leben selbst zu bezahlen‹, so wird man einmal von den Menschen sagen können, oder: ›Am Ende war die Erde wüst und leer.‹ Bleibt nur die Frage, wer das einmal sagen wird...

Jawohl, der Mensch kann die Natur, das Leben, erfahren, erkennen, zu erklären und zu verstehen suchen; er kann versuchen, die Natur auch zu beherrschen. Totale Naturbeherrschung aber ist *Naturvernichtung* – und damit die Vernichtung des Menschen als *Menschen.* Will der Mensch *Mensch* sein, dann benötigt er die Natur; sie ist der Prüfstein menschlichen Seins; *sie existiert für sich, sie braucht weder vom Menschen erfundene Götter noch den Menschen selbst.*

Ich komme nun zur Darstellung des Problems der Entstehung und Entwicklung lebender Systeme. Auch hier gilt es wieder, alte Irrtümer zu nennen, als solche zu erkennen – und mögliche neue Lösungen zu finden.

3 Selbstorganisation, Evolution und Ordnung

»Ein Baum zeugt... einen andern Baum nach einem bekannten Naturgesetze. Der Baum aber, den er erzeugt, ist von derselben Gattung; und so erzeugt er sich selbst der Gattung nach.«

Immanuel Kant

Die Frage ›Woher?‹ – Das Problem der Herkunft und Entwicklung des Lebens

Im letzten Kapitel wurde herausgestellt, daß Lebewesen – obwohl an keine Lebenskraft gebunden im vitalistischen Sinne – gegenüber der anorganischen Welt eine gewisse Eigenständigkeit (Eigengesetzlichkeit) zeigen, sich also vom Unbelebten unterscheiden lassen; und dies nicht zuletzt kraft unserer vorbewußten Erfahrung von Leben. Andererseits kann kein Zweifel daran bestehen, daß die Organismen hinsichtlich ihrer sie aufbauenden Stoffe mit dem Anorganischen verbunden sind. »Die Weltbeschreibung«, schreibt Alexander v. Humboldt (1845, S. 367), »darf auch daran mahnen, daß in der anorganischen Erdrinde dieselben Grundstoffe vorhanden sind, welche das Gerüste der Thier- und Pflanzen-Organe bilden. Sie lehrt, daß in diesen wie in jener dieselben Kräfte walten, welche Stoffe verbinden und trennen, welche gestalten und flüssig machen in den organischen Geweben.«

Mittlerweile ist es eine weithin bekannte Tatsache, daß Organismen aus unbelebter Materie hervorgegangen sind, nach Prinzipien und unter Bedingungen, die in der Materie selbst liegen und die wir in Theorien und Modellen auch verhältnismäßig gut nachvollziehen können. Es bedurfte freilich einer langen und wechselvollen ideengeschichtlichen Entwicklung, bis sich die Erkenntnis in der Wissenschaft festigen konnte, daß Lebendiges einmal auf der Erde entstanden ist *und* sich seither kontinuierlich verändert, in einem Prozeß des Werdens und Vergehens der Arten. Wir nennen diesen Prozeß *Evolution.*

Die Evolution schließt, als einigendes Prinzip, die Körper der unbelebten und der belebten Welt zu einer ›großen Kette des Seins‹

(Lovejoy 1936) zusammen. Der *Bio-Evolution* müssen auf der Erde Prozesse vorausgegangen sein, die zu einer spezifischen Organisation chemischer Elemente geführt haben, wodurch Leben erst möglich geworden ist – eben als Systemkomplexität der Materie. Diese chemische oder *präbiotische Evolution* auf unserem Planeten ist wiederum Teil eines umfassenderen Prozeßgefüges, der *kosmischen Evolution*. Evolution in ihrer umfänglichsten Wortbedeutung ist somit Ausdruck für das Entstehen und Werden der Welt in ihrer Gesamtheit. Evolution – das ist die Entwicklung kosmischer, biologischer und letzten Endes auch geistiger Strukturen (vgl. Unsöld 1981). Ich werde mich in diesem Kapitel auf die Evolution des Lebendigen beschränken und möchte insbesondere dessen Ursprung (*Biogenese*[49]) – die Antwort auf die Frage nach dem ›Woher?‹ – nach den Ideen heutiger Naturwissenschaft skizzieren.

Zuvor aber wollen wir uns alten Ideen zu diesem Problem zuwenden, die, mögen sie auch falsch sein aus unserer heutigen Perspektive, stets das Ringen des Menschen um die Lösung eines der großen Rätsel unserer Welt bekundet haben. Mit den Mitteln des Dichters drückte Heinrich Heine dieses Ringen des menschlichen Geistes aus:

»O, löst mir das Rätsel des Lebens,
Das qualvoll uralte Rätsel,
Worüber schon manche Häupter gegrübelt,
Häupter in Hieroglyphenmützen,
Häupter in Turben und schwarzem Barett,
Perückenhäupter und tausend andere
Arme, schwitzende Menschenhäupter.«

Die Entstehung des Lebens zu erhellen, bedeutet nicht weniger als einem im uns bekannten Kosmos einmaligen Phänomen auf den Grund zu gehen. Denn Leben ist Aufbau von *Ordnung* in einem, wie uns die Physik belehrt, zu Unordnung, zum *Chaos* hinstrebenden Universum. »Leben bildet«, wie Grobstein (1974, S. 7) sagt, »ein ausgedehntes Zentrum von Ordnung in einer weniger geordneten Welt«; vergleichbar »einer Symphonie«, meint Oparin (1963, S. 19), »deren gesamte Existenz von einer bestimmten Reihenfolge und Abstimmung einzelner Töne abhängt«.

Dem frühen Menschen bereits zeigten seine Erfahrungen mit Lebewesen, daß eine Art immer ihresgleichen hervorbringt. Seine Beobachtungen lehrten den Menschen das Entstehen, Heranreifen und

Erlöschen des *individuellen* Lebewesens. Sie lehrten ihn, die Entfaltung des Einzelwesens und dessen Vermögen, seine – wie wir heute sagen – genetische Information, seine genetischen ›Bauanleitungen‹, auf Abkömmlinge der eigenen Art weiterzugeben. So ist es einleuchtend, daß man von der Konstanz, von der Unveränderlichkeit der Organismen überzeugt war: Die *Individuen* verändern sich wiewohl, die *Arten* (Anmerkung 8) aber bleiben konstant, sie sind einfach ›gegeben‹.

Die moderne Evolutionstheorie[50] dagegen geht von der Variabilität der Organismenarten aus und hat das Problem zu bewältigen, aufgrund welcher Mechanismen sich die Arten in der Zeit verändert haben und wie es überhaupt zum Entstehen des Lebendigen auf der Erde kam. Erst der dritte Abschnitt dieses Kapitels ist unseren modernen Vorstellungen über die Entstehung des Lebens gewidmet, jedoch muß an dieser Stelle vorweg genau gesagt werden, was der Entwicklungsbegriff im Sinne der Evolution meint.

Die Biologie kennt zwei Entwicklungsbegriffe, den der Individualentwicklung oder *Ontogenese* und den der Stammesentwicklung oder *Phylogenese.* Für den mit dem Gegenstand weniger vertrauten Leser ist hervorzuheben, daß sich Evolution stets auf die Entwicklung im zweitgenannten Sinne bezieht: die Entwicklung der Arten und Gattungen, Familien und Ordnungen – und schließlich die Entfaltung der gesamten Organismenwelt in entsprechend langen Zeiträumen. Während in der individuellen Entwicklung das jeweilige genetische Programm der Spezies *dekodiert*, d.h. in den sich entwickelnden Organismus ›übersetzt‹ wird und sich selbst nicht ändert, bedeutet Evolution gerade die Schaffung immer *neuer* genetischer Informationsprogramme, worauf die Mannigfaltigkeit der Lebewesen beruht (vgl. z.B. Mayr 1979).

Hört er ›Evolution‹, dann stellt sich auch heute noch so mancher Gebildete in erster Linie ›Stammbäume‹ vor, denkt an die Kontroverse um die Abstammung des Menschen (›Affenfrage‹) und ähnliches mehr. Natürlich gehört all das in den Problembereich der Evolutionstheorie, aber die moderne evolutionsbiologische Forschung ist damit keineswegs erschöpft. Die zentrale Frage der Evolutionstheorie heute ist, wie angedeutet, die Frage nach den Triebfedern des Evolutionsgeschehens, wobei sich seit mehreren Jahrzehnten Genetik und Populationsforschung als wegweisend ausnehmen. Wie in der Evolution sukzessive neue (genetische) Programme entstanden sind, ist jene Frage, die Charles Darwin – allerdings ohne Verwendung der Vokabeln ›genetisches Programm‹, ›genetische Information‹ u. dgl. und auch ohne nennenswerte Kenntnisse aus dem Gebiet der Vererbungslehre[51] – seinem Werk ›On the Origin of Species‹ (1859) vorangestellt hatte. Darwin konnte zwar einen Mechanismus für die Veränderung der Lebewesen angeben, den Mechanismus der *Selektion* und mithin eine im Vergleich zu seinen Vorläufern befriedigendere Lösung des Rätsels um die Triebfedern des Evolutionsgeschehens liefern, die Frage nach der *Entstehung* der Arten – im Sinne der Entstehung des Lebenden auf der Erde – hat er jedoch im Grunde offengelassen.

Was man heute darüber weiß, wird uns in diesem Kapitel beschäftigen. Dabei wird uns ein holistischer, organizistischer Lebensbegriff gegenwärtig sein, wie er vorhin vorgezeichnet wurde. Zunächst aber wollen wir einen Blick auf die Vorstellungen von gestern werfen.

Die alten Irrtümer – Schöpfung, Urzeugung, Panspermie

Im Anfang war der Mythos, war die Vorstellung von einer gottgegebenen Welt, die sich seit jenen Schöpfungstagen nicht verändert haben soll. Dieser Vorstellung gemäß sind auch die Lebewesen – ich deutete es an – als Produkte des einmaligen Schöpfungsaktes unveränderlich gegeben. »Wenn ganz offensichtlich«, so kommentiert Jacob (1972, S. 27) dieses Dogma, »das Pferd ein Pferd und die Katze eine Katze hervorbringt, so ist das nicht das Ergebnis eines Mechanismus, der den Lebewesen erlaubt, Kopien ihrer selbst herzustellen... Sie werden gezeugt. Die Zeugung ist stets das Ergebnis einer Schöpfung, die in dem einen oder anderen Stadium das umittelbare Eingreifen von göttlichen Kräften erfordert.«

Für die ebenso alte wie gesicherte Beobachtung, nach der ein Lebewesen stets seinesgleichen hervorbringt, wurde ursprünglich also nicht der uns heute bekannte Reproduktionsmechanismus als Erklärung herangezogen, sondern die Zeugung wurde als Folge der universellen Schöpfung verstanden, womit man die Wiederkehr des immer gleichen auch schon ›erklärt‹ zu haben glaubte. Die Frage nach der Entstehung des Lebens mußte man erst gar nicht stellen, und einmal gestellt, drängte sie weniger nach Aufklärung, sondern eher zum Scheiterhaufen.[52]

Die Wurzeln des Mythos im allgemeinen, des Schöpfungsmythos im besonderen, liegen im anonymen Bereich. Sie reichen zurück zu unseren frühen Vorfahren. Genau wissen wir nicht, wann der Mensch sich seine Mythen schuf. Vielleicht verfügte schon der Peking-Mensch, ein Angehöriger der Spezies *homo erectus* vor etwa 700000 Jahren, über einfachste mythologische Systeme (Shapiro 1974). Mit Sicherheit aber haben die Neandertaler (vor rund 70000 Jahren) mythische Vorstellungen entwickelt, was aus Schädelfunden hervorgeht, die auf Kulthandlungen schließen lassen (Winkler und Schweikhardt 1982). Auf jeden Fall hat der Mensch, wo immer er nach einer Erlösung von seinen Qualen im irdischen Jammertal suchte oder auch die Schönheit und Erhabenheit des Kosmos bewunderte, mythische Ideen kreiert (Topitsch 1979) und eben schon sehr früh überirdische Gewalten angerufen.

So hat der Mythos im Menschen tiefe Spuren hinterlassen, Spuren, die sich in praktisch allen Epochen seiner Geschichte fortsetzen. »Wenn die Angst nur durch eine Erklärung beschwichtigt werden kann«, überlegt Monod (1971, S. 207), »die in Gestalt einer umfassenden Geschichte die Bedeutung des Menschen aufzeigt, indem sie ihm einen notwendigen Platz in den Plänen der Natur zuweist... – dann ist es begreiflich, daß so viele Tausende von Jahren vergehen mußten, bis die Idee der objektiven Erkenntnis als der *einzigen* Quelle authentischer Wahrheit im Reich der Ideen erschien.«

Angst und Erklärungsbedürfnis, Angst und Erklärungsnot – sie sind allmählich institutionalisiert worden, der Mythos wurde zum Dogma erhoben, erschien einmal in diesem, dann wieder in jenem Gewande und wurde so oder anders zum festen Bestandteil des Glaubens des einzelnen und ganzer Völker. Der Mensch also gründete eigene Institutionen, deren privilegierte Mitglieder – rangiert nach streng hierarchischen Prinzipien – als oberste Hüter jener angeblichen übernatürlichen Gewalten, als ihre Verkünder und Exegeten sich der Vorstellungswelt des einzelnen in seiner geistigen Not zu bemächtigen suchten. Es kommt an dieser Stelle allein auf den Schöpfungsmythos an: Am Schöpfungsglauben hatte niemand zu rütteln, denn der Glaube – mit allen seinen Zusatzforderungen und Nebenresultaten (Normen, Verboten, Geboten) – wurde als *Wissen* derer deklariert, die ihn als Legitimation ihrer eigenen (sehr ›weltlichen‹!) Führungs- und Machtansprüche benötigten. Und welche Macht von dem auf diese Weise zementierten Schöpfungsdogma ausging, bekunden nicht zuletzt die Inquisitionen (Anmerkung 52); und das bekundet ferner z. B. auch die Tatsache, daß noch Charles Darwin, als aufgeklärter Kronzeuge des 19. Jahrhunderts, das bereits einen Verstoß gegen das Dogma duldete, eine von seinen Schriften schockierte Öffentlichkeit befürchten mußte.[53]

Vom Mythos der Schöpfung also ging ein ideengeschichtlich sehr starker Einfluß aus. Unter diesen Voraussetzungen erübrigten sich viele Fragen, ja, es erübrigte sich jedes Nachdenken über die Entstehung und Entwicklung der Welt. Gott als erste und letzte Ursache, als Schöpfer und Regent des Universums – dieses Dogma sollte hinreichend sein als Auskunft über die ›letzten Dinge‹. Auch im Dialog über den utopischen ›Sonnenstaat‹ (›Civitas solis‹) des Freidenkers Thomas Campanella (1568–1639) tritt Gott gleichsam als das Weltgesetz auf den Plan: »Die Bürger des Sonnenstaates behaupten«, so läßt Campanella (1602 [1955, S. 105]) einen Seemann berichten, »daß Gott für jede Wirkung sowohl allgemeine als auch besondere Ursachen geschaffen habe... alle unsere Handlungen sind folglich nur unter der Bedingung des Handelns Gottes möglich.« Campanellas Denken insgesamt war für seine Zeit zu freizügig – seine kommunistische Utopie (der ›Sonnenstaat‹) war höchst verdächtig, und so landete er im Kerker.

Für den Schöpfungsmythos, der hier in der Folge inhaltlich und kulturhistorisch nicht weiter differenziert wird, gilt als sehr allgemeines, aber grundlegendes Kriterium die Annahme *individuierter* Ursachen. Dies bedeutet mit anderen Worten, daß als Ursache des Weltgeschehens eine ›individuelle Kraft‹ angenommen worden ist, daß diese ›Ur-Sache‹ personifiziert oder verdinglicht wurde. Dies mag zusammenhängen mit der Begrenzung des menschlichen Vorstellungsvermögens: Der Mensch will die Kräfte ›hinter den Phänomenen‹ an seiner Erfahrungswelt entstammende Dinge knüpfen, an Dinge, die er sich konkret vorzustellen vermag. Noch jeder erfundene Dämon, noch jedes Gottesbild, hatte mehr oder weniger menschliche Züge, Wesensmerkmale, die der Mensch an sich selbst beobachtet.

Wollte man, wo immer, mythische Ideen *anschaulich* machen, war es vonnöten, sie auf irgendeine Weise auf Objekte zurückzuführen, die der menschlichen Alltagswelt angehören. Abstrakte wissenschaftliche Theoriengebäude wurden erst verhältnismäßig spät in der Entwicklungsgeschichte des Menschen geschaffen. Erst in der Wissenschaft der Neuzeit finden wir die langsame Verdrängung des anthropozentrischen Denkens durch die Möglichkeit objektiver Erkenntnis. Über lange Zeiträume hinweg »auch nach fortschreitender Entgötterung der Begriffe blieb der individuierte Charakter der Ursachen in den Kausalvorstellungen bestehen« (Zimmermann 1968, S. 119).

Die Vorstellung individuierter Ursachen hat in gewissem Umfang auch in den vitalistischen und mechanistischen Lebensbegriffen ihre Blüten getrieben. »Die Ursachen oder Kräfte sollten gleichsam als Roboter, d.h. nach materieller Art (so für die Mechanisten) oder als Dämonen... wirken, d.h. mehr als geistige Prinzipien (so für die Vitalisten). Diese Vorstellung von individuierten Ursachen blieb bis in die Neuzeit, ja vielfach bis heute erhalten« (Zimmermann 1968, S. 119). Das ist zwar sehr verallgemeinert gesagt, dennoch hat diese Aussage etwa für den Mechanismus immerhin insofern ihre Gültigkeit, als durch die Erklärung der Lebewesen als Maschinen das Funktionsgefüge des Organismus *de facto* zurückgeführt wurde auf letztlich ›roboterähnliche‹ Ursachen.

Nicht zu übersehen ist allemal der Umstand, daß vieles vom Schöpfungsmythos sich noch bis in unsere Tage erhalten hat. Nicht die Mythen sogenannter Naturvölker sind hier gemeint, die – ohne daß wir uns jetzt weiter darüber unterhalten müßten – klar ein essentieller Bestandteil des Denkens dieser Völker sind. Nein, was gemeint ist, ist die Tatsache, daß – und man beginnt sich zu wundern – selbst einige Biologen des späten 20. Jahrhunderts die Schöpfungsidee auf die eine oder andere Weise vertreten und der Evolutionsidee *überordnen* (!). Vermeintlich im Dienste der Synthese entsteht so ein eigenartiges Gebräu, das sich aus mythischen Gedanken zusammensetzt, denen ein wenig Evolutionslehre beigemengt wird.

Sein letztes, kurz vor seinem Tode erschienenes Buch ›Das Geheimnis des grünen Planeten‹ beendete Joachim Illies (1982, S. 243) mit einer Ermahnung des Menschen, »einen Ort im Kosmos zu bewahren und zu bebauen, an dem die Evolution ihr hohes, nicht von uns, sondern von Gott gestecktes Ziel erreichen soll«, und läßt den Leser mit der Frage allein: *Welches* Ziel soll die Evolution denn erreichen? Gut, wenn man Illies glaubt – und angesichts des krampfhaften Suchens vieler Menschen nach einem ›übergeordneten Sinn‹ ist es nicht verwunderlich, daß so mancher ihm Glauben geschenkt hat –, dann besteht der ›göttliche Auftrag‹ an den Menschen darin, in Eintracht mit den Kreaturen dieser Erde zu leben. In einer Zeit, in der der Mensch dabei ist, die Natur zu zerstören, kann man die Aufforderung, mit den übrigen Lebewesen doch in Harmonie zu leben, sicher nicht oft genug aussprechen (sofern es dafür nicht ohnehin schon zu spät ist) – aber wozu die Berufung auf den göttlichen Auftrag?

Man soll sicher nicht daran zweifeln, daß Illies seine Mission nach bestem Gewissen und im guten Glauben an ihre Wichtigkeit zu erfüllen versucht hat. Seinen persönlichen religiösen Überzeugungen bringe ich Respekt entgegen. Der nach meiner Ansicht entscheidende Denkfehler all jener, die am Schöpfungsglauben festhalten, ist aber der, daß sie naturwissenschaftlich-philosophisch zu lösende Probleme in den Bereich des Obskuren abdrängen und damit an der Wirklichkeit vorbeigehen – vorbeigehen letztendlich an der Wirklichkeit des Lebens, an der Wirklichkeit des Menschen. Ferner entsteht durch den Schöpfungsglauben eine eigenartige, gedachte Verdoppelung der Welt: Zu den (naturwissenschaftlich zugänglichen) Phänomenen wird noch eine andere, eine ›Geisterwelt‹ angenommen. Ich frage: Woher nimmt der Mensch die Evidenz einer solchen metaphysischen Welt? Doch nur aus seiner *eigenen* Wunschvorstellung. Und ist es nicht ein armseliger Versuch, menschliches Tun zu ›begründen‹, indem man einfach auf die unserem Tun angeblich übergeordnete ›Schöpfungskraft‹ verweist?!

Die Gefahren einer Berufung auf den göttlichen Schöpfungsplan – wie auf andere postulierte den Menschen angeblich bestimmende ›Weltgesetze‹ – sind für den Menschen nicht kleiner als der mögliche Trost, den manche Menschen offenbar empfinden, wenn sie im Göttlichen einen Sinn ihres Lebens zu erblicken glauben. Man erinnere sich daran, daß unter Berufung auf Gott und eine ›göttliche Gerechtigkeit‹ fortgesetzt auch Kriege geführt worden sind; und daß, um nur ein Beispiel zu nennen, im Iran auch heute noch Vernunft und Humanität diesem Wahnsinn zum Opfer fallen.

Wenn in unserer Zeit gestrige Ideen wieder auftauchen, dann freilich nicht zuletzt (oder sogar primär) deshalb, weil sie einen Ausweg aus der allerorten spürbar gewordenen Sinnlosigkeit des Daseins versprechen. Man täusche sich aber nicht. Wo immer Menschen Unbehagen an ihrem eigenen Leben empfinden, spinnen Demagogen und Scharlatane ihre Fäden. »Der Glaube an... das weltüberlegene ›wahre Selbst‹«, warnt Topitsch (1979, S. 228f.), »kann die Moral außer Kraft setzen, ja die furchtbarsten Grausamkeiten zumindest entschuldigen.« Und dieser Glaube, so muß man hinzufügen, hat das Seine dazu beigetragen, daß der Mensch zu leben verlernt hat, daß er die Bestimmung *seines* Lebens einer unbekannten und unerfahrbaren ›göttlichen Allmacht‹ überlassen hat, in deren Namen – neben denjenigen, die Hilfe am Menschen zu ihrer Lebensaufgabe machen[54] – vor allem diejenigen den Menschen verführen, die nach einer Legitimation ihres eigenen Wunschdenkens heischen. Demgegenüber führt der Ausweg aus der empfundenen Sinnlosigkeit über die Entdeckung und Selbst-Bestimmung (sic!) des eigenen Lebens. Der seiner Lebendigkeit gewahr werdende Mensch wird den kollektiven Irrtum, dem seine Spezies stets aufs neue unterliegt (Riedl 1980, 1982), zu erkennen in der Lage sein und jene demaskieren, die aus Irrtum und Illusionsbedürftigkeit Profit schlagen. Es ist nicht meine Absicht, jemandes religiöse Gefühle zu verletzen, und es ist zuzugeben, daß eine Art der Religiosität – wie immer sie der einzelne ausübt – Bestandteil des Lebens eines Menschen sein *kann.* Gefährlich sind jedoch oft religiöse Institutionen, die sich durch nichts von anderen säkularen Institutionen unterscheiden und Religiosität in Ideologie verwandeln, also den einzelnen über kurz oder lang entmündigen.[55]

Was den Schöpfungsmythos anbelangt, genügt indes der Hinweis auf seine Unvereinbarkeit mit der Evolutionstheorie. Ihr zufolge nämlich ist die Welt nicht *ne varietur*, für alle Zeiten unveränderlich, geschaffen worden, sondern hat sich in einem dynamischen Prozeß allmählich entwickelt. Das ist keine existentielle, sondern eine erkenntnis- und wissenschaftstheoretische Frage. Da es in der Wissenschaft um objektive Erkenntnis gehen muß, eine Erkenntnisform, die nicht von Weltanschauungen beeinflußt wird, findet der Schöpfungsmythos darin keinen Platz. Die Annahme, Lebewesen seien Produkte eines (einmaligen) Schöpfungsaktes, ist nach allem, was wir heute über Evolution wissen – und das ist, wenngleich noch nicht alles, so doch sehr viel –, ein Irrtum.

Von Irrtümern ist die gesamte Geschichte der Entdeckung des Lebenden begleitet. War auf der einen Seite der Glaube an die einmalige Schöpfung des Lebens auf der Erde in langen Epochen unserer Geistesgeschichte (vereinzelt also bis heute) ein unerschütter-

Abb. 7: Mittelalterliche Darstellung eines ›Schafbaums‹ (oben) und eines ›Gänsebaums‹ (unten). (Nach Oparin 1949.)

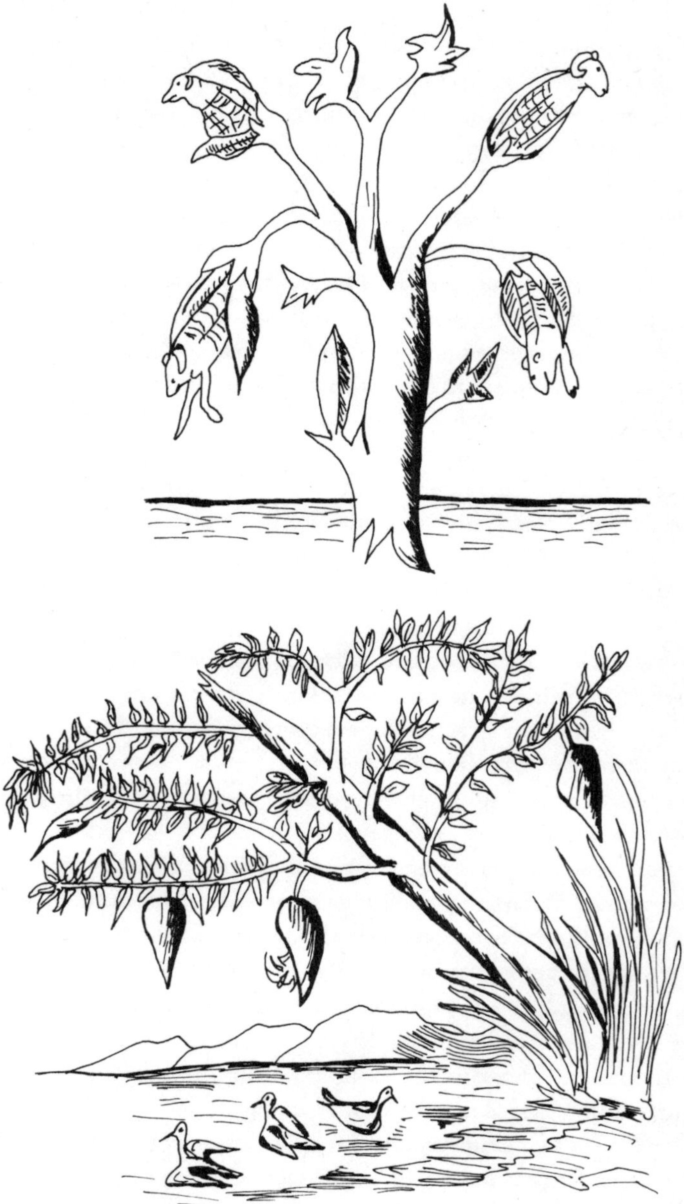

licher Mythos, so hat man auf der anderen Seite phantastische Vorstellungen über die Entstehung individueller Lebewesen entwickelt, nämlich Vorstellungen von der *Urzeugung*. Dazu sollen in der Folge einige Beispiele genannt werden. Diese und einige weitere findet der interessierte Leser z.B. auch bei Anker und Dahl (1938), Bernal (1972), Oparin (1949), Rahmann (1972), Taylor (1967) u.a. Verschiedentlich diskutiert wird die Urzeugungslehre auch bei Jahn et al. (1982), und eine differenziertere Darstellung insbesondere der antiken Urzeugungsbegriffe gab Stöhr (1909).

Die Urzeugungslehre geht davon aus, daß einzelne Lebewesen spontan aus unbelebten Stoffen oder gelegentlich auch aus anderen Organismen entstehen können. So wollen Orientreisende im Mittelalter ›Schafbäume‹ gesehen haben; auch Gänse sollen aus Baumfrüchten entstanden sein (siehe Abb. 7). Derartigen Auffassungen ist es zu verdanken, daß beispielsweise Gänsefleisch, seiner angenommenen pflanzlichen Herkunft wegen, als Fastennahrung zugelassen war.

Weiter stellte man sich vor, daß verschiedene Tiere, wie etwa Motten und Würmer, aus Schlamm hervorgingen. Bienen und Wespen wiederum sollten aus Kuhmist entstehen. Selbst Denis Diderot, ein Vorläufer des Evolutionsgedankens, vermutete, Tiere könnten aus dem Erdboden kristallisieren. Und Ambroise Paré (1510–1599), einer der Wegbereiter der Chirurgie, war davon überzeugt, Parasiten im Menschen entstünden aus verdorbenen Körpersäften. Nicht einmal Immanuel Kant war gegen solche Legenden ganz gefeit: Er meinte, die Vermehrung von ›Ungeziefer‹ würde von Sonneneinstrahlung begünstigt (was für ihn immerhin ein Grund war, in seinem Schlafzimmer nie die Fenster zu öffnen).[56]

Dramatisches ereignete sich in der Vorstellung des arabischen Philosophen Avicenna (980–1037). Seiner Meinung zufolge müssen an Urzeugungsprozessen gelegentlich Gestirne beteiligt gewesen sein, weil einmal bei einem Donnerschlag ein halbfertiges Kalb auf die Erde herabgestürzt sei. Amüsiert denkt man auch an Helmonts Rezept, wie aus Weizenkorn Mäuse zu ›züchten‹ wären: Man nehme ein schmutziges Hemd, gebe es in ein Gefäß mit Weizenkorn, und einundzwanzig Tage danach werde man daraus lebende Mäuse erhalten, da die Ausdünstungen des Hemdes zusammen mit denen des Korns deren Entstehung möglich machen sollten.

Alle diese Beispiele, die Assoziationen mit dem Märchen vom

Klapperstorch wachrufen, sind verständlich, wenn man sie auf den Hintergrund mythischer Denkgebilde projiziert und sich vor allem vergegenwärtigt, daß die Verfechter der Urzeugungslehre(n) teils die Natur ungenau beobachtet, teils ihre und die Beobachtungen anderer falsch interpretiert haben. Jedenfalls handelt es sich dabei um alte Irrtümer, die erst allmählich mit der Fortentwicklung der Naturwissenschaften und ihres methodischen Instrumentariums beseitigt werden konnten.

Ins Umfeld dieser Irrtümer um die Zeugung einzelner Organismen gehört auch die *Präformationstheorie*, deren Anhänger glaubten, der gesamte, der ›fertige‹ Organismus sei bereits im Keim gleichsam in Kleinformat vorhanden. Entweder wurde der ›vorgeformte Organismus‹ im Ei oder im Samen vermutet. Die Vertreter der ersten These heißen ›Ovulisten‹; zu ihnen zählt z.B. Spallanzani (1729–1799). Die Anhänger der zweiten These sind, wie etwa Boerhaave (vgl. S. 63), die ›Animalculisten‹. Der Animalculismus gewann an Bedeutung, nachdem Leeuwenhoek (1632–1723) – einer der ersten Mikroskopiker – die menschlichen Spermatozoen entdeckt hatte.

Mit Hilfe seines selbstgebauten Mikroskops fand Leeuwenhoek im menschlichen Sperma winzige kaulquappenähnliche Gebilde; er nannte sie *animalcula* (›Samentierchen‹). In ihrem Kopfstück soll das spätere Lebewesen vorgeprägt sein. So kam es dann auch zu den verschiedenen Darstellungen des *Homunculus*. Nach Leeuwenhoeks Ansicht und der anderer Animalculisten sollten die Samentierchen in den Eierstock des weiblichen Individuums gelangen, um sich dort langsam zu einem fertigen Lebewesen ›auszuwickeln‹. Dieser Ansicht entspricht sehr gut der Glaube an einen Adam als ›Urvater‹ des Menschengeschlechts, der die ›Anlagen‹ zur Auswicklung der gesamten Menschheit in sich hätte tragen sollen.

Daher war das Problem der Entwicklung des Menschen beispielsweise auch für Leibniz (1646–1716) gelöst, »sobald man nur«, wie er beteuerte, »die bereits völlig organische Präformation im Samen der geboren werdenden Körper hinzunimmt, einen Samen, der wieder im Samen der sie gebärenden Körper und so hinauf bis zum ersten Samen enthalten ist; was nur vom allmächtigen und allweisen Urheber aller Dinge herrühren könnte, der... alle zukünftige Ordnung und Künstlichkeit darin vorherbestimmt hatte« (Leibniz 1710 [1883, Bd. 1, S. 69]).

Es bedurfte also lediglich eines Schöpfergottes, um die Präformation wirksam werden zu lassen. Mithin aber war eine spezifische Lebenskraft nicht nötig: Der Zweck der Entwicklung, der ›Auswicklung des Präformierten‹ wurde auf Gott projiziert, so daß die Präformationstheorie sich gut mit dem Mechanismus in Einklang bringen ließ. Weniger gut vertragen konnte sich diese Theorie mit der *Epigenesislehre*, der auf Aristoteles zurückgehenden Deutung der Embryonalentwicklung als einer Kette von *Neubildungen* (vgl. z.B. Kullmann 1979); diese Deutung findet sich später bei C. F. Wolff expliziert. Auch mußten die Anhänger der Präformationstheorie sich konsequenterweise zu Gegnern der Urzeugungslehre erklären, was dieser aber zunächst nicht die Grundlage entzog.

Sehr langsam nur geriet die Urzeugungslehre ins Wanken, und allmählich verblaßte auch die Präformationstheorie in ihren beiden Varianten, dem Animalculismus und dem Ovulismus. Den Ausspruch des holländischen Anatomen Jan Swammerdam (1637–1680), *omne vivum e vivo*, wonach alles Leben nur aus Leben hervorgehen kann, und die Neufassung dieses Ausspruchs durch Rudolf Virchow, *omnis cellula e cellula*, jede Zelle – und damit abermals alles Lebende – gehe auf Zellen zurück[57], begann man in ihrer ganzen Tragweite zu erfassen.

Doch wenn alles Leben nur aus Leben entstehen kann – wie ist dann Leben *zum ersten Male* entstanden? Dieses Problem blieb ungelöst. Neben der Annahme einer einmaligen Schöpfung bot sich dafür die *Panspermie-Hypothese* an. In ihrer allgemeinen Version bei Buffon – der sich in seinem Werk allerdings Schritt für Schritt einer Evolutionstheorie im modernen Sinne genähert hat – war diese Hypothese noch mit der Urzeugungslehre vermengt: Die Annahme von den *molecules organiques* sollte eine universelle Urzeugung dem Prinzip nach wie die geschlechtliche Zeugung erklären können (vgl. Jahn et al. 1982, Löw 1980). Sicher, das war keine echte Alternative zum Schöpfungsglauben, denn er war nicht deshalb grundsätzlich ausgeschlossen, weil man von der Existenz ›organischer Moleküle‹ ausging.

Spätere Panspermie-Vorstellungen verstehen sich im wesentlichen als vereinbar mit der Evolutionstheorie. Nur soll dabei Leben nicht auf der Erde entstanden, sondern angeblich im Weltall vorhandenem Leben entsprungen sein; es soll eingewandert sein aus dem Weltraum und die

Erde besiedelt haben. Der schwedische Chemiker Arrhenius (1859–1927) vertrat diese These. Im tiefgefrorenen Zustand würde der Lebenssamen demnach im Kosmos herumirren und da und dort auf einen Planeten treffen, wo er, sobald gewisse ›Lebensbedingungen‹ erfüllt sind, sich zu Lebewesen entwickeln könnte. Arrhenius schrieb: »Der Weltenraum ist angefüllt mit... werdenden, reifen und sterbenden Weltkörpern, wobei wir unter reifen solche verstehen, die die Fähigkeit haben, lebende Organismen zu beherbergen. Wir sehen daher die Existenz des organischen Lebens in der Welt als ewig an; es ist immer gewesen, hat sich beständig fortgepflanzt« (zit. nach Oeser 1974, S. 144).

In letzter Zeit ist die Panspermie-Hypothese von keinem geringeren als Francis Crick vertreten worden, einem der Entdecker der Schraubenstruktur der Desoxyribonucleinsäure (DNS), also der ›Doppelhelix‹. In seinem Buch ›Das Leben selbst‹ (1983, S. 12f.) erklärt Crick seine abenteuerliche Hypothese: »Wir nehmen an, daß ... Mikroorganismen, um Beschädigungen zu vermeiden, im Kopf eines unbemannten Raumschiffs gereist sind, das von einer höheren Zivilisation, die sich andernorts vor einigen Milliarden Jahren entwickelt hatte, zur Erde geschickt wurde. Das Raumschiff war unbemannt, um ihm die größtmögliche Reichweite zu sichern. Das Leben begann hier bei uns, als diese Organismen in das Urmeer entlassen wurden und sich zu vermehren begannen. Wir gaben unserer Idee den Namen *gelenkte Panspermie*.«

Das alles hat nun doch mehr mit Science-fiction als mit Wissenschaft zu tun. Wir haben keine Ahnung, von welchem ›Punkt‹ im Universum aus jenes Raumschiff gestartet sein soll; und die Annahme einer ›höheren Zivilisation‹, die vor Jahrmilliarden irgendwo im Kosmos existiert haben soll, ist durch nichts zu beweisen. Eine Panspermie-Hypothese gehört also in den Bereich der heute wieder sehr beliebten Irrationalismen, wovon das Fabulieren über extraterrestrische Zivilisationen profitiert. Erben (1984) hat diese pseudowissenschaftlichen Träumereien durch die Brille des Paläobiologen geprüft und ad absurdum geführt.

Wie immer man eine Panspermie-Hypothese nun im einzelnen formuliert – das für uns interessante Problem der *Entstehung* des Lebens wird dadurch nicht gelöst. Die Kernfrage wird umgangen und hinaus in die Weiten des Weltalls verschoben. Auch dies scheint mit ein weiteres Symptom dafür zu sein, daß der Mensch mit dem Leben hier auf der Erde nicht zurechtkommt, und die Problemlösung deshalb mysteriösen Phänomenen außerhalb seines eigenen Wirkungskreises überläßt. Von einem solchen Denkansatz ausgehend, könnte man dann ja gleich wieder den alten Schöpfungsmythos strapazieren. So bleibt man auch nach Lektüre des Buches von Crick mit mehr Fragen zurück, als man sie vor der Lektüre hatte.

Wie also ließe sich die Frage nach dem Ursprung des Lebens *auf der Erde* beantworten? Welche Möglichkeiten am Horizont biologischen Denkens haben wir, dieses gewiß nicht einfache Problem doch einer einigermaßen befriedigenden Lösung nahe zu bringen? Als Lösungen ausschließen müssen wir – im Rahmen der Naturwissenschaft – einerseits die Schöpfungsidee und die mit ihr mehr oder weniger zusammenhängenden Urzeugungslehren und dergleichen, andererseits aber auch die Panspermie-Hypothese.

Die neuen Perspektiven

Unser Standpunkt zum Entstehen und Werden des Lebenden in seiner Mannigfaltigkeit, seiner geordneten Vielfalt, ist heute – in den Naturwissenschaften und einer an den Naturwissenschaften orientierten Philosophie – die Evolutionslehre. Der evolutionäre Ansatz in der Klärung des Problems der Vielfalt des Lebenden und ihrer Entstehung ist so radikal anders gegenüber den Schöpfungsmythen, daß man verstehen wird, warum er sich nur langsam im Denken des Menschen verwurzeln konnte.

Ich will es mir aber nicht zu leicht machen und möchte den Schöpfungsgedanken nicht pauschal als *das* Hindernis für die Verbreitung der Evolutionstheorie hinstellen. Es war nicht allein die Mythologie der Schöpfungsberichte, die dem Evolutionsdenken entgegengewirkt hat – und die auch heute noch einige Eiferer der Evolutionslehre entgegenstellen[58] –, sondern es mußte ein ganzer Komplex von Denkweisen beseitigt werden, ehe man der Evolution in ihrer vollen Bedeutung gewahr wurde. Engelhardt (1979) hat in diesem Zusammenhang die *Historisierung der Natur* betont, die ihrerseits damit verknüpft ist, in *großen Zeiträumen* zu denken, also einer *Temporalisierung* (›Verzeitlichung‹) der Kette des Seins (Lovejoy 1936). Danach sind die Erde und ihre Bewohner nicht erst vor einigen Jahrtausenden geschaffen worden[59], sondern haben sich über unendliche Zeiträume, also sehr langsam, zu ihren heutigen Erscheinungsformen entwickelt; die wiederum bleiben nicht konstant, sondern vollziehen weiterhin einen Wandlungsprozeß. Generell war die Loslösung von statischen, seit der Antike vorherrschenden Weltbildern, die Loslösung von einer *essentialistischen*, nach der Annahme starrer ›Typen‹ bzw. unwandelbarer ›Wesenheiten‹ konzipierten Philosophie von Bedeutung (Mayr 1979). Die *Dynamisierung des Weltbildes* war eine grundlegende Denkvoraussetzung der Evolutionstheorie (Wuketits 1982c).

Die ideengeschichtliche Ausformung der Evolutionslehre nahm mehr als hundert Jahre der Zeit von Charles Darwin in Anspruch. Man muß also Mayr (1979) beipflichten: die ›Darwinsche Revolution‹ entspricht nicht dem verhältnismäßig einfachen Modell wissenschaftlicher Revolutionen nach Kuhn (1967), in dem ein Paradigma ein anderes ziemlich abrupt ablöst. Gewiß führte Darwin uns in eine neue (Gedanken-)Welt (Simpson 1963); und es ist keineswegs übertrieben, wenn man behauptet, das kommende Jahrhundert, zumindest für die Biologen, wird im Banne Darwins stehen (Levinton 1982). Trotzdem ist es nicht gerechtfertigt, die Theorie Darwins als revolutionär zu bezeichnen. In mancher Hinsicht war dies wohl die von Darwin ausgehende *Wirkung*, nicht aber sein Theorienkonzept als solches, das eine geniale Synthese vorher schon vorhandener Teilkonzepte darstellt. Darwin zu *dem* Begründer der Evolutionstheorie zu erheben, wie das heute noch gelegentlich in Schulen geschieht, zeugt von gravierendem Mangel an Kenntnis. Als Revolution im buchstäblichen Wortsinn kann die Etablierung der Evolutionstheorie nur demjenigen erscheinen, der die Geschichte der Biologie nicht kennt oder mißversteht. Demgegenüber wird man das Verdienst Darwins, einen spezifischen Mechanismus als *Erklärung* des Evolutionsgeschehens dargelegt zu haben, anerkennen. Dieses Verdienst Darwins wird auch dann nicht geschmälert, wenn wir das Selektionsmodell insgesamt – heute, hundert Jahre nach Darwin – erweitern müssen, um die Evolution lebender Systeme begreifen zu können.

Ich werde mich hier jetzt nicht mit den Einzelheiten in der Formulierung der Selektionstheorie Darwins bzw. deren schrittweiser Fundierung beschäftigen; noch viel weniger kann es an dieser Stelle darum gehen, die Stammesgeschichte des Lebens auf der Erde nachzuzeichnen. Allein die Frage wird im Vordergrund stehen, wie Leben überhaupt *möglich* ist. Stichwortartig ist hierzu vorerst festzuhalten:

Leben aus Materie

Der Kosmos ging nicht ›schwanger‹ mit dem Leben, sagt Monod (1971); und das scheint schlüssig – oder spricht irgend etwas dafür, daß das Weltall seit jeher schon ›belebt‹ ist und, wie die Verfechter der Panspermie-Hypothese glauben, von ›Lebenskeimen‹ erfüllt ist? Immerhin: Leben *existiert* auf der Erde, und sollte die Erde der einzige belebte Planet in diesem Universum sein[60], ist das allein der Beweis dafür, daß Leben *möglich* war und ist. So trivial der Hinweis auf die Möglichkeit von Leben sein mag – die Frage, *wie* Leben in einem ihm nicht sehr freundlich gesinnten Kosmos entstehen konnte, ist alles andere als trivial.

»Bekundet der Ursprung des Lebens«, wie Osborn (1930, S. 1f.) als einer von vielen fragte, also »den Beginn von etwas völlig Neuem im Kosmos oder ist er nichts als eine Fortsetzung und Weiterentwicklung von jenen rein materiellen und energetischen Gebilden, die wir schon auf der Erde, der Sonne und den anderen Gestirnen gefunden haben?« Osborn selbst vertritt die Auffassung, Leben sei als Folge vorher bereits existierender Energieformen, als Folge einer spezifischen Beziehung derselben, aufgetreten. Was im folgenden dargelegt werden soll, ist von dieser Sichtweise gar nicht so weit entfernt.

Die sich heute aus kritisch naturwissenschaftlicher Sicht anbietende Theorie, die Möglichkeit *und* die faktische Gegebenheit von Leben zu erklären, ist die Theorie der *Selbstorganisation der Materie.* Das ist zunächst sehr allgemein gesagt, ich werde diese Theorie aber erläutern.

Ihre Voraussetzung – auch aus naturphilosophischer Perspektive – ist der schon im Prolog angedeutete *dynamische Materiebegriff.* Noch einmal: Die Materie ist nicht zu verstehen als toter Stoff, sondern als dynamisches ›Prinzip‹. Worauf es hier ankommt, ist, daß Materie unter bestimmten Bedingungen Leben hervorbringen *kann,* daß sich Materie selbst zu organisieren vermag. Und diese Selbstorganisation ist, nach Eigen und Winkler (1975, S. 197), »die aus definierten Wechselwirkungen und Verknüpfungen bei strikter Einhaltung gegebener Randbedingungen resultierende Fähigkeit spezieller Materieformen, selbstreproduktive Strukturen hervorzubringen«. Ich glaube, daß damit ein auch naturphilosophisch sehr fruchtbares Konzept vorliegt.

Man könnte nun gegen dieses Konzept allerdings den Einwand erheben, daß der Materie einfach gewisse Eigenschaften zugeschrieben werden, daß einfach ein Apriori gesetzt wird. Woher, so könnte man kritisch fragen, will man denn wissen, daß die Materie von vornherein selbstorganisierende Tendenzen aufweist? Ersetzt diese Annahme nicht lediglich ein altes Dogma durch ein neues? – Überlegen wir einmal, welche heuristischen Vorteile uns diese Theorie gegenüber alten Konzepten bringt.

Sie entbindet uns zunächst von der mühseligen Suche nach angeblich im Universum verstreuten ›Lebenskeimen‹. Wie schon Bavink (1928, S. 63) schreibt: »Wenn die Entstehung von Organismen hier auf der Erde... unbegreiflich ist, so ist sie es im Weltraum nicht minder.« Mehr noch: Sie käme der Suche nach der vielzitierten Nadel im Heuhaufen gleich, allerdings in diesem Fall ohne die Existenz dieser Nadel voraussetzen zu können.

Würde man aber annehmen, der Materie sei schon Leben immanent[61], dann wäre das Problem nur verschoben: Wie nämlich soll Leben in die Materie kommen, welcher Geist ihr das Leben eingehaucht haben? Diese Frage ernsthaft stellen und beantworten kann nur der Anhänger einer Gespenstermetaphysik. Die Alternative zum Geist hieße, der Materie aprioristisch etwas zuschreiben, was nicht nachweisbar ist: nämlich, daß sie ›als solche‹ schon lebt. Die Theorie von der Selbstorganisation ist da schon wesentlich vorsichtiger: Sie unterstellt der Materie lediglich die *Möglichkeit*, Leben zu beherbergen.

Dies sei eine Binsenweisheit, wird der Skeptiker dagegenhalten. Genau dies sei es doch, was wir wissen wollen: *Wieso* enthält die Materie die Möglichkeit für Leben? Weil Leben offensichtlich existiert, so läßt sich darauf apodiktisch antworten, um die nächste Frage zu provozieren: Und *warum* existiert Leben? Hier sind wir endlich an dem Punkt angelangt, an dem wir freimütig zugeben sollten: Das wissen wir nicht. Ein Geständnis dieses *ignoramus* ist jedenfalls immer noch besser als fortgesetztes Fragen nach dem ›letzten Warum?‹ Denn beantwortbar ist dieses ›Warum?‹ nicht; auch nicht mittels eines Schöpfungsmythos, der ja an die Stelle einer *Antwort* stets lediglich eine *Annahme* setzt, die nicht überprüfbar ist.

Der *agnostizistische* Standpunkt drängt sich also auf. Doch gerade, weil wir vor dem unergründlichen ›Warum?‹ haltmachen, ist die Theorie der Selbstorganisation der Materie – eben im Rahmen des für uns Erdenbürger Denkbaren – heuristisch von großer Bedeutung. Natürlich müssen wir uns in der Wissenschaft immer bemühen, den Becher der Erkenntnis bis zur Neige zu leeren, wie schon gesagt wurde; aber der Becher der Erkenntnis enthält nicht die Antwort auf jenes ›Warum?‹.

So erscheint auf der Basis der Theorie materieller Selbstorganisation »das apriorische Dogma von einer Dialektik der Materie als ein Hineininterpretieren von Eigenschaften, die erst auf höheren Organisationsstufen durch Superposition und Integration unter ganz spezifischen Bedingungen erworben werden« (Eigen und Winkler 1975, S. 197).

Schließlich ist darauf zu verweisen, daß die Theorie der Selbstorganisation auch experimentell gestützt wird und aus experimentellen Arbeiten auch hervorgegangen ist. Einerseits sind es die Arbeiten von Manfred Eigen und seinen Mitarbeitern (z.B. Küppers 1981) und andererseits Untersuchungen von Hans Kuhn (z.B. 1973), welche die Theorie empirisch fundieren. Zwar weicht Kuhns Modell der Lebensentstehung durch Selbstorganisation von Eigens Ansatz ab, das aber tut hier nichts zur Sache. Der gemeinsame Nenner beider Untersuchungsergebnisse läßt sich so zusammenfassen: *Lebende Systeme entstanden durch spezifische Integration materieller (molekularer) Strukturen unter ebenso spezifischen Randbedingungen.*

Konkret bedeutet das Modell von Eigen – wie es vor allem auch bei Eigen und Schuster (1979) sowie Eigen et al. (1981) auseinandergesetzt wird – eine Klärung der zyklischen Verknüpfung der basalen, am Aufbau jedes lebenden Systems beteiligten chemischen Stoffgruppen.

Wie wir aus der Molekularbiologie und aus der Biochemie wissen, weisen Lebewesen zwei elementare Stoffgruppen auf, deren stets gleichzeitiges und wechselwirksames Vorhandensein die unabdingbare Voraussetzung für das Lebensgeschehen ist. Zum einen sind es die Proteine oder Eiweiße, die ›Funktionsträger‹, also die den Organismus aufbauenden und seine Funktionen garantierenden Stoffe; zum anderen handelt es sich um die Nucleinsäuren, die Träger der Erbsubstanz bzw. der genetischen Information.

Abb. 8: Vereinfachtes Modell des Hyperzyklus als Modell der Entstehung lebender Systeme durch spezifische Integration materieller Elemente. Sich selbst reproduzierende Einzelzyklen (oben) werden durch eine überlagerte zyklische Verknüpfung zu einer neuen Organisationsform zusammengeschlossen (unten). Demzufolge ist ein Hyperzyklus ein System, in dem selbstreplikative Einheiten miteinander verknüpft werden. Die einzelnen Kreise sind Informationsträger (Nucleinsäuren). Sie werden von den Proteinen synthetisiert, bedingen auf der anderen Seite aber selbst die Struktur und Funktion der Proteine, in einem ununterbrochenen Kreislauf von Wechselwirkungen. Spielt man das Modell weiter durch, dann wird deutlich, daß die Proteine eine funktionelle Koppelung zwischen den Einzelzyklen der Nucleinsäuren vermitteln, wobei die übergeordnete Verknüpfung selbst wieder einen geschlossenen Zyklus ergibt. Darüber hinaus ist dazu zu sagen, daß die Informationsträger zwei ›Instruktionen‹ enthalten: eine für die eigene Reproduktion und eine für die ›Übersetzung‹ in einen zweiten Typ mit optimalen funktionellen Eigenschaften. Der Vorteil eines solchen Modells besteht darin, daß die Lebensentstehung als ein nichtlinearer Vorgang transparent wird, gemäß einem für die gesamte Evolution offenbar charakteristischen Prinzip der Integration. (Nach Eigen und Winkler 1975.)

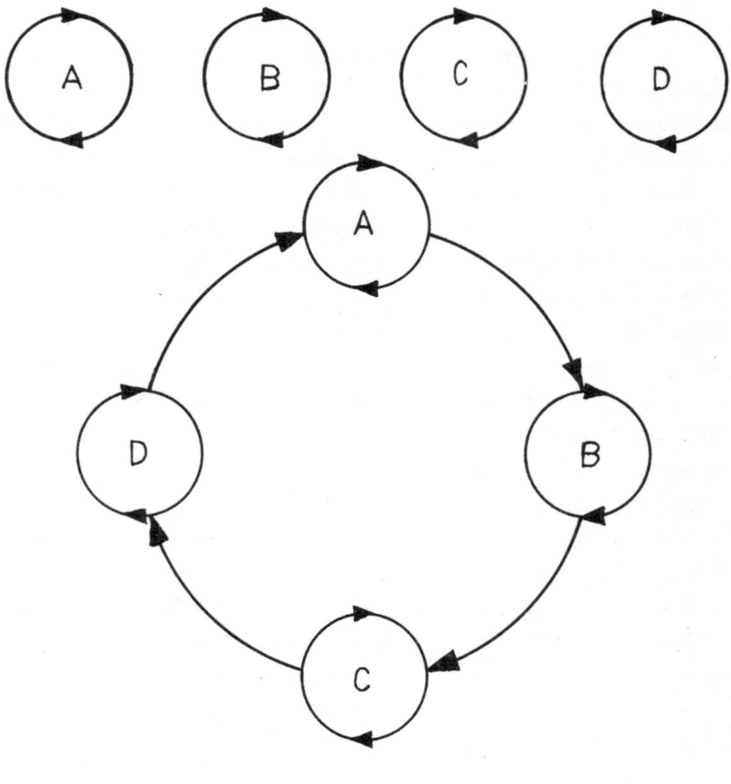

Das Modell geht von der Verknüpfung, von der Integration beider Stoffgruppen aus. So wird bereits auf dieser ›Vorstufe‹ des Lebenden dem Satz Rechnung getragen ›das Ganze ist mehr als die Summe seiner Teile‹. Tatsächlich beschreiben die in Abb. 8 erörterten Kreisläufe (= *Hyperzyklus*) eine neue Organisationsstufe in bezug auf die ihnen vorangegangenen unbelebten Materiekomplexe. Als Lebewesen im engeren Sinne wird man einen Hyperzyklus nicht bezeichnen können, aber die Rückkoppelung von Proteinen und Nucleinsäuren führt zu einem schon relativ komplexen System, das den Minimalbedingungen für lebendige Systeme entspricht: Ein Hyperzyklus repräsentiert eine sich selbst reproduzierende Einheit und gewährleistet die Konservierung eines bestimmten Ausmaßes an genetischer Information, die auf weitere Generationen übertragen wird.

Aus dem Modell geht also hervor, wie prinzipiell die Entstehung organischer Komplexe aus anorganischem Material denkbar ist. Ich würde sagen, daß dieses Modell auf einen systemtheoretischen, holistischen Lebensbegriff hinausläuft und umgekehrt einen solchen unterstützt.[62] Nicht durch bloße Summierung irgendwelcher Elemente entstand demnach Leben auf der Erde, sondern durch Integration von Strukturen zu immer komplexeren Ganzheiten. Das führt uns wieder zurück zu dem auf S. 98 erwähnten Konzept der Fulguration.

Vielleicht wird der eine oder andere Leser nun enttäuscht sein: Erklärt das damit grob umrissene und oben abgebildete Modell tatsächlich die Entstehung des Lebens? Kann damit tatsächlich ein so großes Rätsel gelöst sein?

Dazu wäre zu sagen, daß es sich hierbei eben um ein Modell handelt; als solches hat diese Erklärung zwar nicht den Charakter einer ›ewigen Wahrheit‹, aber sie korrespondiert – wie naturwissenschaftliche Modelle im allgemeinen – mit empirisch gewonnenen Tatsachen. Welche anderen Möglichkeiten hätten wir denn sonst, einem so schwierigen Problem wie dem der Biogenese auf den Grund zu gehen? Wollen wir die Lebensentstehung nicht für ein unlösbares Problem halten, auf der anderen Seite aber auch keinem naiven Mystizismus huldigen, dann sind wir gezwungen, uns – wie Stegmüller (1975, S. 419) aus der kritischen Sicht eines naturwissenschaftlich versierten Philosophen bemerkt – »mit der Gewinnung eines *prinzipiellen Verständnisses* [zu] begnügen«. Zugleich ist Stegmüllers an derselben Stelle ausgedrückter Optimismus durchaus zu teilen, daß nämlich dieses Verständnis ausreicht, »um der Entstehung des Lebens den *Schein eines Wunders* zu nehmen«.

Naturphilosophisch ergeben sich aus obigem Modell im wesentlichen drei Konsequenzen (Wuketits 1982a):

- Ist Selbstorganisation ein universelles Natur-, ein gegebenes Materieprinzip, dann hebt sich die Kluft zwischen belebter und unbelebter Materie auf: Die Grenzen zwischen beiden sind fließend, weil beide Sphären evolutiv miteinander verbunden sind.
- Dadurch, daß systemspezifische Rand- und Anfangsbedingungen für die Entstehung des Lebens im anorganischen Bereich definiert sind, wird keinesfalls einem ontologischen Reduktionismus das Wort geredet: Aus der materiellen (Selbst-)Organisation können neue Komplexitätsstufen hervorgehen, die in ihrer Spezifität dann irreduzibel sind.
- Wenn die Entstehung des Lebens als ein Rückkoppelungsvorgang, als ein Integrationsprozeß beschrieben wird (wie das der Hyperzyklus nahelegt), dann wird ein systemtheoretischer Begriff von Leben damit untermauert – und abermals entgleiten unsere Vorstellungen von der Lebensentstehung dem Zugriff der (ontologischen) Reduktionisten.

Was den Reduktionismusvorwurf betrifft, sagt auch Eigen klar und deutlich, daß durch ein auf Prinzipien der Materie zurückgehendes Modell keineswegs die spezifische Charakteristik des Lebenden in Abrede gestellt wird, sondern »daß diese neue Ebene der Organisation sich in einer für sie allein typischen und charakteristischen Form äußert, ja, daß aus der materiellen Organisation schließlich auch nicht-materielle [geistige] Wirkungen hervorgehen« (Eigen und Winkler 1975, S. 189f.).

Vielleicht wird nun klar, warum ich einleitend die hier anvisierte biophilosophische Synthese als in weitestem Sinne materialistisch bezeichnet habe. Ebenso deutlich geworden ist hoffentlich die Tatsache, daß es sich hier in keiner Weise um einen Materialismus im althergebrachten Sinne handelt; denn nur die *Bedingungen* für Leben meinen wir, im Anorganischen definiert zu finden, nicht aber das Leben selbst, das in seiner Vielfalt und Ordnung irreduzibel bleibt. Die Dynamik der materiellen Organisation jedoch ermöglicht eine Entwicklung immer komplexerer Strukturen.

Wenn Materie selbstorganisierende Tendenzen aufweist, dann ist es wohl leichter zu verstehen, wie es kommt, daß in dieser Welt trotz des universellen Strebens der Dinge in Richtung ›Unordnung‹ Systeme entstehen konnten (und sich zu erhalten vermögen), die, wie die Lebewesen – von den einfachsten Zellkörpern bis zur Organisation des menschlichen Zentralnervensystems – durchgehend *hochgradig geordnet* sind. Ein dieser Welt scheinbar immanentes Paradoxon ist aufzulösen:

Ordnung trotz Chaos

Soll das nun heißen, daß Ordnung aus dem Chaos hervorgehen kann oder daß Ordnung und Chaos nebeneinander quasi als zwei Weltprinzipien bestehen?

Ordnung jedenfalls ist ein offenkundiges Phänomen; so offenkundig, daß die Naturwissenschaft seit der Mitte des 19. Jahrhunderts sie kaum beachtet hat. Was die Naturwissenschaft, generell gesagt, bis in die jüngste Vergangenheit dominiert hat, waren »düstere Theorien« (Riedl 1975, 1976): Hier die klassische *Thermodynamik*, die in ihrem ›zweiten Hauptsatz‹, dem *Entropiesatz*, das unvermeidbare Ende des Kosmos im Wärmetod voraussagt; dort die im Sog der Selektionstheorie Darwins etablierte Synthetische Theorie, wonach Evolution von blinden Zufällen (Mutationen) und opportunistisch wirkenden Auslesemechanismen bestimmt wird. So bleibt also nur der Spott des Mephistopheles, jenes Geistes in Goethes ›Faust‹, der stets verneint,

»denn alles, was entsteht,
Ist wert, daß es zugrunde geht.«

Oder? Ist dem etwa nicht so?

An der Gültigkeit des Entropiesatzes kann zunächst kein Zweifel bestehen. Der Physiker Rudolf Clausius (1822–1888) sagte: »Wärme kann nicht von selbst aus einem kälteren auf einen wärmeren Körper übergehen« (zit. nach Sexl 1982, S. 104). Und er konnte deutlich machen, daß damit ein Richtungsgeber für alles Weltgeschehen vorliegt, die Entropie, derzufolge die Welt ihrem Ende (dem Wärmetod) zustrebt. »Die Energie des Weltalls«, beschrieb Clausius diesen Vorgang, »ist konstant. Die Entropie des Weltalls nimmt stets zu« (zit. nach Sexl 1982, S. 105).

Dieses im Grunde recht einfache Prinzip läßt sich anhand unterschiedlicher Ereignisse aus dem menschlichen Alltagsleben nachvollziehen: Keine Kraft kann das aus einem umgeworfenen Eimer ausgeflossene Wasser in diesen wieder in ursprünglicher ›Form‹ zurückbringen; und die von einem Kamin ausgehende Wärme wird niemals in diesen zurückkehren, nachdem sie sich im Raum verteilt hat; und aus den Scherben einer zerbrochenen Vase wird nichts wieder dieselbe Vase herstellen. Kurz und gut, *geordnete* Zustände gehen in *weniger geordnete* über. Welche Ordnung herrscht doch beispielsweise auch auf dem Parkplatz einer großen Finanzbehörde, während die dort Tätigen ihre Computer nach säumigen Steuerzahlern befragen – und welche Unordnung bietet sich dem Betrachter in den späten Nachmittagsstunden, wenn die emsigen Beamten nach des Tages Müh und Plage ihre Fahrzeuge in Bewegung setzen (um ihren Beitrag zum täglichen Verkehrschaos in unseren Großstädten zu leisten)! Gewiß, solange der Mensch genügend Energie umsetzt, um dem Chaos entgegenzuwirken, vermag er chaotische Zustände wieder in geordnete zu verwandeln. Aber sein Streben nach Ordnung im kleinen wird nichts daran ändern, daß die Welt im großen dem Entropiesatz folgt. Auch der Mensch kann diesen Satz nicht aufheben, er kann ihm lediglich vorübergehend ausweichen, indem er Ordnung schafft. Also hat die klassische Thermodynamik mit dem Entropiesatz ein grundlegendes ›Weltprinzip‹ in ihr Theorienkonzept eingebracht.

Zu zweifeln ist auch daran nicht, daß Mutationen (plötzliche, zufällig auftretende Änderungen im Erbgefüge eines Lebewesens) und selektive Einwirkungen von seiten der Außenwelt eines Organismus auf denselben – die Kernstücke der Synthetischen Theorie (vgl. Anmerkung 43) – auf der Basis des jeweiligen genetischen Materials Faktoren des Evolutionsgeschehens ausmachen. Und kein Zweifel ist berechtigt an dem Umstand, daß – und man denke an die Millionen von ausgestorbenen Organismenarten[63] – die Selektion, um es anthropomorph auszudrücken, dafür Sorge getragen hat, jede Spezies, sobald sie dem Bühnenbild der Evolution nicht mehr gerecht wird, wieder verschwinden zu lassen; ein für allemal verschwinden zu lassen! *»La vie c'est la mort«*, sagt Claude Bernard (1813–1878) (zit. nach Bourguignon 1979, S. 97); jawohl, »Leben heißt Sterben«, wie dies auch Friedrich Engels (vgl. F. Engels 1973, S. 289) notiert hat und wie es vor kurzem Heinrich K. Erben (1981) aus der Sicht der Paläobiologen überzeugend dargestellt hat.

Aber dennoch: Leben existiert! Und es existiert in einer ungeheuren Mannigfaltigkeit und Ordnung. Die Evolution hat es zuwegegebracht, auch eine Spezies zu schaffen, die sich ihrer Welt und der Welt um sie herum sogar *bewußt* ist. Wie verträgt sich das mit der offenbar waltenden Unordnung?

Man mag sich in Widersprüche verwickelt sehen. Es sind aber, so ist gleich anzumerken, nur scheinbare Widersprüche. In der Tat: Der Entropiesatz hat seine Gültigkeit, und dennoch ist Leben als etwas Geordnetes in unzähligen Einzelindividuen vorhanden; die Selektion merzt immer und immer wieder Arten aus, und dennoch zählen wir heute über zwei Millionen (rezenter) Spezies, jede für sich Ausdruck von Ordnung. Leben heißt also Sterben, dennoch existiert es seit drei Jahrmilliarden.[64] Wir können, vielleicht, Hoffnung aus den Widersprüchen schöpfen (Riedl 1976).

Was Wunder, daß die klassische Physik das Leben und seine Ordnung nicht beachtet hat, wenn schon die reduktionistisch argumentierenden *Bio*logen in breiter Front am Leben vorbeigezogen sind. Erst das 20. Jahrhundert brachte jene neuen, fundamentalen Erkenntnisse, die – einmal ausgehend von der Physik, ein andermal von der Biologie (und vor allem von der Biologie) – auf die Notwendigkeit einer Erneuerung unseres Weltbildes hindeuten. Es kommt nicht von ungefähr, daß diese Wiederentdeckung der Ordnung des Lebendigen im 20. Jahrhundert mit der Entwicklung eines systemtheoretischen, holistischen Lebensbegriffs eng verknüpft ist; daß das Phänomen lebendiger Ordnung in seiner vollen Bedeutung und Tragweite auch für ein tieferes Verständnis der Natur unserer eigenen Spezies jenseits der ›alten‹ Physik und jenseits der Säulen des Mechanismus wie des Vitalismus in der Biologie wiederentdeckt worden ist. Ludwig v. Bertalanffy hat dazu Entscheidendes beigetragen mit seinem Konzept der *offenen Systeme* (zusammenfassend dargestellt bei Bertalanffy 1972). Mit Hilfe dieses Konzepts erscheint es plausibel, warum Systeme, Lebewesen zumal, den Entropiesatz gewissermaßen ›umgehen‹ können.

Alle belebten Systeme stehen, wie erwähnt, in einem ständigen Stoff- bzw. Energieaustausch mit ihrer Umwelt. Sie nehmen Stoffe bzw. Energie aus ihrer Umwelt auf und verarbeiten sie in körpereigene Substanz. Und dies heißt: *Lebewesen bauen Ordnung auf.* Erwin Schrödinger verdanken wir den fundamentalen Ansatz zur Umkehr des Entropieprinzips in der Organismenwelt. Demnach gilt für das Lebendige die negative Entropie oder *Negentropie*. Wir können sagen: Lebewesen befinden sich stets fern vom thermodynamischen Gleichgewicht. Während ein geschlossenes Universum[65] zu einem Ausgleich aller Temperatur und Energie strebt, zu einem Zustand also, der nichts Geordnetes mehr aufzubauen gestattet, und während die unterschiedlichsten physikalischen Prozesse die (Wieder-)Herstellung des ursprünglichen, geordneten Zustands nicht mehr zulassen, vermögen Lebewesen fortgesetzt Ordnung aufzubauen und durch den Mechanismus der Replikation die genetischen Bauanleitungen für ihre eigene Ordnung weiterzugeben.

Die Einsicht Schrödingers – die mit dem Konzept der offenen Systeme von Bertalanffy zusammenläuft – war, daß Organismen Materie (Energie) von relativ niedriger Entropie aufnehmen und diese ›im Inneren‹ entwerten (vgl. Schrödinger 1944 [1967]). Im *Gesamtzusammenhang* mit dem kosmischen Streben nach dem thermodynamischen Gleichgewicht (›Unordnung‹) tragen die Organismen freilich zu diesem Chaos bei: indem sie eben ihrer Umwelt Energie entziehen. Sie beschleunigen den kosmischen Entropiezuwachs, für sich allein betrachtet aber bauen sie beständig Ordnung auf. Und die Evolution des Lebenden, als ein Prozeß der Selbstorganisation, ist mithin ein »Strom von Ordnung« (Rensch 1968), in dem es kein Phänomen gibt, das nicht auf einem geradezu unfaßlich genau organisierten Gebäude der Ordnung beruhte (Riedl 1975).

Auch die primäre Lebenserfahrung des Menschen ist *Erfahrung von Ordnung*. Und die Erfahrung selbst muß eine geordnete sein, noch bevor sie die Wissenschaft rational ordnet. »Begriffsbildung in verschiedenen Stufen der Abstraktion, durch die eine *Ordnung* unter den Wahrnehmungen und Vorstellungen von den ›Dingen‹ der Welt und ihren Veränderungen geschaffen wird, findet also in weitem Maße schon *im vorwissenschaftlichen Bereich* statt« (Rensch 1968, S. 8). Die Entwicklung unserer Wahrnehmungsleistungen vollzog sich in permanenter ›Auseinandersetzung‹ mit der Umwelt, der belebten wie der unbelebten, und es liegt nahe, daß die Ordnung dieser Leistungen – die Voraussetzung also auch für unsere *Denkordnung* – eine »Anpassung an die Naturordnung« (Strombach 1968) ist. Diese in ihrem Kern auf Plotin (205–270) zurückgehende Vorstellung hat Riedl (1975, S. 331) präzisiert, indem er sagt: »*Die Denkordnung muß folglich eine Nachbildung der Naturordnung sein*... und *die Ursache der Nachbildung* muß die Selektion sein.« Dabei ist nun die Selektion keineswegs im strikt darwinistischen Sinne zu verstehen, als Milieuselektion; sondern die internen Bedingungen des Organismus treten einem erneuerten Evolutionsmodell zufolge – wie es jüngst etwa auch Hammen (1983) dargetan hat – mit ihrer Außenwelt (und der davon ausgehenden, auf den Organismus einwirkenden Selektion) in eine Wechselbeziehung.

Ich habe schon betont: Lebewesen sind nicht etwa Spielbälle blindmechanisch wirkender Kräfte; sie verfügen über die Fähigkeit, sich selbst zu regulieren – bis zu einem gewissen Grade zumindest. Daß es sich bei diesem Vermögen nicht um obskure Vitalkräfte handelt, hat bereits der Entwicklungsphysiologe Wilhelm Roux (1914) klar gesagt. Das Vermögen der Selbstregulation der Organismen ist vielmehr ein natürliches, heute zusätzlich in kybernetischen Modellen (Regelkreismodellen) nachvollziehbares Prinzip, eine fundamentale Einsicht der Biologie des 20. Jahrhunderts.

Die Ordnung des Lebenden ist gewiß aus ungeordneten Zuständen hervorgegangen, in einer Welt, die einem ihr offenbar innewohnenden (physikalischen) Prinzip gemäß von vornherein dem ›Streben nach Unordnung‹ Platz bietet. Damit soll nicht einem Finalismus das Wort geredet werden; im nächsten Kapitel werde ich darauf zurückkommen. Doch mit jedem ›einzelnen Schritt‹ in der Evolution des Lebenden, von den Hyperzyklen bis zur Entwicklung der Säugetiere, wurde die Ordnung größer, wurden die den Organismen innewohnenden, die internen Regulationsmechanismen komplizierter. Ja, wir können buchstäblich sagen: *Ordnung entstand trotz des herrschenden Chaos.* Und das Faszinierende daran ist, daß diese Ordnung von uns, die wir ihr entsprungen sind, als *Ordnung* erfahren werden kann. Mag die Ordnung des Lebenden, mag das Lebende überhaupt physikalisch unwahrscheinlich sein: Lebendige Ordnung existiert. Und mag Leben auch Sterben heißen: Es ist eben nicht nur Sterben, es ist auch – und vor allem – *Leben.*

Für die Ordnung der belebten Natur haben heute viele Menschen ihren ›Sinn‹ verloren. An die Stelle der natürlichen und sich selbst reproduzierenden Ordnung ist vielerorts die vom Menschen geschaffene ›Ordnung‹ getreten. Das spiegelt sich in architektonisch angeblich vollendeten Wohnbauten, in den Anlagen von Autobahnen, die

die Landschaften zerstückeln, und in vielem mehr. Der Mensch hat seinen Sinn für Maß und Zahl beständig fortentwickelt[66], auf Kosten seiner Wahrnehmung dessen, was nicht ›exakt‹ nach Maß und Zahl ›konstruiert‹ worden ist, dessen Ordnungsniveau dem künstlichen des Menschen jedoch in vielerlei Hinsicht überlegen ist. Was ist die Ordnung eines Stahlbetonbaues gegen die Ordnung eines tropischen Regenwaldes! Wer unter Ordnung jedoch Verkehrsregeln und schachbrettartige Wohnanlagen versteht, wird den ›Urwald‹ freilich als Wirrwarr betrachten – weil er vergessen hat, was die Ordnung des Lebenden ist, oder weil er erst gar nicht weiß, daß es sie gibt. Mit diesem Argument spreche ich all jene an, die angesichts einer ›künstlichen Landschaft‹ deutlich erkennen, daß da *etwas fehlt*, wenn auch diese ›Landschaft‹ noch so harmonisch angelegt ist.

Die vom Menschen geschaffene Ordnung also geht auf Kosten der natürlichen, in langen Zeiträumen entstandenen Ordnung. Die von der Technokratie bestimmte Zwangsjacke aber, die der Mensch in einer verhältnismäßig sehr kurzen Zeit sich geschneidert hat, wird allmählich beängstigend eng. »Weder unser kreatürliches Verhalten noch die uns traditionell zur zweiten Natur gewordenen guten Manieren passen mehr auf die künstlich geschaffene, fast ausschließlich von der Technokratie bestimmte Umwelt« (Lorenz 1983, S. 148). Wie unsere technische Zivilisation mit der Natur zu vereinen wäre, bleibt als lebenswichtige Frage offen – die in Politik und Wirtschaft Verantwortlichen sind sich der Bedeutung dieser Frage offenbar nicht mehr bewußt. Sie haben den Bezug verloren zur ebenso komplexen wie gelebten Ordnung der Natur. Diese Ordnung wird der Mensch wahrscheinlich erst dann vollständig begreifen, wenn die natürliche Ordnung seinen Plänen und Fehlplanungen endgültig gewichen sein wird. Welche Ironie des Schicksals! Ich sprach bereits auf S. 78 von den alten Sehnsüchten des Menschen, die Natur zu beherrschen, seinen eigenen Bedürfnissen, seinen Wahnvorstellungen vom Machbaren anzupassen. Diese Bedürfnisse stellen sich oft genug als ebenso paradox wie hybrid dar. Wenn man etwa natürliche Gewässer trokkenlegt und dafür Hallenschwimmbäder schafft.

Will der Mensch aber das Leben wiederentdecken, will er die Ordnung des Lebenden begreifen, dann wird er sich fragen müssen: Wie konnte in der Evolution dieses ungeheure Ausmaß an Ordnung entstehen, wenn zuerst nur das Chaos war und auch am Ende wieder das Chaos steht? Gibt es denn da wirklich kein ›Gesetz‹ oder ›Prinzip‹, das – mit Monod (1971, S, 149) gesprochen – »aus störenden Geräuschen das ganze Konzert der belebten Natur hervorgebracht haben könnte?« Wir begegnen hier einem weiteren Paradoxon:

Gesetz trotz Zufall

Die Entstehung des Lebens, die Evolution als Folge des *Zufalls* – diese These ist vor allem im Nachklang zu Monod (1971) Gegenstand vieler Diskussionen geworden und ist nach wie vor ein zentrales Element in Debatten um die Evolutionstheorie. Der Begriff des Zufalls[67] spielt in der heutigen Erklärung der Evolutionsphänomene eine nicht unwichtige Rolle. Und er ist ein den Menschen, der über die Grundlagen seiner Existenz nachdenkt, in hohem Maße ›berührender‹ Begriff. Ist die Evolution insgesamt eine Folge von Zufällen, dann ist auch der Mensch ein zufälliges Ergebnis dieser Kette von Zufällen! Eine fürwahr nicht sehr tröstliche Konsequenz für alle diejenigen, die sich eingeflochten sehen wollen in eine eternale Ordnung, eine womöglich sogar von göttlichen Gesetzen regierte Welt.

Kann es sein, ist es denkbar, daß die Biosphäre als die Gesamtheit der Lebewesen unseres Planeten in ihrer Ordnung auf bloße Zufälle zurückgeführt werden muß? Wie gesagt: Immerhin *gibt* es diese Biosphäre – obwohl sie physikalisch nicht vorhersehbar gewesen wäre, in dem konstruierten Fall, daß ein ›Wesen mit Verstand‹ irgendwo im Weltraum die Entwicklung der Erde ›seinerzeit‹ hätte voraussagen wollen. Also können wir zunächst mit Monod (1971, S. 57) feststellen: »Der Theorie zufolge *muß* dieses Objekt [die Biosphäre] nicht, aber es *darf* existieren.« Ja, es darf existieren – wie sogleich hinzuzufügen ist – als Resultat von Zufall *und* Notwendigkeit, von Freiheit *und* Gesetz. (Siehe hierzu Eigen und Winkler 1975, Riedl 1975, 1976, 1977, Wuketits 1979a, 1981b, 1984e; eine ähnliche Argumentationsweise, obwohl theistisch verbrämt, findet sich z.B. auch bei Bresch 1977, 1983.)

Der Ausspruch des alten Demokrit gewinnt in diesem Zusammenhang erneut Bedeutung: daß nämlich alles, was im Weltall existiert, Frucht von Zufall und Notwendigkeit ist. Tatsächlich stellt sich heute die Frage ›Zufall *oder* Notwendigkeit‹ nur dem, der das komplexe Evolutionsgeschehen kraß vereinfacht, von einem deterministischen *oder* indeterministischen Standpunkt voreingenommen ist. Wird hingegen ein Prozeß als Systemgeschehen verstanden, dann sind Zufall und Notwendigkeit keine einander ausschließenden Alternativen. Und versteht man die Evolution als ein Prozeßgefüge, in dem externe und interne Faktoren in Wechselwirkung zueinander getreten sind, dann sind Lebewesen weder Produkte vorgegebener Gesetzlichkeit noch Ergebnisse einer ziel- und planlosen Entwicklung. Kurzum, in der Evolution waltet der Zufall, und es waltet der Plan; es walten Freiheit und Gesetz.

Könnten wir uns in jene Zeit zurückversetzen, die die ersten Bio-Moleküle hervorgebracht hat, die Zeit der ›Ursuppe‹ also[68], und hätten wir dabei unsere heutigen Informationen über den Verlauf der Evolution zur Verfügung – über den Evolutionsablauf, wie er heute faktisch rekonstruiert werden kann –, dann wären wir auch kaum in der Lage, die Evolution in ihren ›großen Bahnen‹ aus jenen Anfangsbedingungen zwingend abzuleiten. Die ersten Proteine und Nucleinsäuremoleküle enthielten nicht den Plan für die Millionen von Organismenarten, die seither entstanden (und zum Großteil auch wieder verschwunden sind; vgl. Anmerkung 63); und in der Ursuppe gab es keine Skizze für den Weg der Evolution über einfache einzellige Systeme bis zu den hochorganisierten Insekten und Wirbeltieren; und schon gar nicht gab es damals die Vorschrift, einen Entwicklungsweg einzuschlagen, der nach einigen Jahrmilliarden in die Spezies *homo sapiens* einmünden soll.

Diese Spezies war in den ersten ›Lebenskeimen‹ auf unserem Planeten nicht präformiert! Rational läßt sich kein Grund für die Annahme formulieren, daß sich die Evolution nach den ersten ›Geburtswehen‹ des Lebens in allen Einzelheiten so zu vollziehen hatte, wie sie sich eben vollzogen hat. Soweit also mögen diejenigen triumphieren, die den Zufall in der Evolution in den Vordergrund stellen.

Lassen wir aber im Gedankenspiel etwa drei Milliarden Jahre nach der Entstehung der ersten Bio-Moleküle verstreichen: Dann befinden wir uns am Beginn des Paläozoikums, des ›Erdaltertums‹, in einer Zeit, die rund fünfhundert Jahrmillionen zurückliegt. Und da bietet sich uns ein imposantes Bild: Meereswirbeltiere sind bereits vorhanden, allmählich entstehen bizarre Geschöpfe, die da herumschwimmen; und mit Zeitraffer können wir auch der langsamen

Abb. 9: Ichthyostega, das älteste bekannte Landwirbeltier, ein Amphibium, das vor 350 Millionen Jahren auftrat. Das Tier stellt gewissermaßen eine Übergangsform zwischen den Fischen und den Landwirbeltieren dar. Es zeigt in der Schwanzflosse noch Strahlen wie die Fische, andererseits aber sind die Extremitäten bereits auf eine Weise ausgebildet, die eine Fortbewegung auf dem Festland ermöglicht. (Nach Remane et al. 1973.)

Eroberung des Festlandes – zunächst durch Pflanzen und dann durch Amphibien – folgen. Wie schafften die Organismen den ›Sprung ans Land‹? Ist rein zufällig, aus einer Laune der Natur, ein Fisch mit der Brandung ans Festland gespült worden und hat sich ebenso zufällig die ›Fischform‹ an das Leben auf dem Festland angepaßt?

Der biologisch versierte Leser wird lächeln und sagen: ›Das stellt sich ja auch kein Biologe so einfach vor; wir kennen doch das Phänomen der *Prädisposition*.‹ Eben: Die Evolution operiert nicht blind und kurzsichtig, sie operiert nicht allein auf der Basis zufälliger genetischer Änderungen und opportunistisch wirkender Selektionsmechanismen, sondern genau der Faktor der inneren Selektion, der Regulierung des Binnenmilieus jedes Lebewesens, ermöglicht so etwas wie Weitsichtigkeit, einen ›Weitblick‹, besser gesagt. Es handelt sich hier um eine, wie Wagner (1981b) darlegt, ›Rückkoppelungs-Selektion‹ (*feedback selection*).

Das Phänomen der Prädisposition, dessen Kenntnis längst ins Repertoire des biologischen und paläontologischen Lehrbuchwissens gehört, charakterisiert jenes Prozeßgefüge, welches einem an bestimmte Umweltgegebenheiten angepaßten Organismus das Überwechseln in einen anderen Lebensraum ermöglicht. Eine gewisse Flexibilität des organismischen Systems ist damit gemeint: Das betreffende Lebewesen weist zwar noch seine ursprüngliche Konstruktion auf, vermag aber auch bereits den neuen Umweltbedingungen einigermaßen gerecht zu werden, ohne den ursprünglichen Lebensraum auf Dauer verlassen zu können. Als ein Beispiel dafür kann das in Abb. 9 wiedergegebene älteste Amphibium gelten.

Der ›Weitsichtigkeit der Evolution‹ sind freilich Grenzen gesetzt. Die Igel beispielsweise haben in den Jahrmillionen ihrer Entwicklung ein Stachelkleid entfaltet, das sie recht gut vor ihren natürlichen Feinden schützt. So braucht ein Igel, wann immer sich ein Feind (in seiner natürlichen Umwelt) ihm nähert, nur seine Stacheln aufzustellen, um den Feind wirkungsvoll zu vertreiben. Es amüsiert geradezu, einen sich einem Igel nähernden Hund zu beobachten, der – wenngleich er von Natur aus der ›Stärkere‹ ist – oft schon nach dem ersten Angriff kapituliert und sich von dem stacheligen Gesellen zurückzieht. Diese Verteidigungsstrategie der Igel hat sich in der Natur tausendfach bewährt. Was jedoch in der Evolution der Igel nicht vorherzusehen war, ist ihre Konfrontation mit Autos: Beim Überqueren einer Straße nützt es dem Igel nichts, sich vor dem herankommenden Automobil einzurollen – hier bedeutet diese Verteidigungsstrategie den sicheren Tod. Und bevor die Igel Autos von natürlichen Feinden zu unterscheiden lernen und – um den Autos besser, schneller ausweichen zu können – ihre Extremitäten zu ›Laufbeinen‹ verlängern (was vielleicht im Traumwerk von Hieronymus Bosch möglich, in der Natur aber unwahrscheinlich wäre), werden sie wohl (leider) ausgestorben sein.

Kurz und gut: Einmal stabilisierte Verhaltensprogramme, einmal von der Evolution sozusagen befahrene Wege, können nicht ohne weiteres aufgegeben, verlassen werden. Das ist das Gesetzartige in der Evolution, was vor allem auch im Prinzip der *Irreversibilität* zum Ausdruck kommt.[69] Es haben ja auch z.B. jene Säugetiere, die sekundär vom Land- zum Wasserleben übergegangen sind, die Wale nämlich, nicht wieder Kiemen als Atmungsorgane entwickelt, nicht die Lungen in Kiemen zurückverwandelt. Die die Lungenatmung bedingenden Evolutionsprozesse sind nicht umkehrbar. Und ganz allgemein ist das Bedingungsgefüge komplexer Strukturen zu verwikkelt, als daß es gewissermaßen in rückwärtiger Richtung wieder auflösbar wäre.

Mit der Entstehung jeder neuen Struktur in der Evolution wurden bestimmte dieser jeweiligen Struktur eigene Gesetzlichkeiten fixiert und stabilisiert; gleichzeitig aber wurden auch neue *Freiräume* geschaffen. Durch die Entstehung immer komplizierterer Strukturen wurden den Lebewesen stets neue Möglichkeiten eröffnet, der Evolution in gewissem Sinne neue Wege geebnet. Welche Möglichkeiten boten sich doch der Evolution, nachdem der ›Schritt ans Land‹ erfolgreich vollzogen war! Doch wo immer – um sich weiterhin dieser anthropomorphen Schreibweise zu bedienen – eine Spezies ihre Möglichkeiten überschätzt hat, wo immer sie nach der einen oder der anderen Richtung hypertrophierte, sich Luxusorgane leistete (so wie beispielsweise jener eiszeitliche Riesenhirsch mit über drei Metern Geweihspannweite), dort war das Aussterben praktisch die zwingende Konsequenz.

Gesetzlichkeiten also steuern Zufälle, die Zufälle dürfen nicht ausufern. Freiheit ja – aber nicht uneingeschränkt. Dabei sind die Möglichkeiten der Evolution einer Spezies stets durch die Umweltbedingungen *und*, wie schon betont wurde, die Rahmenbedingungen ihrer eigenen spezifischen Organisation definiert.

Die *inneren* Bedingungen des Lebewesens sind, so zeigt ein Blick in die Geschichte der Biologie, vereinzelt schon im vorigen Jahrhundert erkannt und angesprochen worden, und zwar (was wesentlich ist) in durchaus nichtvitalistischen Begriffen. Denn daß die Vitalisten dem ›Innenleben‹ des Organismus großes Gewicht eingeräumt haben, ist nach dem in Kapitel 2 Gesagten klar. Es reicht aber keineswegs aus, sich auf kryptische, undefinierte bzw. undefinierbare Kräfte zu berufen, um zu erklären, was die internen Bedingungen des Organismus (seine Systembedingungen) ausmacht. Daß jeder Organismus über ein ›inneres Milieu‹ verfügt, ein ›strukturiertes Binnenmilieu‹ aufweist – ja, daß er dadurch erst als *Organismus* den starren Strukturen des Anorganischen gegenüber begreifbar wird –, das hatte Claude Bernard erkannt und mit dem Ausdruck *milieu intérieur* auf den Begriff gebracht (vgl. Canguilhem 1979).

Für Bernard war Leben zu bestimmen aus der Wechselbeziehung (*conflit*) zwischen der Außenwelt des Organismus und dem Organismus *selbst*, also seinen inneren (Funktions-)Bedingungen (vgl. Bourguignon 1979). Wie Kant, so gelangte auch Bernard zu der Überzeugung, daß der (experimentellen) Physik im Bereich des Lebenden methodisch Grenzen gesetzt sind; auf der Grundlage dieser Überzeugung erachtete er das Prinzip der Teleologie als notwendig (vgl. Roll-Hansen 1976). Übertragen auf die Evolution des Lebendigen würde Bernards Schlußfolgerung im wesentlichen dem entsprechen, was beispielsweise Gutmann und Bonik (1980a, S. 11) wie folgt formulieren: »Selektion ist somit ein Prozeß, der vom komplexen Gefüge des organismischen Systems selbst (also über eine Innensteuerung) und von der Umwelt... (also eine Art Außensteuerung) bestimmt wird.«

Daß diese Innensteuerung nicht vitalistisch gemeint sein muß, daß – allgemeiner gesprochen – die Selbstregulation jedes Lebewesens ein notwendiger, aber nicht notwendig vitalistisch zu verstehender Zug des Organismus ist, ist einzusehen, wenn man sich nochmals der bereits vor fast einem Jahrhundert präzisierten Erkenntnis von Wilhelm Roux erinnert. Und heute sprechen wir dabei von *Homöostase*.

Es bleibt nur zu wiederholen: Gesetz und Zufall, Plan und Freiheit sind in der Evolution keine einander ausschließenden Komponenten. Schwer denkbar ist, daß die Mannigfaltigkeit des Lebenden durch eine Serie von Zufällen entstand. Wo Monod (1971) die Evolution auf ›Betriebsunfälle‹ der Natur zurückführt, hat er die Zufallskomponente überschätzt (als ob aus den Tippfehlern eines nicht sehr sorgfältigen Scriptgirls eines der großen Dramen der Weltliteratur entstehen könnte); doch um Monod gerecht zu werden, muß man sich selbstverständlich vor Augen führen, daß er auch die Bedeutung des Faktors ›Notwendigkeit‹ gesehen hat. Ebenso schwer denkbar ist aber eine planmäßig gesteuerte, prä-determinierte Evolution als Ausdruck einer prästabilierten Harmonie im Sinne von Leibniz (1710). Die Advokaten des Schöpfungsglaubens haben hierbei zwar keine Probleme – solange sie, was meist der Fall ist, die grundsätzliche Unvereinbarkeit ihres Glaubens mit der Evolutionstheorie übersehen. Bewegen wir uns jedoch im Denkrahmen der Evolutionstheorie – und aus naturwissenschaftlicher wie kritisch-philosophischer Sicht scheint dazu keine sinnvolle Alternative in der Erklärung der Entwicklung des Lebenden möglich –, dann gehört es zu unseren hervorragenden Aufgaben, das Paradoxon ›Gesetz und Zufall‹ aufzulösen durch das Paradigma der Selbstorganisation der Materie.

Damit ist nun kein fauler Kompromiß geschlossen zwischen Determinismus und Indeterminismus: Vielmehr ist ein Weg jenseits beider Denkansätze zu beschreiten; nur so ist die Phrase *Gesetz trotz Zufall* zu verstehen. Die aus Materiekomplexen sich ergebenden Freiheiten in der Entwicklung von Systemen bedeuten dabei keine prinzipielle *Akausalität* des (Evolutions-)Geschehens, sondern eher den Umstand, daß das Ausgangsstadium mehrere (Entwicklungs-)Möglichkeiten offenhält. Faßt man ›Freiheit‹ sehr allgemein und abstrakt als

»eine unbegründete Beziehung zu etwas« (Titze 1981, S. 24), dann gilt für die ›Freiheit der Evolution‹ konkreter: Die Entstehung und Entwicklung *einzelner* Organismenarten, die Entstehung und Entwicklung *bestimmter* organismischer Systeme, folgt nicht zwingend aus den Anfangsbedingungen in der Ursuppe. Allmählich jedoch, im Verlaufe der Entwicklung komplexer Systeme, stabilisieren sich spezifische (Entwicklungs-)Prinzipien, welche die Wirksamkeit des Zufalls einschränken, die Freiheitsgrade in der Entwicklung der jeweiligen Systeme einengen. Die Evolution gerät mithin mehr und mehr in den Sog ihrer *Selbstplanung*; nicht eine prästabilierte, sondern eine *poststabilierte* Harmonie (Riedl 1975, 1976) findet darin ihren Ausdruck.

Der nach dem *Sinn seines eigenen Lebens* suchende Mensch wird sich damit allerdings nicht zufriedengeben. Er wird weiterfragen. Und der kritische Leser dieses Buches wird – auch wenn er mir geneigt ist und wohlwollend meint, der Standpunkt ›jenseits von Determinismus und Indeterminismus‹ sei tatsächlich der einzig richtige – Antwort auf eine weitere Frage verlangen. Er wird erfahren wollen, worin denn der Sinn seines Daseins besteht, wenn dieses Dasein in allen seinen Eigenarten weder vorherbestimmt war noch das Produkt reinen Zufalls sein soll.

Bevor ich darauf kurz eingehe, ist eine ernsthafte Einschränkung zu machen – für jeden, der in Resultaten *naturwissenschaftlicher*, wenngleich philosophisch erweiterter Überlegungen die Lösung der Probleme seiner *existentiellen* Wirklichkeit erblicken zu können glaubt. Die Wissenschaft ist keine Heilslehre! Wo immer sie in Heilslehren umfunktioniert worden ist, war sie von gefährlichen Ideologien begleitet oder gar überfremdet. Und wie derartige Ideologien, die bestimmte wissenschaftliche Erkenntnisse als der Weisheit letzten Schluß interpretieren und – das ist das wirklich Gefährliche – *in die Tat umsetzen*, wie also diese Ideologien eine Heilslehre in ihr Gegenteil verkehren können, indem nämlich das angebliche Heil der Menschheit auf dem Wege über Wahnvorstellungen, Katastrophen und Vernichtung zu erreichen versucht wird, das zeigt uns mit aller Deutlichkeit und Grausamkeit die Rassenideologie des Nationalsozialismus. Verhängnisvoll sind ferner beispielsweise die Konsequenzen jener Forderung nach einer Technologie (im Klartext: *Manipulation*) des (menschlichen) Verhaltens, die – neben anderen – der um das Wohlergehen der Menschheit so besorgte Skinner der Welt verkündet. Nicht von ungefähr lautet der Titel einer seiner bekanntesten Schriften ›Beyond Freedom and Dignity‹ (1971) – ›Jenseits von Freiheit und Würde‹! Einmal abgesehen davon, daß die Grundsätze des *Behaviorismus*, wonach der Mensch eine *tabula rasa* verkörpert (einen ›leeren Kasten‹, in den allerhand hineingestopft werden kann und dessen ›Inneres‹ also beliebig formbar sein soll), sachlich ganz einfach falsch sind. Denn wie jedes Lebewesen, so ist auch der Mensch durch in der Evolution entstandene und jedem Individuum *angeborene* Verhaltensdispositionen gekennzeichnet (vgl. Lorenz 1978 a), die zwar nicht sein ›ganzes Wesen‹, aber doch immerhin einen Teil davon ausmachen und nicht fortzumanipulieren sind.

In der *theoretischen* Diskussion der Frage nach dem Sinn also ist die naturwissenschaftlich-philosophische Ebene von der existentiellen Ebene zu trennen. Es liegt an jedem einzelnen Menschen, den Sinn seines Lebens zu bestimmen. Ich denke, daß gerade eine Position jenseits von Determinismus und Indeterminismus die Biologie (oder die Biophilosophie) von der Aufgabe entbindet, dem Menschen seinen individuellen Sinn zuzuordnen. Es ist eines, das Naturgeschehen zu erkennen und zu erklären versuchen, ein anderes aber, dem einzelnen Menschen seinen Sinn geben zu wollen.

Nur in den Träumen der Utopisten enthält das ›Buch der Evolution‹ schon die Bestimmung letzter Ziele des individuellen Menschen und der gesamten Menschheit. Und nur diejenigen, die den Menschen seines individuellen Menschseins berauben wollen, meinen – hier unter Berufung auf die göttliche Vorsehung, dort unter Hinweis auf eine geschichtsimmanente Gesetzlichkeit – erste Gründe und letzte Zwecke der menschlichen Existenz vorordnen zu können. Der seines eigenen Lebens *bewußte* Mensch, der zum *Eigenvollzug* seines Lebens Fähige, der Entdecker seiner eigenen *Lebendigkeit* also, wird sich weder auf ein ›schöneres Leben‹ im Jenseits vertrösten lassen noch wird er jenen Glauben schenken, die als Legitimation ihrer eigenen Prophezeiungen ihm sein Los aus einer determinierten Entwicklung heraus weismachen wollen.

Mit den Erörterungen über Zufall und Notwendigkeit wollte ich daher zeigen, daß unser Resultat ›Gesetz trotz Zufall‹ für den einzelnen die Sinnfrage nicht beantwortet, sondern den einzelnen wieder zur Möglichkeit zurückführt, *seinen* Sinn selbst zu bestimmen – weil dieser im großen Strom des organischen Werdens offenbleibt.

Die im Spannungsfeld von Zufall und Gesetz sich vollziehende Evolution hat unter vielen anderen Spezies den Menschen hervorgebracht; eine Spezies, die in der Lage ist, sich die Welt und sich selbst zu erklären, *ohne dafür aber Anweisungen bekommen zu haben.* »So hat«, wie Rensch (1968, S. 249) schreibt, »... weder das Dasein des einzelnen noch das der Menschheit ein ›Ziel‹. Sub specie aeternitatis hat es so wenig Ziel wie die extramentale [außersubjektive] Welt und das ganze Sein als solches. *Ein ›Sinn des Daseins‹ kann also nur in zeitlich begrenzten Zielen gesucht werden.*«

Wir sollten uns also mit Monod (1971) versöhnen und unserer Aufgabe gewahr werden, zwischen dem ›Reich‹ und der ›Finsternis‹ zu wählen. Dies ist allein des Menschen Aufgabe; ob und wie er diese Aufgabe erfüllt, ist Sache seiner Einsicht; und wenn er die falschen Entscheidungen – aus ›falscher Einsicht‹ – trifft, wird er die Konsequenzen zu tragen haben: »Das Universum jedenfalls weint keine Träne um jene seltsamen Lebewesen, die sich selbst irgendwann und irgendwo vernichtet haben« (Oeser 1983, S. 163). Seine eigenen, zeitlich begrenzten Ziele suchen zu können, wobei, wie Bernard Shaw (1898 [1971]) sagte, das moralische Chaos nicht die Alternative ist zur romantischen Verklärung – die (subjektiven) Daseinsziele also *selbst* suchen zu können, ist wahrlich ein schwacher Trost für diejenigen, die, weil sie sich ihrer eigenen Lebendigkeit haben berauben lassen, nach *vorgeschriebenen* ›Lebensprinzipien‹ tasten, ein Hoffnungsschimmer aber für jeden, der weiß, daß sein Leben, auch wenn es unentrinnbar eingeflochten ist in den Prozeß der Evolution, für die Dauer einiger Jahrzehnte zumindest von ihm selbst als in seiner Eigenartigkeit unwiederholbares Leben *erlebt* und *gelebt* werden kann.

Leben als Folge materieller Selbstorganisation: Das bedeutet Ordnung trotz Chaos, Gesetz trotz Zufall; es bedeutet aber auch das Entstehen immer neuer Freiheiten, das Öffnen immer neuer Möglichkeiten. Ordnung und Chaos, Gesetz und Zufall – für den Menschen scheinbar Widersprüche, für den Gang der Evolution jedoch komplementäre Faktoren: Das bedeutet für den Menschen als Individuum, daß er weder einen Betriebsunfall der Evolution verkörpert noch aus der Evolution sein (individuelles) Schicksal ablesen kann.

Soviel jedenfalls ergibt sich fürs erste aus den Ansätzen zu einer biophilosophischen Synthese. Sein eigenes Leben *leben* zu können – das mag eine Hoffnung sein; gleichzeitig aber zu erkennen, daß dieses Leben in seiner Einmaligkeit, nein, *trotz* dieser Einmaligkeit, Teil eines komplexen Gefüges des natürlichen Werdens und Vergehens ist – das wird jene Erkenntnis sein müssen, die wir dringend nötig haben, wenn wir als *Menschheit* nicht schon bald Abschied nehmen wollen von der Bühne der Evolution, wo seit über drei Jahrmilliarden das Stück vom Leben und vom Sterben gespielt wird. Abschied nehmen – als Folge unseres eigenen Wunschdenkens oder als Folge des fatalen Irrtums, unser Schicksal sei ohnedies vorherbestimmt und wir hätten diese Bestimmung schon erkannt.

Dem Versuch einer biophilosophischen Synthese haben wir aber noch weitere Bausteine beizufügen: Wiederum sind alte Irrtümer zu erkennen und mögliche neue Lösungen darzustellen, wenn – aufbauend auf den vorangegangenen Überlegungen – die Organisation des Lebenden transparent werden soll.

4 Hierarchische Organisation und Zweckmäßigkeit

»Das, was wird, wird teils von Natur, teils durch Kunst, teils von selbst.«

Aristoteles

Die Frage ›Wozu?‹ – Das Problem der Organisation des Lebens

Lebewesen sind geordnete Systeme – das war die Quintessenz des letzten Kapitels. Diese Ordnung des Lebendigen, die nicht nur in jedem individuellen Organismus, sondern genauso auch in dessen Teilen und in der Organisation überindividueller Systeme (z.B. Populationen) verkörpert ist, wird auch zentraler Diskussionsgegenstand des vorliegenden Kapitels sein. Dabei will ich zwei Phänomene in den Vordergrund der Betrachtungen stellen: die *Hierarchie* und die *Zweckmäßigkeit.*

Insgesamt ist die Organisation des Lebenden durch vier verschiedene Ordnungsmuster zu kennzeichnen. Riedl (1975, 1977) unterscheidet *Norm, Hierarchie, Interdependenz* und *Tradierung.* Was damit gemeint ist, läßt sich verhältnismäßig einfach erklären.

Betrachten wir den Aufbau irgendeines beliebigen Lebewesens, dann werden wir eine Vielzahl *identischer* Bauelemente (z.B. Zellen) vorfinden (Norm); wir werden aber auch sehen, daß die einzelnen Bauelemente zu ›Gruppen‹ zusammengeschlossen sind, die jeweils ein den Elementen *übergeordnetes* System (z.B. ein Organ) ergeben (Hierarchie); um aber ein solches System in seiner Funktion zu verstehen, müssen wir die spezifischen *Wechselwirkungen* in Betracht ziehen, die zwischen den Elementen (Subsystemen) gegeben sind, und ferner die *Interaktionen* zwischen allen größeren Teilsystemen des Organismus (Interdependenz); schließlich wird uns das Studium der individuellen *Entwicklung* zeigen, daß einzelne Elemente und Funktionen auf identische (Entwicklungs-)Vorgänge zurückgehen, daß die Ordnung in einem organismischen Gefüge nur auf der Basis bereits vorliegender Ordnung entstehen kann (Tradierung).

Abb. 10: Der Zusammenhang der vier Ordnungsmuster des Lebenden (Norm, Hierarchie, Interdependenz, Tradierung). Die Normteile eines Organismus sind zu übergeordneten Systemen in hierarchischer Organisation zusammengeschlossen; der Zusammenschluß einzelner Teile ergibt die Interdependenz. Durch Weitergabe der genetischen Information des Gesamtsystems ›Organismus‹ werden die einzelnen Elemente gleichsam fortgeführt (Tradierung).

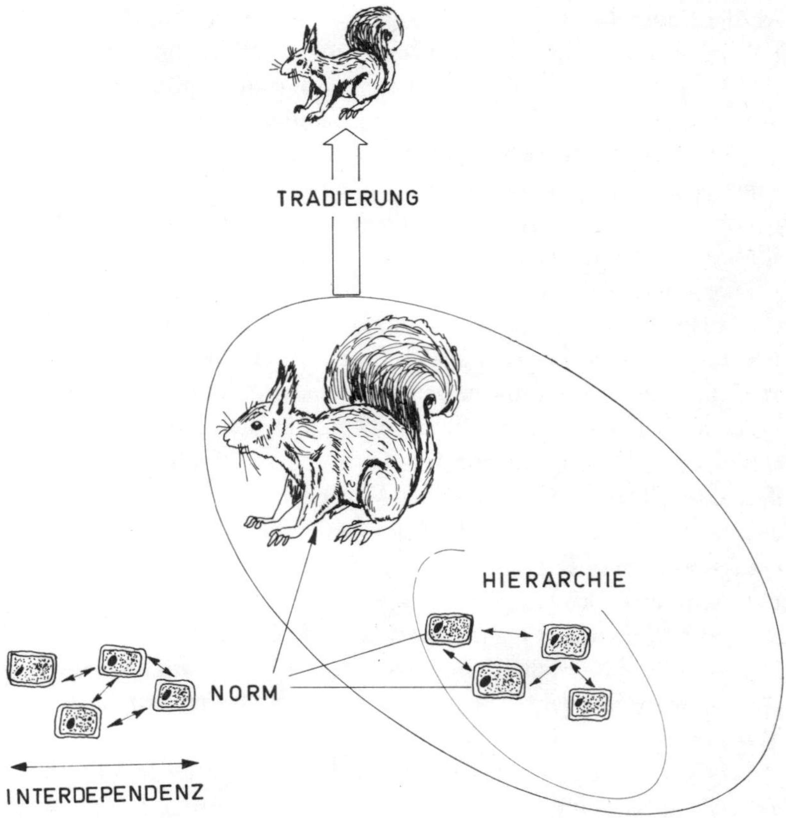

Was letzteres betrifft, so handelt es sich um jenes Order-on-order-Prinzip (Schrödinger 1967), welches sich darin äußert, »daß es keinen organischen Strukturzustand gibt, der ohne seine Vorgänger denkbar ist« (Riedl 1975, S. 83). In der Tat: »Jeder Organismus trägt eine Erinnerung an seine umittelbare Vergangenheit in sich« (Young 1958, S. 287). Hieraus ist die für das Lebende signifikante *Geschichtlichkeit* zu verstehen (vgl. Kaspar 1978). Mehr als andere Naturwissenschaften hat die Biologie daher dem historischen Aspekt ihrer Objekte Rechnung zu tragen (vgl. Simpson 1963, Wuketits 1978b). Diesen Aspekt bitte ich im Auge zu behalten, auch wenn er in der Folge nicht mehr weiter akzentuiert wird.

Den Zusammenhang der vier Ordnungsmuster soll nun Abb. 10 veranschaulichen. Sieht man einmal diesen Zusammenhang, dann werden, ausgehend auch von nur einer der Ordnungsformen des Lebenden, die übrigen drei einsichtig sein. Daß ich hier die Hierarchie herausgreife, hat aber vor allem den Grund, daß das Phänomen der Zweckmäßigkeit im Hinblick auf die hierarchische Organisation des Lebendigen begriffen werden muß; zumindest ist die Hierarchie eine der unerläßlichen Rahmenbedingungen des Phänomens der Teleologie, welches auf dieser Grundlage zu erörtern Aufgabe in diesem Kapitel (S. 172ff.) sein wird.

Hier interessiert zunächst noch jener Umstand, daß Organismen, allgemein gesagt, harmonische Gefüge darstellen. Anders jedoch wären sie nicht existenzfähig: Die Toleranz der Evolution (Selektion) gegenüber disharmonischen, pathologischen Varianten ist begrenzt.

Auch an dieser Stelle ist die Erfahrung, das Erleben des Menschen einzublenden: die Erfahrung von Ordnung und Harmonie. Es muß dies eine sehr frühe Erfahrung des Menschen sein. Nur buntbewegte, chaotische Ereignisfolgen im Traum oder beispielsweise die durch grausam-angstvolle Phantasie angereicherte bildende Kunst von Hieronymus Bosch (1450–1516) sind eine Auflösung der ansonsten – sowohl vorbewußt wie auch bewußt – empfundenen Ordnung und Harmonie der Gestalten; und wo diese Empfindung versagt und präzise Beobachtungen fehlen, dort öffnet sich das Tor zur Fabel- und Märchenwelt (vgl. Abb. 11).

Mangels adäquater Erklärungen ist die Harmonie der Lebewesen wiederholt auf Vitalkräfte zurückgeführt worden (vgl. S. 68). Auch bei dieser Gelegenheit distanziere ich mich von vitalistischen Deutungen des Organischen und darf darauf hinweisen, daß ich den Ausdruck ›Harmonie‹ verwende, ohne vitalistische bzw. finalistische Prämissen in Anspruch zu nehmen. Im selben Atemzug allerdings ist zu betonen, daß der Mechanismus als Erklärung jener Harmonie ebenso untauglich ist. Grundsätzlich fällt ja aus strikt mechanistischer Perspektive die Ordnung des Lebenden unter den Tisch, und jemand, der meint, ein Lebewesen im Sinne des ontologischen Reduktionis-

Abb. 11: Fabel- und Märchenwesen. Oben aus Albertus Magnus' ›Thierbuch‹ (gezeichnet nach Jahn et al. 1982), unten aus Hieronymus Boschs ›Traumwerk‹ (gezeichnet nach Holländer 1976).

mus in seine physikalisch-chemischen Komponenten restlos auflösen zu können, hat auch schon diese Ordnung übersehen.

Wesentlich ist es daher, die zweckentsprechenden Abstimmungen, die ›Gleichklänge‹ der Strukturen und Funktionen des Organismus insgesamt hervorzuheben; und nicht zu vergessen ist die zweckvolle Einfügung des Gesamtsystems in einen bestimmten Lebensraum. Rensch (1968) spricht von *Entharmonie*, um jene geordneten internen Beziehungen zu charakterisieren, und von *Epharmonie*, um die zweckvolle Einordnung eines Organismus in die Umwelt zu kennzeichnen. In ähnlicher Weise hat Rothschuh (1963a) die zweckvolle Übereinstimmung der Teile eines Lebewesens untereinander durch den Terminus *Bionomie* präzisiert und die (zweckvollen) Reaktionen eines Organismus auf die Beanspruchungen seitens der Umwelt (Beanspruchungs- und Schutzregulationen) damit verknüpft. (Abb. 6 möge auch einem besseren Verständnis dieser Sachverhalte dienen.) Genauer versteht Rothschuh (1963a, S. 100) unter der bionomen Organisation »die Regeln des Zusammenwirkens von Körperbau, Funktion und Verhalten im unmittelbaren oder mittelbaren Zusammenhang mit den Lebensaufgaben« und geht davon aus, daß in organisierten Gebilden sämtliche Elemente, Vorgänge bzw. Struktur- und Funktionsglieder ›Bedeutungsbeziehungen‹ besitzen im Hinblick auf Leistungsziele eines strukturierten Ganzen. Dem von Rothschuh an gleicher Stelle ausgesprochenen Postulat einer *biologischen Organisationslehre* ist große Bedeutung beizumessen. Was aber kann eine ›Organisationslehre‹ in der Biologie sein? Am ehesten, nach meiner Auffassung, eine Systemlehre, die allem voran den Wechselbeziehungen zwischen den (System-)Elementen eines Ganzen (eines Organismus oder auch eines überindividuellen organismischen Gefüges) Rechnung trägt. Damit komme ich zurück auf den in Kapitel 2 erörterten Systembegriff des Lebens.

Nur zum Teil hat bisher die Biologie, in kritischer Reflexion ihrer Methoden und ihres Selbstverständnisses als Wissenschaft vom Leben (!), den Auftrag wahrgenommen, die *systemhafte* Organisation des Lebendigen auf all ihren Stufen – vom Biomolekül bis zur Biosphäre – zu erklären und zu verstehen, weil eben der Lebensbegriff, der da oder dort konzipiert wird, zu oft den einseitig orientierten Denkweisen des Vitalismus oder des Mechanismus zum Opfer gefallen ist; und weil es gerade heute, in unserer lebensfeindlichen Welt, Mode geworden ist, Erklärungsmodelle der Biologie jenen der Physik anzugleichen. Doch die nach dem Vorbild der Physik orientierten ›Biologen‹, die über das – in vielen Bereichen zugegebenerweise sehr erfolgreiche – Arbeiten mit Hilfe physikalischer Methoden die Eigenständigkeit des Lebenden und (in dieser Konsequenz) der Wissenschaft vom Leben (!) übersehen haben, verlieren nur allzu schnell den ›Blick aufs Ganze‹ (im buchstäblichen Wortsinn). *Daraus ist auch das Defizit zu ersehen, das die Biologie noch heute im Hinblick auf ihre erkenntnis- und wissenschaftstheoretische Fundierung aufweist.* Und während sich mittlerweile auch die Physik von den simplen Modellen der klassischen Mechanik zu entfernen beginnt, meinen viele Wissenschaftstheoretiker – man überzeuge sich davon einmal in Diskussionen mit solchen Ignoranten! –, für die Physik und für die Biologie gemeinsame Erklärungsschemata postulieren zu können, die noch aus der Quelle des alten Mechanismus gespeist werden.

Es ist ja überhaupt festzustellen, daß sich heute insbesondere in Diskussionen philosophischer Fragen der Biologie Leute einmischen, deren Biologiekenntnisse bestenfalls denen eines Oberprimaners entsprechen. In die philosophische Interpretation biologischer Probleme und Resultate pfuschen Physiker, Wissenschaftstheoretiker und Soziologen hinein, die vor allem von der *Problem-* und *Ideengeschichte* der Biowissenschaften keine Ahnung haben und den Umstand übersehen, daß die sich im Bereich des Lebenden stellenden Fragen und die jeweils angebotenen Lösungen ihre eigene Geschichte haben.

Inwieweit indes jeder Versuch, allein auf dem Fundament der klassischen Physik die Spezifität des organismischen Geschehens zu beschreiben und zu erklären, scheitern muß, wird schon daran erkennbar, daß kein mechanisches Gesetz formuliert werden kann für die *Koexistenz* von Strukturen und Funktionen in einem belebten System. Kein Lebewesen ist durch eine bloße Aufeinanderfolge von Zuständen hinreichend charakterisiert, so daß wir in jedem Falle neben bloßen *Prozeß-* oder *Sukzessionsgesetzen* auch *Koexistenzgesetze* anerkennen müssen (vgl. Kaspar 1980, Mohr 1981), die die *Gleichzeitigkeit*, die Simultaneität von Strukturen und Funktionen und deren Wechselwirksamkeit ausdrücken.

Jede umfassende Erklärung der Organisation lebender Systeme wird sich heute selbstverständlich auf die Evolutionstheorie beziehen müssen; und zwar auf eine systemorientierte Evolutionskonzeption, die den bereits mehrmals erwähnten Wechselbeziehungen zwischen externen und internen Entwicklungsbedingungen Rechnung trägt. Dies wiederum heißt, daß wir die Organisation eines lebenden Systems aus dem Spannungsfeld von Zufall und Notwendigkeit heraus erklären können. Was auf der Grundlage eines umfassenden Evolutionskonzepts über die Organisation des Lebendigen gesagt werden kann, soll uns in diesem Kapitel ausführlicher beschäftigen. Vielleicht aber wird der Leser zuvor einige terminologische Erläuterungen begrüßen.

Wenn hier nämlich von der *Organisation* des Lebenden die Rede sein soll, so hat das schon einmal – wovon wir auch oben ausgegangen sind – zur Voraussetzung, daß wir das Lebende als geordnet erkennen. Darüber hinaus ist festzulegen, was der Ausdruck ›Organisation‹ meint. Um es kurz zu fassen: Er bedeutet im engeren Sinne soviel wie *zweckvolles Zusammenwirken*, zweckvolles Zusammenwirken von Struktur- und Funktionskomponenten. Das Problem einer Organisation lebender Systeme besteht mithin in der Frage, wie die ein solches Systsem aufbauenden Elemente zusammenwirken, ›zusammenarbeiten‹ müssen, um seine Funktionsfähigkeit aufrechtzuerhalten; welchen biologischen Zweck sie im Dienste des Gesamtsystems zu erfüllen haben. Es handelt sich hierbei, mit anderen Worten, um die Frage nach dem *Wozu*?

Nun kann es an dieser Stelle nicht um physiologische Detailanalysen gehen. Was hier im Hinblick auf die Zielsetzungen des vorliegenden Buches von Interesse ist, sind fundamentale Prinzipien, die die Organisation lebender Systeme charakterisieren bzw. ihr zugrunde liegen; was ferner noch interessieren muß, ist die Verbindung einer Erkenntnis dieser Prinzipien mit philosophischen Überlegungen, die man traditionell unter der Bezeichnung *Ontologie* zusammenfaßt.

Die Ontologie ist die ›Lehre vom Sein‹ (vgl. z.B. Diemer 1959). ›Was aber soll eine Seinslehre‹, wird der Naturwissenschaftler mit Recht fragen, ›wo doch der Fächerkanon einzelner (Natur-)Wissenschaften ohnehin sich mit dem Sein als Wirklichkeit befaßt?‹ Und Kritik ist durchaus am Platz, wenn man bedenkt, welch raffinierte metaphysische Interpretationen des ›Seins‹ in der Geschichte der Philosophie unter der Ägide von ›Weltgeistern‹ und derlei gegeben worden sind. Die klassischen ontologischen Systeme haben die Beziehung zur Realität verloren und den Anschluß an die Erkenntnisse der einzelnen Wissenschaften verpaßt. Die Bedeutung einer Ontologie heute kann demnach nur darin liegen, interdisziplinär zwischen Philosophie und (Natur-)Wissenschaft eine neue Brücke zu bauen, die Erkenntnisse der verschiedenen Wissenschaften über die Strukturen der Wirklichkeit zu einer Synthese zusammenzuführen (vgl. Leinfellner 1982). Eine *Bio-Ontologie* (Wuketits 1982e) steht denn auch im Dienste einer umfassenden biophilosophischen Synthese und kann in diesem Sinne zwei Aufgaben erfüllen:

– Sie kann als ein Konzept angesetzt werden, das die *Dynamik* des Lebensgeschehens repräsentiert und,
– da alle lebenden Systeme durch Wechselwirkungen zwischen ihren Elementen gekennzeichnet sind, als ein Konzept, das *Netzwerke von Kausalbeziehungen* darstellt.

Insofern entspricht eine ›Ontologie des Lebendigen‹ aber der bereits apostrophierten biologischen Organisationslehre.

Das alles klingt jetzt sicher sehr abstrakt, doch hoffe ich, daß der Leser nach Lektüre des vorliegenden Kapitels etwas konkretere Vorstellungen davon bekommt, was gemeint ist, also vor allem, welche Bewandtnis es mit einer biologischen Organisationslehre (oder auch Bio-Ontologie) hat.

Soviel an vorerst sehr allgemeinen Vorbemerkungen zu der hier in Frage stehenden Problematik. Wenden wir uns nun einigen Gedanken aus der Geschichte zu, die freilich nicht ›Geschichte‹ geblieben sind, sondern auch gegenwärtig auf die eine oder die andere Art und Weise auf verschiedene Autoren Einfluß nehmen. Wenn ich hier wieder Kritik üben werde, dann nicht deshalb, um Andersdenkende lächerlich zu machen, sondern allein aus dem Nachweis der Unzulänglichkeit vieler Konzepte für einen umfassenden Lebensbegriff, wie ich ihn hier zu skizzieren mir zur Aufgabe gemacht habe.

Dogmen und halbe Wahrheiten – Stufenleiter, Vervollkommnung, Finalismus

»Die Natur«, so schrieb Buffon, »schreitet immer weiter mit unmerkbaren Graden und Abstufungen« (zit. nach Oeser 1974, S. 46). Was damit zum Ausdruck kam, ist das Prinzip der *Kontinuität*, welches schon von Leibniz klar ausgesprochen worden war: daß die einzelnen ›Stufen der Natur‹ miteinander verbunden sind, daß die Natur also kontinuierlich fortschreitet, von ›niedrigen‹ zu ›höher‹ organisierten Wesen. Während mit diesem Kontinuitätsprinzip aber bereits ein erster wichtiger Schritt zur Erkenntnis des *realhistorischen* Zusammenhangs aller Organismen – und darüber hinaus der gesamten Wirklichkeit – getan wurde, ist das Konzept der Stufenanordnung der Natur selbst weit entfernt von jeder dynamischen (im engeren

Sinne: evolutionären) Betrachtung der Natur, weit entfernt von der Erkenntnis eines realen Zusammenhangs aller Gebilde dieser Welt.

In der Antike bereits hatte man die Vorstellung *dreier Naturreiche* entwickelt, wonach die Natur in das ›Reich‹ des Anorganischen, das Pflanzenreich und das Tierreich zerfällt. Stark ausgeprägt war die Idee der Stufenleiter, der *scala naturae*, dann vor allem bei Naturforschern und Philosophen im 18. Jahrhundert. Die Ideen von den drei Reichen fand aber auch noch später in Naturgeschichtsbüchern ihren Ausdruck, so z.B. bei Ferdinand Siegmund, dessen ›Naturgeschichte der drei Reiche‹ (1873) vom Tierreich über das Pflanzenreich zum Mineralreich führt.[70]

Am Rande sei angemerkt, daß die Naturgeschichte bei Siegmund im Dienste der Aufklärung stand, was er uns einleitend zu verstehen gibt: »Je tiefer die Naturwissenschaften in's Volk dringen, desto eher naht der Tag heran, wo die Auswüchse menschlicher Thorheit, der Glaube an Gespenster, an Teufel und Hölle, der Aberglaube in jeglicher Form und endlich die Volksverdummung, welche unsere Finsterlinge in Permanenz erhalten wollen, wie auch andere bedauerliche Verirrungen aus der Welt verschwinden und das Reich der Aufklärung und Humanität seinen Anfang nimmt« (Siegmund 1873, S. 3). Nun ja, daß jener Glaube und Aberglaube sich heute noch immer (und schon wieder) vieler Menschen bemächtigt ist eine bittere Wahrheit, und ob die Humanität schon ihren Anfang genommen hat ist eine andere Frage; für den Menschen bleibt ja nicht viel Platz in einer Welt, in der die Mikroprozessoren und Roboter im Vormarsch sind und die Rüstungsindustrie blüht...

Der Mensch wurde von einigen Naturforschern des 18. Jahrhunderts schon in die Stufenfolge der Natur und damit ins ›Reich der Lebewesen‹ konsequent und richtig eingereiht, so etwa von Bonnet (1720–1793), während andere mit Buffon die Überzeugung teilten, dies hieße »die Natur entwürdigen und schänden statt sie zu beschreiben« (zit. nach Oeser 1974, S. 45), gleichzeitig auch, den Menschen zu entthronen. In diesem Zusammenhang ist auf die ›Gottesbilder‹ hinzuweisen, die der Mensch sich von seinem eigenen Wesen gemacht hat, worauf ich aber noch zurückkommen werde. Die menschliche Phantasie ermöglichte es jedenfalls noch im 18. Jahrhundert (und freilich auch noch später), die Stufen der Natur ›nach oben hin‹ mit überirdischen Wesen wie den Engeln und schließlich mit dem dreieinigen Gott zu beenden und diesen aller Natur sakrosankt überzuordnen. Doch das ist nur ein weiterer Aspekt des Schöpfungsmythos, was uns hier nicht nochmals beschäftigen muß, zumal weiter unten im Kontext mit dem Menschenbild dazu auch noch einiges gesagt werden soll.

Von großem Interesse jedoch ist an dieser Stelle das Prinzip der *Vervollkommnung* in der Natur. Dieses Prinzip spiegelt *finalistische* Vorstellungen, denen gemäß die gesamte Welt einem bestimmten (von Gott gegebenen) Ziel zustreben soll, wider. Das sind Vorstellungen, die in der Geschichte weit zurückreichen und sich auf breite philosophische Traditionen stützen.

Die Idee von der Vervollkommnung der Natur, des Strebens der Dinge zur Vollkommenheit, ist in der Hauptsache Ausdruck einer idealistischen Weltsicht, die ein ›Geistprinzip‹ der realen Gegenstandswelt vor- und überordnet und in der Natur ein Übernatürliches walten läßt. Mit anderen Worten handelt es sich um die Annahme, »daß keine wahre Kraft [Entwicklungsmöglichkeit] eines Wesens wirkungslos bleiben kann, daß das Ausmaß und die Fülle der Schöpfung so groß sein muß wie die Möglichkeit der Existenz, und im Einklang stehen muß mit der produktiven Kapazität einer ›perfekten‹ und unerschöpflichen Quelle, und daß die Welt um so besser ist, je mehr Dinge sie enthält« (Lovejoy 1936 [1978, S. 52]). Wie bemerkt: Alles das steht unter den Vorzeichen eines Schöpfungsprinzips; die einzelnen Naturdinge werden nicht gedeutet als im Laufe der Zeit allmählich entstandene Gebilde, als Resultate einer Evolution, sondern sie sollen nach den Potenzen jenes Prinzips *einmal* aufgetaucht sein und sich nicht verändert haben; die Fülle der Lebewesen auf der Erde wäre indessen ein Zeugnis für die Allmacht der Schöpfung bzw. des Schöpfers.

Die Idee von der Vervollkommnung läuft konform mit bestimmten Auffassung des Vitalismus. Ich habe dies schon auf S. 68 angemerkt; nur einige Beispiele dazu seien hier ausgeführt, wobei ich mich aber auf Autoren aus dem 20. Jahrhundert beschränken will, um darauf hinzuweisen, wie allgegenwärtig diese Dogmen sind.

Zunächst soll wieder Hans Driesch zitiert werden. In seiner ›Wirklichkeitslehre‹ (1917, S. 173) gelangt er zu der »freilich recht unbestimmten Einsicht: Die Lebensgesamtheit ist sich entwickelnde *Ganzheit* jedenfalls insofern, als ihre Glieder, die lebenden Einzelwesen, durch gewisse Züge oder Seiten ihres Soseins aufeinander bezogen sind; alle raumhafte Form der Einzelwesen steht nur im Dienste von, ist Mittel für diese Soseinszüge, von deren letztem Wesen wir vermuten, daß es im Bereiche des Seelischen liegt.« An anderer Stelle desselben Werkes (S. 282) meint Driesch: »Überpersönlichkeit... geht durch einzelpersönliche und in ihrer Einzelpersönlichkeit stofflich erfahrbare Ausprägungen nur gleichsam hindurch. Es darf aber nie vergessen werden, daß sie sich auf jeden Fall der stofflich aus- und eingeprägten *Einzel*person gleichsam bedient.«

Beispielgebend für einen Finalismus ist ferner die Philosophie von Erich Becher, den ich ebenfalls schon im Zusammenhang mit dem Vitalismus zitiert habe. Zwar war sich Becher der verschiedenen ›Unvollkommenheiten‹ in der Welt bewußt, nahm aber diese just zum Ausgangspunkt für die Vereinbarkeit unseres Denkens mit göttlichen Schöpfungskräften, mit finalen Prinzipien, und kam zu der Überzeugung, daß die Annahme einer großen und letztlich sieghaften Macht Gottes der wissenschaftlichen und religiösen Auffassung vom Weltlauf entspricht; aber die Macht Gottes soll nicht unbegrenzt sein, da seine schrankenlose Allmacht unsere Aufgabe in der Welt, unser sittliches Handeln überflüssig erscheinen ließe. Man kann eine derartige Haltung folgendermaßen interpretieren: Die zwar ungeheure, aber eben nicht unbegrenzte Macht Gottes ermöglicht dem Menschen in seiner Entfaltung einen gewissen Spielraum. Das mag beruhigend sein – doch warum Gott ›sich dies antut‹, den Menschen ›zusehen zu müssen‹, wie sie ihr sittliches Handeln mit nur allzu vielen Fehlleistungen in diesem irdischen Jammertal vollziehen, das vermag uns Becher natürlich nicht zu sagen.

Ein weiteres Beispiel: Ein klares Bekenntnis zum Finalismus legte Conrad-Martius (1949, S. 361) ab, als sie schrieb: »Hinter der gesamten Stammesgeschichte steht ein idealer Sinnzusammenhang, der sich in ihr verwirklicht.«

Bekannt und neuerdings auch offenbar wieder sehr beliebt sind in diesem Kontext die Visionen des Paläontologen und Jesuitenpaters Teilhard de Chardin (1881–1955). Bei ihm geht der Finalismus über in eine Projektion der angeblichen Vervollkommnungsprinzipien in die Zukunft. »Wirklich«, so prophezeit Teilhard de Chardin (1951 [1974, S. 397]), »durch die Vermehrung ihrer Zahl und die Vervielfachung ihrer Bindungen gegeneinandergepreßt, durch das Erwachen einer gemeinsamen Kraft und durch das Gefühl einer gemeinsamen Angst aneinandergedrängt – werden die Menschen der Zukunft in gewisser Weise nur mehr ein einziges Bewußtsein bilden.« Diese *Noosphäre* also wird einmal als ›geistige Schicht‹ die Erde umgeben. So mancher wird darin großen Trost erblicken und den Menschen der Zukunft in Geborgenheit wähnen – nur meine ich, den Blick auf unsere Erkenntnisse aus Verhaltensforschung und Massenpsychologie gerichtet, daß die ›aneinandergedrängten‹ Menschen weniger in geistiger Harmonie den Erdball umspannen, als vielmehr in globaler Hysterie und kollektivem Wahn unseren mittlerweile zum Pulverfaß gewordenen Planeten zum Explodieren bringen werden. Und wenn Teilhard de Chardin (1951 [1974, S. 397]) glaubt, daß die Wissenschaft »wahrscheinlich immer mehr von Mystik durchtränkt sein« wird, dann könnte dies, im Falle es einträfe, eine heitere Angelegenheit werden. Da würde sich Paul Feyerabend aber freuen.[71]

Daß schließlich auch Joachim Illies einer prä-determinierten, finalen Evolution seine Überzeugung schenkte, wird nicht weiter verwundern, wenn man sich an das auf S. 112 Gesagte erinnert. Höchst befremdend ist jedoch die Tatsache, daß ein Genetiker vom Format eines Carsten Bresch in dieselbe Kerbe schlägt. Sicher ist Bresch (1977, S. 269) zunächst zuzustimmen, daß die Evolution »ein unaufhörlich beschleunigtes Wachstum von Mustern« ist, daß sie »zu immer weiter vernetzten und komplexeren Zuständen der Materie« führt; denn tatsächlich bedeutet Evolution nach den Erfahrungen heutiger Naturwissenschaft stets eine Differenzierung und Komplizierung von Strukturen und Funktionen, zumindest wenn sie in der Gesamtheit ihrer Abläufe betrachtet wird. Wo aber Bresch (1977, S. 293) zu dem Schluß kommt, »vom Chaos zu einem intellektuellen, intergalaktischen Übermuster weist der Pfeil dieser Entwicklung«, dort vermag ich ihm nicht mehr zu folgen.

In allen zitierten Beispielen – und weitere ließen sich anführen – werden zwei Grundgedanken durcheinandergebracht, die aber prinzipiell unvereinbar sind: Der Gedanke einer Evolution und der Gedanke einer *finalen* Evolution. ›Finale Evolution‹ ist ein Widerspruch in sich. Die Idee von einer zu einem bestimmten Ziel strebenden Evolution ist nach unseren heutigen naturwissenschaftlichen Erkenntnissen nur in den Augen derer mit der Evolutionstheorie zu vereinbaren, die Wissenschaft mit Mystik oder auch mit gefährlichen

Ideologien vermischen wollen. Die Evolutionstheorie dagegen schließt das Konzept eines wie immer gearteten ›End-Ziels‹ der Entwicklung schon deshalb aus, weil ein so postuliertes Ziel eine Grenzziehung bedeutet, eine in die Zukunft projizierte Grenze der Evolution, die aber allenfalls im Sinne eines kosmischen Wärmetods denkbar ist. Aber dieser Wärmetod ist für die Evolution *des Lebenden* kein Ziel, keine Grenze, da er wohl erst in einer sehr fernen Zukunft eintreten und was für die Weiterentwicklung des Organischen auf der Erde in den nächsten Jahrmillionen belanglos sein wird (vorausgesetzt natürlich, es gibt überhaupt noch eine Weiterentwicklung und nicht eine Beendigung der Evolution *durch den Menschen*!).

Die Finalisten hatten und haben allerdings weniger das Weltende von der Art eines kosmischen Wärmetods im Sinn. Der Begriff ›Ende‹ wäre für einen überzeugten Finalisten nicht ganz korrekt, was man verstehen wird, wenn man sich wiederum an den Finalismus von Teilhard de Chardin erinnert. Denn das Ziel, das demnach die Evolution haben soll, ist der Zustand einer ›harmonischen Sphäre‹, die bis in alle Ewigkeit fortdauern würde. Es ist die Sehnsucht nach ›ewigem Leben‹, die hierbei ihren Ausdruck findet und die also letztlich jener Vision, der zufolge eines Tages die ›Welt‹ mit ›Geist‹ identisch sein – oder besser: in den ›Geist übergehen‹ – wird, zugrunde liegt. Dafür aber fehlt uns jedes durch Erfahrung und naturwissenschaftliche Theoriebildung gestützte Indiz, so daß alle diese finalistischen Vorstellungen Spekulationen bleiben müssen, die zudem gewisse Gefahrenmomente in sich bergen.

Es ist nämlich bemerkenswert, daß heutzutage – wie ehedem – viele nach einer naturwissenschaftlichen Untermauerung jener Heilslehren streben, die ihnen durch im Umkreis von Schöpfungsmythen entstandene Gedanken vermittelt worden sind, und daß viele meinen, die naturwissenschaftliche Evolutionstheorie mit der Schöpfungslehre vereinen zu müssen. Das ist fatal, denn was daraus entstehen kann, ist nicht die gewünschte Synthese, sondern ein intellektuelles Chaos, eine Verunsicherung an genau der Stelle, wo der Mensch geistige Sicherheit haben will. Und einmal mehr entfernt er sich dadurch von seinem eigenen Leben, weil ihm weisgemacht wird, dieses sei nur ein Durchgangsstadium auf dem Weg in eine ›schönere Welt‹, die dann in ihrer vermeintlich paradiesischen Eintracht jenes Endstadium der

›Erfüllung‹ sein soll. Wenn jemand schon daran glauben will, dann möge er es tun – aber naturwissenschaftliche Haltegriffe für diesen Glauben wird er nicht finden (es sei denn, er interpretiert die Naturwissenschaften a priori auf dem Boden theistischer Dogmen). Ich sagte schon im letzten Kapitel, daß die Naturwissenschaften ungeeignet sind, die ›Frage nach dem Sinn‹ zu beantworten; auch eine mit den Resultaten der Naturwissenschaften in Wechselwirkung stehende Philosophie ist dazu keine geeignete Instanz. Es erscheint angemessen, dies nun ein wenig zu präzisieren, wenngleich ich damit den Duktus der Darstellung kurz unterbrechen muß.

»Je begreiflicher uns das Universum wird, um so sinnloser erscheint es auch«, schreibt Weinberg (1977, S. 212). Ja, so ist es – je tiefer wir in die Weiten des Weltalls zu blicken vermögen, um so größer wird unsere Unsicherheit in bezug auf einen dieser Welt übergeordneten ›letzten Zweck‹, der unsere eigene Existenz jeweils umhüllen sollte. Und »die physikalischen Kosmologien geben keine Antwort auf existentielle ›Themata‹, denn diese können gar nicht als wissenschaftliche Probleme formuliert werden« (Radnitzky 1983, S. 117). Aber auch wenn wir ein – verglichen mit kosmischen Dimensionen – winziges und unscheinbares Gebilde, ein Lebewesen hier auf unserem kleinen Planeten, hernehmen, fällt es aus naturwissenschaftlicher Perspektive schwer, diesem einen *universellen* Zweck überzuordnen.

In mythischen Gedankengespinsten ist dies wesentlich einfacher. Da hat alles seinen Zweck, da ist alles hingeordnet auf eternale Daseinsziele, auf das ›Diesseits‹ überdauernde Zwecke. Nun hat uns die Naturwissenschaft in den letzten zwei bis drei Jahrhunderten allgemach den Zugang geöffnet zum ›Inneren‹ der Lebewesen, bis zu ihren molekularen Bausteinen; kurzum, wir haben den Aufbau und die Funktionen lebender Systeme besser kennengelernt. Und auch wenn man die Platitüden eines ontologischen Reduktionismus nicht ernst nimmt und wenn man sich bemüht, das ›Ganze‹ nicht aus den Augen zu verlieren – auch dann und gerade dann wird man *rational* keine Möglichkeit erkennen, die vielfach angenommene Hinordnung des Lebens auf ›letzte Zwecke‹ zu begreifen (außer man unterliegt einer Art der Selbsttäuschung).

Daß indes der Mensch fortgesetzt nach seinem Sinn in dieser Welt sucht, ist aus psychologischen Gründen erklärlich. Doch wenn ihm die Naturwissenschaften keine befriedigende Sinngebung zu vermitteln vermögen, dann meint der Mensch, diesen (seinen) Sinn unter Berufung auf Religionen und Ideologien gewinnen zu können, unter Berufung auf außerwissenschaftliche Denksysteme. Diese aber sind keine Wissens-, sondern Glaubenssysteme; und Glaubenssysteme können oft, wie beispielsweise auch Löwenhard (1982) anmerkt, die Illusion hervorrufen, unfehlbar zu sein. So kommt es, daß Myriaden von Menschen jedem nur erdenklichen Dogma folgen – das aber um den Preis ihres *Selbstbewußtseins*, ihres *Eigenerlebens*. Denn während unter der Lupe der Naturwissenschaften der Sinnbegriff allmählich zerbröckelt, wird er von mythischen, finalistischen, theistischen Denksystemen in eine unbekannte, nicht erfahrbare Landschaft projiziert, um dem Menschen für immer verborgen zu bleiben.

Der Sinnbegriff bleibt also in jeder Heilslehre – gleich, ob sie sich auf die (Natur-)Wissenschaften beruft oder nicht – inhaltsleer. Gewiß werden hier viele widersprechen in der Meinung, daß doch eben Inhalte religiöser Lehren zu Lebensinhalten werden können, das Leben überhaupt erst mit ›Inhalt‹ füllen. Dem Skeptiker aber wird eines nicht zu verbergen sein: Bei all den Versprechungen der Propheten dieser oder jener Heilslehren muß der Mensch geradezu zwangsläufig auf der Strecke bleiben, denn es geht ja dabei niemals um den Menschen *hier* und *jetzt*, sondern einzig darum, daß der Mensch *irgendwann* und *irgendwo* seine Erfüllung und Erlösung finden wird und daß er auf ein höheres Ziel hin ausgerichtet ist. Das Gefährliche dieses Irrglaubens ist, daß er dem Menschen erlaubt, sich von jeder Verantwortung entlastet zu sehen (Lorenz 1983).

So befinden wir uns in einer eigenartigen Lage: Sinnstiftung also gehört nicht zum Geschäft des Naturwissenschaftlers und auch nicht des naturwissenschaftlich orientierten Philosophen; diejenigen aber, die die Vermittlung von Sinn zu ihrem Geschäft machen (wobei es sich bekanntlich in der Tat oft um ein ›Geschäft‹ im höchst profanen Sinne handelt) vermögen nicht mehr zu tun, als den Menschen auf ›später‹ zu vertrösten. Da ist jedenfalls jemand, der seine Unfähigkeit zugesteht, einen letzten Sinn für den Menschen allgemein und verbindlich formulieren zu können, wesentlich ehrlicher.

Ich komme auf das zurück, was ich bereits auf S. 141 gesagt habe: daß es an jedem einzelnen Menschen liegt, sich *seinen* Sinn zu suchen. Die Voraussetzung dafür ist das Gewahrwerden eigener Lebendigkeit. Wenn ich mit dem vorliegenden Buch einen bescheidenen Beitrag zur Klärung der gerade heute so viele bedrängenden ›Sinnfrage‹ zu leisten vermag, dann sicher nur auf eine für den *direkt* Fragenden ungewohnte Weise: So nämlich, daß dieser über den Ansatz zu einer biophilosophischen Synthese einige Haltegriffe erkennt, die er benutzen kann, wenn er zunächst einmal überhaupt auf das Leben in einem sehr konkreten Sinne zurückgeführt werden will. Und hat der Mensch das Leben als eine fundamentale Kategorie dieser Welt erfahren und wiedergefunden, dann wird er mehr und mehr seine eigene Lebendigkeit zu erleben in der Lage sein; und hat er erlebt, daß er *lebt*, dann wird er vielleicht auch seinen *subjektiven* Sinn, den subjektiven Zweck seines Lebens finden; und zwar *durch das Leben selbst*, ohne sich auf einen seinem Dasein angeblich übergeordneten Zweck stützen zu müssen und ohne sich zu klammern an die Prophezeiungen der Finalisten, Theisten und Mystiker. Daß sich so viele Menschen um ihr eigenes Leben von politischen und religiösen Führern betrügen lassen, liegt daran, daß sie ihre eigene Wirklichkeit in ihrer ganzen Tiefe gar nicht zu erleben in der Lage sind. Warum? Weil eben jene Führer und Verführer dafür sorgen, daß Menschen von Kindheit an zur Unmündigkeit erzogen werden. Ein mündiger Mensch hingegen ist »jemand, der gelernt hat, sich eine Meinung zu bilden, und sich dann für das *entschieden* hat, was er für sich für das Beste hält. Er hat ein gewisses geistiges Durchstehvermögen (er fällt nicht dem ersten besten ideologischen Bänkelsänger zum Opfer) und kann sich daher *bewußt entscheiden* ...« – wer das sagt, ist niemand anderer als der Querdenker Paul Feyerabend (1976, S. 410); und es ist überflüssig zu betonen, daß ihm darin voll beizupflichten ist. Zur Ermunterung dazu noch einige Worte des Fürsten der Aufklärung, Voltaire (1694–1778): »Lassen Sie sich das Leben nicht verekeln, denn wirklich, wenn man darüber nachsinnt, findet man, daß es nichts Besseres gibt« (vgl. Voltaire 1939, S. 156). Man sollte darüber nachsinnen, in der Tat...

Aber gehen wir nun nochmals kurz zurück in die Geschichte der Stufenleitern und Vervollkommnungsideen. Man kann das Konzept der Stufenanordnung der Dinge als einen Versuch verstehen, die gesamte Wirklichkeit nach hierarchischen Gesichtspunkten zu ordnen. Sieht man ab von den in solchen Versuchen enthaltenen spekulativen Ideen der Vervollkommnung (im idealistischen Sinne), so kann man doch in gewisser Weise einige heuristisch wertvolle Gedanken in den Stufenleiter-Konzepten entdecken.

Zunächst: Jede Stufenleiter spiegelt die durchaus richtige Erkenntnis wider, daß die Wirklichkeit Dinge *unterschiedlicher* Komplexitätsgrade umfaßt. ›Höhere‹ von ›niedrigeren‹ Gebilden werden unterschieden: »Die Anordnung in aufsteigender Reihe hatte die Erkenntnis zur Grundlage, daß es einfachere und kompliziertere Organismen gibt. Diese Stufenreihe kannte also primitive und entwickelte Geschöpfe« (Remane et al. 1973, S. 13). Daher lassen sich, zum zweiten, die Stufenleitern durchaus als Vorläufer eines *natürlichen*, phylogenetischen Systems der Organismen deuten, welches dann die Evolution zu einer Bedingung macht (siehe auch Siewing 1982, Wuketits 1982c). Und obschon die Idee einer Vervollkommnung keinesfalls konform geht mit dem Evolutionsgedanken, wird in der ›zum Höheren strebenden‹ Stufenfolge schon das Postulat von Zwischenformen ausgedrückt. Eine solche zu immer größerer Vollkommenheit gerichtete Stufenfolge war z.B. die ›Metamorphosereihe‹ bei Franz Gräffer (1785–1858), die in Abb. 12 zusammen mit einem Ausschnitt aus den physiognomischen Studien des Petrus Camper (1722–1789) wiedergegeben ist. Bei Petrus Camper findet sich die Vorstellung, daß mit Hilfe der verschiedenen Rassenphysiognomien die Formentwicklung (beginnend mit niederen Tierformen) über die Affen zum Neger und Europäer darzustellen wäre. (Merke: der Neger gleichsam als Bindeglied zwischen dem Affen und dem Europäer – diese Rassenideologie, die vom Angehörigen der ›weißen Rasse‹ alles fremdartig Anmutende als ›primitiv‹ isoliert, ist ja leider heute immer noch vielerorts lebendig!)

Aber jedes Konzept einer Stufenleiter hat der Vorstellung einer linearen Anordnung der Dinge entsprochen. Die Lebewesen wurden zwar ihren Unterschieden in der Differenzierung und Komplexität gemäß in die Stufenfolge eingereiht, doch die Stufen sah man nicht miteinander verbunden. Sie waren im wesentlichen, wie oben angedeutet, doch starre Typen. Daher mußte die Stufenleiter auf dem Weg zur Erkenntnis der Evolution uminterpretiert und gewissermaßen dynamisiert werden. Das geschah nur allmählich. Hatte bereits Goethe die klassische, auf Aristoteles zurückgehende Vorstellung von der Linearität der Stufenleiter überschritten, kam endlich Lamarck zu einer *stammesgeschichtlichen* (Neu-)Interpretation der Stufen, indem

Abb. 12: Metamorphosereihe ›Vom Frosch zu Apollo‹ nach Vorstellungen Gräffers (oben). (Gezeichnet nach der Vorlage bei verschiedenen Autoren.) In den physiognomischen Studien von Petrus Camper (1722–1789), die eine stark rassistische Komponente haben, findet sich die Vorstellung, daß mit Hilfe der verschiedenen Rassenphysiognomien die Formentwicklung (beginnend mit niederen Tierformen) über die Affen zum Neger (!) und Europäer darzustellen wäre (unten). (Nach Winkler und Schweikhardt 1982.)

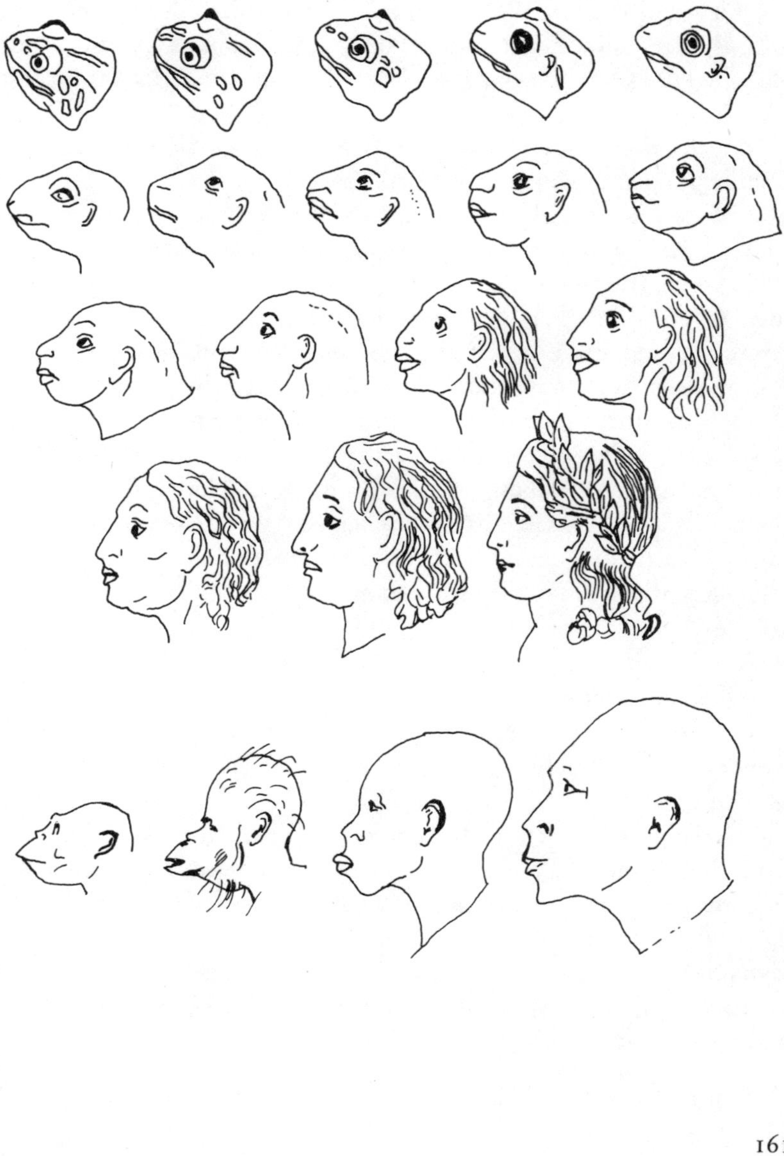

er in seiner Theorie die einzelnen Lebewesen und die unterschiedlichen ›Baupläne‹ des Organischen genealogisch, evolutionär miteinander verbinden konnte (vgl. z. B. Oeser 1974, Wuketits 1982c, 1983b). Insofern also waren die Konzepte von der Stufenleiter ›halbe Wahrheiten‹: Sie brachten die Einsicht in die *hierarchische* Organisation der Natur zum Ausdruck, ohne aber eine adäquate Erklärung dafür zu bieten, d.h. ohne die Erkenntnis zu enthalten, daß die gesamte Natur, daß alles Lebende sich im Laufe der Zeit in die große Mannigfaltigkeit auseinanderentwickelt hat, derer wir als Beobachter des Geschehens heute ansichtig werden.

Zweifelsfrei zählt die Erkenntnis der ›großen Zusammenhänge‹ der Natur zu den bedeutendsten Erkenntnissen unserer Wissenschaft. Wie diese Zusammenhänge im Bereich des Lebenden gegenwärtig zu sehen sind, soll uns im folgenden Abschnitt näher beschäftigen. Die Leitidee hierfür heißt: Die traditionellen ontologischen Systeme, die den Rahmen für die Stufenleiter-Modelle abgegeben haben, sind zu ersetzen, und zwar durch eine *dynamische* Ontologie bzw. eine dynamische Organisationslehre des Lebenden (siehe oben).

Einige Prinzipien der dynamischen Ontologie hat bereits Leinfellner (1982) herausgearbeitet und den traditionellen, statisch orientierten Systemen gegenübergestellt. Wesentlich ist hierbei die Feststellung, daß im Gegensatz zur klassischen Konzeption der Stufenleiter, in der die natürlichen Objekte als unveränderlich erscheinen, eine dynamische Naturansicht zweierlei ausweist:

- Alle Naturgebilde (Systeme) sind dynamische Strukturen und bestehen aus ebensolchen Teilstrukturen.
- Alle diese dynamischen Strukturen stehen miteinander in Wechselwirkung und ergeben ein Netzwerk von Systemen.

In der Folge werde ich mich, dem Thema dieses Buches gemäß, auf lebendige Systeme beschränken. Dabei wird wieder der schon in Kapitel 2 umrissene systemtheoretische Lebensbegriff zur Geltung zu bringen sein – in der Überzeugung, daß das ›Spiel des Lebens‹ ein dynamisches Geschehen ist, das wir (auch an uns selber) zu erfahren in der Lage sind und so die Fehldeutungen des Lebens aus Geschichte und Gegenwart verabschieden können.

Alte Weisheiten und neue ›Lebensformeln‹ – Alles fließt

Unsere Betrachtung der Welt im Ganzen und somit auch der belebten Welt hat von einer dynamischen Konzeption auszugehen. Schon im Prolog wurde – wie ich in Erinnerung rufen darf – gesagt, daß der Begriff der Materie, soll er unserer Betrachtung gerecht werden, ein dynamischer sein muß: Materie ist kein toter Stoff, sie ist ein dynamisches Prinzip. Nur in einem dynamischen Weltmodell, nur auf der Grundlage eines dynamisch verstandenen Materiebegriffs wird die universelle Selbstorganisation zu verstehen sein: als eine Wesenseigenschaft der Materie, woraus das Entstehen lebender Systeme in all ihren gegenüber dem Anorganischen qualitativ neuen Eigenschaften begreifbar wird. Nur eine dynamische Sicht der Gesamtwirklichkeit kann jene ›Materie-Geist-Dichotomie‹ überwinden, die nicht zuletzt der Grund war dafür, daß die Dimensionen des Lebenden vergessen worden sind.

Die alte Atomistik hatte freilich auch den psychologischen Sinn, dem Menschen seine Ehrfurcht vor dem ›Überweltlichen‹ zu nehmen, den Menschen von der Angst vor den Göttern zu befreien, indem sie die Welt in allen ihren komplexen Gebilden auf Atome zurückführte, »also eine Weltmechanik, die durchschaubar wird und die der Mensch in seine Planungen einbeziehen kann« (Rudolph 1983, S. 17). Als dann die Wissenschaften aus dem mittelalterlichen Dornröschenschlaf erwachten, zeichnete sich erneut in deutlichen Konturen eine mechanistische Weltbetrachtung ab und die Mechanik tritt an die Stelle göttlicher Kräfte. »Der Schritt von der Allmacht Gottes zur Allmacht der Physik war getan. Es war nur konsequent, daß auch der Mensch nur als Rädchen im Wechselspiel der großen Weltmaschine betrachtet wurde« (Sexl 1982, S. 52). Der Mechanismus also hat sich, wie in Kapitel 2 besprochen wurde, auch des Lebensbegriffs (der einen Begriff vom Menschen einschließt) zu bemächtigen begonnen.

Nun hat der neuzeitliche Mechanismus wie die griechische Atomistik den Vorteil, daß man nicht mehr auf die Herrschaft von unberechenbaren ›Geistern‹ verwiesen wird, doch begleitet diesen psychologischen Vorteil auch ein abermals psychologisch erklärbarer Nachteil. »Diese Beschreibung der physikalischen Welt, die nur die Atome und das Leere kannte, ließ«, so folgen wir Prigogine und Stengers (1981, S. 11), »... ein anderes Problem entstehen... Wie können wir uns selbst in der zufälligen Welt der Atome wiedererkennen?« In die Sprache dieses Buches übersetzt lautet die Frage: Wie können wir in einer *toten* Welt *Leben* erkennen?

Die Überbrückung der Kluft zwischen unbelebter und belebter Materie muß zur Folge haben, daß der Mensch von seinen Ängsten vor der Allmacht der Götter befreit wird, ohne aber zum Spielball mechanischer Kräfte zu werden. Jenes ›dynamische Prinzip‹, das als ein der Welt sozusagen immanentes Prinzip angenommen werden kann, mag hierbei Abhilfe schaffen, indem es die tiefen Kluften zwischen den verschiedensten Wirklichkeitsbereichen zuschüttet. Die Weisheit des Heraklit ist aufs neue zu überdenken: daß nämlich *alles fließt.*

»Für Heraklit ist die Welt«, wie Schöndorfer (1954, S. 17) dazu ausgeführt hat, »eine Wirklichkeit ständiger Veränderung und unaufhaltsamen Flusses, denn sein Urstoff und Weltprinzip, das lodernde und lebendige Feuer, kann nur Baugrund und Gestalter einer Welt ewigen Werdens sein. In mitreißenden Bildern zeichnet er diese Welt, deren Zustand durch den Satz gekennzeichnet ist: ›Alles fließt und nichts hat dauernden Bestand.‹« So ist für Heraklit alles Beständige nur Schein. Man wird vielleicht auch an Goethe erinnert: »Alles Vergängliche ist nur ein Gleichnis.«

Sicher muß uns das Weltbild des Heraklit heute spekulativ erscheinen, wenn wir uns vor Augen führen, daß Heraklit einen ›Uräther‹ als feinst verteilte Materie angenommen hat, »wovon vor der Entstehung dieser Welt einst der ganze Weltraum gleichmäßig erfüllt gewesen sei«, und »an die feine, gleichmäßige, überall vorhandene Bewegung dieses Uräthers sei höchste Vernunft... gebunden gewesen« (Stöhr 1909, S. 5). Doch der Leser braucht nicht zu befürchten, daß hier antiken, im Sinn von ›überholten‹ Begriffen die Türen geöffnet werden. Nehmen wir den elementaren Ausspruch ›alles fließt‹ einfach für sich, ungeachtet seiner historischen Hintergründe, ungeachtet jener kulturellen Atmosphäre, die ihn hervorgebracht hatte: und wir werden den ›Wahrheitskern‹ in diesem Ausspruch nicht leugnen können.

Die gesamte Welt, so können wir eine alte Einsicht in neue Formen gießen, ist ein sich ständig entwickelndes gigantisches System; innerhalb dieses Systems hat zwar vieles zumindest über bestimmte Zeiträume Bestand; aber die Welt im ganzen entwickelt, wandelt sich unaufhaltsam, wenngleich sie vor unseren Augen scheinbar unverändert bleibt. Ein Menschenleben ist viel zu kurz, um diese Veränderung der Welt im großen unmittelbar beobachten, nachvollziehen zu können.

Diese Welt also ist nicht einfach *tot*. Gewiß – im uns bekannten Universum überwiegt das Anorganische, das Lebende ist nur ein winziger Ausschnitt aus der Gesamtwirklichkeit. Was sich unserem Blick auf diesen Ausschnitt aus der realen Welt aber bietet, ist alles andere als bloß ein Konglomerat anorganischer Elemente; vorausgesetzt, dieser Blick wird nicht durch die metaphysische Überzeugung von der Notwendigkeit einer mechanistischen Vereinfachung der belebten Sphäre getrübt. Und wenn der überwiegend größte Teil der Welt unbelebt ist, dann dürfen wir uns nicht der Möglichkeit verschließen, jenen ›kleineren Teil‹ der Wirklichkeit als *belebt* und damit als dem Anorganischen gegenüber ›anders‹ zu erfahren. Wenn wir nämlich in den Weiten des Weltalls nur des ›Toten‹ und der ›Leere‹ gewahr werden, schließt das nicht aus, daß wir – indem wir als *erkennende* Subjekte in den Kosmos hinausblicken – uns nicht nur selbst als Erkennende erkennen, sondern auch das vom Toten so Verschiedene uns unmittelbar machen.

Also stehen wir armen, schwitzenden Menschen vor diesem einzigartigen Phänomen: ›Es‹ als *Leben* zu erkennen ist die große Herausforderung. Wo immer wir dieses Phänomen mit jenem Toten identifizieren und wann immer wir einen Geist beschwören, haben wir es auch schon aufgegeben, Leben als *Leben* zu ergründen.

Hier nun ist es zuallererst unsere Aufgabe, das engmaschige Netzwerk zu beschreiben, das auf unserem Planeten gewebt wird, diesen gleichsam umfängt: die *Biosphäre*, die ›belebte Schicht‹ unseres Planeten.[72]

Ein Netzwerk von Systemen

Die Biosphäre ist als komplexer Stufenbau, allerdings nicht nach dem Muster einer linear angeordneten Stufenleiter beschreibbar. Ein *enkaptisches* Prinzip liegt dem Aufbau der Biosphäre zugrunde, ein Prinzip, das verschiedene Elemente zu übergeordneten Ganzheiten zusammenfügt (siehe nochmals Abb. 10). Das Ordnungsmuster der Hierarchie und jenes der Interdependenz fließen hierbei zusammen.

Die Ordnungsform der Hierarchie ist als ›Verschachtelungs-Prinzip‹ definierbar, d.h., mehrere gleichrangige Untersysteme kommen innerhalb eines Systems vor, welches dann – in bezug auf jene – als Obersystem bestimmt ist und den Zweck seiner (Unter-)Systeme determiniert, die umgekehrt den Inhalt des Obersystems bestimmen; die Ordnung der Interdependenz ist dadurch zu kennzeichnen, daß Systeme nur aufgrund ihrer Verknüpfung mit anderen gleichrangigen Systemen bestimmt werden (Riedl 1975). Die hierarchische Ordnung ist mit der der Interdependenz so miteinander verknüpft, daß »Interdependenz Hierarchie ermöglicht, Hierarchie aber Interdependenz voraussetzt«, und indem die Hierarchie eine Ordnung beschreibt, »die durch Fixierung von Merkmalen übereinander (oder ineinander) bestimmt wird«, die Interdependenz aber »hauptsächlich eine Ordnung durch Fixierung von Merkmalen nebeneinander« bedeutet (Riedl 1975, S. 222).

Es empfiehlt sich, hier etwas in die Tiefe zu gehen, um dem mit dem Gegenstand nicht vertrauten Leser die Organisation der Biosphäre als Netzwerk deutlicher vor Augen zu führen. Hingewiesen sei auch auf ähnliche Ausführungen z.B. bei Bertalanffy (1973), Bunge (1979a), Grobstein (1974), Weiss (1969) und Wuketits (1983b).

Die ›netzförmige‹ Organisation des Lebenden zeigt sich nicht allein in der Betrachtung des größten Bio-Systems, der Biosphäre, sondern kann schon an einem individuellen Organismus demonstriert werden. Nehmen wir ein x-beliebiges vielzelliges Lebewesen: Da lassen sich ›von unten nach oben‹ verschiedene Komplexitätsebenen (Hierarchie-›Stufen‹) unterscheiden; und zwar ist die unterste Ebene die der Bio-Moleküle, die von der zellulären Ebene sozusagen überlagert wird, während die spezifische Integration von Zellen in Geweben und schließlich in Organen manifest wird und die Gesamtheit der Organe durch spezifische ›Verschaltungen‹ den Gesamtorganismus ergibt.

Also ist ein vielzelliges Lebewesen im allgemeinen durch folgende Systemebenen zu charakterisieren: Moleküle – Zellen – Organe; und es repräsentiert selbst die organismische Ebene. Der Ebene des individuellen Organismus folgen überindividuelle Systeme bzw. Systemebenen, nämlich Populationen, Ökosysteme und schließlich die Biosphäre. In absteigender Reihenfolge wird die Organisation der Biosphäre sichtbar: Sie ist zusammengesetzt aus Ökosystemen, die ihrerseits aus Populationen bestehen, die als Gruppen individueller

Lebewesen aufzufassen sind, welche wiederum aus Organen bestehen, die aus Zellen zusammengesetzt sind, wobei jede Zelle aus noch kleineren (bio-molekularen) Elementen komponiert wird.

Die Verwendung von Begriffen wie ›Ebene‹ oder ›Stufe‹ entspricht in diesem Zusammenhang selbstverständlich stets nur der bildlichen Darstellung. Kein Organismus zeigt im buchstäblichen Sinn Stufen, sondern seine Organisation ist, wie die Organisation der gesamten Biosphäre, eine enkaptische, was einem ›Baukastenprinzip‹ vergleichbar ist: Jeder Kasten enthält mehrere kleinere Kästen, die jeweils noch kleinere Kästen beinhalten usw., und jeder dieser Kästen ist mit den anderen verbunden. So erhalten wir letztlich ein Gefüge von netzartig miteinander verknüpften Systemen.

Nach Rothschuh (1963 a) wirken in jedem lebensfähigen System drei pysiologische Verbundprinzipien, und zwar die *Assoziation*, die *funktionelle Koordination* und die *Integration*.

- Mit der Assoziation ist die räumliche (anatomische, topologische) Zusammenlagerung zusammenwirkender Elemente gemeint. Jedes Organsystem ist eine solche assoziative Verbindung anatomisch unterscheidbarer, der Leistung nach jedoch nicht abgeschlossener, sondern miteinander wirkender Teilsysteme, also z. B. das Verdauungssystem.
- Die (funktionelle) Koordination ist eine physiologische Zuordnung von Strukturen auf gleichem Leistungsniveau. Beispielsweise erfolgt – ausgehend von der Nerventätigkeit – die Koordination von Blutdurchfluß, Blutdruck usw.
- Bei der Integration im engeren Sinn handelt es sich um den Zusammenschluß von Teilleistungen auf mehreren Stufen zu Leistungen von übergeordneter Bedeutung, d. h. zur Funktionsfähigkeit des organismischen Gesamtsystems. Solcherart Integrationsleistungen erfüllen etwa Zentralnervensysteme, die mithin als ›Führungssysteme‹ verstanden werden können.[73]

Bei Berücksichtigung dieser Sachverhalte wird man verstehen, daß das Prinzip der Hierarchie nichts gemein hat mit einem statischen Prinzip, welches die alten Vorstellungen von den Stufenleitern suggerieren. Die ›Dynamik der Hierarchie‹ zeigt sich vor allem auch, wenn wir das Phänomen der Entwicklung eines Lebewesens als einen *hierarchischen Systemprozeß* betrachten (vgl. Weiss 1969).

Der sich entwickelnde Organismus ist gekennzeichnet von einer zunehmenden Differenzierung jener Elementareinheit, aus der er hervorgegangen ist, also der *Zelle*. In der Vervielfältigung der Zelle werden immer komplexere Strukturen erkennbar, es kommt zu immer höher, d.h. komplexer organisierten Hierarchiestufen, die eine Klammer bilden zwischen ursprünglicheren (Teil-)Systemen, bis letzten Endes der ›fertige‹ Organismus vorliegt: als eine übergeordnete, aus kleineren, einfacheren Systemen entstandene Organisationseinheit. Der ganze Entwicklungsprozeß erscheint so als ein Vorgang der ›Ineinander-Schachtelung‹ von Systemen bzw. Systemelementen. Alle Teilsysteme müssen, soll die Funktionsfähigkeit des ganzen Systems gewährleistet sein, miteinander in Wechselwirkung stehen.

Die hierarchische Organisation ist ein Entwicklungsvorteil, und zwar in bezug auf die individuelle Entwicklung des Lebewesens *und* in bezug auf die Evolution. Die Hierarchie erscheint als eine Vereinfachung genetischer ›Entscheidungsmuster‹. Ihre Entstehung im genetischen System ist als *Systemisierung des Genoms* bezeichnet worden, das Muster der Wechselbeziehungen in allen Bereichen hierarchischer Organisation als das *epigenetische System* (Kaspar 1978, Riedl 1975, 1977). Definitionsgemäß also ist das epigenetische System die Gesamtheit aller regulativen Wechselwirkungen im Genom[74] einer Art, einer Gattung, einer Familie usw. und wirkt als dynamisches Organisationsprinzip.

Die Biosphäre ist eine große Klammer über allen Organisationseinheiten des Lebendigen. Sie ist ein komplexes Netzwerk von Systemen, eine geordnete Ganzheit, ein harmonisches, sich selbst regulierendes Gefüge. Und die Biosphäre selbst ist eingegliedert in die noch umfassenderen ›kosmischen Kreisläufe‹ und bildet, wie gesagt, ein gigantisches System der Ordnung inmitten einer weniger organisierten, toten Welt. Sie ist ein offenes System und über die Energiezyklen mit der unbelebten Welt verbunden, der sie Energie entzieht, die sie zum Aufbau ihrer eigenen Ordnung benötigt. Diese Energie wird maßgeblich von der Sonne geliefert und in den grünen Pflanzen fixiert, die somit die ›primären Produzenten‹ im energetischen Geschehen der Biosphäre sind (vgl. z.B. Woodwell 1970). Es war übrigens der französische Naturforscher Boussingault (1802–1878), der die energetischen Beziehungen zwischen pflanzlichen und tierischen Organismen schon deutlich gesehen hat und zwischen diesen beiden Existenzformen des Lebenden eine Verbindungslinie ziehen konnte (vgl. Hays 1972). Boussingault studierte die Ernährung der Pflanzen und erkannte die Bedeutung des atmosphärischen Kohlendioxyds als Kohlenstofflieferant der Pflanzen (vgl. Anker und Dahl 1938).

Jedem naturwissenschaftlich auch nur oberflächlich orientierten Leser wird heute die Bedeutung der grünen Pflanzen für den ›Gesamthaushalt der Natur‹ wohl völlig klar sein. Nur die vom Wirtschaftswachstum Besessenen weist man wahrscheinlich vergeblich darauf hin. Eine erschreckende Ignoranz in Sachen Ökologie ist bei den meisten derer anzutreffen, denen wir die angeblich zum Wohle des Menschen geschaffenen Gesetze und Verordnungen zu verdanken haben, bei den ›Machern‹ unserer schönen neuen Welt – das kann kaum noch verwundern, zumal sich ja das Analphabetentum heute rasch fortpflanzt. So wurde unser ›grüner Planet‹ langsam ›grau‹, weniger seines Alters wegen, als infolge seiner kontinuierlichen Um- und Mißgestaltung durch den selbsternannten ›Herrscher über die Kreatur‹, den Menschen. Daß die gesamte Biosphäre ein komplexes System von Kreisläufen darstellt, welches durch den Menschen ständig aufs empfindlichste gestört wird, ist freilich keine neue Erkenntnis. Deutlich zu erkennen sind heute für den, der sehen will, auch die *negativen Rückwirkungen* der Eingriffe des Menschen in seine natürliche Umwelt auf den Menschen selbst. Dabei ist es ebenso evident, daß die Biosphäre, wie jedes System, eine *begrenzte* Regulationsfähigkeit aufweist. Aber was kümmert das die Technokraten und Apparatschiks, die – rund um den Globus – die Lebensräume und mit ihnen das Leben stören und zerstören und sich unentwegt mit zwar kindischen, aber lebensbedrohlichen Projekten befassen, allem voran mit einem nur noch pathologisch zu nennenden Rüstungswettlauf. Es ist offenbar der Wettlauf des Menschen mit sich selbst, der denn auch alle menschlichen Werte, alle *Lebenswerte* systematisch untergräbt, vernichtet, »mit kalter Teufelsfaust«, wie Lorenz (1978b, S. 33) sagt, »deren Tun ausschließlich von wertblinden, kommerziellen Erwägungen bestimmt ist«.

Als Resultat jeder kritischen biologisch-philosophischen Reflexion jedenfalls muß die Biosphäre als komplexes Netzwerk von Systemen transparent werden: Die statischen Denkmuster traditioneller ontologischer Systeme sind, wie oben gesagt, zu verabschieden, abzulösen durch eine dynamische Betrachtungsweise, die einem holistischen Lebensbegriff entspricht. Es geht darum, jene ›Fäden‹ sichtbar zu machen, die das ›Supersystem Biosphäre‹ zusammenhalten, jene Wechselwirkungen und Regulative zu kennzeichnen, die auf und zwischen allen Stufen des Lebenden wirksam sind.

Im Rahmen seiner ›General System Theory‹ hat Bertalanffy (1973) als Gegensatz zu einer reduktionistischen, partikularistischen, atomistischen, physikalistischen Weltschau eine Sehweise skizziert, die er *Pespektivismus* nannte. Ich will dies zumindest hier erwähnt haben. Der Perspektivismus ist nichts anderes als Systembetrachtung – nicht allein des engeren Bereichs des Lebenden, sondern schlechthin der Gesamtwirklichkeit. Ich habe in einer anderen Veröffentlichung (Wuketits 1982b) die Systembetrachtung in diesem Sinne als die Suche nach *isomorphen Prinzipien* umrissen, Prinzipien, die alle Komplexitätsstufen der Welt durchziehen. Dabei genügt es an dieser Stelle, auf die Selbstorganisation zurückzugreifen: Die Tendenz der Materie, unter gewissen Anfangs- und Rahmenbedingungen neue Systeme hervorzubringen, durchzieht offensichtlich *alle* Komplexitätsebenen der Wirklichkeit. Mit dem Erreichen jeder neuen Komplexitätsstufe lenkt die Selbstorganisation jedoch auch in neue Bahnen ein, vollzieht sich unter neuen *systemspezifischen* Randbedingungen. Betrachten wir die gesamte Wirklichkeit von dem neutralen Standort des Perspektivismus – neutral in bezug auf Reduktionismus und Ganzheitsmetaphysik –, dann entgehen wir der Gefahr, die Stufen dieser Wirklichkeit auf die ihnen jeweils unter- oder übergeordneten Systemebenen zu ›reduzieren‹; weil eben, einfach gesagt, alles mit allem zusammenhängt.

Während aber all das vielleicht für so manchen Leser den Beigeschmack abstrakter Kathederphilosophie hat, dürfte jene Erkenntnis, daß die Biosphäre mit ihren Teilsystemen wechselseitig verknüpft ist, ein Bedingungsgefüge darstellt, das den Menschen einschließt, schlagartig zu begreifen sein, wenn man sich abermals die durch unsere Spezies verursachten Schäden an der Biosphäre vor Augen führt: Man stelle sich ein großes Netz vor, über einen Abgrund gespannt, und jemand sitzt in diesem Netz und ist fortgesetzt damit beschäftigt, einzelne Fäden durchzuschneiden...

Es mag an dieser Stelle vielleicht nützlich sein, auf einen recht häufig gebrachten Vergleich zurückzugreifen, der uns die Geschichte des Universums im Zeitrafferfilm vorführt. Würde man die Entwicklung des Kosmos in einem einzigen Kalenderjahr zusammenfassen, dann bliebe für die Entwicklungsgeschichte des Menschen maximal ein Tag. Daraus wird verschiedenes deutlich: So insbesondere die sehr kurze Zeitspanne, innerhalb derer der Mensch im kosmischen Drama seine Rolle spielt. Denn im ›Jahr der kosmischen Evolution‹ treten erst am 31. Dezember fünf Minuten vor Mitternacht die Neandertaler auf, jene dem rezenten *homo sapiens* in vieler Hinsicht sehr ähnlichen Hominiden[75], mit deutlichen Regungen einer Kultur, mit einer primitiven Mythologie, vermutlich auch schon mit dem dem Menschen eigenen Sprachvermögen. In den knapp vierundzwanzig Stunden davor hatten sich bereits tiefgreifende Entwicklungsprozesse vollzogen, die den Hominidenast getrennt vom Ast der Evolution unserer nächsten Verwandten unter den Tieren, der Menschenaffen, erkennen lassen.

An diesem letzten Tag also hat die Evolution eine merkwürdige Kreatur hervorgebracht, die sich rund fünfzehn Sekunden vor zwölf durch die Schaffung der Hochkulturen auszeichnet und in den letzten Sekunden des Tages eine Technologie kreiert, die es noch in Bruchteilen einer Sekunde möglich machen kann, die Evolution zum globalen ›Overkill‹ entarten zu lassen. Die nähere Zukunft, die nächsten Bruchteile einer Sekunde werden wahrscheinlich darüber entscheiden, *ob die fünf Minuten der Evolution, die seit dem Auftreten der Neandertaler verstrichen sind, die letzten fünf Minuten der Evolution des Menschen gewesen sind,* worüber nachzudenken vor allem denjenigen nahegelegt sei, die vorgeben, zum Wohl der Menschheit Politik zu machen. Denn draußen in den Weiten des Weltalls wird kaum jemand das Verschwinden einer Spezies auf unserem winzigen Planeten bemerken; und kaum jemand wird es ›da draußen‹ bedauern, wenn der Mensch in seinem Wahn sich selbst den Garaus macht.

Ich komme damit zurück zu dem, was ich auf S. 105 gesagt habe: *Die Natur existiert für sich.* Was sich hier auf der Erde an menschlichen Verrücktheiten abspielt, berührt den Kosmos nicht. Aber hier, auf unserer ›Mutter Erde‹, sind *wir* unverkennbar – unverkennbar für den Sehenden – in die ›biosphärischen‹ Kreisläufe eingeflochten, und wo wir diese stören (und zerstören), dort stören (und zerstören) wir uns selbst – unwiderruflich, weil die Evolution irreversibel ist. Letzter Zweck der Natur zu sein ist jener Irrglaube des Menschen, der mit dazu beigetragen hat, daß die *natürlichen* Zwecke übersehen, verschleiert worden sind. »Die Natur ist sich selbst Zweck, sich selbst erzeugend, sich selbst erfüllend«, so schrieb ein Materialist wie Büchner (1864, S. 107), und ich für meinen Teil kann ihm nicht widersprechen.

Im Strom ihres Werdens, im Strom der Evolution hat die Natur sich ihre Zwecke selbst geschaffen; und wir können versuchen, diese Zwecke zu begreifen, als abermals scheinbare Paradoxien der Natur, des Lebenden.

Zwecke ohne Absichten

Damit betreten wir das weite Feld der Kontroverse um die Teleologie im Bereich des Lebenden. Verschiedentlich habe ich in diesem Buch schon diese Problematik berührt, hier gilt es nun, sie etwas ausführlicher zu diskutieren.

In der Geschichte der Biologie ist einmal an der Teleologie festgehalten worden, und ein andermal hat man sie ins Kabinett unbrauchbarer Konzepte gestellt. Und während man glaubte, mit der Selektionstheorie Charles Darwins ein endgültiges Argument gegen die Idee der Teleologie in Händen zu halten, ist die Debatte ›pro und contra Teleologie‹ im 20. Jahrhundert erneut entstanden: Da fand man sich wieder inmitten von Begriffen wie ›Funktion‹, ›Regelkreis‹, ›Selbstregulation‹ u. a., und die Biologen ertappten sich beim Gebrauch einer teleologischen Terminologie.[76] Es sind keineswegs nur die Zöglinge des Vitalismus und Neovitalismus, die sich teleologischer Begriffe bedienen – und die ja dabei auch keine Gewissensbisse zu haben brauchten –, sondern auch mechanistisch orientierte Biologen verwenden immer wieder Ausdrücke, die an den alten Glauben, an eine zweckgerichtete Weltordnung erinnern. »Ungeachtet ihrer Unangemessenheit für wissenschaftliche Prognosen hat man in der Biologie fortgesetzt teleologische Erklärungen benützt« (Lagerspetz 1959, S. 6).

Der Biologe pflegt zur Teleologie eine seltsame Beziehung. So wie J. S. Haldane sagte, »daß die Teleologie für den Biologen wie eine Mätresse ist: er kann nicht ohne sie leben, aber er will auch nicht mit ihr in der Öffentlichkeit gesehen werden« (zit. nach Mayr 1979, S. 210). Eine pikante Angelegenheit also. Gerne zieht sich der Biologe zur Teleologie zurück, wagt es aber nicht, sie im Salon seiner Kollegen aus der Physik vorzuzeigen. Diese nämlich wären über ihren Gast nicht wenig erstaunt, würde er sich solcher Sätze bedienen, die man auf die ihnen fremde Frage *wozu?* als Antwort gibt: Sätze, die mit ›um zu‹ oder ›damit‹ beginnen.

Tatsächlich ist diese Frage ›wozu?‹, die jedem teleologischen Denken, jeder teleologischen Erklärung vorausgeht, für einen Physiker befremdend. Sie ist eine *spezifisch biologische* Frageweise (vgl. Lorenz 1978a, Simpson 1963, Wuketits 1978b, 1983b u.a.). Aber sie ist für den Biologen eminent wichtig, ob sie nun dem Physiker salonfähig erscheint oder nicht. Und »wo immer auf Teil-Ganzheits-Relationen (in der Morphologie) Bezug genommen wird, auf den Zusammenhang zwischen dem jeweiligen ›Mittel‹ und dem entsprechenden Endzustand (in der Physiologie) oder auf zielgerichtete Prozesse (in der Embryologie), dort spricht man teleologisch... Denn in all diesen Fällen wird [ein Zustand, ein Ereignis] *A* zum Zwecke [eines anderen Zustands, Ereignisses]... *B* betrachtet, wobei *B* ein höheres Organisationsniveau einnimmt und... in gewissem Sinne kontrollierend wirkt« (Grene 1974, S. 174).

Vergegenwärtigen wir uns nochmals die individuelle Entwicklung eines Lebewesens als die Dekodierung eines genetischen Programms, dann wird ja offenkundig, daß hier über bestimmte Prozesse (Zustände) ein bestimmter Endzustand ›angestrebt‹ wird: das vollständige, ›fertige‹ Individuum. Oder wenn man die Anpassungserscheinungen verschiedener Organismenarten betrachtet, dann wird man in sehr vielen Fällen buchstäblich von einer Harmonie zwischen dem betreffenden Lebewesen und seiner Umwelt sprechen wollen – mit Recht. Wie unangenehm für jeden, der die Phänomene des Lebenden in mechanistischen Termini beschreiben zu können glaubt! Wieder in den Vitalismus abzugleiten wäre hingegen gewiß ebensowenig eine Lösung.

Wie also läßt sich das Problem der Zweckmäßigkeit *jenseits* von Mechanismus und Vitalismus und jenseits von Determinismus und Indeterminismus befriedigend lösen?

Nicht hinwegzudiskutieren ist der Umstand, daß es im Bereich der Lebewesen – von der bio-molekularen Organisation bis zur Organisation der Biosphäre – tatsächlich Zwecke gibt. Ein unlösbares Problem etwa? Keineswegs! Wenn ich hier das Problem und seine mögliche biologische, evolutionstheoretische Lösung darstelle, dann bin ich mir des fragmentarischen Charakters der Darstellung bewußt, darf den

Leser aber zugleich darauf hinweisen, daß es sich hier um eines der zentralen Probleme biophilosophischer Diskussion handelt; eine gewisse Ausführlichkeit also ist nicht zu vermeiden.

Treffend schreibt Stegmüller (1969, S. 518): »Mit dem Thema ›Teleologie‹ betreten wir einen ebenso altehrwürdigen wie fast undurchdringlichen philosophischen Urwald. Sehr verschiedene Dinge sind in den vergangenen mehr als zwei Jahrtausenden unter dieser teleologischen Betrachtungsweise verstanden worden.« Freilich kann man alle diejenigen Auffassungen, die auf der Überzeugung einer universellen, kosmischen Zweckmäßigkeit beruhen, auf einen gemeinsamen Nenner bringen. Man kann sagen, daß diese Auffassungen von der Annahme eines ›weltübergeordneten‹ Prinzips von der Art eines ›Weltgeistes‹ geleitet sind. Das ist teleologisches Denken: »Götter schufen die Welt, wie der Mensch Menschenwerke schafft, um etwas zu schaffen. Sie planten, richteten ein, fügten und trennten nach ihrem Ratschluß und in den Grenzen ihres Könnens, wie der Mensch in den Grenzen des seinen. Was die Naturmächte im Menschenleben bewirken, war auf den Menschen abgesehen. Der Regen, der seinen Acker grünen läßt, der Wind, der sein Schiff heimwärts führt, ist die Gunst höheren Willens; die Dürre, an der die Saat verdirbt, das Unwetter, das ihn verschlägt, ist die Ungunst unerforschlicher Absicht« (Hartmann 1951, S. 1).

Dieses Denken, diese Annahme, daß eine ›geistige Kraft‹ alles Naturgeschehen auf bestimmte Ziele hinsteuert, wobei dann diese in der Zukunft liegenden Ziele zeitlich gleichsam vorweggenommen werden sollen, indem in der Natur *heute* das oder jenes Ereignis zum Zwecke des *End*zustandes stattfindet – diese Annahme erscheint in einem naturwissenschaftlich untermauerten, rationalen Weltbild allerdings unbegründet. Absichtsvolles, bewußtes, planendes und mithin *zielintendiertes* menschliches Verhalten (Handeln) auf die Natur zu übertragen – und sei es als bloße Analogie – hieße, die Natur zu ›anthropomorphisieren‹ und ihr ein Bewußtsein vor- oder überzuordnen.

›Echt‹ teleologische Vorgänge in dem Sinne, daß ein ›planender Geist‹ es gestattet, in der Natur aus Zielen der Zukunft bestimmte Aktivitäten zu setzen, diese Aktivitäten also auf bestimmte Ziele auszurichten – derartige Vorgänge können wir im Bereich des Lebenden ›unterhalb‹ des Niveaus jenes vernunftbegabten Wesens, das wir als den Menschen kennen, nicht annehmen. (Wir *können* schon – nur, mit welcher Begründung?) Allein der Mensch vermag aufgrund seiner Motive, Wünsche usw. ›echt‹ teleologisch zu handeln: Er kann sich für *morgen* etwas Bestimmtes vornehmen, sich *heute* seine Vorstellungen davon machen und sein Handeln (heute schon) so vollziehen, daß er eben dieses Ziel (morgen) erreicht. Universelle Zwecke aber, das ganze Gerede von einer ›zweckgerichteten Weltordnung‹, von prädeterminierter Entwicklung – das gehört in die verstaubten Kontore der idealistischen Metaphysik. Daß hingegen ›bewußtlose‹ Organismen nicht nur anatomisch und funktionell zweckmäßig organisiert sind, sondern sich scheinbar auch zweckmäßig verhalten, *ohne* daß wir ihnen übergeordnete ›geistige Kräfte‹ zubilligen, kennzeichnet die besondere Schwierigkeit der hier zu erklärenden Situation.

Wie gesagt, in der Biologie des 20. Jahrhunderts hat man erneut begonnen, sich darüber Gedanken zu machen; man fing an einzusehen, daß – anders als im Bereich des Anorganischen – der Zweckgesichtspunkt in der Biologie wesentlich ist, daß aber mit der Flucht zu den obskuren Vokabeln der Vitalisten und Finalisten so gut wie nichts dabei zu gewinnen ist. Dennoch erweist sich der Optimismus eines Ernst Haeckel, wie auf S. 85 zitiert, aus der Rückschau als nicht angebracht. Die Antwort auf die Frage nach der Zweckmäßigkeit im Bereich des Lebendigen kann meines Erachtens nur lauten: *Zwecke ohne Absichten.* Das ist zunächst apodiktisch gesagt; was also ist gemeint?

Prozesse im Organischen sind zweifelsfrei *zielgerichtet*; aber sie sind nicht *zielintendiert.*[77] Daß eine bestimmte ›Richtung‹ etwa in der embryonalen Entwicklung eines Lebewesens sozusagen eingeschlagen wird, liegt im jeweiligen, in der Evolution der fraglichen Spezies allmählich herausgebildeten und stabilisierten *Erbprogramm.* Zur Kennzeichnung dieser Form der Teleologie – somit: der bloßen Zielgerichtetheit ohne (bewußte) Intention, ohne (bewußte) Vorwegnahme des Ziels! – ist heute der Ausdruck *Teleonomie* in Gebrauch (siehe z. B. Ayala 1968, Fuchs-Kittowski 1976, Hassenstein 1980, Hull 1974, Lorenz 1973, 1978a, 1983, Mayr 1979, Mohr 1981, Monod 1971, Osche 1975, Simpson 1963, Wuketits 1980b, 1982f, 1983b).

Teleonomie bedeutet *Leistung nach Plan*, die ohne Kenntnis des Ziels zielgerichtet wirkt, und zwar auf der Basis der evolutiv entstandenen genetischen Programme. Ein teleonomes Phänomen hat systemerhaltenden Charakter; eine Struktur bzw. Funktion teleonom zu erklären heißt, den selektiven ›Wert‹, den ›Selektionsvorteil‹ des fraglichen Phänomens zu erkennen. So sind, anders gewendet, alle jene Strukturen und Funktionen eines Organismus teleonom, die arterhaltenden Wert aufweisen, die systemerhaltende Bedeutung haben. Das mag für geschulte Ohren eines Erkenntnistheoretikers tautologisch klingen, aber es ist doch zu bedenken, daß in einem funktionierenden organismischen Gefüge tatsächlich die allermeisten Elemente/Funktionen im Hinblick auf das Ganze zweckmäßig, systemerhaltend wirken, so daß man einen Organismus schlechthin als teleonomes System charakterisieren kann. Das betrifft selbstverständlich auch die *Verhaltensweisen* des lebenden Organismus: Die unterschiedlichsten Verhaltensformen eines Lebewesens – von der Futtersuche bis zur Balzstellung – dienen der Erhaltung seiner Art.

Im Sinne von Monod (1971, S. 22) läßt sich damit feststellen: »Jedes erdenkliche ›Einzelprojekt‹ hat nur Sinn als Teil eines allgemeineren ›Projekts‹. Alle funktionalen Anpassungen der Lebewesen wie auch von ihnen gestaltete Artefakte verwirklichen ›Einzelprojekte‹, die man als Aspekte oder Teilstücke eines einmaligen ursprünglichen ›Projekts‹ betrachten kann, das in der Erhaltung und Vermehrung der Art besteht.« (Ich habe den Ausdruck *Projekt* in Anführungszeichen gestellt, um nicht Assoziationen mit der echten Teleologie wachzurufen. Im Originaltext von Monod werden – obwohl Monod natürlich keine echte Teleologie im Sinn hatte – die Anführungszeichen nicht verwendet.)

Daß mit dem Gebrauch des Wortes ›Teleonomie‹ nur ein Vitalismus wiederbelebt wird, wie dies Bunge (1979a) unterstellt, ist schlicht ein Mißverständnis. Weder ist die Teleonomie an eine wie immer geartete Lebenskraft gebunden noch sollen final wirkende Prinzipien quasi aus der Zukunft mit diesem Ausdruck herbeigeholt werden. Teleonomie heißt in engerer Wortbedeutung eigentlich *leben* – was, mit anderen Worten, nichts anderes heißen will, als daß ein Organismus in allen seinen Teilstrukturen und -leistungen (Verhaltensweisen) genauso organisiert ist, daß er nicht gleich beim ersten Treffen auf ein Hindernis in der Außenwelt scheitert, sein System schädigt, sondern auf dieses Hindernis ›sinnvoll‹ *reagiert*; und was ferner bedeutet, daß das Lebewesen instinktiv die Beute vom Feind, den Geschlechtsgenossen vom Geschlechtspartner unterscheiden kann und anderes mehr. Ebenso artikuliert die Teleonomie, daß ein Teilsystem eines Organismus ganz spezifische Aufgaben (Funktionen) erfüllt. Das Herz eines Säugetiers beispielsweise ist teleonom, solange sich seine Schlagfrequenz in genau jenem Rahmen hält, der vom Gesamtsystem definiert ist.

Dabei erkennt man wieder die hervorragende Bedeutung des Hierarchie-Konzepts, das ich vorhin skizziert habe: Es sind die jeweiligen Übersysteme, die ihren Teilsystemen bestimmte Aufgaben zuordnen, während jene von diesen gewissermaßen mit Inhalt gefüllt werden. Evolutionstheoretisch gesehen ergibt sich hieraus ein weiteres Mal die Wirksamkeit der Selektion in der *Interaktion* zwischen verschiedenen Organisationsniveaus (siehe auch S. J. Gould 1982). Und es ist denn auch plausibel, daß verschiedene Organisationsstufen des Lebenden sinnvoll nur im Hinblick auf ihnen übergeordnete Stufen betrachtet werden können und *vice versa*: Eine Zelle etwa wäre ›inhaltsleer‹ ohne ihre Teilsysteme (Mitochondrien, Plastiden u. dgl.), ja der Begriff *Zelle* wäre eine Farce, könnte man ihm nicht deutlich erkennbare Bestandteile und Funktionen zuordnen; biologisch absurd wäre eine Zelle aber auch *außerhalb* des Organismus (abgesehen von den Lebewesen, die als Einzelzelle existieren, also den Einzellern). Im Netzwerk des organismischen Gefüges also bestimmen sich Unter- und Obersysteme *gegengleich* (Riedl 1975), Teil und Ganzheit verhalten sich zueinander *komplementär*.

Von Zwecken in der Biologie zu reden ist demnach nur im Rahmen gegebener, definierter Systeme sinnvoll. Fehlt der übergeordnete, empirisch feststellbare Bezugsrahmen, dann wird der Zweckbegriff zu einer metaphysischen *façon de parler*. Keine Rede also von ›durchgehenden‹ das Universum umschließenden ersten oder letzten Zwekken! Keine Rede von den Lebewesen und der gesamten Biosphäre übergeordneten Zweckprinzipien! Die Biosphäre schafft sich ihre Zwecke selbst, der Prüfstein dafür war und ist die Evolution.

Der Analyse von Kullmann (1979) zufolge muß übrigens schon Aristoteles den Zweckgesichtspunkt in der Biologie zumindest auf eine ähnliche Weise ins Auge gefaßt haben. Inwieweit Aristoteles jedoch, wie Hassenstein (1980) nahelegt, der ›Vater‹ und weitgehend auch schon der ›Vollender‹ der Teleonomie sein kann, will ich hier dahingestellt lassen.

Sei dem wie ihm wolle. Unter dem Gesichtspunkt der hierarchischen Organisation dürfte einzusehen sein, daß die Zwecke eines Systems erst durch seine Übersysteme gegeben sind; »daß nämlich der Zweck, sagen wir: jeder zweckvollen Struktur oder Form, erst aus der nächsthöheren Form zu begründen ist. So ist der Zweck etwa eines Schlosses im Versperren der Tür, der Zweck der Tür im Schließen des Hauses, und der des Hauses in seinen Funktionen für den Menschen begründet« (Riedl 1980, S. 149). Die Suche nach einem Zweck werden wir aber überall dort aufgeben müssen, wo sich kein begreifbares Übersystem mehr definieren läßt. Zwecke leiten Ursachen (Riedl 1984a) – aber nur, wenn sie (die Zwecke) in einem definierten, realen Kontext begriffen werden. Der ›Weltzweck‹ hingegen ist eine Projektion des Menschen.

Wo der Mensch in seiner ungestillten Sehnsucht nach Geborgenheit in der Welt seine Phantasie einen allem übergeordneten Zweck erfinden läßt, dort unterliegt er einer Selbsttäuschung. Zwar ist Topitsch (1979, S. 228) zuzustimmen, daß »oft genug... die Illusion, ja die barmherzige Lüge den Menschen selbst das Schwerste erleichtert«, aber es ist ihm auch beizupflichten, wenn er die destruktive Wirkung jener Illusion eines ›weltüberlegenen wahren Selbst‹ aufweist.

Sinnlosigkeit oder Sinn durch Selbstbetrug – das ist die, fürwahr, nicht erfreuliche Alternative. Der aufmerksame Leser wird indes schon ahnen, daß jetzt wieder ein Fingerzeig auf die Selbstbestimmung des menschlichen Lebens folgt. Gewiß, die Entdeckung des Lebens als *Leben* vermag hier Abhilfe zu schaffen. Die Entdeckung des menschlichen Lebens: das ist die Entdeckung eigener Lebenswerte, das ist das Finden subjektiver Daseinsziele, wodurch jene unerfreuliche Alternative erträglich sein wird. Die Sinnlosigkeit des Kosmos braucht den Menschen nicht zu erschüttern. Das Setzen eigener Daseinszwecke, die nirgends vorgeschrieben zu sein brauchen, mag dem *lebendigen* Menschen genügen; mehr noch, es wird ihm befriedigend scheinen, vermöge seiner Vernunft und der darauf gegründeten Planung und Handlung in einer Welt ohne definierbaren ›letzten Zweck‹ eine echte Teleologie in *seinem* Leben vollziehen zu können.

Vermutlich wird hier der Kritiker auf den Plan treten und fragen, ob ich mich denn mit vorliegender Argumentation nicht in Widersprüche verstricke: Das Universum soll zwecklos (sinnlos) sein, Lebewesen wiederum seien zumindest zielgerichtet (teleonom) organisiert, der Mensch schließlich soll trotz allem Daseinsziele finden können. Wie das?

Ich darf zunächst noch einmal festhalten, daß von Zwecken zu reden im Bereich des *Anorganischen* müßig ist. Prozesse in der unbelebten Natur, die scheinbar einem bestimmten Zustand des jeweiligen Systems zustreben, folgen lediglich Naturgesetzen; und zwar in der Art wie »das Fallen eines Steines, das den Gesetzen der Schwerkraft gehorcht, oder das Abkühlen eines Eisenstücks, das den Regeln des Ersten Hauptsatzes der Thermodynamik unterliegt« (Mayr 1979, S. 87).[78] Die kosmische Evolution, die Entwicklung von Planeten, Planetensystemen, Galaxien seit dem *Urknall* (vgl. Unsöld 1981, Weinberg 1977) ist ein Vorgang, der auf Naturgesetzlichkeiten beruht, die freilich mit ihm selbst entstanden sind. Da wir für das System ›Universum‹ keinen übergeordneten Bezugsrahmen, kein Übersystem angeben können, würde es wider die Vernunft sein, einen Zweck des Urknalls, einen Zweck auch für das Entstehen fundamentaler (physikalischer) Naturgesetzlichkeiten bestimmen zu wollen. Daß der Mensch gerne wüßte, *warum* die Welt und mit ihr alle ›Weltgesetzlichkeit‹ entstanden ist, ist psychologisch zu verstehen. Aber ein offenes ›Ich weiß es nicht‹ erscheint mir als Antwort auf diese Frage redlicher als umständliches Herumreden über ›erste Ursachen‹ und ›letzte Zwecke‹ – dieses Gerede ist ein verzweifeltes Herumtappen im Dunklen, wo nun einmal kein Licht zu erwarten ist.

Als ein grundlegendes ›Weltgesetz‹ läßt sich der Entropiesatz formulieren, woraus aber allenfalls der Wärmetod des Kosmos als *Weltende* in einer fernen Zukunft ableitbar ist. Doch selbst wenn jemand das Entropieprinzip um jeden Preis teleologisch interpretieren wollte, würde es wohl schwerfallen, darin den ›Sinn des Kosmos‹ zu sehen. Der Wärmetod als letztes Ziel, als ›eigentlicher Zweck‹ des Universums? Nein, das könnte doch nur ein böser Demiurg ersonnen haben. Bescheiden wir uns also damit zu wissen, daß der Kosmos eines Tages in einer fernen Zukunft ›erlöschen‹ wird – aus Gründen, die in ihm selbst liegen. Dieses Wissen aber, mit allen seinen Unsicherheiten, ist auch schon das einzige, was die moderne Kosmologie uns an Trost zu bieten hat. »Das Bestreben«, so schließt Weinberg seine ›Ersten drei Minuten‹ (1977, S. 213), »das Universum zu verstehen, hebt das menschliche Leben ein wenig über eine Farce hinaus und verleiht ihm einen Hauch von tragischer Würde.«

Im Zusammenhang mit kosmischen Dimensionen wird sich der Mensch, seinen Illusionen zum Trotz, daran gewöhnen müssen, daß keine Zwecke existieren. Sollte sich der Mensch einmal daran gewöhnt haben, dann wird er zwar jedes ›kosmische Geborgenheitsgefühl‹ eingebüßt, dafür aber eine besondere intellektuelle Reife erlangt haben. Ob der Mensch intellektuelle Reife auf Kosten irrationaler Bedürfnisse aber überhaupt erlangen will ist eine andere Frage.

Wie auch immer: Nichts in der gegenwärtigen Naturwissenschaft weist darauf hin, daß der Kosmos einem Zweck dient! Wir kommen aber den Zwecken schon näher, wenn wir das Vorzeichen der Entropie verändern und – in der Sphäre des Lebendigen – die *negative* Entropie ins Feld führen. Erst hier wird es sinnvoll, von Zwecken zu sprechen. Im Klartext heißt das: Entropie und Teleologie sind zwei unverträgliche Prinzipien, wohl aber verträgt sich die Negentropie mit der Teleologie. (Siehe zu dieser Beziehung z.B. auch die Überlegungen von W. Büchel 1982.) *Zwecke kamen erst mit dem Leben in die Welt.* Genauer gesagt: Zwecke (in der Art der Teleonomie, wohlgemerkt!) entstanden mit der wechselseitigen Verknüpfung zwischen Proteinen und Nucleinsäuren in der Organisation des Hyperzyklus. Das also waren Zwecke ohne Absichten; mit dem menschlichen Bewußtsein erst entstanden Zwecke *mit* Absichten. Und jene Zweckmäßigkeit des Organischen läßt sich in Abgrenzung zur Zwecklosigkeit des Kosmos und der kosmischen Entwicklungsprozesse als Teleonomie durch *genetische Programme* (die mit dem Hyperzyklus entstanden sind) festlegen; womit gleichzeitig ein gewichtiger Unterschied zwischen der Evolution der kosmischen und der organismischen Strukturen apostrophiert wird. Mayr (1979, S. 87) schreibt dazu: »Wenn man von der Überzeugung ausgeht, daß das Universum einen genau definierten Ursprung besitzt, daß es in einem sogenannten ›Urknall‹ geboren wurde und daß es schließlich ein Ende finden wird, wenn das gesamte Universum seine Energie verloren hat und erkaltet ist, so besitzt die kosmische Evolution eine gewisse oberflächliche Ähnlichkeit mit dem Lebenszyklus eines Lebewesens. Doch zwischen beiden besteht ein fundamentaler Unterschied, da die Geschichte des Universums nicht wie der Lebenszyklus eines Individuums durch ein Programm gesteuert ist... Sie ist daher kein teleonomischer Prozeß.«

Eine weitere Frage nun ist die, ob wir im Bereich technischer

Systeme (Automaten) von Zwecken sprechen können. In der Tat kann man teleologisches (teleonomes) Verhalten in diesem Bereich wahrnehmen; Automaten sind in gewissem Sinn zumindest teleonom organisiert. Aber diese Art der Teleonomie ist grundverschieden von der Teleonomie des Lebendigen: sie ist eine *vom Menchen in das System hineingelegte* Teleonomie und entspricht daher einer *externen* Teleologie (Ayala 1968), da sie ja die Existenz nicht nur zielgerichteter, sondern zielintendierter Systeme, also Menschen, zur Voraussetzung hat. Somit sind Zwecke in technischen Systemen das Resultat von Zwecken mit bestimmter Absicht.

Doch jetzt zur Kritik an der Teleonomie. Wenn vorhin gesagt wurde, daß Teleonomie zu *leben* bedeutet, so können wir nicht umhin, die in jüngster Zeit laut gewordene Kritik am Teleonomie-Konzept zu berücksichtigen, die genau jenen Anspruch dieses Konzepts bestreitet. Zu dieser Kritik möge der Leser insbesondere bei Engels (1982), Löw (1980) sowie Spaemann und Löw (1981) nachschlagen; von Interesse mag sich hierzu auch die kürzlich vorgelegte Abhandlung von Breidbach (1983) erweisen.

Engels (1982, S. 250) schreibt lakonisch: »Was... als Fundierungsmöglichkeit [des Lebendigen] nicht in Frage kommt, ist die ›neue Teleologie‹ der Teleonomie. Über das *Leben* erfahren wir von ihr nämlich nichts.« Gut, wenn damit spezifisch menschliches Leben gemeint ist, läßt sich ja nicht allzuviel dagegen sagen; ist aber Leben im allgemeinen angesprochen, dann muß ich hier mit einer Kritik antworten.

Über das Lebendige, so möchte ich zunächst betonen, erfährt man von der Teleonomie deshalb sehr viel (!), weil eben die teleonome Organisation der belebten Systeme – wie ich sie soeben skizziert habe – eine Abgrenzung gegenüber dem Unbelebten gestattet. Das genetische Programm jedes Organismus enthält dessen ›Bauanleitungen‹ und ›Verhaltensanweisungen‹. Sicher ist noch weitere Forschungsarbeit auf diesem Gebiet vonnöten, Arbeit, die zur genaueren Kenntnis genetischer ›Programmgestaltung‹ und ›Programmentwicklung‹ beitragen soll. Aber die Vorgänge der Vererbung und Reproduktion der Lebewesen sind heute immerhin so gut bekannt, daß man auf diesem Weg die Funktionalität jedes einzelnen Organismus – im großen und ganzen – befriedigend erklären kann. Auf die Urzeugungslehre, die Präformationstheorie und dergleichen sind wir jedenfalls nicht mehr angewiesen!

Es kann – und hiermit komme ich zum nächsten Kernpunkt – nicht in Abrede gestellt werden, daß jede Lebenserkenntnis schon Leben voraussetzt (wobei sich der Leser an meine Gedankenspielerei auf S. 55 erinnern wird). Und der dem Menschen *unmittelbar* mögliche Zugang zum Leben ist sein eigenes Leben. Hier setzen aber Kritiker an. Löw (1980, S. 305) führt folgendes aus: »Der Mensch, der die Natur verstehen will, kann sie nur verstehen, wenn er sie nicht allein auf sich hingeordnet interpretiert, sondern wenn er sich selbst begreift als symbiotisch in ihr und mit ihr verschränkt, als verwandt mit der ganzen Natur durch das Leben.« Genauso ist es! Aber wie können wir denn diese unsere Verwandtschaft mit der Natur erklären? Einfach zu sagen, ›indem wir leben‹, wäre ein Zirkelschluß. Was uns doch in der Biologie und selbstredend in jeder umfassenden Biophilosophie vorrangig interessiert ist die Frage, *wie* eben dieses, unser eigenes Leben und das Leben anderer Organismen zu beschreiben sei und aufgrund welcher Naturprinzipien wir selbst mit den übrigen Organismenarten verwoben sind. Um eine Antwort darauf bemüht sich seit über hundert Jahren die Evolutionslehre – mit großem Erfolg! Allein auf den evolutionstheoretischen Hintergrund projiziert läßt sich das Zweckvolle eines Lebewesens, seiner Teilstrukturen und -funktionen befriedigend interpretieren.

Was, unter anderen, Löw (1980) offenbar befürchtet, ist, daß durch die Ableitung des Zweckvollen aus der evolutiven Optimierung genetischer Programme in letzter Konsequenz das Leben selbst verneint wird. Dazu noch ein Zitat: »Das Schema der Teleonomie ist nur ein verbessertes Verfahren, das ›Verstehen-Können‹ der Natur aus dem Menschen hinauszukatapultieren. Wenn die Kategorie der *Bedeutung* aufgelöst wird in mechanisch-statistische Spielregeln, wird sich der Mensch selbst zum Rätsel, denn auch die Dinge, die ihm etwas ›bedeuten‹, lassen sich zurückführen und erklären durch das ungeheure Programm der materialistischen Biologie« (Löw 1980, S. 298). Vonwegen; das Schema der Teleonomie ist nach meinem Verständnis – ich räume ein, daß der eine oder andere, der sich dieses Schemas bedient, eine davon abweichende Auffassung vertritt – nicht aus dem Bedürfnis erwachsen, eine *materialistische* Biologie zu unterstützen[79], sondern soll viel eher der belebten Natur in ihren *Eigenarten* unser Verständnis abgewinnen. Ich drehe daher Löws Argument um: Unser ›Verstehen-Können‹ der Natur setzen wir als unabdingbare Prämisse vor jede Naturbeschreibung und Naturerklärung; ein Konzept wie das der Teleonomie ist somit *Ausdruck* dieses ›Verstehen-Könnens‹ und kann es nicht aus dem Menschen ›hinauskatapultieren‹. Über das ›Verstehen-Können‹ selbst und über alle Dinge, die dem Menschen existentiell ›etwas bedeuten‹ – sei es das Gemälde eines Renaissance-Meisters, ein Blumenstrauß oder ein Foto von Marilyn Monroe in aufreizender Pose – sagt die Teleonomie kaum etwas aus. Also wird auf diesem Wege die Kategorie der Bedeutung (wir können auch sagen: das individuelle Streben nach Sinn) keineswegs eliminiert. Programmgesteuerte Organisationsprinzipien der Lebewesen schieben dem *menschlichen* Leben keinen Riegel vor, wenn dieses in einem anderen als dem reduktionistischen, materialistischen Sinne gemeint ist. Wäre ich anderer Ansicht, dann würde ich kaum auf die Möglichkeit und Wichtigkeit der Entdeckung unseres eigenen Lebens und auf die Möglichkeit persönlicher Ziel- bzw. Sinngebung hingewiesen haben.

Letzten Endes befinde ich mich also nicht im Widerspruch zu den Postulaten in bezug auf das *Verstehen* der Natur und in bezug auf die Kategorie der *Bedeutung*. Ich meine aber, daß wir eben die belebte Natur rational nicht *erklären* könnten ohne Rekurs auf eine *jedem* Organismus innewohnende und in der Evolution (und nirgends sonst) optimierte Steuerung bzw. Regelung von Prozessen; und diese rationale Erklärung eines fundamentalen ›Lebensprinzips‹ ziehe ich auf jeden Fall einem Herumstochern in der Asche der idealistischen Metaphysik vor. »Ein Wirkungsgefüge«, so lesen wir bei Hassenstein (1980, S. 64), »... muß ja aus physikalisch-funktionellen Gründen gerade die Eigenschaften zeigen, die die ›Ganzheit‹ ausmachen: Kompensation von störenden Außeneinflüssen durch Gegenaktionen, Aufrechterhalten eines angestrebten Zustandes, Autonomie des Verhaltens.« Ohne diese teleonomen Eigenschaften wäre kein Organismus denkbar. Daher meine ich, daß wir von der Teleonomie nicht nur sehr viel über das Leben erfahren, sondern damit *fundamentale Wesenseigenschaften* des Lebendigen auf evolutionstheoretischer Grundlage einfangen.

Aber kommen wir nochmals zum *menschlichen* Leben. Nur zum Teil gilt hier die Formel ›Teleonomie heißt Leben‹, und zwar gilt sie insofern, als der Mensch als *biologische* Spezies zu begreifen ist. Seine unbewußten oder – besser – vorbewußten Verhaltensweisen, das

Abb. 13: Der Finalnexus (im Sinne teleologischer Vorgänge) gliedert sich nach der Analyse von Hartmann (1951) in drei Akte: Erstens wird Künftiges im Bewußtsein akzeptiert (Zwecksetzung); zweitens werden ausgehend vom gesetzten Zweck im Bewußtsein Mittel gewählt, die das Ziel erreichbar machen sollen; drittens wird endlich das Ziel durch eine Reihe der gewählten Mittel erreicht bzw. realisiert.

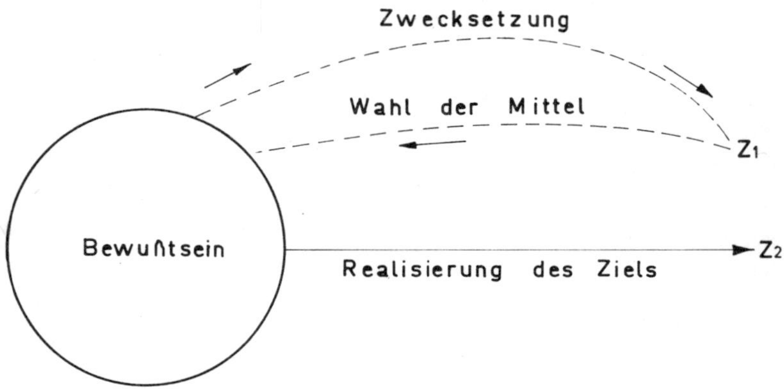

Ensemble seiner Instinkte, seine biologischen ›Antriebsstrukturen‹, alles das ist teleonom wie bei anderen (›tierischen‹) Organismen auch, und das darf man nicht übersehen. Hinzu aber kommt beim Menschen ohne Frage die angesprochene Fähigkeit teleologischen Denkens und Handelns als bewußte Zielsetzung (Intention). Zwar muß auch dieses Vermögen aus der Evolution ableitbar sein, doch übersteigt es bei weitem die bloße Zielgerichtetheit von Prozessen auf der Basis genetischer Programme; es war also ein Novum in der Evolution des Lebenden; kein anderes belebtes System in der Sphäre ›unterhalb‹ des Humanums zeigt buchstäblich Intentionen. Daher ist es – wie an anderer Stelle in Anlehnung an Lorenz (1973) metaphorisch zusammengefaßt – legitim zu sagen, daß das ›geistige Leben‹ (des Menschen) eine neue Art von Leben sei (Wuketits 1984c).

Aus voranstehenden Überlegungen also folgt: In der belebten Welt gibt es Zwecke ohne Absichten, der Mensch vermag darüber hinaus Zwecke absichtsvoll zu setzen. Für die Beschreibung dieser ›Zwecke mit Absichten‹, dieses Handelns nach *Vorsätzen*[80], eignet sich die von Nicolai Hartmann (1951) geleistete Analyse, die anhand eines Diagramms (Abb. 13) wiedergegeben ist.

Die ›Sache mit den Zwecken‹ zieht im menschlichen Leben noch ein weiteres gravierendes Problem nach sich. Gerade in jenem Vermögen des Menschen, sich über die Selbstzwecke der Natur gleichsam hinauszuheben – um nicht zu sagen: zu transzendieren – liegen nicht nur seine Möglichkeiten als rational (sich selbst) reflektierendes Wesen begründet, sondern darin eingebettet ist auch sein *Sollen*. Sein ›Verstehen-Wollen‹ und sein ›Handeln-Können‹ stellt den Menschen vor seine ›Sollens-Aufgabe‹, die ihm seine Geschichte als zunächst biologische Gattung freilich nirgends vorgeschrieben hat. Auch aus den *Aussagen* über diese Geschichte läßt sich menschliches Sollen nicht zwingend ableiten. »Das sittliche Sollen«, so bemerkt Löw (1980, S. 303) durchaus richtig, »kann vom Menschen als Naturwesen, somit von einer organischen Naturphilosophie aus, *nicht* begründet werden.« Daraus, wie der Mensch entstanden ist, folgt also nicht, was er *zu tun hat*. Doch indem der Mensch als Teil der Natur sich erfährt und sich im Strom der Evolution zu sehen in der Lage ist, vermag er seine Pflichten der Natur – und in letzter Instanz sich selbst – gegenüber wiederzufinden, »in der Besinnung einmal auf die vor dem Auftreten seiner Spezies und unabhängig von ihr wirkenden Evolutionsmechanismen, ein andermal auf die Auswirkungen seiner Eingriffe in den Haushalt der Natur« (Wuketits 1981c, S. 325). Weder die Berufung auf ein der Materie zugestandenes, ›weltimmanentes‹ Prinzip noch die Annahme eines der Welt vorgeordneten ›wahren Selbst‹ kann den Menschen von jener Besinnung entbinden.

Über diesen Umweg werden wir zu Immanuel Kants ›Sittengesetz‹ zurückgeführt, zur ›Kritik der praktischen Vernunft‹ (1788 [1974, S. 49f.]), wo es heißt, »daß... das formale praktische Prinzip der reinen Vernunft, nach welchem die bloße Form einer durch unsere Maximen möglichen allgemeinen Gesetzgebung den obersten und unmittelbaren Bestimmungsgrund des Willens ausmachen muß, das einzig mögliche sei, welches zu kategorischen Imperativen, d.i. praktischen Gesetzen..., und überhaupt zum Prinzip der Sittlichkeit sowohl in der Beurteilung als auch der Anwendung auf den menschlichen Willen in Bestimmung desselben tauglich ist«. Dazu noch später.

Zusammengefaßt läßt sich vorerst sagen: In den Bereichen des Organischen also finden wir gute Gründe, eine Zweckmäßigkeit anzunehmen. Die Zweckmäßigkeit hebt das Lebende vom Unbelebten ab. Aber diese Zweckmäßigkeit ist keine durchgehende, keine universale Teleologie, kein übergreifendes Finalitätsprinzip – die Evolutionstheorie hat den Gedanken an universelle Zwecke verabschiedet (siehe auch Wuketits 1984d). Zweckmäßigkeit ist allein eine in der Organisation des Lebendigen liegende, in den Äonen der Evolution entstandene ›Zielgerichtetheit‹ im Dienst der Systemerhaltung (Arterhaltung). Diesen Aspekt – den wir als Teleonomie beschreiben – zu leugnen, hieße aber, auf kraß reduktionistische Weise an einem kategorialen Wesenszug lebender Systeme vorbeizugehen; ihn mit ›echter Teleologie‹, mit absichtsvollem Planen gleichzusetzen, hieße wiederum, sich einem Obskurantentum zu verschreiben. Diejenigen, die Leben auf Anorganisches reduzieren, mißverstehen die Teleonomie des Organischen genauso wie alle, die meinen, Demiurgen anrufen zu müssen, wenn sie zielgerichtetem Verhalten begegnen. Die Kritik etwa von Löw (1980) ist auf die erstgenannten gemünzt, (leider!) nicht auf die zweiterwähnten; und nicht betroffen fühlen müssen sich von dieser und ähnlicher Kritik die, die Zweckvolles mit systemerhaltenden Leistungen verbinden und in systemtheoretische Begriffe (›Ganzheit‹, ›Funktion‹ usw.) kleiden. Ich will sagen, daß gerade durch die Erkenntnis der Teleonomie Leben besser begriffen wird als *Leben* – jenseits von Mechanismus und Vitalismus, jenseits von Reduktionismus und metaphysischem Holismus. Ein schmaler Pfad führt uns allmählich hinaus aus dem Dickicht der althergebrachten philosophischen Kontroversen um die Teleologie.

Wenn der Mensch sich im Netzwerk der Syteme belebter Natur erfahren will, dann muß er zuallererst jener Zwecke ohne Absichten gewahr geworden sein. *Die Evolution hat den Menschen nicht beabsichtigt.* Nimmt man das ernst, dann entzieht man all den Ideologien den Boden, die die spezifisch menschlichen Zwecke durch vermeintlich in der Evolution angenommene Absichten zu begründen versuchen. Es liegt allein in des Menschen Vermögen, Zwecke mit Absichten zu setzen, Absichten auf Einsichten zu gründen – zwischen dem Reich und der Finsternis zu wählen. Das heißt: zu wählen zwischen Selbstbestimmung und Selbstverfremdung. Und es liegt an jedem einzelnen Menschen, *sein* Sollen zu bestimmen, im Bewußtsein eigenen Lebens, das untrennbar verbunden ist mit allem Leben dieses Planeten, dazu aber in Distanz treten kann: zum Vorteil *oder* zum Nachteil des Lebens, im letzten des eigenen Lebens. Wo Ideologen und Dogmatiker – rechts und links – ihre Fäden spinnen, dort allerdings bleibt nur die mephistophelische Ironie:

»Was soll uns denn das ew'ge Schaffen!
Geschaffenes zu nichts hinwegzuraffen!«

Daß Zwecken *ohne* Absichten, so schließe ich diesen Abschnitt, absichtsvolles menschliches Denken und Handeln entsprungen ist, wird man nur dann zu verstehen gewillt sein, wenn man sich daran gewöhnt hat, die (lebendige) Natur als Ganzes zu betrachten und nicht nur in Ansehung ihrer einzelnen Teile, isoliert aus der gesamten Biosphäre. – Aus dem Wechselspiel von Gesetzen und Freiheiten also ist auch eine Spezies hervorgegangen, die Absichten hat: zum Guten oder zum Bösen...

Ob ich hoffen darf, dem Leser die mögliche Auflösung dieser (scheinbaren) Widersprüchlichkeiten deutlich genug vor Augen geführt zu haben? Vielleicht ist Optimismus am Platz: daß nämlich der kritische Zeitgenosse – und sei es mit dem Resultat destruktiver Kritik des Gesagten – einmal mehr überzeugt worden ist von der Notwendigkeit einer biophilosophischen Synthese; einer Synthese, die uns von fachinternen, biologischen Debatten um einen Begriff wie den der Teleonomie zu weit ausholenden, fachübergreifenden Diskussionen der Ethik führt. Vorangegangene Bemerkungen über das menschliche Sollen waren nur ein erster Wink auf die Begründung einer umfassenden Ethik. Da damit aber in vielen biophilosophischen Diskussionen heute Schwerpunkte gesetzt werden, wird es nötig sein, später auf den Problemkreis ›Leben und Ethik‹ näher einzugehen.

Noch geht es aber jetzt darum, die Organisation des Lebenden zu erhellen und dem Versuch, sie zu beschreiben, einige weitere Facetten hinzuzufügen. Wir wenden uns einem weiteren scheinbaren Paradoxon dieser Welt zu und stellen fest:

Stabilität trotz Schwankungen

Die fundamentalen Paradoxien, die bisher in diesem Buch als *scheinbare* Widersinnigkeiten in der Organisation und Entwicklung des Lebenden dargelegt worden sind, heißen also ›Ordnung trotz Chaos‹, ›Gesetz trotz Zufall‹ und ›Zweck ohne Absicht‹. Dem Leser nun auch noch ›Stabilität trotz Schwankungen‹ zuzumuten ist, wenn auch ein wenig strapaziös, auf jeden Fall notwendig, wenn die vorliegenden Ausführungen den Weg zu einer Synthese ebnen sollen.

Worum geht es? Offenbar um »ein Thema, das man erst allmählich zu verstehen beginnt«, so folgen wir Prigogine und Stengers (1981, S. 177), um auch sogleich die Quintessenz aus diesem wichtigen Werk der Autoren ziehen zu können: ein Verständnis nämlich der »Mechanismen, welche die Strukturen auswählen, die letztlich aus dem turbulenten Meer der Schwankungen hervorgehen werden. Hingegen ist bereits klar, daß die Präzision dieser Selektionsmechanismen unter weit vom Gleichgewicht entfernten Bedingungen von einer anderen Größenordnung ist als in Gleichgewichtsnähe. Die Materie beginnt, um es ein wenig anthropomorph auszudrücken, fern vom Gleichgewicht ihre Umgebung ›wahrzunehmen‹, zwischen geringfügigen Differenzen zu unterscheiden, die im Gleichgewicht bedeutungslos sein würden... Fern vom Gleichgewicht gestatten uns Schwankungen, Differenzen in der Umgebung zu nutzen, um verschiedene Strukturen hervorzurufen.«

Ich komme hiermit zu einer weiteren Variation des Themas ›Ordnung im Lebendigen‹: Stabilität trotz Schwankungen heißt mit anderen Worten, *Ordnung durch Fluktuation*, was Ilya Prigogine auch in anderen seiner Arbeiten auseinandergesetzt hat (vgl. Prigogine 1972, 1976). Es gibt einfachere Aufgaben, als Prigogines Konzept dem mit dem Gegenstand noch nicht Vertrauten in einer leicht verdaulichen Form zuzubereiten. Ich kann seine Argumentation aber nicht übergehen, weil ich glaube, daß – und mit dieser Meinung stehe ich nicht allein da – mit Prigogines Ansatz das naturwissenschaftliche Denken auch im Hinblick auf (natur-)philosophische Konsequenzen immens bereichert werden kann und daß sich dieser Ansatz auch noch in anderer Hinsicht als ›kritikwürdig‹ erweist. Ich will hier also das Mögliche tun. Im übrigen findet der interessierte Leser das in Rede stehende Konzept in gut verständlicher Form auch bei Jantsch (1979) und bei Wieser und Gnaiger (1980) referiert (bei Jantsch allerdings, worauf noch unten zurückzukommen sein wird, mit merkwürdigen Schlußfolgerungen).

Auf S. 52 und auch auf S. 131 wurde schon bemerkt, daß sich Lebewesen fern vom thermodynamischen Gleichgewicht befinden. Für lebende Systeme gilt das Prinzip des Fließgleichgewichts (*dynamic equilibrium*), wie Bertalanffy (1973 und in früheren Arbeiten) darlegen konnte: Unter bestimmten Bedingungen kann ein Zustand erreicht werden, bei dem trotz makroskopischer Ein- und Ausfuhrprozesse das System relativ stationär bleibt. ›Stationär‹ heißt, daß das System eine ›Form‹ ungeachtet äußerer Einflüsse aufrechtzuerhalten und die basalen (Lebens-)Funktionen selbst zu regeln in der Lage ist (Selbstregulation). Und daß sich Lebewesen fern vom thermodynamischen Gleichgewicht befinden, ist eine im Grunde einfach zu beobachtende Tatsache: Alle Lebewesen sind auf diese oder jene Weise *aktiv*, sie bewegen sich, sie pflanzen sich fort, sie nehmen Nahrung auf.

Die klassische Thermodynamik, die Gleichgewichtsthermodynamik wird dem Organischen nicht gerecht; denn sie hat, wie angedeutet, für geschlossene Systeme ihre Gültigkeit, für derartige Systeme also, die keine Energie mit ihrer Umwelt austauschen. Unter solchen Bedingungen gilt grundsätzlich, daß alles in den wahrscheinlichsten Zustand übergeht, in den der geringstmöglichen Ordnung. Daher können die Physiker mit einiger Wahrscheinlichkeit das Ende des Universums im Chaos prognostizieren, in einem Zustand jedenfalls, der – weil alle Temperatur- bzw. Energiedifferenzen ausgeglichen sein werden – zu keinerlei Ordnung und Komplexität mehr wird führen können.

Da von außerhalb des Universums kein Energiezufluß zu erwarten ist, hat das Prinzip der Entropie seine volle Gültigkeit. Innerhalb des Universums sind geschlossene Systeme freilich ein eher idealisierter Zustand. Es waren daher Konzepte zu entwickeln, die sich auf offene – also die eigentlich realen – Systeme (vor allem die Lebewesen) anwenden lassen und dabei genau jenes Phänomen erklären, das sie von geschlossenen Systemen unterscheidet: das Phänomen der Ordnung. Die Arbeiten von Ludwig v. Bertalanffy und Erwin Schrödinger sind Meilensteine in dieser historischen Entwicklung, die sich auf etwa fünf Jahrzehnte unseres Jahrhunderts erstreckt und zu wesentlichen neuen Einsichten und Erklärungsmustern in der Biologie geführt hat. Mit dieser Entwicklung konform läuft die Begründung einer Ungleichgewichtsthermodynamik, die ohne Ilya Prigogines verdienstvolle Arbeit kaum denkbar wäre.

Für Systeme, die Energie und Information aufnehmen[81], also Ordnung aufbauen, und deren Aufrechterhaltung durch eine Entwertung freier Energie ermöglichen, hat Prigogine die Bezeichnung *dissipative Strukturen* geprägt: »Die Wechselwirkung eines Systems mit der Außenwelt, seine Einbettung in Nichtgleichgewichts-Bedingungen, kann... zum Ausgangspunkt für die Bildung von neuen dynamischen Zuständen der Materie, von dissipativen Strukturen werden. Dissipative Strukturen stellen tatsächlich eine Form von *supramolekularer* Organisation dar« (Prigogine und Stengers 1981, S. 152). Musterbeispiele für solche dissipativen Strukturen sind die Organismen.

Hier übrigens fließt Prigogines Konzept mit den Überlegungen des chilenischen Neurophysiologen Maturana (1982) zusammen. Bei Maturana steht für Systeme vom Typ der Lebewesen der Ausdruck *Autopoiese*: »Die autopoietische Organisation wird als eine Einheit definiert durch ein Netzwerk der Produktion von Bestandteilen, die 1. rekursiv an demselben Netzwerk der Produktion von Bestandteilen mitwirken, das auch diese Bestandteile produziert, und die 2. das Netzwerk der Produktion als eine Einheit in dem Raum verwirklichen, in dem die Bestandteile sich befinden« (Maturana 1982, S. 158).[82]

Ob man von dissipativen Strukturen oder von autopoietischen Systemen spricht – so oder anders muß man der Tatsache Rechnung tragen, daß hierbei Selbstorganisations-Prinzipien im Spiel sind. Und da tritt bei Prigogine die Fluktuation, die Schwankung in den Vordergrund: In der klassischen Thermodynamik kommt der Schwankung eine nur sehr geringe Rolle zu, während Systeme fern vom thermodynamischen Gleichgewicht in ihrer ›Mobilität‹ zu Fluktuationen tendieren, die sie veranlassen, in einen neuen makroskopischen Zustand einzutreten, einen Zustand mit neuer raumzeitlicher Ordnung und Struktur. Prigogine und Stengers (1981, S. 180) gelangen »zu der Schlußfolgerung, daß die Schwankungsgesetze in Gleichgewichtsnähe *allgemeingültig* sind, während sie in größerer Entfernung vom Gleichgewicht... spezifisch wirken«; und »das indifferente Chaos des Gleichgewichts weicht somit einem aktiven Chaos..., einem Chaos, das potentiell eine Vielzahl von unterschiedlichen Strukturen enthält«. Das bedeutet, daß das Chaos als spezifische Schwankung verstanden ebenso spezifische ›Neubildungen‹ nach sich ziehen kann. Dabei erscheinen, wie Jantsch (1979, S. 81) kommentiert, »globale Stabilität und kohärenter Wandel... als komplementäre Manifestationen von dissipativer Selbstorganisation... Mit anderen Worten, das dynamische System als Ganzes kann auch als gigantische Fluktuation verstanden werden.«

Der Komplementarität von Zufall und Notwendigkeit in der Evolution tritt demnach die Komplementarität von Schwankung und Stabilität zur Seite. Zwar läuft die teleonome Organisation jedes lebenden Systems auf die Aufrechterhaltung seiner Stabilität hinaus, doch gerade dadurch, daß diese Stabilität von Zeit zu Zeit ins Wanken gerät, ist die Möglichkeit gegeben, neue Strukturniveaus zu erreichen.

Damit erscheint auch der Begriff der Anpassung, der seit Herbert Spencer und Charles Darwin in der Evolutionstheorie maßgeblich ist, in neuem Licht. Es wurde schon gesagt, daß die Theorie Darwins, unbeschadet der ihr zugrunde liegenden genuinen Leistung, ergänzungsbedürftig ist. In neuerer Zeit ist vor allem die ›schöpferische Komponente‹ der Anpassung in Zweifel gezogen worden (z.B. von Gould 1982), und es bleibt zu betonen, daß in Darwins Theorie dem *angepaßten* Zustand eines Organismus die Rolle des Gleichgewichts zwischen Organismus und Umwelt zugesprochen wurde, was einiges Unbehagen an der klassischen Selektionstheorie verursacht hat. Wie Lewontin (1978, S. 157) sagt, ist »die moderne Betrachtung der Anpassung die, daß die Außenwelt [des Lebewesens] gewisse ›Probleme‹ stellt, die die Organismen ›lösen‹ müssen, und daß die Evolution durch natürliche Auslese der Mechanismus dieser Lösungsfindung ist.« Der ›vollständig angepaßte‹ Zustand ist natürlich insofern eine Fiktion, als auch die Umwelt der Lebewesen sich ständig wandelt. Auch muß zugestanden werden, daß sich »Selektion und besonders der interne Aspekt der Selektion... nur dann sinnvoll formulieren [läßt], wenn Organismen als mehrstufige Systeme aus getrennten Ebenen und aus verschiedenen, teilweise unabhängig wandelbaren Systemteilen zusammengesetzt gedacht werden, die differentiellem mutativem Wandel unterliegen« (Bonik und Gutmann 1982, S. 77). Daß die Ebenen (Hierarchie-Stufen) nicht wirklich getrennt sind im lebenden Organismus ist klar und daß die Systemteile des Lebewesens nur partiell voneinander unabhängig wandelbar sind, bedarf keiner besonderen Hervorhebung, wenn man die engen wechselseitigen Beziehungen zwischen *allen* Elementen eines organismischen Gefüges mit einbezieht. Aber es geht hier um den Wandel des Systems *auf allen Ebenen.*

Ein Organismus wandelt sich allerdings nicht, wenn er sich an eine Umwelt vollständig angepaßt hat, die – hypothetisch betrachtet – sich ebenfalls nicht ändert. In der Natur wäre diese ›vollkommene‹ Anpassung aber kaum realisierbar, weil eben die Umwelt eines Lebewesens nie konstant bleibt, sondern sich über lange Zeiträume ebenfalls wandelt. Diese Tatsache bedingt wiederum Fluktuationen. Evolution ist demnach als Prozeß anzusehen, in dem lebende Systeme in kontinuierlicher Wechselwirkung mit ihrer Umwelt stehen und sich mit dieser Umwelt ändern so wie sich die Umwelt mit ihnen wandelt. Im selben Sinne meinen Wieser und Gnaiger (1980, S. 110): »Die moderne Evolutionstheorie operiert nun nicht mehr mit stabilen Anpassungszuständen, sondern geht davon aus, daß sich Organismen und ihre Umwelten in gegenseitiger Abhängigkeit miteinander und aneinander entwickeln.« Damit konturiert sich allmählich ein Paradigma der *Ko-Evolution*: Organismus und Umwelt sind nicht streng voneinander getrennt zu verstehen, sondern nur im ständigen Miteinander begreifbar. Dieses Miteinander sollte man allerdings nicht in jedem Falle als ›Harmonie‹ (miß)verstehen: Wie viele Arten sind doch schon ausgestorben, weil sie sich in der ›Auseinandersetzung‹ mit ihrer Umwelt nicht bewährt haben!

Das Konzept der Ordnung durch Fluktuation versucht, um es stichwortartig zusammenzufassen, die scheinbare Paradoxie von Stabilität und Schwankung zu begreifen und so die Beziehung zwischen Beständigkeit und Wandel zu verstehen. Das ist ein uraltes Problem, ein Problem, das in die antike Philosophie zurückreicht und damals wahrscheinlich schon in seiner vollen Tragweite erkannt worden ist. Henri Bergson hat, ungeachtet seiner sonstigen vitalistischen Spekulationen, die erkenntnistheoretische Dimension des Problems durchaus richtig beurteilt: »Alles ist Dunkel«, so schrieb er, »alles Widerspruch, solange man vorgibt, ein Sich-Wandeln aus Zuständen herzuleiten. Aber das Dunkel teilt sich, die Widersprüche schwinden, sobald man sich in die Wandlung hineinbegibt und nun innerhalb ihrer Zustände schneidet, indem man gedachte Querschnitte durch sie legt. Denn mehr ist im Wandel als eine Reihe von Zuständen, d.h. möglichen Schnitten, mehr in der Bewegung als die Reihe der Durchgangspunkte, d.h. möglichen Stillständen« (Bergson 1921, S. 317). Letztlich soll also im modernen Konzept von Fluktuationen Ordnung aus Schwankungen herzuleiten sein, wobei jede einmal entstandene Ordnung in einem System dieses nicht zum Erstarren bringen soll. Das Schema in Abb. 14 soll zu einem tieferen Verständnis dieser Sachverhalte verhelfen.

Abb. 14: Schema der Veränderung von dissipativen Strukturen. Systeme, die sich nicht im thermodynamischen Gleichgewicht befinden, mutieren in Richtung neuer dynamischer Systeme, die sich auf einer höheren Komplexitätsstufe befinden können, nachdem Zufallsschwankungen aufgetreten sind. (Nach Jantsch 1975.)

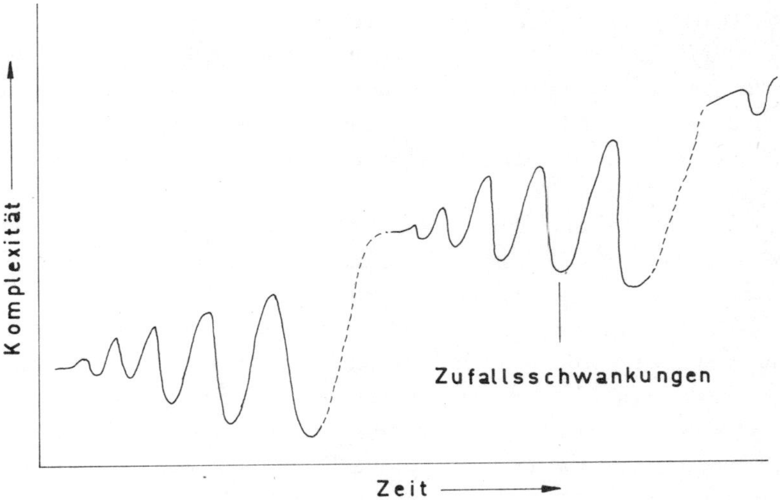

Schwankungen und Instabilitäten also sollen das System jeweils wieder zu neuen, komplexeren Zuständen führen. »Determinismus und Fluktuationen«, heißt es bei Prigogine (1976, S. 95), »spielen eine komplementäre Rolle in unserer Beschreibung.« Determinismus: das heißt hier soviel wie gegebene, stabile Struktur. Man könnte aus diesen Überlegungen den Schluß ziehen, daß Systeme – gleich welcher Natur, insbesondere aber Lebewesen – sich nur dann entwikkeln, sich weiterentwickeln zu höherorganisierten Systemen, wenn sie instabil sind.

Da drängt sich der Ausspruch von Bertolt Brecht auf: »Ordnung ist heutzutage meistens dort, wo nichts ist. Es ist eine Mangelerscheinung.« (Daß Paul Feyerabend diesen Ausspruch seinem Buch ›Wider den Methodenzwang‹ gleichsam als Motto vorangestellt hat wird niemanden wundern, der einmal die Muße fand, das Buch zu lesen und genug Humor besitzt, es nicht ernster zu nehmen als Feyerabend selbst als Leser seiner eigenen Werke es tun würde.)

Damit aber komme ich zum neuralgischen Punkt der These ›Ordnung durch Fluktuation‹. Ich sagte vorhin, Prigogines Ansatz wäre

›kritikwürdig‹; das soll jetzt im besonderen heißen, daß einige daraus ableitbare Konsequenzen kritisch zu prüfen sind. Gemeint ist folgendes: Wenn Ordnung im allgemeinen durch Schwankungen entstehen soll, dann könnte man ja vermuten, daß im Bereich menschlicher, d.h. sozialer und kultureller Systeme – wenn Ordnung im Sinne neuer dynamischer Zustände entstehen soll – die jeweils bestehende Ordnung zum Schwanken zu bringen ist. Diese Konsequenz drängt sich auf, weil Prigogine seine Überlegungen in einem sehr weiten Sinne versteht und nicht allein auf einige wenige Teilbereiche der Natur angewendet lassen will. Dem Leser ist sicher bewußt, worum es sich handelt: um nicht weniger als die Frage, was wir von Prigogines Konzept für die Organisation der Sphäre des Humanums lernen können und welche Schlußfolgerungen wir daraus ziehen dürfen oder nicht ziehen sollten.

Daß dieses Konzept viel über das Leben in einem sehr allgemeinen Sinne aussagt, wird man nicht bestreiten können, auch wenn genanntes Denkgebäude, streng betrachtet, noch nicht den Charakter einer ausgereiften Theorie hat. Zusammen mit den Modellen der Selbstorganisation der Materie von Manfred Eigen bildet der Entwurf von Prigogine ein Gerüst für die sinnvolle Fortführung der Diskussionen über die Entstehung lebender Systeme auf der Erde aus unbelebter Materie und – etwas konkreter noch – eine Diskussionsbasis für die Erörterung der Entstehung und Entwicklung lebendiger Ordnung unter definierten physikalischen Bedingungen.

Vor diesem Hintergrund wird es wohl immer deutlicher, daß Leben selbst in einem ihm nicht sehr freundlich gesinnten Universum, und das, obwohl physikalisch gesehen eher unwahrscheinlich, dennoch oder gerade möglich ist. Nun gut, *daß* es möglich ist, kann bei oberflächlicher Betrachtung nicht weiter aufregen, weil es für jedermann sichtbar ist. *Wie* aber Leben auf diesem Planeten möglich wurde – als *Naturereignis*, wohlgemerkt, und nicht als Laune der Götter –, das ist die entscheidende Frage, deren Antwort wir uns heute endlich immer mehr *nähern*, einmal durch das oben besprochene Modell des Hyperzyklus, nicht zuletzt aber auch anhand des Konzepts der Ordnung durch Fluktuationen. Die tiefe, lange Zeit unüberwindlich scheinende Kluft zwischen Physik und Leben, zwischen Materie und Leben, kann überbrückt werden: *Materie ist Möglichkeit für Leben und nicht sein Gegensatz.*

Materielle Elemente (Moleküle), so ist an dieser Stelle noch hinzuzufügen, können sich gewissermaßen *kohärent* verhalten, sie können sich zusammenschließen, Strukturen bilden, immer komplexere Stufen der Struktur einnehmen. Wie Prigogine (1982, S. 123) sich ausdrückt: »Wir leben nicht in einer Welt, in welcher aufgrund des Zweiten Hauptsatzes der Thermodynamik Strukturbildung verhindert wird... Das bedeutet, es ist Platz für Selbstorganisation, für das Entstehen anderer Arten von Prozessen, und zeigt uns, wie tief schließlich das Leben im Nicht-Leben verwurzelt ist, in besonderen Aspekten dieses Nicht-Lebens allerdings.« Solche Worte aus dem Mund eines Physikers klingen schon deshalb wohltuend, weil sie zu der Hoffnung Anlaß geben, daß die Physik nicht nur nicht im Widerspruch zu den Phänomenen des Lebens steht, sondern daß es sogar von der *neuen* Physik her – in der Überwindung der alten, deterministischen Physik bzw. Mechanik – Möglichkeiten gibt, das Leben wieder, ja im gewissen Sinn neu zu entdecken. Daß die Physik nur Prämissen für das Lebendige, aber keine ›Totalerklärung‹ lebender Vielfalt formulieren kann, steht auf einem anderen Blatt. Aber das kann auch nicht Aufgabe der um das Verständnis der ›allgemeinsten‹ Naturgesetzlichkeiten bemühten Physik sein. Immerhin: Die Dynamik der Materie wird heute offenbar anhand anderer, die Frage nach ihrer Beschaffenheit stellender Kriterien genauer begriffen.

Was nun die mögliche Anwendung der Überlegungen Prigogines in der Organisation sozialer bzw. soziokultureller Systeme anlangt, muß uns die oben angesprochene Frage vor allem deshalb interessieren, weil sich Prigogine mehrfach dazu geäußert hat. Und ein Satz wie der folgende liest sich tatsächlich wie die Ausformulierung eines neuen intellektuellen Auftrags: »Wir müssen lernen, die vielfältigen, von den menschlichen Gesellschaften hervorgebrachten Erkenntnisse, Praktiken und Kulturen nicht mehr zu beurteilen, sondern vielmehr miteinander zu kreuzen und neue Verbindungen zwischen ihnen zu schaffen. Nur so werden wir den beispiellosen Herausforderungen unserer Epoche gerecht werden können« (Prigogine und Stengers 1981, S. 294). Diesem Auftrag geht die schlichte wie tiefgreifende Feststellung voran: »Sobald wir die Natur im Sinne von *physis* entdecken, wird es uns möglich, auch die Komplexität jener Probleme zu verstehen, mit denen es die Sozialwissenschaften zu tun haben« (Prigogine und Stengers 1981, S. 293). Das mag sein. Und vielleicht ist der Pessimismus von Jay Forrester unbegründet, demzufolge »... der menschliche Verstand nicht dazu geschaffen ist, das Verhalten von Sozialsystemen zu verstehen« (zit. nach Riedl 1980, S. 146). Man wünschte jedenfalls, er wäre ›dazu geschaffen‹.

Soviel, glaube ich, steht fest: Auf dem Parkett der Sozialwissenschaften besteht immer Glatteisgefahr, und zwar insbesondere an jenen Stellen, wo Soziologen ihren eigenen ideologischen Kontext zu legitimieren bestrebt sind und sich – was nicht erst einmal vorgekommen ist – als Propheten sehen, sich befähigt fühlen, den menschlichen Gesellschaften neue Wege zu weisen. Aber mit dem ›Flutwasser der Prophetie‹ (Popper 1962) ist schon so manche neue Gesellschaftslehre überschwemmt worden – und man fand sich vor Konsequenzen gestellt, die man zuvor nicht bedacht hatte und auch nicht haben wollte. So könnte auch ein Konzept wie das der Ordnung durch Fluktuation, wenn man es bedenkenlos auf den sozialen Bereich überträgt, in den Sog ideologischer Manipulatoren geraten. Nicht erst einmal in der Geschichte menschlicher Verirrungen kam es vor, daß man aus der Feststellung von Sachverhalten in der Natur Rezepte für eine Weltverbesserung ablesen zu können glaubte (man denke nur nochmals an den Biologismus, wie er in Anmerkung 44 kommentiert ist). Was immer wir aus einem *naturwissenschaftlich* zu verstehenden Modell der Ordnung durch Fluktuation lernen können: es ist allem voran *naturphilosophisch* relevant. Alles fließt – so ist zu wiederholen, aber unter keinen Umständen finden wir darin vorgezeichnet, was wir *zu tun haben.* Alles fließt – das steht im Gegensatz zu der Annahme strenger historischer Gesetze. Die Natur schreibt also dem Menschen auch nicht vor ›zu fluktuieren‹, sie enthält für uns keine Anweisungen, wann, wo und wie wir ›fluktuieren‹ sollen!

In seinem Buch ›Die Selbstorganisation des Universums‹ hat nun Jantsch (1979) – wie teilweise bereits in früheren Arbeiten (vgl. Jantsch 1975, 1976) – den gewiß interessanten Versuch unternommen, die Evolution vom Urknall bis zur Entstehung des menschlichen Geistes unter dem Aspekt der Ordnung durch Fluktuation nachzuzeichnen (zwar nicht ausschließlich, aber primär unter diesem Aspekt). Unverkennbar legt die Schreibweise des Buches Zeugnis ab vom persönlichen ›Lebensbedürfnis‹ seines Autors. Ich hatte mit Jantsch, der 1980 leider starb, eine interessante Korrespondenz, getrübt allerdings davon, daß er viele der fraglichen Punkte mit fernöstlicher Mystik verbrämte. Dieses ›Verfahren‹ ist heute wieder sehr modern – die Entdeckung des Fernen Ostens. Ich darf aber fragen, wie denn mit Hilfe von Denkmustern, die ihre eigene, lange Tradition im Rahmen spezifischer Umwelten haben, Probleme gelöst werden sollen, die sich andernorts, in einem *gänzlich anderen* soziokulturellen Kontext ergeben (?). Man läuft hier Gefahr, verschiedene Denkstile miteinander zu vermengen, was der kulturellen Vielfalt des *homo sapiens* weder entspricht noch entgegenkommt. Der ›Europäer‹ war ja arrogant genug, anderen Völkern seine Kultur, seine Denkmuster überzustülpen – mit beispiellos inhumanen Methoden (vgl. Anmerkung 2).

Aber was hatte Jantsch, dem Sachkompetenz nicht abzustreiten ist, *dem Menschen* zu sagen? Unter anderem (und vor allem) dieses: »Im Ausgreifen, in der Selbstüberschreitung natürlicher Prozesse liegt eine Freude, die die Freude des Lebens ist. In ihrer Verbundenheit mit anderen Prozessen innerhalb einer umfassenden Evolution liegt der Sinn, der der Sinn des Lebens ist« (Jantsch 1979, S. 35). Und ein ›dynamischer Gottesbegriff‹ (?) soll nun »in der tiefsten Form der Religio« zurückführen »auf den Begriff der Evolution – oder, genauer gesagt, eines Evolutionsbogens. Evolviert Gott wie eine allumspannende dissipative Struktur, so ist das buddhistische *Shunyata*, der Ursprung, selbst einer dissipativen Struktur vergleichbar...« (Jantsch 1979, S. 412).

Da erfahren denn die dissipativen Strukturen wohl doch zuviel Ehre. Denn so sympathisch das Anliegen sein mag, das Jantsch verfolgt, so wenig hat es in letzter Instanz damit zu tun, was naturwissenschaftlich über die Evolution heute feststellbar ist. Mit Evolution hat das alles überhaupt nichts mehr zu tun. So ›schön‹ ist es in der Evolution nun auch wieder nicht zugegangen, daß aus einem Meer von Schwankungen allein in befreiender Euphorie der Mensch aufgetaucht sein kann.

Das Ganze erinnert an die Spätromantik oder die Suche nach dem verlorenen Paradies. Nach Jantsch könnte der Mensch in dieses Paradies seinen Eingang finden – doch offenbar nur dann, wenn er sich in Trance versetzt, um zuerst das Paradies selbst zu *er*finden und sich dann in diesem zu wähnen; oder vielleicht, wenn er die ohnedies schon kaputte Welt noch einmal zum Schwanken bringt...

Zweifelsfrei hat Jantsch, wovon sein Buch hier zeugt, das Modell der Ordnung durch Fluktuation hinsichtlich seiner *naturwissenschaftlichen* Grundlagen und Implikationen richtig verstanden. Aber er hat in weiteren Schritten dieses Modell überdehnt, zu sehr strapaziert und mit seinem persönlichen Glaubensbekenntnis vermengt, das nicht mehr philosophisch, sondern nur noch mystisch ›untermauert‹ ist. Der kritische Leser möge einmal dem ›hoffnungsvollen‹ Ausblick, der in der Interpretation des Modells bei Jantsch frei wird, die potentiellen Gefahren solcher Traumtänze gegenüberstellen. Dazu eignet sich eine Passage aus Erben (1981, S. 249): »Wir alle sitzen eng gedrängt in einem überladenen Boot, unser Steuer ist nicht mehr in Ordnung, unsere Ruder sind verlorengegangen. Unsere Vorräte schrumpfen, unsere Gefährten beginnen nervös und gereizt zu sein, und es nähert sich ein Sturm. Und gerade zu diesem Zeitpunkt beginnt diese Art von Philosophie spielerisch mit dem Boot zu schaukeln und uns einzureden, daß ›Gleichgewicht synonym mit dem Tode‹ sei!« Das ist zwar ein weniger schönes, aber – wie ich zu bedenken bitte – ein realistisches Bild unserer Situation.

Also: Wenn in der Evolution fortgesetzt Schwankungen aufgetreten sind, dann kaum in dem Sinne, daß wir in Anbetracht jeder neuen Schwankung freudig ausrufen könnten: ›Wie schön! Wenn nur das System einmal fluktuiert, dann entsteht bald eine neue, bessere Welt!‹ Die Millionen ausgestorbener Organismenarten (Anm. 63) sprechen eine andere Sprache. Damit ist das oben Gesagte über die Bedeutung einer Fluktuation in der Evolution relativiert.

Im übrigen kann es hier kaum darum gehen, den Menschen zu desillusionieren. Der vorliegende Versuch einer biophilosophischen Synthese versteht sich ja als ein Beitrag zur Wiederentdeckung des Lebens, nicht zuletzt des menschlichen Lebens. Entfernt sich aber – so wie bei Jantsch und vielen, die in die gleiche Trompete blasen – das ›Bild des Lebens‹ vom Leben selbst, indem es mit romantisierenden Schlußfolgerungen verziert ist und die Evolution in den schillernden Farben einer ›Schwärmer-Kultur‹ portraitiert, dann werden diejenigen, die daraus Hoffnung schöpfen, früher oder später mit ziemlicher Sicherheit sich in einer Welt wiederfinden, in der sich ihre Hoffnungen und Träumereien allesamt als Trugbilder erweisen.

Die Evolution des Menschen hat, worauf ich später noch eingehen will, »neben der ›natürlichen‹ Selektion auch eine ›künstliche‹ Selektion wirksam werden lassen. Es scheint, daß der Mensch im Begriff ist, ... die Ausleseprinzipien zu ändern, das heißt seine Evolution selbst zu steuern« (Winkler und Schweikhardt 1982, S. 316). Es fragt sich, wie und wohin?

In der Evolution ist Ordnung *trotz* Chaos entstanden, Stabilität *trotz* Schwankungen. Die Frage aber bleibt, ob der Mensch sich eine *in ihrer Dynamik geordnete Welt* zu schaffen in der Lage sein wird, und ob die nunmehr auch vom Menschen fortwährend hervorgerufenen, die *natürliche* Ordnung überlagernden Schwankungen eine weitere Entfaltung des Lebens überhaupt zulassen werden. Heute, am Sterbelager des zweiten Jahrtausends, stellt sich uns diese Frage mit einer Deutlichkeit wie nie zuvor. *Es wird davon abhängen, was wir über das Leben lernen und welche Konsequenzen wir aus dem Gelernten ziehen.*

Alles fließt – die Dynamik der Materie macht Leben möglich, Leben ist Folge materieller Selbstorganisation und zeigt sich uns in einer ungeheuren Mannigfaltigkeit, einer geordneten Vielfalt von Arten, die, jede für sich, hochorganisierte Gebilde repräsentieren. Allmählich können wir die Kluft zwischen unbelebter und belebter Materie überbrücken, diese und jene zu einer großartigen Kette zusammenschließen, die uns viel über Entstehung und Existenz verrät. In einem Universum, dem unser Geist (rational) keine Zwecke abgewinnen kann, haben sich Lebewesen als zweckmäßig geordnete Gebilde entwickelt – und abermals erscheint uns Leben als eine, wenngleich im ›Nicht-Leben‹ verwurzelte, eigenständige Kategorie der realen Welt in ihrer Gesamtheit gesehen.

Die Entwicklung des Lebens ist eine Entwicklung des Zweckvollen – auf Gedeih und Verderb, denn der Opportunismus der Selektion läßt alles Zweckwidrige verschwinden. Evolution aber vollzieht sich ohne Absichten: *Merkwürdig genug, daß dieser Evolution eine Spezies entsprungen ist, die über jene Zwecke nachdenkt und sie bisweilen als absichtsvoll mißversteht, um ihre eigenen Vorsätze damit zu rechtfertigen.* Diese Vorsätze liegen in unserer Vernunft, in unserem ›Geist‹, der uns nicht nur in die Rolle des Beobachters kosmischen Geschehens versetzt, sondern uns auch glauben läßt, wir könnten uns aus dieser in eine schönere Welt ›hinaus‹-katapultieren (eine trügerische Hoffnung, wenn man bedenkt, daß seine ›mythologischen‹, ›religiösen‹ und ›geistigen‹ Höhenflüge den Menschen zu nur beweglichen Molekülansammlungen degradierten oder zum gottähnlichen Wesen emporhoben, selten aber ihn als *Menschen* erscheinen ließen).

Woher kommen des Menschen ›geistige Qualitäten‹? Auf der Suche nach einer Antwort auf diese Frage hat unser Geist selbst uns oft genug in die Irre geleitet, einmal zur Leugnung seiner eigenen Existenz, ein andermal zu der Überzeugung, es gäbe nichts außerhalb des Geistes, da dieser der Welt gegenüber vorrangig sei und sich in ihr entäußert hätte; eine heikle Angelegenheit, weil ihr heikle Aussagen zugrunde liegen.

Wenn in der Folge dieser Frage nachgegangen wird, dann in der Überzeugung, daß Materie die Möglichkeit für Leben darstellt und dieses seinerseits die Möglichkeit für Geist. Alte Irrtümer werden wieder zu erkennen sein; sie sind abzulösen durch eine Perspektive, die uns das Leben als einen zentralen Bezugspunkt vor Augen führt: als Möglichkeit *der* Materie und Möglichkeit *für* Geist.

5 Gehirn, Psyche und Bewußtsein

»Der menschliche Geist wächst und schreitet wie alle Dinge, die wachsen, von einem Gleichartigen zu einem Ungleichartigen und von einem Unbestimmten zu einem Bestimmten fort.«

Herbert Spencer

Das Materie-Geist-Problem oder Schopenhauers ›Weltknoten‹

Über die Seele oder über den Geist zu reden scheint müßig; zumindest dann, wenn man Voltaires Auffassung teilt, keine Vorstellung davon haben zu können: »Das Wort Seele gehört zu den Worten, die jedermann braucht, ohne sie zu verstehen. Wir verstehen nur die Dinge, von denen wir eine Vorstellung haben. Von der Seele, vom Geist, haben wir keine Vorstellung; also verstehen wir sie nicht« (Voltaire, vgl. 1939, S. 39).

Wie sollen wir denn auch vom ›Geist‹ eine Vorstellung bekommen? Ja, vielleicht äußert sich der Geist in körperlichen Phänomenen? Vielleicht sind diese nur seine Entäußerungen? Oder gibt es den Geist etwa gar nicht? Doch wenn es ihn geben sollte: Ist er dann an Körperliches gebunden? Und wenn: An welche Körper ist er gebunden? Welche Körper sind überhaupt – sei der Geist nun an sie gebunden oder sei es, daß er sie auch verlassen kann – von Geist erfüllt, ›beseelt‹? Wenigstens dem Menschen wird man doch eine Seele zusprechen dürfen – oder etwa nicht? Und sollte der Mensch also eine Seele haben: Wo befindet sich ihr Sitz? Vielleicht im Herzen, wie Aristoteles zu wissen glaubte?[83]...

Sieht man nun von jenen Leuten ab, die Geistergeschichten glauben oder gar behaupten, mit der ›Geisterwelt‹ Kontakte zu pflegen, dann wird wohl jedermann zugeben, daß ›der Geist‹ zunächst einmal ein Begriff ist, über dessen eigentlichen ›Inhalt‹ man endlos streiten kann. Der Geist also ist mit unseren üblichen Mitteln naturwissenschaftlichen und philosophischen Nachdenkens schwer ›zu fassen‹. Ein Blick in die Geschichte der Philosophie jedoch zeigt uns sogleich, daß man sich mit dem Geist und mit allem, was damit irgendwie zusammenhängen könnte, unentwegt auseinandergesetzt hat, wobei allerdings die Philosophie bekanntlich nicht das einzige Feld ist, auf dem diese Auseinandersetzungen ausgetragen worden sind. Immerhin gab die *psyche* einer eigenen Disziplin gar ihren Namen, der *Psychologie*, wenn auch diese sich heute nur noch in einem entfernten Sinne als ›Seelenkunde‹ versteht. Größer als die Schwierigkeiten, die dem Menschen ›das Problem des Geistes‹ allein schon in methodischer Hinsicht bereitet, ist offenbar die Wonne, sich damit zu beschäftigen, und wenn am Ende das Problem für unlösbar erklärt werden müßte. »Vielleicht drückt sich darin ein intellektueller Masochismus aus, oder es handelt sich um die Rationalisierung intellektueller Ohnmacht« (Feigl 1973, S. 3).

Sei dem, wie ihm wolle. Worin also liegt das ›Materie-Geist-Problem‹, jenes von Arthur Schopenhauer (1788–1860) als *Weltknoten* bezeichnete Problem, das seit einigen Jahrtausenden die Gemüter erhitzt und schon zu mancher Spaltung zwischen den Vertretern der ›Geistesgeschichte‹ geführt hat? Liegt damit überhaupt ein Problem vor, oder haben wir mit diesem ›Knoten‹ nur ein Problem erfunden?

Jedenfalls läßt sich vorerst, mit Vollmer (1980, S. 19), festhalten: »›Leib-Seele-Problem‹ oder ›psychophysisches Grundproblem‹ nennt man die Frage nach der Seinsweise von Leib und Seele, allgemeiner von Materie und Geist, und nach ihren wechselseitigen Beziehungen« (falls diese Beziehungen existieren). Je nachdem, wie man dieses Problem abgrenzen will, hat man es mit einem von drei Begriffspaaren zu tun: *Materie* (Natur) – *Geist; Leib* (Körper) – *Seele; Gehirn* (Nervensystem) – *Bewußtsein.* Im ersten Fall ist das Problem noch sehr weit gefaßt, im zweiten bereits auf die mögliche Beziehung zwischen dem menschlichen Körper und ›seiner‹ Seele (›seinem‹ Geist) eingeengt, im dritten Fall schließlich zeigt schon die Verwendung der Ausdrücke ›Gehirn‹ bzw. ›Nervensystem‹ und ›Bewußtsein‹, daß das psychophysische Grundproblem auf der Basis der Überzeugung angegangen wird, daß Geist (Seelisches) als *Bewußtsein* in irgendeiner Beziehung zum Gehirn bzw. Nervensystem (und damit zu einem materiellen, anatomisch-physiologischen Substrat) steht.

Wie immer man das Problem aber formuliert – ob als ›Materie-Geist-Problem‹, als ›Leib-Seele-Problem‹ oder als ›Gehirn-Bewußtseins-Problem‹ –, kann man dazu von vornherein drei verschiedene Standpunkte einnehmen (Bunge 1980):

- Man kann sagen, daß es sich um ein *Scheinproblem* handelt.
- Man kann es als zwar ›echtes‹, aber prinzipiell *unlösbares Problem* betrachten.
- Man kann schließlich darin ein echtes und *lösbares Problem* sehen.

Ich halte das psychophysische Grundproblem nicht für ein Scheinproblem. Es handelt sich ja dabei nicht ausschließlich um ›künstlich‹ zusammengestellte Fragen, sondern um die Möglichkeit einer Analyse höchst verwickelter, *de facto* vorliegender Phänomene. Sicher, »so komplexe Probleme gehören nicht in die Rumpelkammer der sinnlosen Fragen« (Feigl 1973, S. 12). Aber ich glaube auch nicht, daß das Problem prinzipiell unlösbar ist; würde ich so denken, dan könnte ich dem Leser das vorliegende Kapitel schenken, denn allenfalls hätte das folgende dann noch den alleinigen Zweck, Argumente für die Unlösbarkeit des Problems beizubringen. Also ist das Problem lösbar.

Es kommt dabei aber ganz besonders auf die richtige Formulierung dieses Problems an; und die mögliche Lösung des Problems hängt ab von dem Bezugsrahmen, in dem man es formuliert. »Das sogenannte ›Leib-Seele‹-Problem«, schreibt Bateson (1981, S. 413), »ist in einer Weise falsch gestellt, die die Argumentation in eine Paradoxie treibt: wenn man den Geist als dem Körper immanent setzt, dann muß er transzendent sein. Wenn transzendent, dann muß er immanent sein. Und so weiter.« Vertritt man nun die Auffassung, daß mit dem Problem zwar ein echtes, aber *metaphysisches* Problem vorliegt (sofern metaphysische Probleme ›echt‹ sein können!), dann braucht man auf keine Lösung zu hoffen. Grenzt man indes das Problem auf die Beziehung zwischen Gehirn und Bewußtsein ein, dann liegen die Dinge bereits anders: Dann stehen wir vor der Aufgabe, die für Bewußtseinsphänomene maßgeblichen *Gehirnvorgänge* zu untersuchen, was eine *empirische* Aufgabenstellung ist (Reenpää 1973).

Tatsächlich hat sich in jüngster Zeit die *Neurobiologie*, als eine naturwissenschaftliche, empirische Disziplin, verstärkt des ›Weltknotens‹ angenommen, wofür eine Reihe einschlägiger Publikationen Zeugnis ablegt (vgl. z.B. Brazier 1977, Bunge 1977, 1980, Creutzfeldt 1979, Eccles 1970, 1973, Jerison 1976, Kuhlenbeck 1973, Löwenhard 1981, Maturana 1982, Restak 1981, Seitelberger 1980, 1981 u.a.). Das kann aber beileibe nicht heißen, daß die Ergebnisse dieser

Studien bzw. ihre Interpretationen im Hinblick auf unser Problem übereinstimmen. Wir sehen uns auch heute unterschiedlichen, einander widersprechenden Thesen über die Beziehung zwischen Gehirn und Bewußtsein gegenüber, eben weil sich die Resultate neurobiologischer Forschungen offenbar auf verschiedene Weise interpretieren lassen, was wiederum von der jeweiligen philosophischen Grundeinstellung des Forschers abhängt. Dennoch ist davon auszugehen, daß das Gehirn-Bewußtsein-Problem heute ohne Bezugnahme auf die Neurobiologie längst nicht mehr sinnvoll diskutiert werden kann. Außerdem ist, wie auch sogleich festgehalten werden muß, die *evolutionäre* Perspektive hierbei von großer Bedeutung. Nicht daß aus dieser Perspektive bereits eine einheitliche Lösung des Problems erzielt worden wäre (man stelle etwa die Arbeiten von Rensch 1968, 1977a, b, c, 1979 jenen von Lorenz 1973, Riedl 1980 und Vollmer 1980 gegenüber); aber unter dem Gesichtspunkt der Evolution ist die begründete Hoffnung auszusprechen, daß die für das menschliche Bewußtsein notwendigen Fundamente in den *Bedingungen des Lebens* gefunden werden können.

Nun aber einige Hinweise für den Leser, die eine Orientierung im Dickicht der in der Folge zu besprechenden Thematik erleichtern sollen.

Zum psychophysischen Grundproblem sind zwei grundsätzliche Positionen als Lösungsvorschläge eingenommen worden: das sind *Monismus* und *Dualismus*. Dieser betrachtet Materie und Geist als voneinander *getrennte Kategorien*, jener sieht sie in einer *Einheit* (einmal auf Kosten der Materie – im Falle des Spiritualismus –, ein andermal auf Kosten des Geistes – im Falle des strikten Materialismus –, um hier zunächst von den anderen Varianten abzusehen). In Tab. 5 gebe ich eine Übersicht über die wichtigsten Positionen sowohl monistischer als auch dualistischer Richtung.

Dazu gilt wiederum ähnliches wie für die Systematik vitalistischer und mechanistischer Lehren (siehe Tab. 3 und 4): Einige Positionen zeigen fließende Übergänge; auch die Grenzen zwischen Monismus und Dualismus sind nicht immer exakt zu ziehen; gelegentlich finden wir bei dem einen oder dem anderen Vertreter dieser oder jener Position Aussagen, die in eine andere Richtung als die seiner Position weisen. Alles in allem kann eine solche tabellarische Übersicht nicht mehr sein als eine Systematik in großen Linien. In den folgenden

Abschnitten werde ich die einzelnen Spielarten des Dualismus bzw. des Monismus etwas näher charakterisieren. Daß ich sowohl den strengen Monismus als auch den Dualismus für eine ›Scheinlösung‹ halte, zeigen schon die etwas herausfordernden Überschriften. Aber ich räume dem ›gemäßigt‹ monistischen Standpunkt einige Bedeutung bei, so daß zumindest eine seiner Varianten, nämlich der Identismus, meinem eigenen Standpunkt entspricht. Das wird mir vermutlich die Sympathie einiger mit dem Problem beschäftigter Biologen (und biologisch orientierter Philosophen) einbringen, anderen, und zwar besonders den Verfechtern dualistischer Konzepte, allenfalls Worte des Tadels entlocken – *c'est la vie.*

Tab. 5 Die beiden grundsätzlichen Positionen zum Problem ›Materie und Geist‹ (›Gehirn und Bewußtsein‹), ihre Spielarten und einige ihrer wichtigen Vertreter (in Anlehnung an Bunge 1980, und Vollmer 1980)

Psychoneuraler Monismus	
Neutraler Monismus	Materie und Geist sind nur verschiedene Aspekte einer einzigen (unbekannten) Substanz (Heraklit, de Spinoza, Schelling, Russell)
Spiritualismus	Alles ist Geist; Materie existiert nicht unabhängig vom Geist (Berkeley, Hegel, Teilhard de Chardin)
Strikter Materialismus	Alles ist Materie; der Geist existiert nicht (de Lamettrie, Vogt)
Eliminativer Materialismus (Behaviorismus)	Geist ist nur ein Begriff für bestimmte Verhaltensdispositionen, die aber mit fortschreitendem Kenntnisstand durch neurophysiologische Begriffe gekennzeichnet werden (Watson, Skinner)

Monistischer Epiphänomenalismus	Der Geist ist nur ein Epiphänomen, eine Begleiterscheinung der Materie (Epikur, Büchner, T.H. Huxley)
Hylemorphismus	Materie und Geist bilden eine nur begrifflich auflösbare Einheit (Aristoteles)
Identismus	
Panpsychistischer Identismus (Panprotopsychismus)	Die Materie hat von vornherein ›protopsychische‹ Eigenschaften (Diderot, Haeckel, Rensch)
Emergentismus	Der Geist als Gehirnfunktion ist eine in der Evolution neu aufgetretene (System-)Eigenschaft der Materie (Lorenz)
Psychoneuraler Dualismus	
Psychophysischer Parallelismus	Materie und Geist existieren parallel zueinander
Occasionalismus	Die Parallelität wird laufend von Gott überwacht (Malebranche)
Prästabilierte Harmonie	Die Parallelität wurde von Gott bei der Schöpfung festgelegt (Leibniz)
Animismus	Der Geist belebt die Materie (und steuert auch das Gehirn) (Platon, Augustinus)
Dualistischer Epiphänomenalismus	Das Gehirn steuert den Geist (ohne Rückwirkung) (Ayer)
Interaktionismus	Gehirn und Geist stehen in aktiver Wechselwirkung zueinander (Descartes, Popper, Eccles)

Wenn ich in der Tabelle vom ›psychoneuralen‹ Monismus und ›psychoneuralen‹ Dualismus ausgehe, dann soll das im übrigen schon bedeuten, daß ich das Problem grundsätzlich als ein Problem der

Beziehung zwischen Geist (Bewußtsein) und *Gehirn* bzw. *Zentralnervensystem* (in der Folge stets ZNS) verstehe, obwohl selbstverständlich einige der zu zitierenden Autoren aus Vergangenheit und Gegenwart die Problematik breiter gefaßt haben (was etwa im Spiritualismus oder im Animismus zum Ausdruck kommt); die historischen Streifzüge in den nächsten beiden Abschnitten sollen ja einen Eindruck von der ›Breite‹ des Problems vermitteln, wie man es da oder dort gesehen hat. Meiner Meinung nach aber müßte man, strenggenommen, stets nur vom ›psychoneuralen Grundproblem‹ sprechen, weil es – wie aus einigen Bemerkungen etwa auf S. 178 deutlich geworden sein dürfte und worauf noch zurückzukommen sein wird – unsinnig ist, der gesamten Natur ›einen Geist‹ gegenüberzustellen.

Im dritten Abschnitt (S. 233ff.) werde ich das psychophysische (psychoneurale) Grundproblem als Gehirn-Bewußtseins-Problem in evolutionärer Perspektive genauer kennzeichnen. In den beiden folgenden Abschnitten werde ich also diese Einschränkung noch nicht machen, weil es mir dort, wie gesagt, um eine Übersicht anderweitig vertretener Auffassungen geht und ich dabei im wesentlichen das Vokabular der jeweils herangezogenen Autoren gebrauchen werde.

Noch eine weitere terminologische Vorbemerkung: Wie ich in anderen Publikationen (z.B. Wuketits 1983a) bereits angemerkt habe, sollte nach meiner Ansicht der Begriff des Bewußtseins von dem des Psychischen (von der *psyche*, wenn man so will) getrennt werden. Demnach werde ich den Begriff ›Bewußtsein‹ auf die dem Menschen eigene Fähigkeit der Selbstreflexion einschränken. Psychische Eigenschaften hingegen setze ich identisch mit (zentral-)nervös gesteuerten Verhaltensweisen der Organismen. Diese Eigenschaften, die z.B. Lern- und Assoziationsleistungen einschließen, messe ich somit allen Lebewesen bei, die über ein Nervensystem *oder* ein diesem äquivalentes Struktur- und Funktionsgefüge Informationen aus ihrer Umwelt verarbeiten, wenngleich in häufig nur verhältnismäßig primitiver Form (wie die Reaktionen von Einzellern). Die Eigenreflexion des Menschen jedoch schließt weit darüber hinausgehende und unter den übrigen Lebewesen nicht ausgeprägte Verhaltensweisen ein. Ich werde stets in genau diesem Sinne psychische von geistigen Eigenschaften (bzw. Leistungen des Bewußtseins) unterscheiden.

Diese begriffliche Fixierung wird dem einen oder dem anderen

Leser möglicherweise etwas eigenwillig erscheinen, aber es ist aufgrund des vertrackten Begriffssystems in diesem Problemfeld nicht unwesentlich, terminologische Vorentscheidungen zu treffen, die schließlich auch die Lektüre dieses Kapitels – zumal des letzten Abschnitts – erleichtern mögen. In der Geschichte der Philosophie haben ja viele Vertreter derselben ihre eigene Terminologie benutzt; so wurde gelegentlich das Psychische mit dem Geistigen gleichgesetzt, häufig aber dieses jenem entgegengesetzt usw. Der *Geist* ist in der Geschichte der Philosophie und Anthropologie oft im Sinne von *Kultur* verstanden worden, ebenso oft aber im Sinne von ›Bewußtsein‹ und ›Vernunft‹.

Um im vorhinein klarzumachen, welche Fähigkeiten das Leben im *menschlichen* Leben durch das Auftreten des Bewußtseins – in dem hier verstandenen Sinn – errungen hat, sollen (nach Meinecke 1969) drei Kriterien festgehalten werden, die das Bewußtsein auszeichnen und im Bewußtsein stets untrennbar miteinander verbunden sind:

- Das *Sich-lebendig-Wissen,* das heißt die Fähigkeit, eigenes Leben nicht nur zu leben, sondern sich dazu gewissermaßen in Distanz begeben zu können, über das eigene Leben also zu reflektieren, wobei diese Reflexion natürlich jederzeit das Leben selbst und die Möglichkeit seines Vollzugs zur unabdingbaren Voraussetzung hat.[84]
- Das *Dabei-Sein,* das heißt die Fähigkeit, Absichten zu haben, Zwecke setzen zu können in der eigenen (subjektiven) Wirklichkeit, um eigene Chancen in der Welt zu wissen.
- Das *Einsicht-Haben* in die eigenen Existenzbedingungen, verbunden mit der Fähigkeit zur Selbstkritik.

Bewußtsein heißt also immer auch ›Selbst-Bewußtsein‹. »Das Bewußtsein von etwas«, so heißt es auch bei Sartre (1948 [1973, S. 31]), »impliziert notwendigerweise... ein Bewußtsein von sich [*conscience de soi*].«

Welche Rolle also der Beschäftigung mit den Bewußtseinsphänomenen im Rahmen des vorliegenden Versuchs einer umfassenden Lebensbestimmung (die menschliches Leben mit einbezieht) zukommt, bedarf wohl keiner besonderen Erwähnung. Denn es wird viel abhängen davon, ob der Mensch sich seines eigenen Lebens wieder verstärkt bewußt sein kann, wenn er dieses Leben wiederentdecken und den heute mehr und mehr um sich greifenden lebensfeindlichen, überwiegend pragmatisch und deshalb unvernünftig bestimmten Kategorien von Lebensbestimmung entziehen will. Dies ist kein Paradoxon: Pragmatismus mag maximal der Steuerung eines Unternehmens dienen; Vernunft, das heißt Einsicht, verlangt Abstraktionsvermögen, die Kenntnis übergreifender Zusammenhänge. Die Gleichsetzung von Pragmatismus und Vernunft ist ein lebensgefährliches Mißverständnis. Der Inhalt des Satzes: ›Sei doch vernünftig!‹ wird so gut wie immer dergestalt gebraucht, daß er einem intelligenten, selbstkritischen Menschen eine Warnung sein sollte. In der Regel will er uns von der Vernunft ablenken und zum Pragmatismus verführen.

Die dualistische Scheinlösung des Problems – Geist und Materie sind getrennte Kategorien

Wenn ich diese Übersicht über die Positionen zum psychophysischen Grundproblem mit dem Dualismus beginne, dann hat das einen eher schlichten Grund: Obwohl die Idee eines strengen Dualismus eigentlich erst durch Descartes in die Philosophie eingeführt wurde und seither nicht wesentlich mehr als drei Jahrhunderte systematisch weiterverfolgt wird, ist sie doch in gewissem Sinne der Ausgangspunkt des Problems. Hätte man nämlich nicht die Trennung zwischen Materie und Geist vollzogen, bestünde auch nicht das Problem der möglichen *Beziehungen* zwischen diesen beiden Kategorien; zumindest bestünde das Problem kaum in der uns bekannten Form. Nimmt man also die Philosophie Descartes' als systematischen Ausgangspunkt dualistischer Lehren, dann lassen sich allerdings – wie Vollmer (1980) bemerkt – antike und mittelalterliche Philosophen nur gewaltsam danach einordnen. Doch darf man die ›Vorgeschichte‹ des Dualismus nicht vergessen, die sehr wohl in der Antike wurzelt, und zwar bei Platon (427–347 v. Chr.), für den die Seele mit dem Körper in keiner inneren Verbindung steht und dem eine Seelenwanderung möglich erscheint. In einem der platonischen Dialoge, im ›Timaios‹, heißt es: »So also sei, müssen wir der Wahrscheinlichkeit nach annehmen, durch Gottes Fürsorge diese Welt als ein beseeltes und in

Wahrheit mit Vernunft begabtes Lebendes entstanden« (Platon, vgl. 1959, S. 155).

Der in der Philosophie Platons anvisierte *Animismus* tritt uns später beispielsweise bei Augustinus (354–435) entgegen, der »in seinem System den vollen Dualismus aufrechterhalten [hat], welcher die Seele als eine immaterielle Substanz und den Menschen als eine Verbindung zweier Substanzen, des Leibes und der Seele, betrachtet« (Grünthal 1968, S. 21 f.). Für die Mystiker[85] waren Körper und Seele so grundsätzlich voneinander verschieden, daß ihre Verbindung unbegreiflich bleiben mußte. Animistische Denkweisen, die den Geist (die Seele) in Körperliches eingreifen lassen, finden sich auch bei einigen Vertretern des Vitalismus.

Gewissermaßen der Gegenpol zu dieser Denkweise ist der *dualistische Epiphänomenalismus*, in dessen Rahmen Materie und Geist zwar unterschiedliche, getrennte Kategorien sind, in dem aber die Materie (hier konkreter: das Gehirn) den (menschlichen) Geist steuern soll. Die Grenze zu einem monistischen Epiphänomenalismus ist dabei im einzelnen jedoch schwer zu ziehen. Wenn Ayer (1976) die Hypothese akzeptiert, daß mentale (geistige) Phänomene verschiedenen Gehirnvorgängen folgen, dann läßt sich das – je nachdem, wie stark die Bedeutung der Gehirnvorgänge akzentuiert wird – allenfalls als eine sehr abgeschwächte Form des Dualismus interpretieren. Das ist einer der Grenzfälle, die ich schon oben angedeutet habe und die eine Systematik der zum psychophysischen Grundproblem eingenommenen Positionen erschweren.

Eine philosophisch anspruchsvolle Form des Epiphänomenalismus vertritt aber in neuerer Zeit Hans Jonas. In seinem Buch ›Macht oder Ohnmacht der Subjektivität‹ (1981, S. 78) schreibt er: »Am ›Rande‹ der physischen Dimension, der durch gewisse Organisationsspitzen wie Gehirne markiert ist, besteht eine poröse Wand, jenseits derer eine andere Dimension liegt und durch die hindurch eine Osmose in beiden Richtungen stattfindet, mit Priorität der vom Physischen her.« Und weiter (S. 79 f.) liest man: »Für das Psychische also lautet die kurze Formel: Von einer Kleinstmenge an Energie erzeugt, ist es imstande, Kleinstmengen von Energie wiederzuerzeugen. Inzwischen sind diese Mengen von der physischen Oberfläche ›untergetaucht‹, jedoch sowenig wie ein unterirdischer Wasserlauf ins wirkliche Nichts verschwunden – tauchen also auch nicht aus einem wirklichen Nichts auf, wenn das Bewußtsein handelt. Das ›Inzwischen‹ selbst aber ist das Reich der Subjektivität und ihrer Freiheit.«

Eine weitere, in der gegenwärtigen Diskussion des psychophysischen Grundproblems sehr wichtige dualistische Richtung ist vor anderen der auf Descartes zurückgehende *Interaktionismus*. In neuerer Zeit wurde die Kontroverse um den Interaktionismus insbesondere durch die von Popper und Eccles (1977) dafür ins Feld geführten Argumente belebt. Dieses ›interaktionistische Argument‹ läßt sich im Telegrammstil wie folgt beschreiben: Gehirn und Geist sind zwei voneinander getrennte Kategorien, sie stehen aber in aktiver Wechselwirkung zueinander. Vor allem Sir John Eccles hat den Interaktionismus auch in anderen seiner Werke mit großem Engagement verfochten, so in seinem Buch ›The Human Mystery‹ (1979), das nicht zufällig schon in seinem Titel auf ein Mysterium hinweist, womit auch schon weite Teile des Buches charakterisiert sind. Es ist merkwürdig, daß sich Popper, ein Agnostiker, ein Freund der ›offenen Gesellschaft‹ (Popper 1962), dessen übrigen erkenntnistheoretischen Arbeiten jede idealistische Note fehlt und dessen gesamte Philosophie nachgerade zum Feindbild des ›Idealismus‹ geworden ist, den interaktionistischen (Schein-)Argumenten angeschlossen hat.

Wie auch immer. Für den Interaktionismus ergeben sich vor allem zwei Fragen: zum einen, *wo* denn die postulierte Wechselwirkung stattfinden soll, zum anderen, *wie* diese Interaktion zwischen einem *materiellen* und einem *immateriellen* System zustande kommen kann. Das sind zwei sehr brisante, für manche Apologeten geradezu peinliche Fragen. Während ich einige Argumente gegen den Dualismus im allgemeinen noch weiter unten anführen werde, sollen an dieser Stelle – ausgehend von diesen Fragen – nur zwei Argumente gegen die interaktionistischen Postulate erhoben werden (vgl. auch Vollmer 1980).

Descartes wird man es verzeihen, daß zu seiner Zeit er als Ort der angenommenen Wechselwirkung die Zirbeldrüse erklärt hat, ein drüsenähnliches Organ, das sich bei Wirbeltieren von den Amphibien bis zu den Säugetieren (den Menschen eingeschlossen) im Zwischenhirn befindet (zur Orientierung siehe die Skizze des Gehirns in Abb. 15). Ein heutiger Vertreter des Interaktionismus kann es sich freilich nicht mehr so leichtmachen. Daher verlegt Eccles (1970, 1973, 1979; in: Popper und Eccles 1977) die postulierte Interaktion in (ebenso bloß vermutete!) ›Liaison-Zentren‹ im Gehirn: Das ›Liaison-Gehirn‹ (*liai-*

son brain) soll alle Abschnitte der Großhirnrinde bezeichnen, die potentiell angeblich in direkter Verbindung mit dem ›selbstbewußten Geist‹ stehen. Die Frage, wie diese Liaison-Zentren nun anatomisch, physiologisch abzugrenzen wären, bleibt unbeantwortet, obwohl schon Eccles' Lehrer, Sherrington (1940), damit gerungen hat.

Ebenfalls unbeantwortet bleibt das ›Wie?‹ der mutmaßlichen Wechselwirkung. Es soll ein materielles System, also das Gehirn (bzw. ein bestimmtes Gehirnareal) mit etwas Immateriellem in Wechselbeziehung treten; dabei soll der Geist sogar *aktiv* auswählen können. Ein ›aktiver Geist‹ also? Nein, mehr noch: ein in gewissem Maße *autonomer* Geist – nur, wie sind diese Aktivitäten denn zu erklären? Die Crux hier ist die, daß einer immateriellen ›Struktur‹, einem immateriallen ›Etwas‹ bestimmte Eigenschaften zugeschrieben werden, ohne daß man in der Lage wäre, dieses ›Etwas‹ selbst auch nur andeutungsweise zu beschreiben. (In gleicher Weise kann man ja dann, wie Erich Jantsch es getan hat, dem lieben Gott die Eigenschaften einer dissipativen Struktur beiräumen.)

Ich will keineswegs bestreiten, daß Popper und Eccles ›ganze Arbeit‹ geleistet haben, was heißen soll, daß sie auf breitem Raum ihre Argumente für den Interaktionismus entwickelt und ein breites Spektrum sowohl (neuro-)biologischer Resultate wie auch philosophischer Überlegungen für diese Position ins Treffen zu führen versucht und verstanden haben. Die Leistung dieser beiden *grand old boys* bleibt unantastbar. Sachlich aber ist der Interaktionismus insgesamt zum Scheitern verurteilt, und zwar weniger der angenommenen Liaison-Zentren wegen, mit deren Entdeckung man mit ein bißchen Vertrauen in die künftige Gehirnforschung eventuell sogar zu rechnen hat: Man könnte sich mit dieser Entdeckung auf die Zukunft vertrösten, was zwar momentan kaum neue Erkenntnisse bringen dürfte, aber die Hoffnung nährt, daß es zumindest nicht ausgeschlossen ist, solche Gehirnareale eines Tages transparent zu machen, womit die Interaktionismus-Hypothese den Weg so mancher Hypothesen gehen würde: zuerst ignoriert oder angefeindet, dann anerkannt. Schwererwiegend ist indessen die Annahme eines aktiven Geistes, das heißt, schwererwiegend für die am Interaktionismus zu übende *Kritik*. Diese Annahme entzieht sich *prinzipiell* – und nicht nur hier und heute – einer Überprüfung; damit wird nur das zu Erklärende (der Geist) mit zusätzlichen Attributen ausgestattet, so wie die Vitalisten das Leben mit dem Attribut ›Geistigkeit‹ versehen haben, ohne das empirisch überprüfen zu können.

Blicken wir weiter durch das Kaleidoskop des Dualismus, dann werden wir einer philosophiehistorischen Kostbarkeit gewahr, nämlich der These von Leibniz, ausgeführt in der ›Theodicee‹ (1710). Danach existieren Körper und Geist (Seele) zwar unabhängig voneinander, stimmen aber miteinander überein. Dieser Gleichklang, die prästabilierte Harmonie, soll bei der Schöpfung ein für allemal festgelegt worden sein. »Alles ist also«, meinte Leibniz (1710 [1883, Bd. 1, S. 204]), »im Menschen wie überall im voraus sicher und bestimmt, und die menschliche Seele ist somit eine Art geistiger Automat.« Und an anderer Stelle (1710 [1883, Bd. 2, S. 137f.]) gab er zu verstehen, »daß alle Seelen... von Natur weder entstehen noch vergehen können..., und daß die unsere entweder erschaffen oder vorherbestehend sein muß..., daß die seit Anbeginn der Dinge im Samen vorherbestehende Seele nur mit Empfindung begabt wäre, daß dieselbe aber auf eine höhere Stufe, zur Stufe der Vernunft, erhoben würde, wenn der Mensch, dem diese Seele gehören soll, empfangen worden und der organisierte Körper, der diese Seele... von Anfang an begleitet hat, zur Bildung des menschlichen Körpers bestimmt worden ist.« (Man vergegenwärtige sich hierzu auch nochmals Leibniz' Haltung der Präformationstheorie gegenüber.)

Dieser Art des *psychophysischen Parallelismus* zur Seite steht der *Occasionalismus*, der beispielsweise von Malebranche (1638–1715) vertreten wurde. Die Parallelität wurde dort der laufenden Überwachung durch Gott unterstellt, so »daß die natürlichen Ursachen nur Gelegenheitsursachen sind für das göttliche Wirken« (Grünthal 1968, S. 29). Auch Geulincx (1624–1669) huldigte der Meinung, »Körper und Seele könnten sich gegenseitig überhaupt nicht beeinflussen. Daß dieser Einfluß trotzdem bestehe, ist ein Wunder und wird von Gott bewirkt, der beides jedoch nur bei *Gelegenheit* miteinander verbindet« (Grünthal 1968, S. 28). Körper und Seele wären mithin vergleichbar mit zwei gleichgestellten Uhren; sie würden sich nicht gegenseitig bewirken, ihre ›Gleichstellung‹ wäre von Gott fortgesetzt kontrolliert, gelegentlich würde Gott sie miteinander verbinden.

In Parenthese erwähnt sei in diesem Zusammenhang noch eine bei Popper und Eccles (1977) als *linguistischer Parallelismus* bezeichnete Variante der Parallelitäts-Hypothese. Dieser zufolge gibt es zwar nur eine Welt, aber zwei Arten, über diese Welt zu sprechen: einerseits *kann* man die Welt physisch, andererseits psychisch auffassen. Diese These ist der vom neutralen Monismus sehr ähnlich.

Es ist schwer denkbar, den Standpunkt eines Leibniz oder den des Occasionalismus auch heute noch ernsthaft zu vertreten. Moderne Versionen des Parallelismus aber sind aus erkenntnistheoretischen und auch aus praktischen Gründen lanciert worden. Das Vernünftigste, was in neuerer Zeit dazu geäußert wurde, stammt zum einen von Kuhlenbeck (1973), zum anderen von Rothschuh (1963 a, b). Beiden Autoren gemeinsam ist eine solide biologisch-medizinische Basis und eine profunde erkenntnistheoretische Argumentation, so daß ich hier nicht mit leichter Hand von ›Scheinlösungen‹ sprechen kann.

Mit Kuhlenbeck (1973) könnte man etwa wie folgt argumentieren. Der Mensch erlebt, empfindet, träumt usw.; für jedes ›Ich‹ gilt sein Erleben, Empfinden, Träumen usw. als unmittelbare Realität, sagen wir als ›Bewußtseinswelt‹ – das ist Poppers Welt 2 (vgl. Anmerkung 104) –, denn auch unserer Träume sind wir uns zumindest teilweise im nachhinein bewußt. Unser Bewußtsein ermöglicht uns letzten Endes auch ein *Wissen* über unser Gehirn bzw. das ZNS, und wir bringen dann gewissermaßen sekundär unsere Bewußtseinswelt mit diesen materiellen Strukturen in Verbindung. Diese Verbindung denken wir uns mit fortschreitendem neurobiologischem Wissen allerdings als eine sehr enge Konnexion, so daß wir schließlich feststellen können: »Wo immer Bewußtsein auftritt, ob im Traum- oder Wachzustand, stellt dieses Bewußtsein ein Parallelphänomen dar, das mit physikalischen neuralen Ereignissen korreliert ist« (Kuhlenbeck 1973, S. 237).

Zwischen der Sphäre unserer Bewußtseinszustände, denen wir auch die Erkenntnis der außersubjektiven (extramentalen) Wirklichkeit verdanken, und dem Bereich der materiellen Phänomene, die auch unseren eigenen Körper einbegreifen, herrscht nun offenbar eine gewisse Übereinstimmung. Der von Kuhlenbeck ausführlich erörterte bzw. postulierte psychophysische Parallelismus bringt »nicht durch kausale, sondern durch logische Übertragung die Ordnung, die in der angenommenen physikalischen Welt herrscht, zu einer geordneten Folge von Ereignissen im Bewußtseinsbereich in Beziehung« (Kuhlenbeck 1973, S. 435). Übrigens hat Kuhlenbeck, bescheiden genug, seine Hypothese ausdrücklich als Arbeitshypothese bezeichnet und nicht den Anspruch auf eine endgültige Lösung des Gehirn-Bewußtsein-Problems *via* Parallelismus erhoben. Ich glaube aber, daß diese Argumentationsweise ersetzt werden kann durch den Versuch, Bewußtseinszustände kausal aus physischen Zuständen abzuleiten, wenn der Aspekt der Evolution, der historische Aspekt gewissermaßen, eingebracht wird. Dieser Aspekt fehlt bei Kuhlenbeck, und auch Rothschuh hat ihn im wesentlichen ausgespart.

Der von Rothschuh (1963 a, b) entwickelte *bionome Parallelismus* (genauer: bionome *partielle* Parallelismus) führt zu der Auffassung, daß »nicht allen, sondern nur zu einem gewissen Teil den bionomen zentralnervösen Erregungsmustern seelisches Erleben in Gestalt von Wahrnehmungen, von Vorstellungen, Erinnerungen, Willensakten und Urteilen parallel« geht (Rothschuh 1963 a, S. 221). (Zum Konzept der Bionomie siehe nochmals S. 148 im vorliegenden Buch.) Ferner wird dieser These gemäß das Verhältnis zwischen Körper und Seele als ›Leben-Seele-Verhältnis‹ definiert, womit ›Leben‹ nicht einfach der Körper ist, sondern das bionom organisierte Gefüge; und dieses Verhältnis ist ein Zuordnungsverhältnis zwischen bionom geordneten Prozessen und Bewußtseinsprozessen, also *psychonom* geordneten Vorgängen. »Körperliches hängt mit Körperlichem kausal und bionom zusammen. Seelisches hängt mit Seelischem verständlich zusammen. Seelisches hängt mit Körperlichem parallelistisch zusammen. *Eines wirkt nicht auf das andere.* Ihre Beziehung hat den Charakter von Zuordnung und Entsprechung« (Rothschuh 1963 a, S. 226).

Das Problem der Übereinstimmung zwischen Bewußtseinsvorgängen – und zwar im engeren Sinne: *Denkvorgängen* – und der außersubjektiven Wirklichkeit wird damit im Grunde genommen aufgehoben: Die Übereinstimmung ist zu erklären durch »die Übereinstimmung der lebensdienlichen Ordnung somatischer Zusammenhänge mit der Ordnung seelischer Zusammenhänge« (Rothschuh 1963 a, S. 232). Den Schwierigkeiten des Interaktionismus wird dadurch ausgewichen, daß keine Wechselwirkung postuliert, sondern eine – ähnlich wie Kuhlenbeck (1973) darlegte – *gegebene* Übereinstimmung zwischen materiellen und Bewußtseinsvorgängen angenommen wird.

Die Schwachstellen dieser Version des psychophysischen Parallelismus kann man, ist man evolutionstheoretisch orientiert, darin erblikken, daß die Frage nach der *Entstehung* dieser ›Zusammenpassung‹ zwischen materiellen Prozessen (Zuständen) und Bewußtseinsprozessen (-zuständen) ebenso wie die Frage nach der Entstehung des Bewußtseins überhaupt ›offen‹ bleibt. Aber ich komme darauf noch auf S. 239ff. zurück.

Hier folgen jetzt einige kritische Bemerkungen zum Dualismus in seiner generellen Version: Materie und Geist (Leib und Seele, Gehirn und Bewußtsein) sind – mit oder ohne Wechselwirkung – voneinander getrennte Kategorien der Wirklichkeit. Mit dieser Kritik bin ich in Gesellschaft mehrerer zeitgenössischer Autoren, Biologen und Philosophen; Bunge (1977, 1980), Rensch (1968, 1979) und Vollmer (1980), um nur einige zu nennen, haben verschiedene Argumente gegen den Dualismus erhoben. Ich möchte hier nicht einfach das eine oder das andere der (Gegen-)Argumente wiederholen, sondern den Dualismus vor allem im Rahmen der angestrebten biophilosophischen Synthese, für mein Thema, das einer biophilosophischen Synthese, kritisch beleuchten.

Bunge (1980, S. 216) meint, der psychophysische Dualismus sei »keine mögliche wissenschaftliche Hypothese über das Geistige, sondern ein unwissenschaftlicher Mythos«. Das ist ein wenig zu stark pointiert, weil der Dualismus als wissenschaftliche Hypothese *möglich* ist und nicht zwingend auf einen (Schöpfungs-)Mythos hinausläuft. Man kann, wie gesagt, aus praktischen Erwägungen heraus ›dualistisch sprechen‹, und die postulierte Parallelität von Körper und Seele (Gehirn und Geist) braucht keineswegs einem ›göttlichen Prinzip‹ zugeschrieben zu werden. »Wenn man z.B. konstatiert«, so schreibt Buytendijk (1967, S. 83), »daß hoher Blutdruck mit einem Dasein verbunden scheint, das durch verdrängte Aggressionen gekennzeichnet ist, dann meint man nichts anderes als das Feststellen einer tatsächlichen Korrelation.«

Denn hinter der dualistischen Sprechweise verbirgt sich die Annahme oder gar Überzeugung, daß zwischen einem physiologischen Phänomen und einer bestimmten, man kann sagen ›Lebenshaltung‹ des Patienten ein sehr enger Zusammenhang besteht, der im Leben des betreffenden Menschen nicht auflösbar ist; gleichzeitig aber legt man in so einem Falle häufig das Bekenntnis ab, daß eben dieser Zusammenhang nicht ausreichend eingesehen ist. Anders gesagt: Wenn man sich einer dualistischen Redeweise bedient – indem man einerseits zum Beispiel vom Blutdruck (also von einem physiologischen Phänomen) spricht, andererseits aber von Bewußtseinszuständen –, dann muß das nicht notwendigerweise heißen, daß man diese Phänomene *realiter* voneinander getrennt annimmt. Nimmt man sie jedoch getrennt voneinander an, dann unterliegt man nicht nur einem grundlegenden Irrtum, sondern leistet auch gefährlichen ›Weltzerteilungen‹ mit womöglich verheerenden, inhumanen Konsequenzen Vorschub.

»Trennt man... den Geist von der Struktur ab, der er immanent ist, wie etwa die menschlichen Beziehungen, die menschliche Gesellschaft oder das Ökosystem, dann sitzt man... einem grundlegenden Irrtum auf, was sich letzten Endes mit Sicherheit gegen einen selbst auswirken wird« (Batson 1981, S. 622).

Wer Beispiele zur Unterstützung dieser Tatsache braucht, soll nur hinter die Kulissen der heutigen medizinischen ›Praxis‹ blicken, um die dort so häufige Praxis zu erkennen, den Menschen, anstatt ihn als *Einheit* physischer und mentaler Prozesse aufzufassen, buchstäblich zu zersplittern. Obschon in der Medizin gerade in neuerer Zeit mehr und mehr die Bedeutung einer Art ›ganzheitlicher Methode‹ propagiert wird, sind bisher auf diesen heißen Stein nur kleine Tropfen des Unterschieds zwischen Batesons Theorie und Praxis gefallen. Die Stimmen derer, die da zum Wohle des Menschen reden, sind immer noch zu leise. Schlimmer noch: Oft sind sie verfremdet von metaphysischen Wahrheitslehren, die sich dem Widerspruch von objektiver Erkenntnis und subjektivem Wunschdenken nicht entziehen können (oder wollen). Sie werden darüber linear übertönt von den paukenschlagartigen Marschbefehlen einer allmächtigen Bürokratie, die vom *ganzen* Menschen nichts wissen will, teils auch nichts davon wissen kann.[86] Den kritischen Zeitgenossen kann das nicht wundern, da er doch weiß, daß schon in der Schule gelehrt wird, Geist und Materie seien unterschiedliche, nicht vereinbare ›Dinge‹. Und da die Medizin heute zu einem wichtigen Wirtschaftszweig geworden ist – und gegen den Fetisch ›Wirtschaftswachstum‹ ist bislang kein Kraut gewachsen –, beschäftigt sich die Gesundheits-›Politik‹ naturgemäß mit Kosten-Nutzen-Rechnungen, die den Patienten zu einer Nummer (Nr.!) herabwürdigen. Die pharmazeutische Industrie blüht[87], weil vielen Ärzten angesichts eines Patienten nichts anderes einfällt, als ein Kochrezept zu schreiben – das der Patient, dessen Unmündigkeit man voraussetzt, ohnehin nicht zu entziffern in der Lage ist –, wonach dann in des Apothekers Küche ein Zaubermittel zubereitet wird oder in Serie schon zubereitet vorliegt. Manchmal geschieht das Wunder und der Patient wird, zur Freude seines Arbeitgebers, tatsächlich ›gesund‹ und kann dann wieder unter genau jene ›Lebens‹-Bedingungen gestellt werden, die eben die Ursache seines Unwohlseins waren und ihn auf den Weg zum Arzt gebracht haben (den er sich deshalb unter solchen Umständen freilich hätte sparen können).

Wird nun, keineswegs in bloß rhetorischen Wendungen, sondern in der Folgerung aus einer philosophischen Grundannahme, der Dualismus zur Überzeugung, dann zerfällt der Mensch in zwei Teile: in Körper und Seele also; wobei diese dem Psychiater und Psychotherapeuten zugeordnet wird, jener aber den Internisten, Chirurgen, Gynäkologen, Orthopäden oder Dentisten beschäftigt (wie glücklich jeder doch zu preisen ist, der nur mit dem letzteren seine Bekanntschaft gemacht hat und über nichts anderes zu klagen weiß als über einen hohlen Zahn). Man sieht, wie *Hypothesen* über das Leben oder – hier im besonderen – über den Menschen *praktisch* wirksam werden können.

Ich glaube nicht, daß ein Arzt, dem es tatsächlich ›um den ganzen Menschen geht‹, sich von diesen maliziösen Bemerkungen betroffen fühlen wird. Er kann ja davon auch nicht betroffen sein. Und es sind jene Bemühungen nicht zu verschweigen, die auf dem Wege zur *Humanisierung der ärztlichen Praxis* die Richtung weisen. ›Humanisierung‹: das heißt, den Menschen als Ganzheit in die Diagnose und (vor allem!) in die Therapie einzubeziehen. Die Einstellung vieler Ärzte zu ihrem Beruf, die in so manchen Fällen fragwürdigen Motive, Medizin zu studieren (die Motive *faire bonne chère*), der Alltagsbetrieb in ›vollautomatisierten‹ Krankenhäusern – das und anderes mehr belehrt den kritischen, mündigen Beobachter jedoch, daß jene Bemühungen leider nicht allzuoft in ihrer vollen Bedeutung *in praxi* wirksam werden.

Es ist hier abzusehen von der alten Form des Dualismus, die – was für animistische Systeme zutrifft – der *gesamten* materiellen Welt einen ›Geist‹ überordnet, welcher die körperlichen Gebilde in der einen oder der anderen Weise beeinflussen soll. Viel wichtiger ist es, sich mit Einwänden gegen den Dualismus dort zu befassen und Kritik am Dualismus dort zu üben, wo es sich explizit um die Beziehung zwischen Gehirn und Bewußtsein und also einfach *um den Menschen in seinem Leben* handelt. Meint jemand allen Ernstes, die Planetenbewegung käme durch ›Geisterhand‹ zustande, so ist das zwar lächerlich und spricht nicht gerade für seine oder ihre intellektuelle Reife, aber das ist harmlos verglichen mit der Überzeugung, der Mensch wäre in zwei Seinsweisen gespalten. (Wobei die ›Geisterseher‹ aber naturgemäß ihre Visionen und Orakel nicht auf Planetenbewegungen beschränken, sondern sich auch des Menschen annehmen.)

Jeder Mensch stellt in jedem Moment seines Daseins eine untrennbare Einheit dar. Niemand wird behaupten können: ›Hier bin ich und dort ist mein Geist.‹ Und wenn der Mensch über sein eigenes Denken nachdenkt, dann ist dieses Nachdenken untrennbar verknüpft mit dem größeren Radius des Denkens schlechthin und ist damit, so wie das Denken im Ganzen, Ausdruck menschlicher Lebendigkeit. Jedes Nachsinnen über das Leib-Seele-Problem setzt immer den Menschen als Einheit von Leib und Seele schon voraus, es setzt den lebendigen Menschen voraus, und diese Lebendigkeit erst kann sich niederschlagen beispielsweise im Nachdenken über jenes psychophysische Problem – im Nachdenken über das Denken selbst. Ein strenger Dualismus kann demnach nichts anderes sein als eine ausgeklügelte (aber einem nachdenklichen Anspruch nicht standhaltende) Erfindung dieses Nachdenkens; erst seit der Dualismus kreiert wurde, stellt sich überhaupt das Problem einer Beziehung zwischen Körper und Seele, Gehirn und Geist. Daß unser Denken also selbst derartige Erfindungen zuläßt, ist ja das *große Merkwürdige* (und nicht minder eine ›Denkwürdigkeit‹), denn das Denken selber findet nicht außerhalb des Körpers, außerhalb des Gehirns statt.

Nur im Dualismus wird, wie Bunge (1980) und Vollmer (1980) beizupflichten ist, zwischen einem System und seinen Eigenschaften unterschieden; als ob es eine ›eigenständige Welt der Eigenschaften‹ gebe! Der Ausdruck ›Bewegung‹ beispielsweise hat dann und nur dann seinen Sinn, wenn ein *Körper* seine Position ändert oder in seiner Position geändert wird. Jemand, der die Bewegung, sagen wir, eines Automobils von eben diesem Automobil gedanklich loslöst, um danach über das Problem nachzudenken, welche Beziehung wohl zwischen dem Automobil und seiner Bewegung besteht, ob diese

Beziehung eine wechselseitige ist oder ob das Automobil die Bewegung oder umgekehrt die Bewegung das Automobil verursacht – eben dieser Jemand kann nur ein Pausenclown sein, wenn es gilt, Aussagen auf der Bühne (und vor dem Bühnenbild) der Erkenntnistheorie zu machen.

Der überzeugte Dualist könnte jetzt freilich sagen, daß die Sache mit dem psychophysischen Problem nicht so einfach sei, denn bislang habe noch niemand das Bewußtsein im menschlichen Gehirn gefunden. Dann allerdings müßte man auch die Frage stellen, wer schon im Motor eines Autos ›die Bewegung‹ gesehen habe? Und eben, weil noch niemand die Bewegung im Motor eines Kraftfahrzeugs gesehen hat – zweifelt deshalb jemand daran, daß die Bewegung untrennbar mit dem Fahrzeug verbunden ist?

Das Dilemma des Dualismus und die Schwierigkeit mit dem Problem ›Gehirn und Bewußtsein‹ liegt offenbar, worauf Ryle (1966) deutlich hingewiesen hat, in einem häufig vorkommenden *Kategorienfehler.* Und »wenn wir«, schreibt Restak (1981, S. 17), »das Hirn zum Geist in Beziehung zu setzen suchen, machen wir einen Kategorie-Fehler, weil man das Hirn am besten als einen Prozeß versteht und nicht als einen drei Pfund schweren Protoplasmaklumpen«. Man erinnert sich: Alles fließt. Ein Dualist also wird sich schwer dem Verdacht entziehen können, daß er seine Frage(n) falsch stellt.

Zur Veranschaulichung des dualistischen Kategoriefehlers führt Restak (1981) nachstehendes Beispel an. Ein achtjähriger Junge hat in der Schule gelernt, daß Washington der Sitz der amerikanischen Bundesregierung sei. Er kommt nach Washington, man zeigt ihm das Weiße Haus, das Gebäude des Obersten Bundesgerichts usw. Doch schließlich fragt er ganz verwirrt: ›Aber wo ist denn die Regierung?‹ – Tatsächlich kann der Junge, und wenn man ihn mit jedem einzelnen Regierungsmitglied und dessen Amtsräumen vertraut gemacht hätte, *die Regierung* nicht gesehen haben. Was er gesehen hat und noch hätte sehen können, sind und wären in jedem Falle konkrete Personen und Gegenstände. Die Regierung oder das, was man damit zu bezeichnen pflegt, ist hingegen eine Kategorie, welche Interaktionen zwischen materiellen Strukturen (Institutionen mit bestimmter raumzeitlicher Ausdehnung) und ihren personellen Trägern beschreibt. Es handelt sich hierbei um einen Allgemeinbegriff, wozu man sich nochmals die Ausführungen auf S. 55 vergegenwärtigen möge. Die

Frage des Jungen jedenfalls, *wo* die Regierung denn sei, war falsch gestellt.

Gegen den Dualismus spricht ferner vor allem auch noch die Tatsache, daß durch eine Beeinflussung des Gehirns das Bewußtsein beeinträchtigt werden kann. Zu denken ist dabei z. B. an die Narkose; oder an einen Ohnmachtsanfall, hervorgerufen etwa durch sauerstoffarme Luft; und schließlich hat, in bestimmten Mengen genossen, guter Wein noch nie seine Wirkung verfehlt. Wenn man das Bewußtsein als vom Körper (vom Gehirn) getrennt annimmt, dann allerdings kann man sich schwer vorstellen, daß materielles Geschehen die Bewußtseinsvorgänge beeinflussen soll. Die Verfechter eines Parallelismus haben es damit vielleicht insofern etwas leichter, als sie eine von vornherein gegebene Übereinstimmung zwischen Gehirn und Bewußtsein postulieren: Verändert sich das Gehirn bzw. der Körper insgesamt oder ein Teil davon, dann treten parallel dazu eben auch Veränderungen des Bewußtseins ein. Ein Advokat des Interaktionismus wird aber schwerlich eine plausible Erklärung finden (wobei ich jetzt nicht meine, die parallelistische These wäre eine ›Erklärung‹): Der Interaktionist kann zwar sagen, daß auch vom Gehirn eine Wirkung auf das Bewußtsein ausgeht, so wie es auch umgekehrt der Fall sein kann; aber dennoch bleibt die oben angedeutete Frage, *wie* diese Wechselwirkung zwischen materiellen Strukturen und einem Immateriellem vollzogen wird.

Alle physikalischen Gesetzlichkeiten in der belebten wie in der unbelebten Natur sind nun einmal Prinzipien, die nur im Materiellen sich entfalten, der Materie selbst zukommen, und nur dort sinnvoll gedacht werden können. Der Dualist müßte, will er bei seiner These von der Getrenntheit von Körper und Seele, von Gehirn und Geist (Bewußtsein) bleiben – will er sich also selbst treu bleiben –, ein gedankliches Durchbrechen von Naturgesetzen tolerieren. *Quod erat demonstrandum.* Der Dualismus ist eine philosophische Theorie, die nicht nur naturwissenschaftlichen Überlegungen, sondern auch ganz simplen alltäglichen Beobachtungen nicht standhalten kann.

»Schließlich besteht«, wie Rensch (1979, S. 68) sagt, »für alle dualistischen Auffassungen noch die Schwierigkeit, sich vorzustellen, was denn aus dem Psychischen werden soll, wenn ein Mensch stirbt.« Ja, was denn? Wer, bitte, hat eine akzeptable Antwort auf diese Frage parat? Sicher, Religionen unterschiedlicher Prägung vermitteln dem

Menschen die Idee von der ›ewigen Fortdauer des Lebens‹. Im Islam beispielsweise ist diese Idee wie folgt beschrieben: »Wenn ein Moslem gestorben ist, wird er begraben. In der ersten Nacht nach seiner Beisetzung wird er von den Engeln *Munkar* und *Nakir* auf seine Rechtgläubigkeit geprüft, muß dann aber bis zur *Auferstehung* und bis zum *Jüngsten Gericht* warten, bis sich sein ewiges Schicksal entscheidet. Nur Glaubenskämpfer, die als *Märtyrer* starben, gehen sogleich nach dem Tode ins *Paradies* ein« (Glasenapp 1957, S. 189). Ähnliche Vorstellungen sind ja auch der jüdisch-christlichen Tradition gemein. Aber die Frage, was aus dem Menschen, aus seiner Seele, nach seinem Tode wird, stellt sich nur auf dem Plateau einer dualistischen Philosophie, die Seelisches von Körperlichem grundsätzlich scheidet und jenes fort›leben‹ läßt, so daß letztlich das Leben ins ›Reich des Todes‹ verdrängt wird. Wie heißt es so tiefsinnig bei Christian Morgenstern:

»Wer Lebendiges will verstehn.
muß ins Land des Todes gehn.«

Hingegen folgt aus kritisch biologisch-philosophischer Perspektive, daß die Frage nach dem ›Weiterleben im Tode‹ schon durch falsche Prämissen entstanden ist, welche wiederum nur Ausdruck des angesprochenen Kategoriefehlers sind. Ob der Mensch es *emotional* wird verkraften können, sterblich zu sein, bleibt davon zunächst unberührt.

Der Dualismus, so sei insgesamt im Hinblick auf das Leitthema dieses Buches betont, entzweit den Menschen in seiner Lebendigkeit. Die meisten Varianten des Dualismus zählen zu den sterilen Denksystemen, in deren Rahmen man fortgesetzt neue Probleme erfunden oder die alten Probleme – fast könnte man es für masochistisch halten – fortgeschleppt hat, als einen unnötigen Ballast für die Bemühungen um die Erkenntnis des Lebenden, das Verstehen des menschlichen Lebens zumal.

Ein Mensch lebt nicht, weil er aus Leib *und* Seele besteht, aus Gehirn *und* Geist, sondern *weil er jederzeit in seinem Leben beides zugleich ist.* Nur auf der Basis dieser Einsicht, so ist vorwegzunehmen, wird ein dem *Menschen* gerechtes Bild von seinem Leben gezeichnet werden können.

In der Folge aber möchte ich zunächst noch den monistischen Begriff des psychophysischen Grundproblems kurz erörtern.

Die monistische Scheinlösung des Problems – Geist und Materie sind identisch

Im Gegensatz zum Dualismus betrachtet der Monismus Materie und Geist (Leib und Seele, Gehirn und Bewußtsein) im wesentlichen als ein und dasselbe, in seinen extremen Varianten – Spiritualismus, strikter Materialismus – geht diese Betrachtung allerdings auf Kosten der Materie oder auf Kosten des Geistes: Besteht für den Spiritualismus das ›monistische Prinzip‹ im Geist, löst andererseits der strikte Materialismus alles Geistige im ›Prinzip der Materie‹ auf; für diesen existiert nur Materie, für jenen aber nur Geist.

Als ein Vertreter des *Spiritualismus* im 20. Jahrhundert kann Teilhard de Chardin angesehen werden, den ich bereits zitiert habe. Denn in Teilhards Noosphäre löst sich, im letzten, alles in Geist auf. Im 18. Jahrhundert, um einen Blick weiter zurück in die Geschichte zu werfen, lehrte George Berkeley (1685–1753) in seinen ›Principles of Human Knowledge‹ (›Prinzipien der menschlichen Erkenntnis‹), die einzige Realität sei unser Geist, unser Denken und Wahrnehmen. Er schrieb: »Die unseren Sinnen durch den Schöpfer der Natur eingeprägten Ideen sind die *realen Dinge*« (Berkeley 1710 [1972, S. 80]). Was also ›da draußen‹ zu existieren scheint, sind nur Ideen in den Geistern. Es ist wohl verständlich, daß es bei einer solchen Haltung erfolglos wäre, die Frage zu stellen, *woher* denn diese Geister kommen sollen. Jede auf die Außenwelt oder die Vergangenheit des Menschengeschlechts abzielende Antwort auf diese Frage würde Berkeley wiederum eben nur als Idee, als Fiktion unseres Geistes deuten können.[88]

Eine ebenso *idealistische* Position nimmt beispielsweise auch Hegel ein; es kann an dieser Stelle aber nicht diskutiert werden, worin die Ähnlichkeiten und auch die Unterschiede zwischen der Philosophie Hegels und jener Berkeleys im einzelnen bestehen. Auch muß dahingestellt bleiben, welche Ähnlichkeiten der Spiritualismus mit dem oben erwähnten Animismus aufweist, inwieweit sich beide Positionen überlappen. Gerechtfertigt ist es wohl, den Spiritualismus und den Animismus zu einem ›Idealismus‹ zusammenzufassen, weil da wie dort dem Geistigen, im Sinne einer ›Idee‹ der Primat eingeräumt wird, sei es, daß das Geistige alles Materielle ›steuern‹ soll (Animismus) oder daß neben dem Geistigen Materielles verblaßt (Spiritualismus).

Der Spiritualismus – soviel, glaube ich, steht fest – kann keine Lösung des psychophysischen Grundproblems sein, weil für einen Spiritualisten das Problem im Grunde gar nicht besteht; ohnehin ist alles Geist. Wir leben demnach nicht nur in einer ›Welt des Geistes‹, unser Leben selbst ist Teil dieser Geisterwelt.

Umgekehrt bietet auch der *strikte Materialismus* keine akzeptable Lösung. Die Verfechter dieser Variante des Materialismus, von denen einige unter den in Kapitel 2 angeführten Mechanisten zu finden sind (Lamettrie, Moleschott, Vogt), leugnen die Existenz geistiger bzw. Bewußtseinsphänomene. Wären sie konsequent gewesen, hätten sie auch ihr eigenes Bewußtsein leugnen müssen. Das Amüsante dabei ist, daß sie unter dem Vorzeichen der postulierten ›Bewußtlosigkeit‹ in der Lage waren, philosophische Thesen aufzustellen und darüber sogar ›geistvolle‹ Traktate zu schreiben (was ihnen vermutlich nicht *bewußt* war). Kurzum, ein strikter Materialismus geht an der Evidenz des Bewußtseins vorbei und scheitert an dessen ›Unmittelbarkeit‹.

Zwischen der spiritualistischen und der strikt materialistischen Position finden wir im Bereich des Monismus verschiedene weitere Lehren, denen ich mich nun unter Hinweis auf Tab. 5 zuwenden will.

Eine gewissermaßen neutrale Position ist die Auffassung, daß Materie und Geist nur Aspekte einer einzigen ›Substanz‹ sind. Dieser *neutrale Monismus*[89] ist in neuerer Zeit von Bertrand Russell (1959, 1967) vertreten worden. Russell hat versucht zu zeigen – mit welchem Erfolg, das steht dahin –, daß unsere Welt weder aus Materie noch aus Geist besteht, sondern aus etwas ›Ursprünglicherem‹. Dieses sieht Russell in den ›Sensibilia‹ (*sense-data*), das heißt in Sinnesdaten; die Welt ist aus logisch miteinander verbundenen Sinnesdaten aufgebaut, die Sinnesdaten verschiedener Gegenstände machen den ›Geist‹ ihres Beobachters aus, und die Sinnesdaten der von mehreren Personen beobachteten Gegenstände sind die Realität einer (unbeweisbaren) Materie.

Russells Lösungsvorschlag zum psychophysischen Problem gliedert sich in eine alte Tradition ein, die in die Antike zurückreicht. Bei Heraklit war das ›ursprüngliche Etwas‹, das ›letzte Etwas‹ das *logos*, und in der frühen Neuzeit steht hierfür bei Spinoza (1632–1677) die *Gott-Natur*, wonach Gott sich in der Natur ›verwirklichen‹ soll.[90] Für Ostwald (1902) ist die *Energie* die gleichsam letzte Realität, die

Materie und Geist miteinander verbinden soll, während andere, neuere Vertreter des neutralen Monismus sich weitgehend damit begnügen, nur eine dem Materiellen wie dem Geistigen zugrunde liegende Gesetzlichkeit anzunehmen, ein einheitliches Geschehen zu unterstellen, ohne dafür einen eigenen Namen zu erfinden oder dieses angebliche ›letzte Etwas‹ mit bekannten physikalischen Phänomenen zu identifizieren. Das trifft etwa für Gradmann (1962, S. 200) zu, wenn er schlicht sagt: »Was wir an einem anderen beobachten und was dieser selbst erlebt..., sind nur zwei Kundgebungen ein und desselben Geschehens.«

Man wird nicht gerade behaupten können, daß der neutrale Monismus *in summa* die Diskussion des Materie-Geist-Problems wesentlich vorangebracht hat. Vielmehr wird in jedem der zitierten Beispiele genau das zu lösende Problem durch die Annahme einer unbekannten Substanz ins Unerforschte und Unerforschbare verlegt; und wenn die ›Substanz‹ bekannt ist, wie im Falle der Energie, werden ihr Eigenschaften des ›letzten Etwas‹ zugeschrieben, die abermals nicht beweisbar sind.

Ungelöst bleibt das Problem auch im *eliminativen Materialismus*, wo ›Geist‹ nur ein Begriff ist, der sich später einmal als überflüssig erweisen werde. Er wird *eliminiert* werden – nach der Auffassung des Behaviorismus wahrscheinlich nicht nur als ›Begriff‹, denn teilt man den makabren Optimismus Skinners, dann ist das menschliche Bewußtsein zu manipulieren durch eine ›Verhaltenstechnologie‹, eine *technology of behavior* (Skinner 1971). Auf eine Zukunft, gezeichnet nach Skinners Futurologie, wird sich vermutlich nur der freuen, der sein eigenes Bewußtsein (und somit sein *bewußtes Leben*) schon aufgegeben hat. Wer sonst, der noch einen Funken Menschlichkeit in sich trägt, soll sich denn mit Skinners Vorschlag einverstanden erklären, wir müßten unser Verhalten kollektiv formen – um den Preis, jede Individualität zu verlieren.

Erkenntnistheoretisch betrachtet ist der von J. B. Watson (1878–1950) begründete Behaviorismus dadurch zu kennzeichnen, daß er den Ausdruck ›Geist‹ also als ein Lückenparadigma (vgl. Anmerkung 32) akzeptiert, worin die Hoffnung eingeschlossen ist, das Paradigma werde eines Tages verschwinden (wohl an jenem Tag, wenn mit ihm sich auch das Individuum, das individuelle Bewußtsein, alle individuellen Werte aufgelöst haben – eine wahrlich begeisternde Vorstellung). Sieht man ab von den potentiellen inhumanen Konsequenzen des Behaviorismus (des eliminativen Materialismus), dann kann er als asymptotische Annäherung an den strikten Materialismus gesehen werden.

Eine weitere monistische Position liegt mit dem (monistischen) *Epiphänomenalismus* vor, dem Pendant zum dualistischen Epiphänomenalismus (siehe oben). Die These, daß der Geist nur eine ›Begleiterscheinung‹ des Materiellen ist, fand schon in der Philosophie von Epikur (342–270 v. Chr.) ihren Ausdruck; »sie ist verführerisch«, schreibt Grünthal (1968, S. 15), »imponierend durch ihre Einheitlichkeit, aber gewaltsam wirklichkeitsfremd mit ihrer Einseitigkeit«. Etwas präziser faßt sich Vollmer (1980, S. 37) in der Kritik an dieser These und bemerkt: »Wären Bewußtseinserscheinungen nur Epiphänomene physikalischer Prozesse, so wären sie für die Evolution entbehrlich. Die Stammesgeschichte wäre an keiner Stelle anders verlaufen, wenn es diese Epiphänomene nicht gäbe: Mensch und Tier würden sich aufgrund physikalisch-chemischer Reaktionen genau so verhalten, auch wenn sie keinen Schmerz empfänden, keine psychischen Vorgänge erlebten, kein Bewußtsein hätten. Im Epiphänomenalismus bleibt der gesamte Innenaspekt unerklärt.« Trotzdem hat der (monistische) Epiphänomenalismus seine Anhänger auch in neuerer Zeit gefunden und ist in Würde ergraut.

Für Büchner (1864, S. 135) zieht sich »vom Thier bis zum höchstgebildeten Menschen... eine ununterbrochene Stufenleiter geistiger Qualitäten« – womit also Geistiges nicht, so wie im strikten Materialismus, geleugnet wird. Indes wird das Gehirn in Büchners Sicht (durchaus richtig) als das psychophysische Substrat ausgewiesen. Ähnlich dachten auch Pierre J. G. Cabanis (1757–1808) und Thomas H. Huxley (1825–1895).

Als nächste Spielart des Monismus ist der *Hylemorphismus* zu erwähnen, der in der Betrachtung von Materie und Geist als nur *begrifflich* auflösbare Einheit stark an den neutralen Monismus erinnert. Tatsächlich ist der Hylemorphismus eine Position, die gleichsam über dem Dualismus im Sinne des Animismus und über dem Monismus im Sinne des strikten Materialismus steht, so wie sie auch den Spiritualismus überwindet. Das wird deutlich insbesondere bei Aristoteles, der die Seele zwar für immateriell hielt, sie aber in Verbindung mit dem Körper meinte, nämlich im Verhältnis von *Form* zu *Stoff*. Die Seele – das ist danach die belebende, die gestaltende und die zwecksetzende ›Kraft‹ des Organismus (ich darf hier an die Entelechie erinnern); und sie dient bei den Pflanzen als formendes Assimilationsvermögen, bei Tieren treten dazu die Sinnesempfindungen und die Bewegung, während die menschliche Seele schließlich noch durch die Vernunft zu kennzeichnen ist (vgl. Grünthal 1968).

Soweit Aristoteles. Etwas ausführlicher darlegen will ich jetzt den *Identismus*, im vorliegenden Abschnitt aber mit Beschränkung auf den *panpsychistischen Identismus*; der Emergentismus wird als Ausgangspunkt der systemtheoretischen Betrachtung des psychophysischen Problems im nächsten Abschnitt zur Diskussion stehen.

Zunächst ist zu sagen, daß ›Identismus‹ ein mehrdeutiger Begriff ist, da unterschiedliche Positionen der Naturphilosophie im allgemeinen und im Hinblick auf das psychophysische Problem im besonderen in einem als Identismus zu kennzeichnenden System konvergieren. Dabei ist eine genaue Abgrenzung dieser Positionen einerseits oft schwer möglich, andererseits sind die Unterschiede doch nicht zu übersehen. Ich sollte dem Leser die Sache aber nicht durch unnötige systematische ›Feinheiten‹ vergällen, bin auf der anderen Seite trotzdem darauf bedacht, ideengeschichtliche Zusammenhänge nicht illegitim zu vereinfachen.

Eine ursprüngliche Form des Identismus ist der *Hylozoismus*, der bereits auf S. 123 angedeutet wurde und der von den ionischen Naturphilosophen aus der Taufe gehoben worden war (vgl. Anmerkung 61). Dabei wird alles, was sich bewegt – sei es aus eigener Kraft (Lebewesen) oder durch Antrieb bestimmter physikalischer Gesetzlichkeiten (z.B. der Wasserstrom) – als belebt gedeutet und letztendlich auf psychische (geistige) Phänomene reduziert. Stöhr (1909) hat diesen ›Lebensbegriff‹, der somit zugleich ein ›Seelenbegriff‹ ist, unter der Bezeichnung *Panzoismus* gestellt und davon den *Pyrozoismus* unterschieden. Für die zweitgenannte Auffassung hat die Feuerbewegung (Wärmebewegung) Bewußtsein und ist selbst schon Leben: »Die Feuerbewegung und Wärmebewegung ist selbst Leben und hat das Bewußtsein; das Bewußtsein selbst ist ein Leben und hat das Leben der atomistischen Feuer- und Wärmebewegung sozusagen als Leib« (Stöhr 1909, S. 7).

Eng verknüpft ist der Pyrozoismus also mit der Atomistik, doch »die materielle Lebenseigenschaft der organlosen Selbstbewegung kommt bei Demokrit noch allen Atomen zu, auch wenn sie keine

Feueratome sind« (Stöhr 1909, S. 6). Man darf den Hylozoismus dieser oder jener Prägung nicht mit dem Spiritualismus oder mit dem Animismus verwechseln; denn während, wie gesagt, der Sprituralismus nur Geistiges als gegeben akzeptiert und im Animismus die Materie erst durch den Geist belebt *wird*, *ist* im Hylozoismus die Materie belebt (und beseelt).

Vom älteren Hylozoismus[91] – der später noch z.B. bei Giordano Bruno seinen Niederschlag gefunden hat – ist der im 18. und 19. Jahrhundert angesetzte Identismus abzuheben, der bereits weitgehend mit der Evolutionstheorie in Verbindung steht. Die mit der Begründung der Evolutionslehre gefestigte These von einer allmählichen Entwicklung aller Organismen, also auch des Menschen als eines mit Vernunft begabten Wesens, mündete folgerichtig in die Frage: *Woher* stammen seelische bzw. geistige Eigenschaften? Eine denkbare Antwort darauf war zunächst, daß diese Eigenschaften in bestimmten, einfachsten Vorstufen *aller* Materie eigen sind und sich entsprechend der Komplizierung materieller Strukturen in der Evolution weiterentwickelt haben – bis hin zu den komplexen Phänomenen des menschlichen Bewußtseins.

Einer solchen Position hat sich Denis Diderot deutlich genähert, und Ernst Haeckel (1899, 1905) hat dann versucht, vor dem Hintergrund seiner ›monistischen Philosophie‹ die Entwicklung des Seelischen in die Entwicklung des Organischen einzufügen, wobei er auf die Annahme zurückgriff, daß die Seele von einem ›Psychoplasma‹ abhängig ist, sich in Vorstufen mithin bereits auf dem untersten Niveau des Lebendigen manifestieren muß. Im einzelnen führte Haeckel (1899, S. 47) folgendes aus: »Beim Menschen und den höheren Thieren ist das Psychoplasma [die Seelensubstanz], zufolge der vorgeschrittenen Arbeitsteilung der Organe und Gewebe, ein differenzierterer Bestandtheil des Nervensystems, des Neuroplasma... Bei den niederen Thieren dagegen, die noch keine gesonderten Nerven und Sinnesorgane besitzen, ist das Psychoplasma noch nicht zur selbständigen Differenzierung gelangt, ebenso wie bei den Pflanzen.« Haeckel sprach dann weiterhin von einem ›Zellular-Gedächtnis‹, von der ›Zellseele‹ (Zytopsyche), von der ›Gewebe-Seele‹ (Histopsyche), von der ›Pflanzen-Seele‹ (Phytopsyche) und anderem mehr – alles etwas verwirrend und gleichzeitig die komplizierten Phänomene doch auch naiv vereinfachend.

Die somit von Haeckel eingenommene Position ist ein panpsychistischer Identismus oder *Panpsychismus*. Diese Lehre ist allgemein zu definieren durch die Annahme, daß »alle Gegenstände der Welt, nicht nur Menschen und Tiere, sondern auch Pflanzen und sogar Objekte, die wir üblicherweise als ›unbelebt‹ klassifizieren, eine ›innere‹ oder ›psychische‹ Existenz aufweisen« (Edwards 1967, S. 22). Der seit Haeckel vertretene Panpsychismus aber ist, wie bemerkt, zu unterscheiden von hylozoistischen Vorstellungen, da er nicht alle Gegenstände dieser Welt einfach als beseelt deklariert, sondern der Materie die Eigenschaft zuschreibt, psychische bzw. geistige Phänomene hervorbringen zu *können*, so daß die Materie gewissermaßen nur die Anlagen für diese Phänomene in sich birgt, also *proto*psychische Komponenten zeigt. Dies bedeutet, mit anderen Worten, eine ambivalente Natur der Materie, »die bei der phylogenetischen wie ontogenetischen Entwicklung des hochkomplizierten Systems eines Gehirns so wie in jedem neuen System prinzipiell neue Eigenschaften und schließlich echte psychische Phänomene sukzessive zustande kommen läßt« (Rensch 1979, S. 153).

Um zu vermeiden, daß diese Auffassung mit dem Hylozoismus gleichgesetzt wird, hat Rensch (1979) anstelle der Bezeichnung ›Panpsychismus‹ – die er selbst in früheren Arbeiten (Rensch 1968, 1977a, b, c) gebraucht hatte[92] – den Ausdruck *Panprotopsychismus* vorgeschlagen. Das von Rensch ausgebreitete System des Pan(proto-)psychismus ist im 20. Jahrhundert das profundeste und umfassendste aus der Feder eines Biologen und Naturphilosophen. Obwohl zwischen diesem Gedankengebäude und der im nächsten Abschnitt darzustellenden systemtheoretischen Perspektive Unterschiede gegeben sind, ist die Ähnlichkeit nicht zu übersehen, die Rensch in seiner Argumentationsweise dazu bekundet (wovon ich mich auch in persönlichen Gesprächen mit Rensch wiederholt überzeugen konnte). Denn die Ausgangsbasis, und das muß hier besonders betont werden, ist da wie dort die Evolution, die Evolutionstheorie.

»Die stets zwangsläufige Anpassung der nervösen Reaktionen von Lebewesen und der ihnen zugeordneten Phänomene an [die] gesetzlich bestimmten Relationen der... Umwelt haben im Laufe der Evolution zu immer höheren und der Umwelt adäquateren Integrationsstufen der Phänomene geführt, bis schließlich die Bewußtseinserscheinungen dem *homo sapiens* es möglich machten, sein eigenes Wesen, seine Evolution und die Weltgesetze zu erkennen« – mit diesen Worten faßt Rensch (1968, S. 200) seine Ansicht über die Evolution psychischer und geistiger Phänomene zusammen. (Für den an Details interessierten Leser darf ich noch einmal auf meine Arbeit über die Naturphilosophie Renschs verweisen; vgl. Wuketits 1978a).

Die Auffassungen von Rensch sind vor allem von Strombach (1968) aufgegriffen worden, wenn man auch diesen Autor nicht ohne weiteres als einen Vertreter des Panpsychismus (oder Panprotopsychismus) schlechthin bezeichnen kann. Einem Panpsychismus zumindest nahe kommt in gewissem Sinne auch Hoimar v. Ditfurth (1976, S. 15) mit der Behauptung, »daß die Wurzeln des Bewußtseins älter sein müssen als alle Gehirne«. Dazu aber noch weiter unten.

Ein historischer Rückblick auf die ersten Jahrzehnte unseres Jahrhunderts läßt mehrere Biologen und Philosophen als Repräsentanten eines Panpsychismus erscheinen. Einige davon sind dem Neovitalismus zuzuordnen und haben in diesem Rahmen eine panpsychistische Deutung des Lebensfaktors gegeben, was ich an entsprechender Stelle in diesem Buch bereits erwähnte. Nochmals hinweisen möchte ich hier auf Francé, der sich vor allem mit dem ›Sinnesleben‹ der Pflanzen beschäftigte und zu der Auffassung kam, daß schon diesen Organismen psychisches Vermögen zugesprochen werden müsse. Generell nahm Francé für alle Lebewesen vitale Potenzen an, im Sinne spezieller Lebensfaktoren, und interpretierte diese analog zum *Bewußt*-Psychischen (vgl. Sapper 1928).

Ferner muß Alfred N. Whitehead (1861–1947) als ein Fürsprecher des Panpsychismus erwähnt werden. »In Analogie zu Spinoza«, so schrieb B. Russells einstiger Lehrer, »ist seine eine Substanz für mich die eine Aktivität der Realisierung, sich individualisierend in einer Vielfalt ineinander geschachtelter Wirkungsweisen« (Whitehead 1926 [1975, S. 89]).[93] Und an anderer Stelle heißt es: »Unser Wissen über die Natur ist eine Erfahrung der Aktivität« (Whitehead 1920 [1971, S. 185]). Die Philosophie Whiteheads, die hier nur gestreift wird, ist eine *Prozeßphilosophie*, die den dynamischen Gesichtspunkt der Wirklichkeit in den Vordergrund rückt, so daß hierfür abermals die alte Metapher ›alles fließt‹ ihre Bedeutung erhält.[94] Der Angelpunkt der *panpsychistischen* Argumentation bei Whitehead indes ist der: Das individuelle Lebewesen soll die Enthüllung des ›Wesens‹ des Organischen sein; und alle Objekte der Natur seien dessen beständige

Bauelemente, als solche aber nur Eigenschaften des *Werdens*. Wenn Whitehead schließlich aller Materie einen ›physikalischen Gefühlssinn‹ (*physical feeling*) zuerkennt, dann mag das der von Rensch angenommenen protopsychischen Natur der Materie entsprechen.

In einer historischen Übersicht über die panpsychistisch ausgerichteten Lehren führt denn auch Rensch (1979) die Philosophie Whiteheads an und bezieht sich außerdem beispielsweise auch auf Feigl, der vielfach als ein Protagonist des Panpsychismus gesehen wird, obwohl er selbst sich ›nur‹ als Identist in einem sehr weiten Sinne versteht (vgl. Feigl 1973).

Ein für Rensch wichtiger Autor ist auch der Philosoph und Psychiater Theodor Ziehen (1862–1950), der in seinem ›Leitfaden der Physiologischen Psychologie‹ (1914, S. 457) den Schluß gezogen hatte: »Ursprünglich gegeben ist uns nur die psychische Reihe. Die materielle Reihe ist ein Teil der psychischen Reihe, sie deckt sich mit unseren Empfindungen und wird nur von unserer Ideenassoziation in eigenartiger Weise umgestaltet.«

Nicht zuletzt bezieht Rensch sich auf Erwin Schrödinger. Der Versuch einer Überwindung der Dualität von Materie und Geist hatte Schrödinger (1958) zu einem Identismus geführt und ihm schließlich ein Bekenntnis zum Panpsychismus abgerungen. »Bewußtsein ist mit dem Lernen der organischen Substanz verbunden«, meinte Schrödinger (1961, S. 90), »das organische Können ist unbewußt… Bewußt wird das Werdende; das Seiende ist unbewußt.« Und *wird* das Werdende bewußt – dann müßte eine Potenz, ein Vermögen zum ›Bewußtwerden‹ der Materie immanent sein. Diese Deutung der Materie ist übrigens ebenso auch von Schramm (1965) ausgesprochen worden, der zunächst die ›Welt des menschlichen Geistes‹ als eine ›Welt imaginärer Größen‹ kennzeichnet, um sodann auch molekularen Systemen solch imaginäre Werte zuzuschreiben, die sich in einer schrittweisen Entwicklung der Materie verwirklicht hätten.

Jenes Argument, in dem der Panpsychismus sich zur Deckung bringen läßt mit der in diesem Buch vertretenen Auffassung, ist das in all den zitierten Beispielen auf die eine oder die andere Weise akzentuierte ›dynamische Spiel‹ der Materie: der *dynamische* Materiebegriff. Daß also – wie Popper (in: Popper und Eccles 1977) unterstellt – der Panpsychismus einem Spiritualismus eher entspricht als einem (strikten) Materialismus, ist meines Erachtens unrichtig: Weder ist der Panpsychismus (in seinen modernen Versionen, wohlgemerkt) mit dem Spiritualismus noch mit dem (strikten) Materialismus gleichzusetzen, weil er eben beide zu überwinden sucht.

Eine identistische Position nun, an die man sich erinnert, wenn etwa (wie oben) von ›Potenzen‹ der Materie die Rede ist, ist der *dialektische Materialismus*. Er grenzt sich zwar in verschiedener Hinsicht vom Panpsychismus ab, ihn aber in dessen Nähe zu stellen, hat eine gewisse Berechtigung. Immerhin wird vom dialektischen Materialismus der Geist als eine *Bewegungsform* der Materie angesehen und – im Gegensatz zum strikten Materialismus – nicht geleugnet als ein Phänomen der realen Welt (vgl. Hörz und Wessel 1983).

Geistiges soll durch das ›dialektische Umschlagen‹ von Quantität in Qualität entstehen, der Materie wird gleichzeitig eine *Widerspiegelung* als allgemeine Eigenschaft zugeteilt. Nur als ein Beispiel für die vielen Vertreter der Widerspiegelungs-Theorie in den sozialistischen Ländern sei hier Fuchs-Kittowski (1976, S. 424) zitiert, wo es heißt: »Wenn vom dialektischen Materialismus die Hypothese von der Widerspiegelung als allgemeine Eigenschaft der Materie aufgestellt wird, dann sieht er dabei gleichzeitig, wie sich diese Eigenschaft auf dem Wege ihrer Entwicklung – durch quantitative Zunahme und qualitative Sprünge – über verschiedene Entwicklungsetappen zu immer höheren Formen der Widerspiegelung entwickelt.« (Siehe hierzu auch Fuchs-Kittowski 1979.)

Es ist mir durchaus bewußt, daß man das taditionsreiche System des dialektischen Materialismus durch einige wenige Bemerkungen nicht adäquat darstellen kann. Aber schon aus diesen Andeutungen hier mögen die Schwierigkeiten des dialektischen Materialismus in punkto Leib-Seele-Problem hervortreten: Sieht man einmal davon ab, daß der Begriff der Widerspiegelung im letzten etwas vage bleibt, dann haftet dem dialektischen Materialismus immer noch ein Kategorienfehler an. Vollmer (1980, S. 26) bemerkt dazu richtig: »Vor allem… kann Quantität sich niemals in Qualität verwandeln oder ›umschlagen‹. Hier liegt eine kategoriale Vermischung vor wie in dem Satz ›Nachts ist es kälter als draußen‹.« Wenn vorhin erwähnt wurde, daß die Evolution einen komplexen Integrationsprozeß beschreibt, dann ist dies *nicht* so zu verstehen, daß sich Quantitäten in Qualitäten verwandeln, sondern daß aus der Integration, von (quantitativ meßbaren) Elementen sich neue Qualitäten ergeben können.

Möge diese Übersicht über die monistischen Positionen zum psychophysischen Problem nun genügen. Die hier zuletzt aufgeführten *identistischen* Richtungen haben, zusammenfassend gesagt, soviel gemein: den Versuch einer Überbrückung zwischen Materie und Geist. Sowohl in der unter den moderneren panpsychistischen Auffassungen am besten formulierten Argumentation bei Bernhard Rensch als auch im dialektischen Materialismus ist der Rückbezug auf eine dynamische Konzeption von Materie, auf eine Evolution im weitesten Wortsinn, kennzeichnend. Unter allen besprochenen Positionen zum Materie-Geist-Problem sind der Panpsychismus (als Panprotopsychismus!) und der dialektische Materialismus die einzigen, die die Frage nach der *Entstehung* des Geistes (Bewußtseins) thematisieren. Die Schwierigkeiten des Panprotopsychismus liegen nur darin, daß sich protopsychische Eigenschaften der Materie erfahrungsgemäß nicht nachweisen lassen.

Also bleibt uns das Materie-Geist-Problem vorerst im wesentlichen erhalten. Als neue *Perspektive* dazu sind die folgenden Ausführungen zu verstehen, nicht als Lösungen, die keinen Widerstand mehr dulden. Ich will aber eines hoffen: dem Leser in der Folge die an sich triviale, zu oft aber vergessene enge Verknüpfung des menschlichen Bewußtseins mit dem (menschlichen) Leben vor Augen führen zu können – nein, diese Redeweise suggeriert schon wieder einen Dualismus; wir müssen sagen *unser Bewußtsein ist unser Leben.*

Die systemtheoretische Perspektive – Geist ist eine Eigenschaft des Gehirns

Nochmals zur Charakterisierung der Problemlage: Über das Verhältnis von Materie und Geist etwas aussagen zu wollen setzt immer schon unseren Geist, unser Bewußtsein *voraus.* Diese besondere Schwierigkeit angesichts des psychophysischen Problems mag viele Irrtümer entschuldigen, die in der Diskussion des Problems entstanden sind; und daraus mag die Haltung beispielsweise Immanuel Kants erklärbar sein (vgl. Anmerkung 88); und so ist es auch nicht weiter verwunderlich, daß die meisten der angebotenen ›Lösungen‹ zum Leib-Seele-Problem *Scheinlösungen* sind. Das Problem überhaupt für lösbar zu halten wird denn auch in den Augen manch eines Skeptikers als verwegen erscheinen: Sich am eigenen Schopf aus dem Sumpf ziehen zu wollen bereitet bekanntlich kein Vergnügen. Hätte man die Sicherheit, daß tatsächlich *alles*, was als Lösung des Problems angegeben werden kann, auf eine Scheinlösung hinausläuft, dann würde man gut daran tun, sich schleunigst von dem Problem abzuwenden. Was bliebe denn dann anderes, als einzustimmen in die mephistophelische Klage:

»Ich habe schimpflich mißgehandelt,
Ein großer Aufwand, schmählich! ist vertan.«

Eines darf dabei jedoch nicht übersehen werden: Wir haben die Möglichkeit, die biologischen *Vorbedingungen* für die Entstehung des (menschlichen) Bewußtseins zu rekonstruieren. Dabei bleibt, wie auf Seite 207 schon vorgezeichnet wurde, das alte Materie-Geist-Problem einzugrenzen auf das Gehirn-Bewußtseins-Problem. Für animistische, spiritualistische und hylozoistische Vorstellungen ist hier aber kein Platz mehr. Wer hat denn schon auch nur ein Indiz dafür erbringen können, daß der Geist die Materie zu ›beleben‹ vermag? Wo gibt es denn wirklich ernst zu nehmende Argumente für die Behauptung, daß alles, was wir als materiell erleben, Geist ist? Allein schon: Wie käme es denn dazu, daß – gäbe es nur den Geist, oder hätte der Geist gegenüber dem Materiellen Priorität – der Geist es uns erlaubt, nein, uns förmlich dazu zwingt, sich alle Welt *materiell* vorzustellen? – Lassen wir also diejenigen, die ihre Abende gern bei spiritistischen Sitzungen verbringen, mit ihrem Horoskop allein.

›Soll damit aber‹, so wird vielleicht der eine oder der andere Leser fragen, ›unter Hinweis auf für jeden vernünftigten Menschen ohnehin absurde Spielereien *prinzipiell* auch geleugnet werden, daß es so etwas wie *einmalige* Erfahrungen (Erlebnisse) gibt, die auch nur *ein* Mensch hat oder haben *kann*?‹ Sicher, es muß ja nicht gleich eine spiritistische Sitzung sein; es könnte ein Mensch, ganz allgemein gesagt, religiöse Erfahrungen gesammelt haben, die für einen anderen (z. B. für den Verfasser dieses Buches) einfach nicht nachvollziehbar sind. »Wer ist kompetent«, so fragt Löw (1982, S. 690), »die Schönheit von Beethovens As-Dur-Klaviersonate zu beurteilen, der unmusikalische Fachmann für Akustik, oder der Musikliebhaber, der sie vielfach gehört hat, der sie vielleicht selber sogar spielen kann?« Eine berechtigte Frage, gewiß, obwohl die Antwort auf der Hand liegt: der Musikliebhaber ist dafür kompetenter als der (unmusikalische) Akustiker. Ich zitiere diese Frage, weil sie einen Punkt trifft, über den es an dieser Stelle klare Verhältnisse zu schaffen gilt: den ›Punkt‹ subjektiver, individueller Lebenserfahrungen bzw. Erlebnisse, ob sich diese nun auf Religion, Musik oder auf sonst einen Bereich beziehen, der scheinbar nicht zu objektivieren ist.

Sicher wird niemand daran zweifeln, daß jeder Mensch viele subjektive Erfahrungen bzw. Erlebnisse ›vorweisen‹ kann, die ein anderer Mensch oft nur sehr schwer – wenn überhaupt – nachzuvollziehen in der Lage ist. Je intensiver, je ›bewußter‹ ein Mensch lebt, um so größer wird die Fülle solcher Erfahrungen sein, Erfahrungen, die ihm Befriedigung ebenso bereiten wie seelische Bedrängnis, Erfahrungen, die *sein* Leben bereichern. Es ist ja doch gerade ein Symptom unserer Zeit (und nicht nur *unserer* Zeit), daß viele Menschen unterschiedlicher Lebensalter in eine ›Sinnkrise‹ geraten, weil sie sich subjektiv ohnmächtig fühlen. Der Leser, der mir bis hierher gefolgt ist, wird längst schon erkannt haben, daß das vorliegende Buch in letzter Instanz ein Fingerzeig sein soll auf die Notwendigkeit und Möglichkeit, den Fragenden – und das ist in diesem Zusammenhang jeder, dem das Leben in weitester Wortbedeutung, unter Einschluß des subjektiven (Er-)Lebens also, ein Anliegen ist – *zum Leben zurückzuführen.* Mehr als ein Fingerzeig freilich kann der vorgelegte Versuch einer biophilosophischen Synthese dazu nicht sein. Aber derjenige, der sich – ausgehend von einem solchen Versuch – selbst Interpretationen der Position seines *eigenen* Lebens zusammenzureimen versteht, wird denn auch unschwer weitere Schritte tun können: Schritte in Richtung eines ›Sich-selbst-Begreifens‹.

Daß wir allerorten Menschen begegnen, die das Bewußtsein ihrer eigenen Lebendigkeit – und mithin diese Lebendigkeit selbst – weitgehend verloren haben, liegt daran, daß diese Menschen häufig politischen, religiösen und anderen Demagogen glauben, die ihre eigenen, wiederum subjektiven Erfahrungen, Erlebnisse, Bedürfnisse zum allgemeinen Maßstab erheben wollen; und die Gelüste nach einer Versklavung des Individuums werden von einer in unserer Zeit beängstigend zunehmenden Bürokratisierung begleitet, die – als Mittel zum vermeintlich ›guten Zweck‹ – den einzelnen ›verwaltet‹, d.h. zu entmündigen trachtet. Es mischen sich Bürokraten in alle erdenklichen Lebensbelange des *einzelnen* ein, Lebensbelange, die in ihrer Eigenart den einen und jeweils *nur den einen* Menschen betreffen, die einen anderen nicht nur nichts angehen, sondern die zumal ein engstirniger Bürokrat auch gar nicht zu verstehen in der Lage ist.

Andererseits haben »gesunde Menschen«, wie Schipperges (1978, S. 3) mit Nachdruck betont – und ich sage: lebendige Menschen –, »noch nie eine bürokratische Einmischung und therapeutische Hilfestellung nötig gehabt, wenn es darum ging, einen Gefährten zu finden, Kinder in die Welt zu setzen, das Zeitliche zu segnen«. Da sich aber viele von ihrem eigenen Leben beurlauben lassen, werden sie zu Wickelkindern derer, die die subjektive Hilflosigkeit in die Befriedigung ihrer eigenen Lebensbedürfnisse umzumünzen wissen. Und setzt man die Diagnose der Erkrankung unserer Zivilisation an der schon eingangs apostrophierten Illusionsbedürftigkeit an, dann ist im Grunde recht einfach zu erkennen, daß viele Menschen an Widersinniges wie Ungeheuerliches glauben, das sich letztlich pathologisch äußert: beispielsweise in der Überzeugung, eine friedliche Koexistenz der Völker sei nur durch gegenseitige atomare Bedrohung zu gewährleisten. Und wie schnell wird doch ein im Kopf eines einzelnen geborener Mythos zur kollektiven Idee, die dann ihrerseits die Involution des kollektiven Intellekts beschleunigt, um hernach das Individuum noch mehr zu bedrücken. Daher ist wohl auch »die alte, immer wiederkehrende, morbide Sehnsucht nach ›Untergängen‹ der Menschheit, des Abendlandes, der Wissenschaft etc. ... nichts anderes ... als die Verzweiflung des in der Masse immer mehr zu kurz kommenden Individuums, das seinen eigenen geistigen und leiblichen Tod auf die kollektive Vernunft zu projizieren versucht« (Oeser 1983, S. 151). Leben – was ist das schon!? So gibt uns die Dichtung, in stoischem Gleichmut oder auch in höchster Verzweiflung ihrer Urheber, seit Jahrtausenden eine resignierende Antwort; in dem folgenden Vers von John Galsworthy beispielsweise:

»Leben, was ist's?
In ruh'ndem Meer ein wogend Auf und Ab;
In grauem Aschenbrand ein flackernd Licht;
Ein wacher Wind in luftlos dumpfem Grab.«

Die Abgründe des ›Menschseins‹ jedenfalls sind tief. Was also wäre wichtiger, als das menschliche Bewußtsein in allen seinen Irrungen zu seinen Wurzeln zurückführen zu können, verstehen zu lernen, wo und wie die (menschliche) Unvernunft die Vernunft in die Falle zu locken vermag!? Es wird sich – nur unter der Voraussetzung natürlich, daß die Menschheit die nächsten Jahrhunderte überlebt – zeigen, ob man unser Zeitalter einmal als das ›Zeitalter der Abklärung‹, das eine ›zweite Aufklärung‹ nach sich zieht, bezeichnen wird (Riedl 1982). Nötiger denn je haben wir die Einsicht in die ›realen Gründe‹ unseres Bewußtseins – wenn wir Leben so gestalten wollen, daß es dieses Wort verdient! Dieses Leben umfaßt zweifelsfrei auch die Fülle subjektiven Erlebens. Der Respekt vor dem individuellen Leben – und sollte dieses in dem einen oder dem anderen Fall höchst skurril in den Augen ›eines Anderen‹ sich vollziehen (solange es ›dem Anderen‹ nur nicht schadet!) – ist hier gleichsam die *ethische Minimalforderung*, die nur der ablehnen wird, der lieber von Sklaven als von Menschen umgeben ist.

Nicht weniger deutlich aber muß auch gesagt werden, daß die individuelle Vielfalt subjektiven Erlebens, die individuelle Bewußtseinsentfaltung, uns nicht hindert, aus der Sicht einer naturwissenschaftlich orientierten Philosophie *nach rationalen Beschreibungen und Erklärungen der komplexen Bewußtseinsphänomene zu suchen, ja das Irrationale gar zu rationalisieren.* Dies ist, mit anderen Worten, die Möglichkeit, subjektives Erleben, Introspektion, in Verbindung zu bringen mit naturwissenschaftlich (rational) begreifbaren physiologischen Vorgängen des Gehirns bzw. ZNS (D. L. Wilson 1976). Erst daraus wird die Fehlbarkeit menschlichen Denkens und Handelns zu ersehen sein. In einem Akt der *Erkenntnis ohne Illusion* (Wuketits 1983c) werden wir in die Lage versetzt, die Schwächen unseres eigenen Erkennens transparent zu machen, wobei allein diese Möglichkeit ›illusionsloser Erkenntnis‹ die große Stärke des menschlichen Denkens wäre.

Ich sehe nicht ein, warum so oft behauptet wird, daß eine (naturwissenschaftliche) Analyse subjektiver Phänomene, subjektiver Bewußtseinszustände – sofern diese Analyse nur möglich ist – zu einer Leugnung solcher Phänomene führen soll. Wer das behauptet, verwechselt Ursache mit Wirkung und unterliegt einem Kategorienfehler. Denn *zunächst* bin ich ja selbst Subjekt und als solches meiner eigenen und anderer Menschen Subjektivität gewahr, und erst *danach* versuche ich, diese auch (natur-)wissenschaftlich, so gut es eben geht, zu beschreiben bzw. zu erklären.

Damit also wird die Subjektivität als Kategorie menschlicher Existenz – wird das Erlebnis etwa eines Musikliebhabers beim Anhören oder Spielen eines Klavierstücks – nicht vernachlässigt oder gar bestritten, sondern nur erklärt oder gedeutet. Schließlich verliert ja auch beispielsweise ein Molekularbiologe nicht automatisch seine Fähigkeit, Natur einfach nur zu bewundern, ohne dabei jedesmal seinen wissenschaftlichen Standpunkt einzubringen. Geschieht dies dennoch, kann er es gewissermaßen nur noch ›verkopft‹ reagieren, eben etwas verändert, das aber keineswegs aus der Molekularbiologie erklärbar ist, sondern aus einer spezifischen ›geistigen Situation‹ des betreffenden Forschers. Es wäre also lächerlich, den Verlust der Fähigkeit, Natur subjektiv erleben zu können, einer wissenschaftlichen Methodik anzulasten. Dieser Verlust nämlich hängt ursächlich nicht mit molekularbiologischer Forschungsarbeit zusammen, sondern mit einer wesentlich tiefer liegenden ›Geisteshaltung‹, die Wissenschaft nur als Alibi benutzt, um eine Teleologie zu rechtfertigen: Danach hätten die Molekularbiologen festgestellt, Leben wäre nichts anderes als eine Ansammlung toter Atome. Einem Wissenschaftler wie Konrad Lorenz etwa hat seine akribische Forschungstätigkeit keineswegs den Blick auf die Großartigkeit natürlicher Phänomene verstellt – im Gegenteil. Gerade weil er von früher Kindheit an mit Tieren zu tun hatte, wurde er zum Tierliebhaber, dessen Neugierde sich gewissermaßen zwangsläufig zu wissenschaftlichem Interesse entwickelte.

Wenn Löw (1982) seine kritische Stimme gegen jene erhebt, die aus der (natur-)wissenschaftlichen Annäherung an subjektive Erlebnisse gleich auch die Konsequenz ziehen, daß es diese Erlebnisse in ihrer Einzigartigkeit nicht gibt, dann bin ich mit ihm, wie es in manchem persönlichen Gespräch schon der Fall war, durchaus eins. Tatsächlich braucht man sich nur nochmals die hinter dem mechanistischen Lebensbegriff liegende Philosophie zu vergegenwärtigen, die in weiten Teilen in der heutigen Medizin ihre Auferstehung feiert, oder die Folgen des nicht minder mechanistisch ausgerichteten Behaviorismus, der ja noch immer das ›Erziehungswesen‹ nicht unmaßgeblich beeinflußt, um zu sehen, daß diese Art der Argumentation dazu führen kann, die Vielfalt des Lebendigen zu irgnorieren.

Suchen wir aber nach einem breiteren Rahmen für unser ›Lebensverständnis‹, indem wir das Leben in seinen vielschichtigen Ausprägungen (menschliches Leben eingeschlossen) ergründen, dann wird das Resultat einer biophilosophischen Reflexion nicht nur *nicht* darin bestehen, Leben armselig zu rationalisieren, sondern darin, das Lebendige als eine spezifische Kategorie der realen Welt zu erfassen. Nicht die *Inhalte* subjektiven Erlebens (vermittelt durch ein Klavierkonzert, ein Gemälde, eine religiöse Andacht, eine graziöse Varieté-Tänzerin) meine ich zum Gegenstand biophilosophischer Reflexionen erklären zu können, sondern die *Voraussetzungen* dafür, daß einem Menschen überhaupt dieses oder jenes (subjektiv) ›etwas bedeuten‹ kann.

Hier also will die Frage einer Antwort näher gebracht werden, worin die biologischen Bedingungen menschlicher ›Bewußtheit‹ in ihren vielfältigen individuellen Formen (mit allen ihren Fehlleistungen natürlich!) begründet liegen.

Die Basis eines jeden Versuchs, diese Probleme zu lösen, ist die Evidenz des (bewußten) Erlebens; dies heißt, daß man sich sprachlich über Bewußtseinszustände mitteilen kann, daß diese subjektiven Phänomene durchaus *intersubjektiv* kommunizierbar sind. Der Ehrgeiz einer Wissenschaft vom Leben in umfänglichstem Sinne muß darin bestehen, auch über komplizierte Phänomene des Bewußtseins sich zumindest so weit (sprachlich) intersubjektiv verständigen zu können, daß eine halbwegs plausible Erklärung dieser Phänomene zustande kommt. Strombach (1979) sagt aus, die Verflochtenheit des Menschen in die Natur sei eine doppelte: erstens eine horizontale im Hinblick auf das ›Mitsein‹ in der Umwelt und in der Gesellschaft, zweitens eine vertikale hinsichtlich der Entwicklung, der Evolution. »Und von dieser Position aus mit all den sich ergebenden Konsequenzen an Freiheit und Gebundensein durch Erfahrungen, sprachlich-begriffliche Repräsentation und psychische Assoziationen, treibt er [der Mensch] Wissenschaft« (Strombach 1979, S. 323). Diese Verflochtenheit, dieses ›Eingebundensein‹ des Menschen in die Natur geht stets als unabdingbare Voraussetzung in die Wissenschaft ein. So mag der Leser vielleicht (und hoffentlich) auch die *realistische* Haltung verstehen, die – wie im Prolog vorweggenommen wurde – in diesem Buch beizubehalten bleibt.

Subjektives Erleben ist ob seiner unmittelbar für jeden einsichtigen (von jedem selbst erfahrenen) Gegebenheit also für *real* zu nehmen. Zum subjektiven Erleben jedes Menschen zählt aber nicht nur die Erfahrung seines eigenen Selbst, seines eigenen (subjektiven) Daseins, sondern ebenso auch die Erfahrung einer außersubjektiven Welt, die nicht Produkt unserer Einbildungskraft sein kann und mithin gleichfalls *real* ist. Nicht minder *real* ist aber, daß jeder Mensch mit einem biologischen Organ ausgestattet ist, dem Gehirn, welches der Träger allen Erlebens ist.

Die Frage, um die es geht, ist die: Wie kommt es zur Entstehung des Bewußtseins ›im Gehirn‹? Da das Gehirn, so wie jede biologische Struktur, das Resultat einer Evolution sein muß, besteht das Problem in der Hauptsache in der Entwicklungsgeschichte des menschlichen Bewußtseins und Erkenntnisvermögens.

Was nun folgt, ist zu verstehen als:

Ein Blick hinter die Kulissen der Vernunft

Wie kaum jemand zuvor hat Darwin (1871 [1966]) die enge Beziehung zwischen der *Bio*-Evolution des Menschen und seiner *psychischen* und *geistigen* Entwicklung gesehen. Dieser evolutionären Sichtweise des Psychischen und Geistigen folgt heute die *evolutionäre Erkenntnistheorie*, eines der herausragendsten Konzepte modernen naturwissenschaftlich-philosophischen Denkens. (Siehe hierzu Bartley 1983, D. T. Campbell 1974 b, Kaspar 1981, Lorenz 1973, Lorenz und Wuketits 1983, Mohr 1981, Oeser 1976, Olding 1983, Popper 1972, Riedl 1980, 1982, 1984b, Tennant 1983, Vollmer 1975, 1980, Wuketits 1984a, d.) Die evolutionäre Erkenntnistheorie ist einem *emergentistischen* (›fulgurationistischen‹) Standpunkt adäquat, der beispielsweise auch bei Bunge (1977, 1979b, 1980) sowie Bunge und Llinás (1978) zu finden ist.

Aus der systemtheoretisch orientierten emergentistischen Perspektive läßt sich, wie an anderer Stelle schon zusammengefaßt wurde (vgl. Wuketits 1981a), zunächst dreierlei festhalten:

- Die Bedingungen für die Ausprägung der Eigenheiten des menschlichen Gehirns (siehe unten) liegen in der Bio-Evolution, etwas genauer: in der Evolution der Hominiden (vgl. Anmerkung 20).
- Auch die Entstehung des Bewußtseins fügt sich ein in die Evolution. Zwar sind Bewußtseinsleistungen gegenüber anderen, im Tierreich weitverbreiteten Gehirnleistungen etwas qualitativ Neues, ihrer Entstehung jedoch gehen dieselben Mechanismen voraus wie der Entstehung ›evolutiver Neuheiten‹ im allgemeinen.

Abb. 15: Skizze des menschlichen Gehirns. C = Cerebrum (Großhirn), LS = Limbisches System (siehe S. 338, Anm. 101), T = Thalamus (eine große Ansammlung von Nervenzellen, die teilweise für die Übertragung von Hautempfindungen zuständig sind), HT = Hypothalamus (Gehirnteil, der für die Kontrolle der Eingeweide zuständig ist, z.B. in bezug auf die Temperatur), H = Hypophyse (Hirnanhangdrüse, eine innersekretorische Drüse, wichtig etwa für die Hormonbildung im Gehirn), HS = Hirnstamm, Z = Zirbeldrüse, Cc = Corpus callosum (Bahn, die fast alle Areale der linken und rechten Gehirnhälfte verbindet), K = Kleinhirn, M = Mittelhirn. (Nach verschiedenen Autoren.)

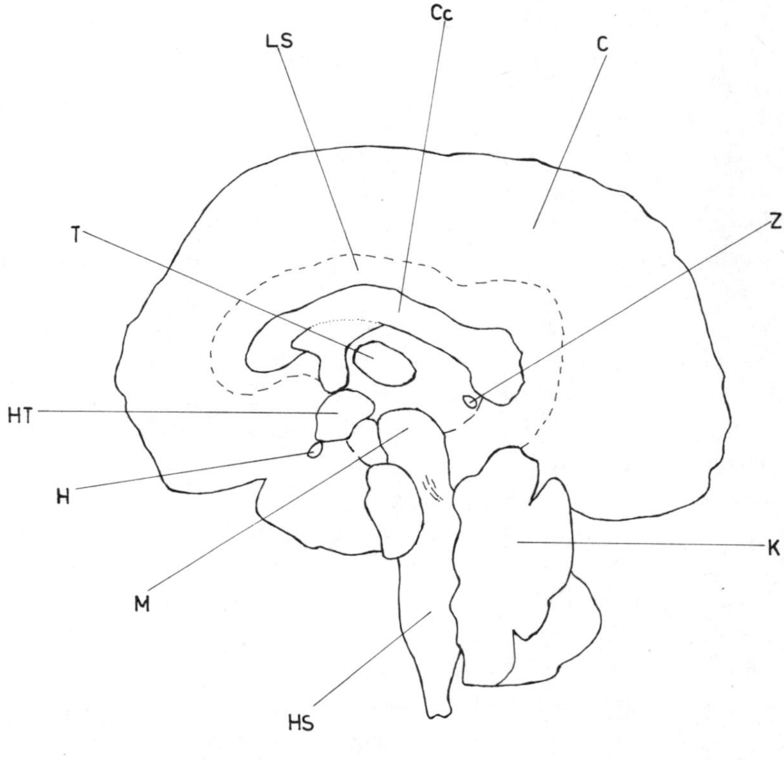

– In der Evolution entstehen zuvor auch ansatzweise nicht vorhandene, vorher nie dagewesene Systemeigenschaften durch spezifische Zusammenschaltungen (Integrationen) von Elementen. Demnach entstand mit der menschlichen Gehirnstruktur als Folge des gleichen Prinzips eine Struktur mit neuen Systemeigenschaften – es entstand also das Bewußtsein durch die Integration von Gehirnelementen (Neuronen bzw. Gehirn-, Nervenzellen).

Der evolutionäre Gesichtspunkt auf jeden Fall ist der einzige vielversprechende im Kunterbunt der Meinungen über das ›Wesen‹ unseres Bewußtseins. »Wenn man den psychischen Bereich im wahrsten Sinne des Wortes ›von unten angeht‹, wenn man also den gleichen Weg abschreitet, auf dem sich in den letzten Jahrmilliarden auf der Erde aus biologischen Möglichkeiten und Bedürfnissen Schritt für Schritt psychische Funktionen entwickelt haben, dann wird mit einem Male die historisch gewachsene Natur auch unseres eigenen Bewußtseins erkennbar. Wie alles andere, was es auf dieser Welt gibt, so ist auch dieses Bewußtsein in allen seinen Besonderheiten das Produkt einer realen Geschichte« (Ditfurth 1976, S. 15f.).

Das dem Menschen eigene Bewußtsein aber ist in der Evolution sehr spät entstanden; es ist so jung, daß es die Probe der Evolution (Selektion) noch nicht überstanden hat. Indem wir die Geschichte unseres Bewußtseins zurückverfolgen, gelangen wir nämlich zu der Einsicht, »daß unser bewußtes Erkenntnisvermögen der jüngste Überbau ist über einem Kontinuum von Erkenntnisprozessen, das so alt ist wie das Leben auf diesem Planeten[95]; daß es ferner als die jüngste Schicht der erkenntnisgewinnenden Prozesse noch die geringste Prüfung und Läuterung an der realen Welt erfahren hat; daß diese Vernunft ob der raschen Zunahme des Erfaßbaren und Reflektierbaren zusammen mit einem nicht minder beschleunigten Wandel der Bedingungen von Prüfung und Selektion Schwierigkeiten grundsätzlicher Art begegnen muß« (Riedl 1980, S. 13).

Was aber macht nun diesen ›jüngsten Überbau in der Evolution des Lebenden‹ aus? Wie kam es zu seiner Entstehung?

Noch einmal zur Erinnerung: Es ist davon auszugehen, daß das Bewußtsein gleichsam ein spezifischer Ausdruck des (menschlichen) Gehirns bzw. ZNS ist.[96] Das Bewußtsein also vom Gehirn trennen zu wollen ist absurd. Um aber einem dem Gegenstand fernerstehenden Leser die Orientierung im Bereich des Gehirns zu erleichtern, gebe ich in Abb. 15 ein Schema des menschlichen Gehirns. Darüber hinaus soll, in Abb. 16, der Unterschied in den Gehirngrößen einiger Primaten veranschaulicht und die Zunahme des Gehirnvolumens in der Evolution der Hominiden verdeutlicht werden.

Das Gehirn des Menschen erscheint, strukturell, als ein *dreidimensionales Netzwerk von ca. 10 bis 15 Milliarden Neuronen* (vgl. z.B. Nauta und Feirtag 1979). Die Verbindungen zwischen diesen Neuro-

Abb. 16: Oben: Unterschiede in der Gehirngröße einiger Primaten. 1 Schimpanse, 2 *Australopithecus*, 3 *homo sapiens.* (Nach Rensch 1970.) Unten: Zunahme des Gehirnvolumens in der Evolution der Hominiden. 1 *Australopithecus* (ca. 500 cm^3), 2 *homo erectus* (ca. 800 bis 1200 cm^3), 3 Neandertaler (ca. 1350 cm^3), 4 *homo sapiens sapiens* (ca. 1500 cm^3). (Aus Wuketits 1982c, dort nach der Vorlage von verschiedenen Autoren.)

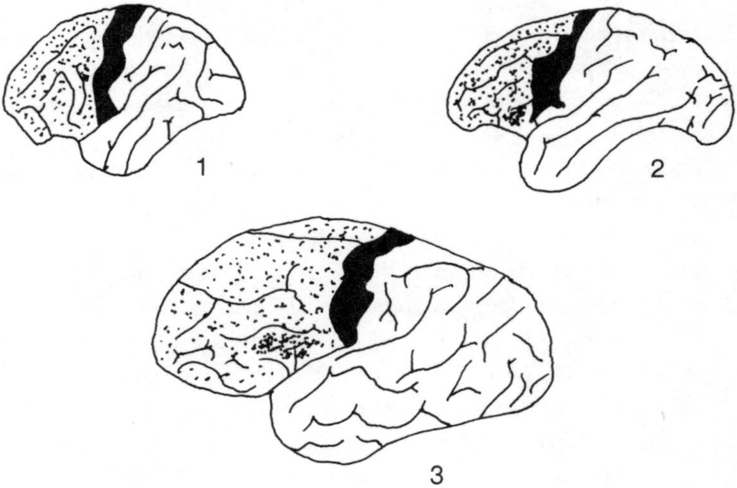

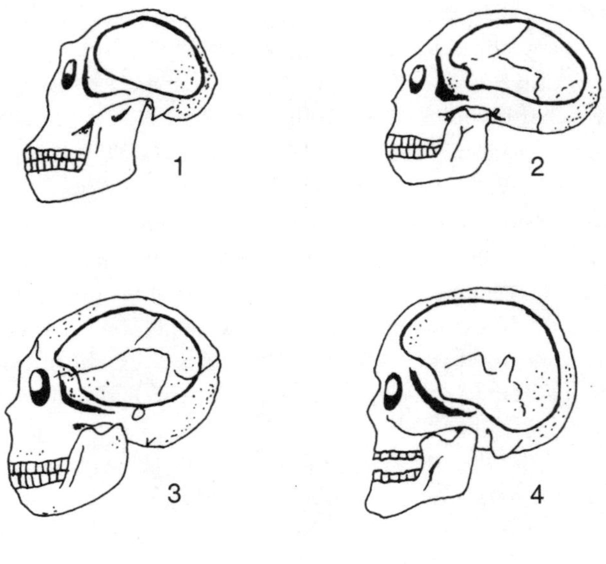

nen sind die *Synapsen*, deren Zahl sich nur schätzen läßt, wobei es (nach Hubel 1979) nicht übertrieben ist, dafür eine Zahl von einer Milliarde Milliarden (!) anzunehmen. Die Neuronen selbst sind faserförmig verzweigte Zellen, die dem Gehirn seine auffallend faserige Struktur verleihen, welche uns ein Blick durch das Mikroskop auf ein histologisches Präparat des Gehirns enthüllt. Zusammen bilden die Fasern des menschlichen Gehirns eine Länge von etwa einer Million Kilometer. Braitenberg (1973) liefert zur Veranschaulichung dieser Länge folgenden Vergleich: Die Fasern eines einzigen Menschengehirns würden, Ende an Ende aneinandergereiht, einen Faden bilden, den man von der Erde um den Mond herum zur Erde zurück schlingen könnte.

Das Gehirn ist also ein höchst komplexes System, und es gilt hier in besonderer Weise wieder, daß das Ganze mehr ist als die Summe seiner Teile. Schon der spanische Physiologe Santiago R. y Cajal (1852–1934), einer der Pioniere der Gehirnforschung und Verfasser eines noch heute in vieler Hinsicht unübertroffenen Werkes über das ZNS der Wirbeltiere, erkannte die komplexe, netzartige Struktur, die sich aus den spezifischen Verknüpfungen der Neuronen ergibt.

Die Anzahl der Bauelemente des menschlichen Gehirns und ihrer Verbindungen führt wahrhaft ins Astronomische. Aber es geht dabei, man verstehe das richtig, keineswegs allein um Quantitäten: Denn die Integration der Gehirnelemente resultiert in etwas *Qualitativem*; es sind die ›Bewußtseinsqualitäten‹ des (menschlichen) Gehirns, die als Systemeigenschaften neu in der Evolution aufgetreten sind und unserer Spezies buchstäblich neue Bereiche der Erfahrung zugänglich gemacht haben. Auch bei der Gehirnvergrößerung im Laufe der Evolution der Hominiden kann es sich nicht nur um einen Prozeß der Massenvermehrung gehandelt haben, sondern vielmehr bedeutete die Gehirnvergrößerung eine *Differenzierung* bestimmter Gehirnpartien. In der gesamten Evolution der Wirbeltiere ist eine Differenzierung und Größenzunahme vor allem des Vorderabschnitts des Gehirns feststellbar. Bei Säugetieren ist dieses Vorderhirn der größte Teil des Gehirns und hat auf seiner Oberfläche einen sogenannten *Cortex* entwickelt, die Großhirnrinde, die mehrere Schichten von Nervenzellen enthält und in komplizierter Weise gefaltet ist. Dadurch – also durch die Faltung – ist eine größere Ansammlung von Nervenzellen möglich.

Im Verlauf der Hominidenevolution hat sich dann die Schädelkapazität, das Gehirnvolumen, innerhalb eines Zeitraums von etwa vier bis fünf Jahrmillionen ungefähr verdreifacht (Abb. 16 unten). Diese Erkenntnis zählt heute längst zum festen Bestandteil biologischen Lehrbuchwissens und ist in zahlreichen Werken zur Evolution des Menschen niedergelegt (vgl. z.B. Dobzhansky 1965, Rensch 1970, Young 1971 u.a.). Daß die uns vom rezenten Menschen bekannten vielfältigen kulturellen Leistungen erst sehr spät in der Evolution auftreten, erst zu einem Zeitpunkt, zu dem die Vergrößerung und Differenzierung des Gehirns annähernd ihre heutigen Ausmaße erreicht hatten – kann das ein Zufall sein? Ist das nicht vielmehr wieder ein Indiz für die Abhängigkeit des Bewußtseins und seiner ›Entäußerungen‹ von einer materiellen Basis? Gewiß ist es das! Das Bewußtsein muß mithin, um mich zu wiederholen, eine Systemeigenschaft des Gehirns, des ZNS, sein.

Bevor noch auf die verschiedenen Aspekte der evolutionären Erkenntnistheorie im Hinblick auf das Gehirn-Bewußtsein-Problem eingegangen wird, empfiehlt es sich, kurz die Frage aufzuwerfen, ob andere Systeme als das des Menschen ebenfalls ein Bewußtseinsvermögen aufweisen könnten. Gemeint sind damit technische Systeme, Automaten (›Roboter‹). In neuerer Zeit haben sich Wissenschaftler dazu wiederholt mit einem beachtenswerten Optimismus geäußert. Vor allem hat Steinbuch (1971, S. 207) aus seinen kybernetischen Überlegungen die »zwangsläufige Konsequenz [gezogen]..., daß künstlich aufgebaute technische Systeme ein Bewußtsein haben können«. Und er meinte ferner, bis zum Beweis des Gegenteils sei zu vermuten, daß ein solches System von sich behaupten würde, es habe Bewußtsein. Wenn Grüsser (1969, S. 46) darauf erwidert, daß es grundsätzlich nicht auszumachen wäre, »daß Bewußtsein als Erfahrung des Ichs mit irgendeinem Komplexitätsgrad einer Maschinerie (des Gehirns oder des Computers) verknüpft ist«, dann ist dies freilich weniger eine Kritik an Steinbuchs Behauptung, sondern das Bekenntnis eines *ignoramus* hinsichtlich der Lokalisation des Bewußtseins. Da bin ich weniger pessimistisch. Was aber Steinbuchs These betrifft – die im wesentlichen mit einem eliminativen Materialismus konform geht –, meine ich, zunächst apodiktisch, weil darauf noch zurückzukommen sein wird: Bis zum Beweis des Gegenteils ist zu vermuten, daß der Mensch das einzige Wesen ist, das von sich behaupten kann, es habe ein Bewußtsein!

Nach dieser kurzen Zwischenbemerkung aber zurück zur evolutionären Annäherung an das Problem ›Gehirn und Bewußtsein‹. Es geht hier, wie der Leser auch erwarten wird, allein um das Problem der *biologischen Vorbedingungen* des Bewußtseins und weniger um das Aufbinden des ›Weltknotens‹: weil die Fragestellung, die ich zum Ausgangspunkt wähle, abweicht vom althergebrachten Leib-Seele-Problem. Daher wird mit der evolutionären Erkenntnistheorie im Grunde genommen auch kein weiterer ›-ismus‹ dem Piktogramm der Leib-Seele-Hypothesen beigefügt, sondern das Problem selbst vor einem anderen Hintergrund angegangen. Worauf ich die Aufmerksamkeit des Lesers jedoch lenken will, ist der heuristische Vorteil einer systemtheoretischen, emergentistischen Auffassung oder eines *evolutionären Identismus*; wobei der letztgenannte Ausdruck schon nicht mehr sehr präzise gewählt ist, weil ja ebenso auch der panpsychistische Identismus weitgehend auf der Evolutionstheorie basiert; der Emergentismus grenzt sich aber in einigem davon ab.

Um den heuristischen Vorteil der Emergenz-Hypothese im Sinne der evolutionären Erkenntnistheorie plausibel zu machen, eignet sich beispielsweise die Tatsache, daß wir zu einer *Wolke* grundsätzlich zwei Erlebniszugänge haben (vgl. Vollmer 1980): Man kann eine Wolke von außen oder auch von innen erleben. Wie erleben wir sie von außen? Als eine bestimmte Gestalt in bestimmten Farben, manchmal formschön, sich auflösend, den Himmel entlang sich bewegend. Und von innen? Als einen Nebel, struktur- und farblos, kalt, feucht. So verhält es sich auch, metaphorisch gesprochen, mit dem Gehirn und unseren Zugängen zu seinem ›Inneren‹: Der Innenaspekt, unser eigenes Erleben, liefert uns keinerlei Vorstellungen vom Aufbau, von der Struktur oder von der Farbe des Gehirns; aber dieser Innenaspekt ist unser Erleben, unser *bewußtes* Erleben, es ist untrennbar mit jedem Ich verbunden. Der Außenaspekt, die Untersuchung eines vom übrigen Körper losgelösten Gehirnpräparats, läßt deutlich eine Struktur von bestimmter Farbe erkennen, aber das Bewußtsein, unser Erleben, werden wir darin vergeblich suchen. Nun – weil wir eine Wolke von innen und von außen verschieden erleben, ist sie deshalb ›zerteilt‹? Sicher nicht. Wir erfahren, erleben sie nur aus unterschiedlicher Perspektive.

Der Gesichtspunkt, den wir in der Untersuchung des Gehirns und seiner Systemeigenschaften *via* Evolution verfolgen, ist der äußere

Aspekt, vor dem wir hinter die Kulissen unseres eigenen Erlebens, unserer Vernunft und Unvernunft, blicken. Wir brauchen also, wie betont, das subjektive Erleben nicht zu leugnen, wir *können* es gar nicht leugnen, weil unser eigenes Subjekt selbstredend in jede Untersuchung auch des Außenaspekts (des Gehirns, des Bewußtseins) eingeht. Jedoch: Wir können in der Evolutionstheorie eine gewisse Distanz zum Innenaspekt gewinnen, indem wir eben das Gehirn, so wie es sich uns darbietet, in seiner Struktur, seinen Bauelementen, auf das Plateau der Evolution heben, woraus wir dann wiederum Schlüsse in bezug auf sein ›Inneres‹ ziehen können. Umgekehrt veranlaßt uns gerade dieses Innere, unser Erleben, unser Nachdenken, uns immer wieder in die Rolle des Beobachters zu stellen, uns ›der Sache‹ von außen her zu nähern.

Ein bestimmter Optimismus ist durchaus am Platz: »Das Gehirn ist das einzige System, zu dem wir außer dem üblichen objektiven Zugang (›von außen‹) noch einen zweiten, den subjektiven Zugang (›von innen‹) haben... Ohne diesen zweiten Zugang hätte sich das Leib-Seele-Problem zwar nie gestellt; aber hätten wir dann überhaupt eine Chance, dieses System zu verstehen?« (Vollmer 1980, S. 39). Der Kategorienfehler, von dem oben die Rede war, der den Verfechtern des Dualismus konstant unterläuft, wird unter diesen Umständen, unter Berücksichtigung jener zwei Aspekte *der einen und derselben* ›Sache‹ besser als Fehler erkennbar. Genauso als Irrtum einsehen wird man die materialistische Eliminierung des Innenaspekts unseres Bewußtseins.

Aus der Perspektive des Beobachters vermögen wir die Erkenntnisprozesse (vgl. Anmerkung 95), die in der Evolution sukzessive sich entfaltet haben, zu rekonstruieren. Dabei werden wir zunächst jener Tatsache gewahr, daß alle Organismen bestimmte Ausschnitte der realen Welt in *arterhaltend zweckmäßiger Weise* (teleonom) gleichsam verrechnen, ein ›richtiges‹ Bild von ihrer Umwelt erhalten. Wie anders wäre auch das Leben und Überleben für ein Tier möglich? Es kann denn auch kein Zufall sei, daß beispielsweise das Auge der Wirbeltiere für einen bestimmten Ausschnitt des elektromagnetischen Spektrums empfindlich ist, und zwar dort empfindlich ist, wo die Sonneneinstrahlung ein Intensitätsmaximum aufweist und die Atmosphäre ein ›Fenster‹ hat.[97] Der optische Apparat ist freilich wesentlich älter als das menschliche Denken, ja, das gesamte System unserer

Wahrnehmungsleistungen »war weit länger von biologischer Bedeutung als der rechnende Verstand. Die Gebiete der Hirnrinde, die mit dem Denken zu tun haben, sind vergleichsweise jung« (Gregory 1972, S. 224). So nimmt es nicht wunder, daß die Wahrnehmung, vermittelt beispielsweise durch unseren optischen Sinn, nicht immer übereinstimmt mit dem Denken. Das Denken ermöglicht uns, mit mathematischen Formeln und geometrischen Figuren zu operieren, für die es in der wahrnehmbaren Objektwelt keine Entsprechungen gibt. Der Mathematiker kann mit mehrdimensionalen Räumen operieren und auf dem Papier auch ein – mathematisch richtiges – Resultat seiner Rechenoperationen erzielen, obwohl wir dafür keinen Wahrnehmungssinn entwickelt haben; und wir können Figuren zeichnen, die es in der Wirklichkeit nicht geben kann, so wie etwa das ›unmögliche Dreieck‹ in Abb. 17.

Dies alles hat mit einem ›System von Hypothesen‹ zu tun, die in unseren Wahrnehmungsapparat von der Evolution, bildhaft gesagt, eingebaut worden sind. Diese Hypothesen über die reale Welt funktionieren *vorbewußt*, sie finden sich tief unterhalb der Sphäre des Rationalen, in der Tierwelt, und sind Kalküle, denen zufolge der Organismus sich in der Welt ›zurechtfinden‹ kann. Mit diesem Hypothesensystem hat Rupert Riedl (1980) die *Biologie des Erkennens* begründet; ich gebe es hier verkürzt wieder:

- Die *Wahrscheinlichkeits-Hypothese* enthält die ›Vermutung‹, daß, je öfter eine Erwartung (im Vorbewußten) bestätigt wird, um so größer die Wahrscheinlichkeit ist, daß beim x-ten Mal das erwartete Ereignis wiederum eintreten werde. Schon relativ sehr einfache Organismen operieren nach dieser Hypothese, wobei ihre ›Gewißheit‹ mit der Anzahl bestätigter Erwartungen steigt. Wie sollte auch ein Lebewesen überleben können, das seinen Geschlechtspartner fortgesetzt in einem feindlichen ›Räuber-Organismus‹ erwartet? Oder wie sollte ein Organismus bestehen können, der konstant nach Futter an einer Stelle sucht, wo er noch nie Futter wahrgenommen hat?
- Mit der *Vergleichs-Hypothese* wird von ähnlichen Gegenständen das sich Wiederholende abstrahiert, wobei das Lebewesen zu ›typischen‹ Erscheinungsbildern gelangt. Es genügt, sich in diesem Zusammenhang an die Gestaltwahrnehmung zu erinnern (vgl. S. 46).

Abb. 17: Unmögliches Dreieck.

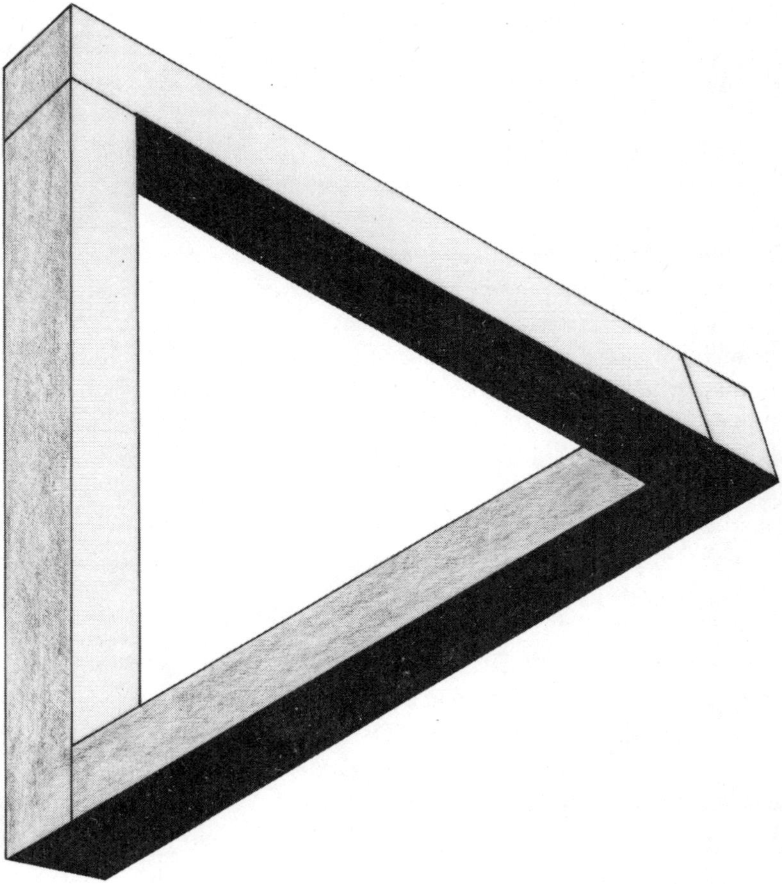

- Durch die *Ursachen-Hypothese* steigt die Wahrscheinlichkeit eines kausalen Zusammenhangs von Ereignissen mit der Bestätigung ihrer Koinzidenz. ›Alles hat seinen Grund‹, so lautet eine häufig in unserer Alltagssprache verwendete Phrase. Man kann sich natürlich auch täuschen, so wie der Hund Pawlows, der den Glockenton für die Ursache des Futters hält und beim Vernehmen des Glockentons daher Futter erwartet[98]; der Hund also ›errechnet‹ aus der Aufeinanderfolge zweier Ereignisse einen Kausalzusammenhang.
- Die *Zweck-Hypothese* macht die Wahrscheinlichkeit, daß verschiedene Dinge den gleichen Zweck haben werden, um so deutlicher,

je mehr gemeinsame Eigenschaften die fraglichen Dinge haben. Die mittlerweile klassisch gewordenen Versuche von Wolfgang Köhler (1921 [1973]) zeigen, zumal für die höchstentwickelten nichtmenschlichen Primaten, das Vermögen zum Werkzeuggebrauch[99] als einem zweckvollen Mittel, bestimmte Ziele zu erreichen. Beispielgebend sind die Schimpansen, die Kisten übereinanderstapeln, um eine im Raum entfernte Banane zu erreichen.

Diese Hypothesen bauen aufeinander auf, sind ineinander verschachtelt und repräsentieren ein evolutionäres Lernprogramm. Sie stehen im Dienste der Arterhaltung, im Dienste des Überlebens. Die Organismen verhalten sich diesen Hypothesen gemäß im Sinne der Teleonomie. Allmählich wurde dieses Hypothesensystem als Folge jenes universellen Lernprozesses stabilisiert, als der die Evolution beschrieben werden kann (Lorenz 1973); doch es wurde nur innerhalb des natürlichen Selektionsbereichs stabilisiert, innerhalb der Welt der mittleren Dimensionen; außerhalb dieses Mesokosmos kann das Lebewesen mit diesen Hypothesen in die Irre geleitet werden (vgl. Anmerkung 98).

Riedl (1980, S. 175) schreibt – und dies ist hier von großer Wichtigkeit, um nochmals den erwähnten Außenaspekt in der Betrachtung des menschlichen Erkennens, des Bewußtseins, zur Geltung zu bringen –, die Biologie könne »dem Beobachter den Standort außerhalb der untersuchten Gegenstände geben. Sie untersucht... das Werden der Ordnungsmuster, das Werden der an ihnen entwikkelten Lern-Mechanismen und der Lernergebnisse von der Information der Biomoleküle, der Biostrukturen, bis zu jener der Verhaltensweisen. Und obwohl alles dies sich als Voraussetzung für die Entstehung unserer bewußten Vernunft erweist, liegt es doch als Gegenstand außerhalb derselben und läßt sich daher objektiv und vergleichend untersuchen.« Zu dem in der Evolution sehr früh etablierten System von Hypothesen haben wir demnach einen Zugang von außen; und wir können dieses System als Gerüst nehmen für unser eigenes *ratiomorphes* Verhalten, das heißt, für unser vorbewußtes Verhalten und seine evolutiven Antriebe.[100] (Wenn einige Kritiker der evolutionären Erkenntnistheorie nicht einsehen, inwieweit wir also einen *objektiven* Zugang zu unserem eigenen Verhalten haben können, dann besagt das nichts über die evolutionäre Erkenntnistheorie, sondern bezeugt viel eher die naturwissenschaftliche Unkenntnis jener Kritiker.)

Die unserer Spezies eigene Ratio vermag indessen über die evolutiven Lernprogramme hinauszugehen, die »angeborenen Lehrmeister der Evolution« (Lorenz 1973) zu durchschauen und als ihre eigenen stammesgeschichtlichen Voraussetzungen zu erhellen. Das ist das große Abenteuer der Vernunft, die uns demnach in die Lage versetzt, potentiell zumindest die Fallstricke der Unvernunft zu lösen. Die großen Probleme für uns ergeben sich daraus, daß die Vernunft sich ihre eigenen Selektionsbereiche geschaffen hat, daß in diesen Bereichen die angeborenen Lehrmeister nicht mehr reibungslos arbeiten. Die Vernunft aber ist für sie nach wie vor ›durchlässig‹ – häufig an der falschen Stelle, dort etwa, wo raffinierte Werbepsychologen die Instinkte des Menschen treffen und die Vernunft förmlich beschwindeln. Die nächste Zukunft schon wird daher zeigen, ob *homo sapiens* seinen Artnamen zu Recht trägt.

Es ist daher eine vordringliche Aufgabe, die vorbewußten Lebensanleitungen zu untersuchen – sie sind die Gegenwart unserer Geschichte, unserer ›Vor-Geschichte‹, die ich nun in einem Aufriß beleuchten möchte:

Erinnerungen an die Vergangenheit – Vorbewußte Lebensanleitungen im Horizont des Bewußtseins

Die Entwicklungsgeschichte des Menschen setzt sich in unsere Gegenwart fort. »Unser Denken und Erleben, unsere Ängste und Erwartungen sind von den Spuren dieser Geschichte bis auf den heutigen Tag geprägt« (Ditfurth 1976, S. 16).

In der Tat: Seine Vorgeschichte hat unserem Bewußtsein ihren Stempel aufgedrückt, in Form genau jener sich heute in Trugbildern manifestierenden Erfahrungen. Die tiefen Spuren seiner eigenen Vorgeschichte haben unser Bewußtsein geprägt; und wir finden sie als Zeugen unserer ›unbewältigten Vergangenheit‹ etwa in der irrigen Ansicht, daß Wirkungen keine Rückwirkungen auf ihre Ursache(n) zeitigen; und so wirken wir Menschen beharrlich in der Natur, so daß wir heute endlich vor der bangen Frage stehen, ob die von uns der Natur zugefügten Schäden uns überhaupt noch gestatten werden, die nächsten Jahrhunderte als Menschheit zu überleben...

Nicht daß jene ›alten Erfahrungen‹ aus der Geschichte unseres Bewußtseins grundsätzlich verderblich wären – aber das Verderbliche folgt aus der Unverträglichkeit des ›Alten‹ mit dem ›Neuen‹. Unsere alten Lebensanleitungen versagen in der Welt heute, weil sie unter gänzlich anderen Selektionsbedingungen entstanden sind, während die neuen Errungenschaften der Geschichte des Menschen, die Bewußtseinsleistungen, wie gesagt, noch jung und daher zu wenig erprobt sind.

Die aus der (Vor-)Geschichte unseres Bewußtseins stammenden Spuren, jene archaischen Elemente, von denen unser Verhalten bis zum heutigen Tag nicht entbunden worden ist, wird man ihrem Wesen nach vielleicht begreifen, wenn man sich die Hierarchie dreier Gehirntypen vor Augen führt, die – zu einer dynamischen Einheit verwoben – in der Evolution anatomisch und physiologisch Bestandteil unseres biologischen Erbes geworden sind (vgl. Mac Lean 1970, Restak 1981). Der Ausgangspunkt für diese Hierarchie liegt im Zeitalter der Reptilien. Wir haben den *reptilischen* Teil als den ältesten in unserem Gehirn geerbt, gewissermaßen als Konservierung der Erinnerungen an eine Zeit, die zweihundert Millionen Jahre zurückliegt. Diesem reptilischen Erbe ist in unserem Gehirn der *altmammalische* Gehirnanteil übergeordnet[101], der dem Gehirn urzeitlicher Säugetiere entspricht. Schließlich besteht die dritte, die modernste Schicht im *neumammalischen* Gehirn: Hier ist, in einer späten Phase der Evolution, eine differenziertere Form des Cortex, der *Neocortex*, aufgetreten, welcher das Gehirn der höheren Säugetiere charakterisiert und dessen Entwicklung schließlich in den komplexen Phänomenen des menschlichen Bewußtseins ihren Niederschlag gefunden hat.

Das ›Drei-Schichten-Schema‹ des menschlichen Gehirns (Abb. 18) muß ausdrücklich als *Modell* verstanden werden und darf nicht den Eindruck hervorrufen, unser Gehirn wäre buchstäblich in drei Schichten zerteilt; denn das Gehirn ist, wie aus dem oben Gesagten hervorgeht, als kompliziertes Netzwerk zu verstehen, als Gefüge von miteinander in Wechselwirkung stehender Funktionseinheiten. Dennoch ist es natürlich richtig zu sagen, daß die verschiedenen Gehirnpartien stammesgeschichtlich voneinander zu unterscheiden sind. Daher führt uns das Modell zu einer *Paläopsychologie*, wie sie aus den Arbeiten von Bilz (1973, 1974) in Umrissen hervorgeht, zu einer

Abb. 18: Drei-Schichten-Modell des Gehirns des Menschen. NM = neumammalische Schichte, AM = altmammalische Schichte, R = reptilische Schichte. Diese schematische Gliederung entspricht in evolutiver Reihenfolge (›von unten nach oben‹) einem Gehirnaufbau, der einen *Archecortex*, einen *Mesocortex* (Mittelhirn) und einen *Neocortex* (Neuhirn) erkennen läßt. (Nach Mac Lean 1970.)

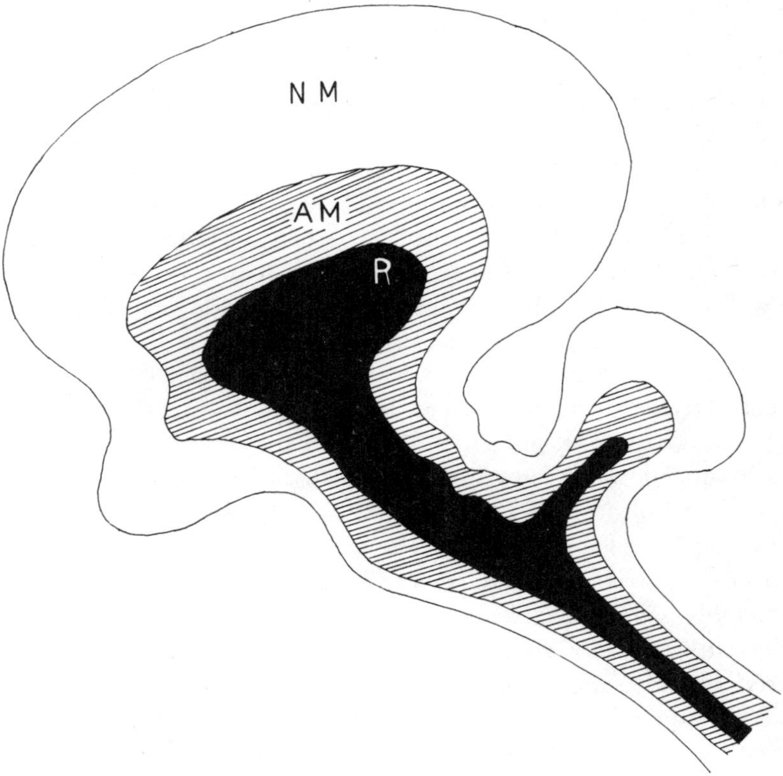

›Paläontologie der Seele‹, die vor allem auch Ditfurth (1976) sehr eindrucksvoll geschildert hat. Eine Paläopsychologie sollte allem voran die archaischen Muster im Verhalten des Menschen sichtbar machen, die diesen nicht immer zu seinem Vorteil belasten; Verhaltensmuster, die – so wie sie aus der Tiefe der Geschichte kommen – den Menschen oft in den Abgrund ziehen; Verhaltensformen, die letztlich im kollektiven Wahnsinn der Kriege durchbrechen und es ermöglichen, daß in den Jahrtausenden menschlicher Kulturgeschichte sich Massen von Menschen immer und immer wieder den Fanfaren selbst krimineller Psychopathen blind angeschlossen haben. Man weiß, daß immer, wenn die Fahne weht, der Verstand in der Trompete bleibt.

Die oberste Schicht des menschlichen Gehirns also ist ›durchlässig‹ für die aus den unteren Schichten kommenden Impulse des Verhaltens und es »wirken die tieferen Schichten unseres Geistes [Bewußtsein] – wenn auch unbewußt – vielfach mit« (Winkler und Schweikhardt 1982, S. 81), so daß des Menschen Geschichte als Geschichte eines mit Vernunft begabten Wesens stets begleitet worden ist von seiner Vor-Geschichte als ›unvernünftiges‹ Wesen. Destruktive Elemente aus der Vergangenheit, wurzelnd im *Vorbewußten*, kombiniert mit den dem *Bewußtsein* entsprungenen technologischen Potentialen, haben schließlich den Menschen zur größten Gefahr für den Menschen gemacht: *homo homini lupus*: Der Mensch ist des Menschen Wolf – eine Erkenntnis von furchterregender Aktualität. Das ist die Misere des Menschengeschlechts.

Und es ist deprimierend, daß der Mensch, wiewohl als *sapiens* charakterisiert, offenbar noch nie bereit war, aus seiner Geschichte zu lernen, wozu keinesfalls allein die Historie der letzten fünf oder sechs Jahrtausende zu zählen wäre – also jener Zeitraum, der üblicherweise in den Schulen in das Unterrichtsfach ›Geschichte‹ einfließt –, sondern auch (und vor allem!) die Geschichte des Menschen als *Naturgeschichte.* Betrüblich ist all dies der Tatsache wegen, daß der Mensch vermöge seiner Vernunft die Chance hat, aus seiner Geschichte zu lernen: Er ist, als einziges Wesen auf diesem Planeten, der *Eigenreflexion* mächtig, in der Lage, seinen eigenen Werdegang zu rekonstruieren und seine Zukunft zu planen. Andererseits ist für keine andere Spezies auf der Erde ihr eigener Werdegang ein *Problem.* Um sich selbst nicht zu verletzen in seinem Stolz, hat der Mensch seine eigene Vergangenheit oft verschleiert, wie jener Parvenü, der die Augen vor seiner ›niederen Herkunft‹ schließt und diese seine Herkunft verleugnet, um vor den Narren einer Hautevolee mehr zu scheinen als zu sein.

Wir sind »wie Alpenreisende..., die die Berge in den Himmel ragen sehen«, schrieb T. H. Huxley (1863 [1981, S. 372f.]), »und kaum unterscheiden können, wo die tief beschatteten Klüfte und die ewig glänzenden Gipfel aufhören und die Wolken des Himmels anfangen«. Und »gewiß ist«, so folgen wir Huxley weiter, »der von tiefem Staunen ergriffene Reisende zu entschuldigen, wenn er sich weigert, dem Geologen zu glauben, der ihm erzählt, daß diese herrlichen Massive doch schließlich nichts anderes sind als erhärteter Schlamm vorweltlicher Meere... Aber der Geologe hat recht.« Die Erkenntnis, seiner eigenen Vergangenheit zu verweigern, ist jedoch ein Wesenszug des Menschen, der an Dummheit grenzt und sich allmählich verhängnisvoll auszuwirken beginnt. Die Verweigerung einer Erkenntnis seiner Naturgeschichte führte in ihrer Konsequenz den Menschen unvermeidlich zu einem Handeln, das auch alles andere, was da kreucht und fleucht, systematisch zerstört. »Wer könnte noch Vernunft darin erkennen, wenn es uns zu kostspielig erscheint, das zu erhalten, was die Natur uns beständig *kostenfrei* ins Haus liefern würde, nämlich eine lebensfreundliche, bekömmliche Umwelt, während wir zugleich wissen und täglich nachdrücklicher erfahren, daß es uns unendlich viel *teurer* kommt, ja schier unerschwinglich wird, zerstörte Umwelt mit technischen Mitteln wiederherzustellen« (Markl 1983, S. 62).

Was wir nun heute über die ›lebendige Vergangenheit‹ unseres Gehirns und somit unseres Bewußtseins wissen, sind zwar noch Fragmente; sehr bedeutende Fragmente allerdings, Mosaiksteine, die nach und nach ein Ganzes ergeben können. Immerhin wissen wir, um zu resümieren, einiges über die Bauelemente des Gehirns und ihre Funktionsweisen; und es liegen zwingende Gründe vor für die Annahme, daß das ans Gehirn bzw. ZNS gekoppelte Bewußtsein weder in der Materie a priori gegeben war, um sich im Menschen zu verwirklichen, noch ›vom Himmel gefallen ist‹, sondern daß es in einer späten Phase der Evolution als Folge komplexer Verschaltungen materieller Elemente aufgetreten ist.

Freilich sind wir, wie zugegeben sei, nicht in der Lage – allein der großen Zahl dieser Elemente wegen –, die Verschaltungen (Integrationsmuster) im einzelnen zu entziffern. Als Modell aber hat zu gelten, daß bei spezifischer Integration zentralnervöser Elemente das so entstandene Ganze neue Systemeigenschaften ergeben kann, und zwar plötzlich, in einer, wie Lorenz (1973) sagt, Fulguration. Keineswegs also kann die Rede davon sei, daß unser Bewußtsein zwingend entstanden ist und notwendig den Endpunkt dieser Evolution bedeutet. Ich sagte schon, daß die Evolution mit einer *finalen* Evolution sich nicht verträgt; und es ist noch einmal zu betonen, daß in der

Evolution fortgesetzt Neues entstanden ist: Nichts ist schon dagewesen (Lorenz 1983, 1984).

So erscheint es auch problematisch, von *Vorstufen* des Bewußtseins zu reden: Wie sollte auch dieser fast paradoxe Begriff zu erklären sein? Ein ›halbes Bewußtsein‹? Qualitäten sind unteilbar. Und wie sollte *Quantität* in Qualität umschlagen? Was wir im Organismenreich sozusagen unter dem Niveau des (menschlichen) Bewußtseins an scheinbar vernünftigem Verhalten beobachten können, sind dem Bewußtsein *analoge* Verhaltensweisen, die aber damit, was wir als (bewußte) Selbstreflexion, als Vernunft bzw. Rationalität an uns selbst erkennen, nicht zu verwechseln sind und die auch nicht ›echte‹ Vorstufen des Bewußtseins sind. Wann ein Hominide zum ersten Male sein eigenes Leben und seine Umwelt in *bewußter Reflexion* erlebt hat, was sich in seiner Gedankenwelt dabei abspielte, welche Ängste und Freuden dieses Bewußtsein erfüllten – das sind Fragen, die sich einer Antwort entziehen.

Sicher aber war der Horizont unserer frühen Vorfahren noch eng, verglichen mit dem uns heute durch die Wissenschaft vermittelten Erkenntnisradius, der eine Folge ist der Weiterentwicklung des Bewußtseins auf der Ebene der Kultur, des *kulturellen Lernens.* Wenn nun die Evolution mit dem Bewußtsein des heutigen Menschen kein natürliches Ende erreicht hat – während wir selbst sehr wohl in der fatalen Lage sind, uns auszurotten –, dann ist die Vermutung nicht von der Hand zu weisen, daß sich das Bewußtsein in Zukunft noch weiterentwickeln wird.

Es liegt mir fern, an dieser Stelle über weitschweifige Spekulationen eine mögliche Zukunft unseres Bewußtseins zu zeichnen. Ich möchte aber auf einen interessanten Gedanken hinweisen, den schon der französische Geschichtsphilosoph Condorcet (1743–1794) ausgesprochen hat: daß der ›Vervollkommnungsfähigkeit‹ des Menschen keine *grundsätzlichen* Grenzen gesetzt sind. Hinter dem Wort ›Vervollkommnung‹ verbirgt sich zwar in aller Regel das Gespenst des Finalismus, aber man kann diese Gefahr umgehen, indem man einfach ›Weiterentwicklung‹ sagt und offenläßt, wohin diese Entwicklung laufen wird. Es soll also hier mitnichten irgendeine obskure finalistische Idee wiederbelebt werden.

Aus der Idee einer ›offenen Evolution‹ jedenfalls ist der Gedanke nicht auszuklammern, daß eine Weiterentwicklung unserer Erkenntnisfähigkeit möglich sein muß, daß die unserem Erkenntnisapparat *heute* auferlegten Schranken nicht für alle Zukunft unser Erkenntnisvermögen begrenzen müssen. Hierin, so glaube ich, liegt auch der tiefere Sinn des häufig mißverstandenen Buches von Ditfurth ›Wir sind nicht nur von dieser Welt‹ (1981). So wie ja dem *homo erectus* beispielsweise unser heutiges Wissen über die Strukturen des Mikro- und Makrokosmos noch nicht zugänglich war, so könnte auch uns heute noch vieles verborgen sein, was erst in einer fernen Zukunft – vorausgesetzt, diese findet statt – sich einem weiter verfeinerten Erkenntnisapparat enthüllen wird.

Damit aber soll gesagt sein, daß letztendlich die Welt aller ihrer Geheimnisse, der Möglichkeit nach zumindest, beraubt werden kann und daß irgendein *homo ›postsapiens‹* sich endgültig von jeder Art des Wunderglaubens, des Mythos und der Magie losgelöst haben und nicht mehr zu betrügen sein wird von Demagogen und Scharlatanen. Eine evolutionäre Erkenntnistheorie also wird jenem Umstand Rechnung tragen müssen, daß unser Erkennen zwar insofern limitiert ist, als sein altes stammesgeschichtliches Erbe noch nicht überwundene Rahmenbedingungen darstellt, daß aber andererseits eben diese Bedingungen kraft unserer Rationalität und der ihr entsprungenen Wissenschaft selbst immer durchsichtiger und damit, im letzten, auch zu überwinden sein werden. Grundsätzlich also kann, wie es in neuerer Zeit auch Levinson (1982) dargestellt hat, das alte Rahmenwerk gesprengt und damit unser Horizont beständig erweitert werden.

Ob man hier hoffen darf oder viel eher resignieren sollte? Man sieht, daß die Balance von stammesgeschichtlich alten ›Lebens-‹ und ›Überlebensanweisungen‹ und den Imperativen unserer Vernunft noch nicht hergestellt ist; man hofft, daß unsere Vernunft sinnvoll die Kontrolle über unsere archaischen Lehrmeister übernehmen wird, ohne sie brutal zu vergewaltigen und uns damit einer im Leben tief verwurzelten ›Logik‹ zu berauben, ohne uns zu entfernen von dem Vermögen, uns und die uns umgebende Welt zu *erleben*. Oder bleibt uns doch nur das von Oswald Spengler (1880–1936) als deutlicher Ausdruck eines Pessimismus formulierte Gebot: »Auf dem verlorenen Posten ausharren ohne Hoffnung, ohne Rettung, ist Pflicht« (Spengler 1931 [1971, S. 62])?

Für unsere Frage nach einer Möglichkeit, Leben wieder zu erfahren, unser eigenes Dasein als *Lebendig-sein* zu erleben, mag gleichwohl einiges gewonnen worden sein: Gewonnen durch die biophilosophische Perspektive, in der wir ›Innen‹ und ›Außen‹, Subjekt und Objekt nicht als Gegensätze erkennen, sondern als Aspekte ein und derselben Wirklichkeit. Vermittels unseres Bewußtseins sind wir imstande, uns zu unserem eigenen ›Innenleben‹ in Distanz zu begeben, seine stammesgeschichtlichen Abgründe auszuleuchten, gleichzeitig aber seinen *Wert* zu erkennen in einer ihm feindlich gesinnten Welt.

Leben ist Ausdruck der Dynamik der Materie, Bewußtsein ein spezifischer Ausdruck des menschlichen Lebens: Menschliches Leben in seiner vollen Entfaltung ist bewußtes Leben – und damit die Eigenschaft eines materiellen Systems, sich über sich selbst hinauszuheben in der Erkenntnis seiner *vor*bewußten Antriebe.

Keine Spezies vor uns war je in der Lage, ihre eigene Existenz zu hinterfragen, zu unterscheiden zwischen ›Innen‹ und ›Außen‹ in einem Akt bewußter Reflexion. Aber für kein anderes Lebewesen ist das eigene Leben zum Problem geworden, worüber es gilt, Klarheit zu gewinnen: Klarheit über das Heute, das Gestern wie das Morgen, über Sein und Schein, über Wahrheit und Illusion, über Können und Sollen... Seiner eigenen Verwirrung Herr zu werden wurde zum Desiderat des *homo sapiens*. Sein Drang nach *Aufklärung* führte ihn aber häufig genug in die *Verklärung*: die Verklärung seiner selbst und der ihn umgebenden Welt. Und der Verlust der Dimension *Leben* war die Folge des fortdauernden Streitgesprächs zwischen Materie und Geist, Leib und Seele. Irrtümer wurden zementiert: Der Mensch hier ein Ebenbild Gottes, dort eine Maschine; ein Verlust des ›wahren Menschseins‹ also.

Der Weg zu einem *Menschenbild* wird uns über eine Auflösung jener Spaltungen und Wahrheitsteilungen zu unserem eigenen Leben zurückführen müssen, wo Leib und Seele eins sind, im *bewußten Leben*. Aus seiner Bewußtlosigkeit erwachend, wird der Mensch erkennen müssen, daß die Zerteilung der Welt in Materie und Geist und die Reduktion des einen auf das jeweils andere der größte Irrtum seines Denkens war.

6 Der Mensch im Lebensstrom

»Und wir müssen, wie mir scheint, jedenfalls zugeben, daß der Mensch mit allen seinen edlen Eigenschaften... immer noch die unleugbaren Zeugnisse seines niedrigen Ursprungs erkennen läßt.«

Charles Darwin

Der Mensch – Bild und Spiegelbild zugleich

Das größte Problem des Menschen also ist der Mensch selbst. Wie schon gesagt: Auf diesem Planeten ist der Mensch das einzige Lebewesen, das sich selbst zum Problem geworden ist. Sein Problem begann, als er seiner eigenen Existenz gewahr wurde und in bewußter Reflexion zum ersten Mal fragte: Wer bin ich? Woher komme ich? Wohin gehe ich? Im Laufe seiner Geschichte als ›denkendes Wesen‹ hat der Mensch sich fortgesetzt diese Fragen gestellt; und er hat immerfort nach einem Sinn seines Daseins gesucht, und wo kein Sinn zu finden war, hat er einen Sinn *er*funden.

Seine Selbsterkenntnis, »die Fähigkeit, zugleich Bild und Spiegelbild zu sein« (Grassé 1973, S. 220), die Möglichkeit, seine eigene Existenz zu hinterfragen, das Vermögen, sich selbst Ziele und Zwecke zu setzen – alles das kennzeichnet den Menschen als ein sein Dasein als biologische Spezies übersteigendes Lebewesen, als ein *animal rationale*, einen Organismus mit Bedürfnissen, die über triebhafte Lebensbedürfnisse in einem strikt biologischen Sinn hinausgehen.

Insbesondere entwickelte der Mensch ein *Erklärungsbedürfnis*: Er will sich und die ihn umgebende Welt erklärt wissen; und er will verstehen (vgl. Anmerkung 38). Da in der Geschichte neuzeitlicher Naturwissenschaft das Erklären weitgehend reduziert wurde auf eine Analyse der mechanischen Komponenten der Welt, entstand die uns nur zu gut bekannte Kluft zwischen Materie und Geist. Hier nun blieben für den Menschen grundsätzlich nur zwei Wege seiner Selbsterklärung, seines Selbstverständnisses: Entweder er sieht sich ebenfalls bloß als Materieagglomerat und leugnet seine Existenz als *Mensch*; oder er stellt sich der Welt gegenüber, als gleichsam gottähnliches Wesen, nach dem Vorbild der von ihm selbst erfundenen

Götter, um damit auch nicht mehr *Mensch* zu sein. Auf beiden Wegen also schreitet er fort von sich selbst, entfernt er sich von seinem eigenen, eben *menschlichen* Leben.

Eine prekäre Situation also; eine in höchstem Grade bedenkliche, verwirrende Situation, als Spiegel eines seiner Natur nach schon verwirrten Lebewesens. Wir heute wissen nicht, was der Mensch ›damals‹, als er sich seiner eigenen Existenz bewußt wurde, empfunden hat: Freude? Angst? Erhabenheit? Vermutlich schwankte er zwischen dem Bewußtsein, die Welt seinen eigenen Vorstellungen gemäß umgestalten zu können, und dem Wissen um seine Ohnmacht verschiedenen Naturgewalten gegenüber. Nach und nach jedoch begann der Mensch die Naturgesetze zu erkennen und zu beherrschen; und mit der Entwicklung seiner Wissenschaft und vor allem deren Nutzbarmachung in Landwirtschaft, Medizin, Technik stieg im Menschen jenes Gefühl der Erhabenheit, das in letzter Konsequenz sich – welche Ironie! – in der potentiellen Selbstvernichtung niederschlägt, in der Möglichkeit des kollektiven Selbstmords.

Wo immer die Erkenntnis nicht allein um ihrer selbst willen gewonnen, sondern der menschlichen Herrschsucht untergeordnet wurde, dort hat sie fraglos nicht nur zu einer Verbesserung der Lebenssituation des Menschen geführt. Hat die Technik auf der einen Seite dem Menschen zu einem bequemen Leben verholfen – und zumindest ein Teil der heutigen Menschheit erfreut sich jener in der Technisierung des Alltags liegenden Annehmlichkeiten –, hat sie auf der anderen Seite in erheblichem Maße dazu beigetragen, daß der Mensch sich von seinem eigenen Leben und von der Natur, die ihn mit einbegreift, entfernt. Und hat die Medizin so mancher Krankheit ihren Schrecken genommen und auch von Natur aus weniger begünstigten Menschen das Leben ermöglicht, müssen wir uns andererseits längst vor den Folgen einer medizinisch-genetischen Manipulation des Menschen fürchten, wozu als Stichwort die Gentechnologie herhalten kann. Aber darauf komme ich noch zurück.

Der Mensch zeigt sich als Wesen mit zwei Gesichtern, als Wesen mit einem Januskopf. Es ist offenkundig, daß der Mensch sehr früh schon sein Interesse am eigenen Wesen entfaltet hat[102], was ja eben gerade eine spezifisch menschliche Eigenart ist. Als der Mensch sein eigenes Dasein, sich selbst, *systematisch zu studieren anfing, als Objekt* (natur-)wissenschaftlicher Forschung und philosophischer

Reflexion, begann er zugleich allem voran darüber nachzusinnen, welche Position in dieser Welt er denn einnehme. Seit der Antike sind zahlreiche Versuche unternommen worden, die Eigenart und Typik des Menschen zu bestimmen – und diese auch begrifflich zu erfassen. Das Resultat dieser Versuche ergibt ein buntes Bild von ›Wesensmerkmalen‹ des Menschen. Allerdings hebt jede anthropologische Theorie, die dem ›Wesen‹ des Menschen gerecht werden will, meist (nur) ein ganz bestimmtes Kennzeichen des Menschen hervor, worüber Tab. 6 informieren soll: Hier sind die wichtigsten jener Charakterisierungen des Menschen zusammengestellt, die seit dem Altertum gegeben worden sind; jede dieser Charakterisierungen enthält zwar einen ›Wahrheitskern‹ und in jedem Falle wird eine wichtige Komponente unserer Gattung in ihrer Wesenheit betont; in den allermeisten Fällen aber bleibt vieles offen, und wir erhalten, nehmen wir diese oder jene Kennzeichnung für absolut, meist ein verzerrtes, einseitiges Bild des Menschen.

Die *Synthese* ist, strenggenommen, bis heute noch nicht geleistet worden. Ist man sich einmal der besonderen erkenntnistheoretischen Probleme bewußt, die sich jeder ›Lehre vom Menschen‹ stellen, wird man gar Zweifel hegen, ob ein umfassend gültiges Menschenbild überhaupt möglich ist.

Man wird meinen, der Mensch könne sich selbst niemals ›wirklich begreifen‹, weil jede Selbsterkenntnis bereits die eigene Existenz (die also begriffen werden soll) voraussetzt. Dies ist ganz genau die Problemsituation, die schon im letzten Kapitel im Zusammenhang mit der Beziehung zwischen Gehirn und Bewußtsein diskutiert wurde. Aber es sei an dieser Stelle nochmals betont, daß der Mensch sich kraft seines Bewußtseins zu sich selbst in Distanz begeben kann, womit ihm – mittels der durch die Wissenschaften geleisteten Reflexion – der Zugang zu seinem ›Wesen‹ von außen, der ›Blick auf sich selbst‹ aus der kritischen Perspektive objektiver Erkenntnis durchaus gegeben ist.

Damit wird der Mensch einem Höhlenbewohner vergleichbar, der gelegentlich seine Höhle verlassen kann, um einen Blick auf seine Behausung zu werfen und gleichzeitig seinen Gesichtskreis zu erweitern. Dieses Bild ist im Sinne einer Metapher zu verstehen. Selbstverständlich erweitert nämlich, wenn man so will, auch ein junger Wolf seinen ›Gesichtskreis‹, wenn er erstmalig die Höhle verläßt. Er aber

›sieht nur mehr‹, mitnichten kann er die neue Erfahrung reflektieren, die Innenwelt der Höhle zur Außenwelt in Beziehung setzen. Ihm fehlt die Distanz zu seiner Prägung, zu seiner Erfahrung und damit zu sich selbst. Solange der Mensch in der Höhle verweilt – so wie die Verfechter bestimmter idealistischer Philosophien –, bleibt diese für ihn der Maßstab aller Dinge; sein ganzes Denken zentriert sich um das Leben in dieser Höhle, von der Welt draußen weiß er nichts, und noch viel weniger weiß er um die Position seiner Höhle in dieser Welt.

Tab. 6 Charakterisierungen des Menschen unter Hervorhebung je eines bestimmten Wesenszugs menschlicher Existenz (ergänzt nach Winkler und Schweikhardt 1982)

animal rationale (Aristoteles)	der Mensch als ›vernunftbegabtes Wesen‹
zoon politicon (Aristoteles)	der Mensch als ›geselliges Tier‹, als Schöpfer von Gesellschafts-systemen
homo sapiens (C. v. Linné)	der Mensch als ›vernunftbegabtes Lebewesen‹
animal rationabile (I. Kant)	der Mensch als ›zur Vernunft und Logik fähiges Lebewesen‹
homo metaphysicus (A. Schopenhauer)	der Mensch als ›philosophierendes, metaphysik-bedürftiges Wesen‹
homo religiosus (Theologie)	der Mensch als ›religiöses Wesen‹
homo oeconomicus (Nationalökonomie seit dem 19. Jh.)	der Mensch als ›wirtschaftlich handelndes Wesen‹
homo symbolicus (E. Cassirer)	der Mensch als ›Schöpfer von Zeichen und Symbolen‹, die er der Welt gegenüberstellt
homo absconditus (H. Plessner)	der Mensch als ›objektiv unergründliches Wesen‹
homo loquens (Sprachwissenschaft)	der Mensch als ›Schöpfer und Geschöpf der Sprache‹

homo faber (marxistische Gesellschaftslehre; M. Scheler; M. Frisch)	der Mensch als ›werkzeugherstellendes (werktätiges) Lebewesen‹, als ›technisches, handelndes Wesen‹
homo ludens (J. Huizinga)	der Mensch als ›spielendes Lebewesen‹, befreit von den Zwängen des bloßen Überlebens
homo divinans (animistische Denktradition)	der ›ahnende, magische Mensch‹ in einer beseelten Welt
homo patiens (Medizin)	der Mensch als ›seine Krankheit wahrnehmendes und deutendes Wesen‹
homo demens (E. Morin)	der Mensch als ›zum Irrsinn neigendes Lebewesen‹, in der Lage, Opfer seines eigenen Wahns zu werden
homo creator (W.E. Mühlmann)	der Mensch als ›schöpferisches, phantasiebegabtes Lebewesen‹
homo sociologicus (R. Dahrendorf)	der Mensch als ›Träger gesellschaftlich vorgeformter Rollen‹
homo ambitiosus (W. Gerloff)	der Mensch als ›Wesen mit Streben nach Anerkennung‹
homo magicus (W.E. Mühlmann)	der Mensch als ›Wesen mit magischen Praktiken‹
homo investigans (W. A. P. Luck, H. Mohr)	der Mensch als ›forschendes Lebewesen‹

Sein *anthropozentrisches* Denken verführte den Menschen dazu, sich in den Mittelpunkt der Welt gestellt zu sehen, die Mitgeschöpfe auf seinem Heimatplaneten ›von oben herab‹ zu betrachten, als wären sie dafür geschaffen, seine Untertanen zu sein. Von des Menschen Überzeugung, ein ausgezeichnetes Wesen im Kosmos darzustellen, unter allen Lebewesen auf der Erde eine Sonderstellung einzunehmen, berichten unter anderem die schon erwähnten Stufenanordnungen der Dinge, die der Mensch entworfen hatte, um die Gegenstände der erkennbaren Welt – der belebten wie der unbelebten – nach seinem Maßstab zu ordnen.

Erst allmählich befreite der Mensch sich von den Fesseln seines anthropozentrischen Weltbildes; und die Erkenntnis, *nicht* Mittelpunkt der Welt zu sein, hat ihn in seinem Stolz verletzt, hat ihn, den ›kleinen Halbgott‹, zutiefst gekränkt. Nur langsam konnte sich zu Beginn der Neuzeit das *heliozentrische* Weltbild[103] gegenüber dem Anthropozentrismus behaupten. Und wie entsetzt war der Mensch ein zweites Mal, als er – im Verlaufe des 19. Jahrhunderts – erfahren mußte, in die Kette der Entwicklung der Lebewesen eingereiht zu sein, verwandt zu sein mit allen anderen Kreaturen, die diesen Planeten bewohnen. Aber auch noch ein drittes Mal schien der Mensch entthront, als zu Anfang des 20. Jahrhunderts Sigmund Freud (1856–1939) ihn vor die Abgründe seines *Unbewußten* führte. Und wenn heute schließlich die evolutionäre Erkenntnistheorie – was ebenfalls schon im 19. Jahrhundert anvisiert worden war – den menschlichen Geist stammesgeschichtlich relativiert, fürchtet bereits so mancher den Verlust des letzten Residuums menschlichen Hochmuts.

Beim Stand unseres gegenwärtigen Wissens von der realen Welt und der Position des Menschen in dieser Welt werden wir jedenfalls zugeben müssen, daß der Mensch keinen ausgezeichneten Platz im Universum einnimmt – es sei denn, der Mensch selbst zeichnet diesen, seinen Ort im Kosmos aus, weil er eben gerade hier und nicht andernorts sich entwickelt hat. Und längst werden wir zugeben müssen, daß der Mensch mit allem Lebenden in einem realhistorischen Verwandtschaftsverhältnis steht, daß er eingeflochten ist in das Gefüge der Natur, in das Netzwerk der Biosphäre. Auch das Vermögen des Bewußtseins, das den Menschen von anderen Organismen qualitativ unterscheidet, kann den *homo sapiens* nicht von seiner Naturhaftigkeit entbinden, da dieses Vermögen in seinen Bedingungen in der Entwicklung (Evolution) des Lebendigen seine Wurzeln hat. Wo der Mensch meint, sich aus der Natur katapultieren und sich über sie erheben zu können, dort hat er ja, wie mittlerweile unübersehbar ist, irreparable Schäden an und in der Natur verursacht, die sich auf ihn selbst auf verderbliche Weise auszuwirken beginnen. Sich als Mensch *in* der Natur zu erkennen – das wäre mithin für *homo sapiens* die vordringliche Aufgabe.

Ich werde in der Folge daher jene Ansichten, die den Menschen – metaphorisch und auch buchstäblich – als ein gottähnliches Wesen erscheinen lassen, genauso kritisieren wie die Meinung, daß der

Mensch bloß ein mechanisch funktionierendes Gebilde, eine Maschine im wahrsten Sinne des Wortes *verkörpert*. Dabei werde ich auf in vorangegangenen Kapiteln Gesagtes zurückgreifen; denn die Vorstellungen vom Leben im allgemeinen haben menschliches Leben häufig mit eingeschlossen.

Vorher sind aber einige Bemerkungen zur Methodik angebracht, und es muß zunächst geklärt werden, inwieweit der Mensch, vom Grundsatz her, ein Gegenstand der Biophilosophie sein kann und inwiefern im Schnittpunkt biologischer Forschung und philosophischer Reflexion fundamentale Aussagen über den Menschen gemacht werden können. Die Frage, anders gewendet, lautet: Was vermag eine biophilosophische Synthese, die Leben als spezifische Kategorie der realen Welt begreift, für eine Erneuerung des Menschenbildes zu leisten? Obwohl diese Frage erst später genau beantwortet werden soll, bitte ich den Leser, im Auge zu behalten, daß aus der Perspektive einer Biophilosophie, die jenseits der alten Trennmauern zwischen Vitalismus und Mechanismus, Determinismus und Indeterminismus, striktem Materialismus und Idealismus angesetzt wird, der lebendige Mensch stets eine untrennbare Einheit der willkürlich voneinander getrennten Kategorien (Materie und Geist, Leben und Bewußtsein) erscheinen muß: der Mensch *lebt*, indem er *bewußt* lebt. Womit er einmal mehr als Lebewesen ausgewiesen ist, und wobei seine Bewußtheit seinem Leben immanent ist und niemals davon getrennt werden kann.

Nun bieten sich für eine Anthropologie mit philosophischen Ansprüchen prinizipiell drei Möglichkeiten an (vgl. Keller 1974):

- Eine ›Anthropologie von oben‹, die den Menschen sozusagen von seiner Geistsphäre aus erfassen will;
- eine ›Anthropologie von unten‹, die von der Naturverfassung des Menschen ausgeht;
- eine ›Anthropologie von innen‹, die sich in der Erlebniswelt des Menschen begründet, d.h. in seiner existentiellen ›inneren‹ Verfassung.

Jeder dieser drei Ansätze für sich genommen muß sich aber als ungenügend erweisen, wenn man bestrebt ist, ein umfassendes Bild vom Menschen zu zeichnen. Eine *philosophische* Anthropologie, die den Menschen allein als geistiges Wesen erfassen will und seine Bewußtheit über seine ›Naturverfassung‹ stellen möchte, wird im luftleeren Raum schweben bleiben, wenn nicht gleichzeitig der biologische ›Unterbau‹ des Menschseins erfaßt wird. Geht man aber von der Naturverfassung des Menschen aus, dann darf man nicht den Fehler eines ontologischen Reduktionismus begehen und die Bewußtseinsphänomene auslassen. Und nimmt man schließlich die (subjektiven) Erlebnisse des Menschen als Ausgangspunkt, dann wird die Anthropologie – obiger Allegorie gemäß – die ›Höhle des Menschen‹ von Zeit zu Zeit verlassen müssen, um nicht vom anthropozentrischen Denken gefangengehalten zu bleiben und in einen Subjektivismus abzugleiten. Gerade im Sinne des Verständnisses auch der Bedingungen menschlicher ›Innenwelten‹ ist der Außenaspekt von hervorragender Bedeutung. Und dieser Aspekt entspricht dem Gesichtspunkt einer *biologischen* Anthropologie.

Man verstehe das nicht falsch: Auch die biologische Perspektive in der Anthropologie ist eine Verkürzung des *ganzen* Menschseins, solange sie keine anderen Zugänge zum Verständnis des Menschen akzeptiert; und mit dem biologischen Ansatz in der Anthropologie kann nicht der Anspruch erhoben werden, den Menschen voll zu erfassen, denn dieser Ansatz klammert schon aus methodischen Gründen von vornherein bestimmte ›Seiten‹ der menschlichen Existenz aus. Diese Einschränkung gilt zumindest überall dort, wo mit biologischer Anthropologie ausschließlich die empirische Untersuchung der somatischen Verfassung des Menschen gemeint ist. Eine biologische Anthropologie aber muß nicht notwendig auf dem Boden bloßer Aussagen über anatomisch-physiologische Gegebenheiten stehenbleiben.

Räumt man einer biologischen Anthropologie ein, neben dem Aufzählen von Tatbeständen aus Anatomie, Physiologie, Genetik usw. auch in theoretischer Reflexion gerade die Eigenarten unserer Spezies zu ergründen – die nun einmal im Biologischen verwurzelt sind –, dann leistet der biologisch-anthropologische Ansatz mehr als irgendein anderer. Es ist ja doch eine unbegründete Befürchtung, daß durch die Brille biologischer Reflexion der Aspekt des Bewußtseins (und damit auch der Aspekt des ›Innnenlebens‹) übersehen wird. Sind wir uns von Anfang an dessen bewußt, daß der Mensch zum Unterschied von anderen Organismen ein sich selbst reflektierendes Wesen ist, dann kann der biologische Ausgangspunkt nicht einem trivialen Biologismus entsprechen.

Die im traditionellen Rahmen der philosophischen Anthropologie thematisierten Aspekte des Menschen gehen so in jeden biologischen Ansatz als unabdingbare Prämissen ein, was man verstehen wird, wenn man sich entsinnt, daß es in jeder umfassenden ›Lehre vom Menschen‹ in erster und letzter Instanz um nicht mehr und nicht weniger als um menschliches *Leben* geht, welches eben durch seine Spiegelung im Bewußtsein zu begreifen ist. Was also der Mensch um ein Verständnis seiner selbst willen so dringend benötigt, ist – heute wie seit alters – ein umfassendes *Selbstbildnis*, und man sollte nicht meinen, daß dieses zu zeichnen unmöglich sei. Ich glaube, ein umfassendes Menschenbild *ist* möglich – natürlich nur unter der Voraussetzung, daß der Mensch seine Existenz als ein *Lebendig-Sein* erfaßt – als Einheit jener seiner Wesenheiten, die er in der Geschichte fortgesetzt voneinander getrennt hat. Nicht nur wird durch die ›Offenheit‹ des Menschen ihm selbst und der Welt gegenüber seine ›Unergründlichkeit‹ wahrzunehmen sein (Plessner 1969), sondern eher im Gegenteil vor allem die Möglichkeit, durch ständiges Hinterfragen unserer Existenz auch mehr und mehr von den ›Anfangsgründen‹ dieser Existenz sichtbar zu machen – auch wenn jeder Versuch unserer Selbstbestimmung einen unergründlichen Rest übriglassen sollte.

Vielleicht also ist im Hinblick auf ein Menschenbild bzw. seine Erneuerung aus der Perspektive der durch den Menschen selbst geleisteten naturwissenschaftlichen Forschung etwas mehr Optimismus angebracht. Inwieweit jedoch ein auch noch so ausgereiftes theoretisches Menschenbild auch die ›praktische Situation‹ des Menschen ›zum Guten hin‹ zu ändern vermag, bleibt freilich dahingestellt. Denn Ideologen aller möglichen Spielarten sind immer bemüht, den Menschen nicht mündig werden zu lassen, um ihre eigenen Wunschvorstellungen besser verwirklichen zu können; und Menschen, die ob ihrer Einsicht in die eigene Existenz und deren Grundlagen es nicht nötig haben, sich zwangs- und zwanghaft beglücken zu lassen, werden als lästig, ja, als des Bekämpfens wert empfunden.

Wenn ich hier also einige Bausteine zu einem erneuerten Menschenbild vorlege, dann kommt mir entgegen, was Arnold Gehlen in seinem grundlegenden Werk ›Der Mensch‹ (1940 [1971, S. 11f.])

geschrieben hat: »So wie die Anatomie eine allgemeine Wissenschaft vom Bau des menschlichen Körpers ist, muß auch eine Gesamtauffassung ›des Menschen‹ möglich sein, denn da wir niemals im Zweifel sind, ob ein Wesen ein Mensch ist oder nicht..., sind wir zu der Erwartung berechtigt, daß eine allgemeine Anthropologie einen eindeutigen Gegenstand haben wird. Sie wäre logisch jeder speziellen Anthroplogie... vorgeordnet.« Andererseits wird man, wie es sich von selbst versteht, eine allgemeine ›Lehre vom Menschen‹ nur dann sinnvoll entwerfen können, wenn man die Aussagen der mit dem Menschen befaßten Spezialfächer – von der Humananatomie bis zur Soziologie – erst einmal zu einem Ganzen zusammengefügt hat. Diese Synthese anthropologischer (Teil-)Resultate wäre im wesentlichen aus einer biophilosophischen Synthese abzuleiten, ja in dieser bereits enthalten: Das Ergebnis wäre ein *biozentriertes* System der Anthropologie, wobei das *bios* aber so breit gefaßt werden muß, daß für den ›Geist‹ darin noch genug Platz zur Verfügung steht, nein, daß der ›Geist‹ als *Ausdruck* dieses *bios* beim Menschen verstanden werden kann.

Im Rahmen einer dynamischen Weltsicht nun lassen sich im Zusammenhang mit einer Bestimmung des Menschen viele der oft gestellten Fragen als falsch entlarven. Insbesondere betrifft dies die nicht selten in dieser direkten Form vorgetragene Frage ›Was ist der Unterschied zwischen Tier und Mensch?‹ Die Frage ist einfach falsch formuliert, »denn es gibt ja nicht *das* Tier, sondern über eine Million verschiedener Tierarten, von denen jede mehr oder minder deutlich von anderen zu unterscheiden ist« (Wuketits 1982c, S. 152). Wir können also lediglich nach jenen Merkmalen fragen, die der Mensch aufweist und die *nirgends* sonst in der Organismenwelt auftreten, wobei es sich aber weniger um anatomische, *quantitativ* erfaßbare Merkmale handeln kann, sondern vielmehr um die *qualitativen* Unterschiede zwischen der Spezies *homo sapiens* und den übrigen Lebewesen auf der Erde handeln muß. Und diese Unterschiede finden wir ein weiteres Mal im menschlichen Bewußtsein und seinen Entäußerungen in der Kultur[104], die in ihrer Art von keiner anderen Spezies hervorgebracht worden ist, deren Vorbedingungen dennoch im Bereich des Lebendigen liegen und die nicht auf irgendeinen ›Weltgeist‹ hin ausgerichtet ist, genausowenig zwingend aus der Geschichte des Universums hervorging.

Wir wollen uns also jetzt zunächst mit jenen Versuchen auseinandersetzen, die eine Bestimmung des Menschen zwar versprechen, tatsächlich aber den Menschen von seinem Leben, von der Erkenntnis dieses Lebens weggeführt haben, indem sie ihn unter Zuhilfenahme ›außermenschlicher‹, ja ›außernatürlicher‹ und damit außerhalb des Lebens angenommener Kategorien definieren. Dabei wird eine Beschränkung auf nur einige der markanten Stellungnahmen vonnöten sein.

Die alten Illusionen und Trugbilder

Der Mensch ist das einzige Lebewesen auf der Erde, das sich selbst *bewußt* täuschen kann. Er kann sich mit oft billigem Trost über die geringe Rolle hinwegtäuschen, die er im kosmischen Geschehen spielt, er kann sich aber auch die ›Krone der Schöpfung‹ aufsetzen. Letzteres hat er denn auch fortgesetzt getan. Das Resultat seiner Selbstverherrlichung ist:

Der Mensch, ein Ebenbild Gottes

Dieses Bild ist in starken Traditionen geprägt, als Ausdruck des menschlichen Strebens, einem ›übernatürlichen Wesen‹, dem ›Göttlichen‹, gleichzukommen (Agassi 1977). Ein charakteristisches Beispiel für diese Apotheose, für diese ›Selbst-Vergöttlichung‹ des Menschen liefert uns die ›Theodicee‹ von Leibniz, wo es heißt, »daß Gott dem Menschen ein Abbild der Gottheit giebt, indem er ihm die Vernunft verleiht«; und daß er sich gewissermaßen »ergötzt an diesen kleinen Göttern, die zu schaffen er für gut fand, wie wir uns an den Kindern ergötzen, die sich allerlei Beschäftigung machen, welche wir unter der Hand befördern oder verhindern, wie es uns gefällt«; und daß der Mensch »also gleichsam ein kleiner Gott in seiner eigenen Welt [ist] – oder seinem Mikrokosmos, den er nach seiner Weise regiert« (Leibniz 1710 [1883, Bd. 1, S. 305]). So wäre denn der Gedanke an die Verwandtschaft des Menschen mit anderen Lebewesen wohl auch unerträglich[105], da nur dem Menschen Gott eine Vernunft verliehen haben soll, womit er ihn zugleich zu seinem Ebenbild machte. Eine solche, nach göttlichen Prinzipien erschaffene Vernunft ließe sich dann freilich auch nicht historisch aus stammesgeschichtlichen Bedingungen erklären.

Derartige ›theomorphe‹ Menschenbilder sind in der Geschichte (bis in unsere Tage) also weit verbreitet; sie sind beispielsweise essentieller Bestandteil der christlichen Religion, einer der Grundinhalte der christlichen Weltsicht, in der bekanntlich Gott den Menschen als ›Person‹ nach seinem Ebenbild geschaffen haben soll: »So schuf Gott den Menschen nach seinem Abbild«, wie das Erste Buch Moses berichtet, »nach Gottes Bild schuf er ihn, als Mann und Frau erschuf er sie.«

Es ist interessant und bezeichnend festzustellen, daß der Mensch, indem er sich selbst als Abbild Gottes sieht, meist seine Vernunft hierfür ins Spiel bringt, und zwar insofern, als diese nicht nur das entscheidende Wesensmerkmal seiner selbst sein soll, sondern gleichzeitig ein Attribut Gottes; denn jeder postulierte göttliche Regent der Welt, der Schöpfer des Kosmos, bekommt die Eigenschaft zugesprochen, weise zu sein, weise und allmächtig. Welch starke Wirkung von dieser Vorstellung ausging, wird am ehesten dadurch einsichtig, daß noch selbst der Atheist Charles Darwin (1871) vom ›gottähnlichen Verstand‹ des Menschen sprach, wenngleich in metaphorischem Sinn.

In einem viel größeren Zwiespalt standen aber die Wegbereiter des Entwicklungsgedankens vor Darwin. Glaubten sie einerseits, die Verwandtschaft des Menschen mit den übrigen Lebewesen bewiesen zu haben, meinten sie andererseits, die Größe und Herrlichkeit des Menschen anerkennen zu müssen. Dies betrifft z.B. Johann Gottfried Herder (1744–1803), der die Geschichte der Menschheit bereits, im weitesten Sinne zumindest, evolutionär gedeutet und die Beziehung vor allem zwischen dem Menschen und den Menschenaffen bemerkt hatte. »Etwas später erschrickt allerdings der Theologe Herder vor dem Anthropologen Herder und meint, man dürfe die Menschenähnlichkeit des Affen auch nicht zu weit treiben: ›Du aber, Mensch, ehre dich selbst!‹« (Mühlmann 1968, S. 62). Also war der Mensch doch lieber einem Gott als einem Affen ähnlich.

Nicht immer freilich ist der Mensch als Ebenbild eines *personifiziert* verstandenen göttlichen Wesens gedeutet worden, sondern vielfach auch als Spiegel einer Weltharmonie, die aber dann natürlich wiederum auf einen, sagen wir, ›göttlichen Urgrund‹ zurückgeführt wurde. Dabei ging man davon aus, daß sich der Geist Gottes – was ja

Abb. 19: ›Der Mensch im Kreise‹, die menschliche Figur als zentrales Bezugssystem nach den Vorstellungen des Vitruvius. (Foto Schweikhardt.)

obiger Metapher entspricht – im Menschen verkörpert und daß sich die von Gott regierten Gesetze der Welt im Menschen spiegeln. So wurde der Mensch als zentrales Bezugssystem der Welt verstanden (Anthropozentrismus). Für diese Vorstellungen existieren eindrucksvolle Beispiele, so etwa das Bild des *homo ad circulum*, des ›Menschen im Kreise‹, welches in der Proportionslehre des Vitruvius, eines römischen Architekten aus dem ersten vorchristlichen Jahrhundert, seine Wurzeln hat (vgl. Abb. 19).

Eine ähnliche Denkfigur findet sich in den medizinisch-philosophischen Entwürfen des Paracelsus. Der Mensch wird bei Paracelsus auf die kosmischen Gesetze bezogen, die Aufgabe des Arztes besteht demnach letztlich in der Ergründung dieser Gesetze im Menschen, er »begreift den Puls im Firmamente, die Physiognomie in den Gestirnen, die Chiromantie in den Mineralien, den Atem in den Winden, die Fieber im Erdbeben usw.« (zit. nach Schipperges 1972, S. 192); der Arzt also hat auch »den Schlüssel zum Reiche Gottes, in dem Segen und das Licht der Welt ist, von dem der Weg und die Wahrheit ausgeht« (zit. nach Schipperges 1972, S. 193). In diesem Zusammenhang ist auch die *Jatromagie* als ›magische Heilkunst‹ zu erwähnen (näheres siehe bei Rothschuh 1978).

Solche Ideen müssen Kinder jener alten, im Menschen früh erwachten Sehnsüchte sein, sich selbst als tiefsten Ausdruck der Gesetzlichkeiten einer von Gott inspirierten Welt sehen zu dürfen. Betrachter des kosmischen Geschehens zu sein *und* sich in diesem selbst zu erblicken – das mag als charakteristisches Element des ›vorkopernikanischen Weltbildes‹ verstanden werden. In seiner Analyse der Entstehungsgeschichte des *kopernikanischen* Weltbildes meint dazu Blumenberg (1981, Bd. 1, S. 78): »Das Universum erfüllt seinem Betrachter das absurde Bedürfnis, gegen sein Interesse, Mittelpunkt und Bezugspunkt zu sein, zu verstoßen und ihm dennoch seine Zustimmung abzunötigen... Es liegt in der kopernikanischen Konsequenz, daß der *contemplator caeli* [der ›Himmelsbeschauer‹], wenn er dieses bleiben will, Kopernikus genauso wie die neuen Lichtjahrweiten vergessen haben muß.« Man erkennt daran vielleicht die im Grunde schizophrene Situation des Menschen...

Nun wird sich der Leser, in Erinnerung an frühere Passagen des Buches, wo schon von ›alten Irrtümern‹ die Rede war, kaum wundern, daß auch das 20. Jahrhundert seine Vertreter der theomorphen Menschendeutung gefunden hat. Teilhard de Chardin, Illies u.a. sehen den Menschen nicht weniger nach dem Ebenbild Gottes geschaffen als ihre geistigen Väter und Großväter in früheren Jahrhunderten.[106]

»Aber wir stammen«, so versichert uns Illies (1979, S. 106f.), »aus dem Gottesreich... und wissen, daß dort ›ein gütiger Vater wohnt‹, von dem jeder irdische Adam stellvertretend Autorität (das heißt eigentlich: Zeugungskraft) verliehen bekam, die er als Vater gebrauchen... kann. Und wir wissen auch, daß jede Mutter, die einem Menschen das Leben schenkt, damit im Auftrag der Ebenbildlichkeit steht als Eva, als Mutter des Lebens, die aus Gottes Schöpfungswillen die irdische Schöpfungstat werden läßt, und zwar mit der nur ihr verliehenen Kraft, aus Liebe den Bestand verkörperten Geistes in dieser Welt zu mehren.« *Amen.*

Die Apostel derartiger theistischer Gedankensysteme bemerken offenbar nicht den Umstand, daß sich ihre Aussagen *von selbst* im Wunschdenken auflösen – einmal abgesehen davon, daß »die wörtliche Bedeutung der mythischen Sprachbilder, mit denen die Theologen ihre Botschaft weitergeben,... mit dem Inhalt der Botschaft von allem Anfang an am allerwenigsten zu tun« hatte (Ditfurth 1981, S. 295). Aber es ist ja, was beispielsweise auch Kanitscheider (1978) richtig betont, stets der Mensch, der sich eine Sonderstellung im Kosmos beiräumt; und so ist es immer auch der Mensch selbst, der sich *seine* Gottesbilder schafft.

Paradox ist, daß menschliches Leben dabei auf einen postulierten Gott projiziert wird, um sich dann selbst aus diesem zu erklären! Der Mensch deutet sich so als *Abbild* eines von ihm selbst gezeichneten *Bildes.* Und nachdem er allein unter den Lebewesen eine Vernunft hat, muß ein göttliches Wesen ebenfalls diese Eigenschaften besitzen oder schlechthin die Weltvernunft sein – *ergo* muß der Mensch (als ›vernunftbegabtes Wesen‹) nach dem Bild Gottes kreiert worden sein. Somit wird, mit anderen Worten, des Menschen Verstand als gottähnlich erklärt, nachdem zuvor Gott vom Menschen einen Verstand zugesprochen bekommen hat. Hier handelt es sich um ein in der Scholastik wurzelndes, von durch klerikale Gewalten eingeschüchterten Menschen nicht durchschautes ›Wechselspiel von Analogien‹.[107]

Was die Deutung der Natur nach dem Vorbild des also dem Gottesbild angeblich analogen Menschen betrifft, finden sich in der Geschichte der Biowissenschaften bis in die Neuzeit hinein illustrative Beispiele. Das System der Lebewesen bei Carl v. Linné (1707–1778) etwa ist anthropomorph, genauer gesagt *soziomorph* (Topitsch 1979), da es in seinem Aufbau an gesellschaftlich stabilisierten Hierarchien orientiert ist: Der ›Haushalt der Natur‹ stellt den ›Staatshaushalt‹ dar; darin haben die einzelnen Arten ihre ›Pflichten‹ zu erfüllen. Linné, der erst in seinem späteren Werk die Veränderbarkeit der Arten (Evolution) gleichsam erahnte, hat das hierarchische Modell der Pflanzensystematik amüsanterweise auch auf die Botaniker seiner Zeit rückprojiziert (die vermutlich nicht sehr erpicht darauf waren, ihn als den selbsternannten General unter den *florae officiarii*, den ›Offizieren der Pflanzenkunde‹, bewundern zu müssen.)

Der Mensch, das Ebenbild Gottes – psychologisch mag dieses Gleichnis verständlich werden aus dem alten Wunsch des Menschen, mehr als ›nur‹ Mensch zu sein, in der Welt eine ausgezeichnete Position innezuhaben. Rational schlüssig aber ist diese Analogie nicht. »Die Suche nach einem Urgrund [*ultimate reason*]«, so sagt auch Ayer (1976, S. 216), »ist emotional verständlich, aber intellektuell nicht kohärent.« Es ist keine Frage, daß jedermann das Recht haben soll, diese Suche trotzdem – und aus anderen als rationalen Gründen – fortzusetzen; und meint jemand, sich unbedingt als Ebenbild Gottes interpretieren zu dürfen, dann mag er es getrost tun, solange er einem anderen, der nicht meint, zu sein wie Gott, diesen seinen Glauben nicht aufzwingt. Problematisch und gefährlich wird die Sache allerdings dann – und darum geht es in letzter Konsequenz –, wenn Menschen durch solche Metaphern unter die Zwänge von Führungssystemen geraten, wenn die theomorphe Deutung des Menschen von einem einzelnen Menschen oder einer Menschengruppe in einem Prozeß der Selbstlegitimation anderen aufgedrängt wird, womöglich mit inhumanen Mitteln. Dann nämlich kann keine Rede mehr sein von jener *offenen Gesellschaft*, die bei Popper (1962) eine so große Rolle spielt: als eine Gesellschaft von mündigen und nicht unter den Zwängen von Propheten gehaltenen Menschen. Ich hoffe, es ist deutlich geworden, daß theomorphe Interpretation oder gar Manifestation transferierbar ist auf jede ideologische und damit in gewissem Sinne autoritäre Ablehnung von *erkennbarer Realität*, als eine politisch, religiös oder wie auch immer zweckbedingte Entfremdung von Erkenntnisfähigkeit.

Der Mensch, das Ebenbild Gottes – allzu oft in seiner Geschichte ist der Mensch dieser Illusion zum Opfer gefallen, nach dem Ebenbild Gottes geschaffen zu sein und im Auftrag Gottes zu handeln. Die raffinierte Analogie (Anmerkung 107) »bietet den Gläubigen eine faßbare Gottesvorstellung und ist doch stets in der Lage, vor jeder Kritik an dieser Vorstellung in den sicheren Bereich des Unfaßbaren auszuweichen. So gestattet es eine kalkulierte Unklarheit, Behauptungen aufzustellen und sie doch gleichzeitig durch eine verschleierte

Zurücknahme vor allen Gegenargumenten zu schützen« (Topitsch 1979, S. 224). Derartige Verführungskünste haben immer und immer wieder bei Menschen, die das ›verlorene Paradies‹ (und letztlich ihre eigene Identität) suchen, unübersehbare Wirkungen gezeitigt. Keineswegs gilt dies also ausschließlich für im engeren Sinne religiöse Führungssysteme, sondern in gleichem oder vielleicht – wie heute – noch stärkerem Maße für säkuläre Ideologien. Andererseits ist freilich auch in diesen Ideologien eine in weiterer Wortbedeutung religiöse Komponente nicht zu leugnen. Wie Watzlawick (1981) hervorragend auseinandergesetzt hat, ist eine Ideologie – gleich, nach welcher Richtung sie gewendet ist – für den Durchschnittsmenschen, dem die ›Logik des Weltgefüges‹ unbegreiflich ist (oder unbegreiflich *gemacht wird*), um so überzeugender, wenn sie sich auf einen ›übermenschlichen‹ Urheber beruft und mithin einen zumindest pseudoreligiösen Ursprung hat.

Dünkt sich der Mensch als gottähnliches Wesen, dann lauert darin stets eine offensichtliche, von vielen aber offensichtlich auch verkannte Gefahr: die Gefahr, seine Macht in der Natur überzubewerten und daran früher oder später zugrunde gehen zu müssen (wobei es keinen Unterschied macht, ob das Erhabenheitsgefühl dem Menschen von den Propheten religiöser oder ›weltlich‹-ideologischer Systeme eingeflößt wird). Man sage nicht, es handle sich hier um eine Übertreibung: Denn der Mensch *hat* sich die Erde untertan gemacht, ohne genug über die möglichen *Rückwirkungen* seiner Eingriffe in die Natur auf sich selbst zu wissen. Er weiß es heute noch nicht, obwohl er doch das System der Rückkoppelung, der Erkenntnis der Rückwirkungen geschaffen hat: die Kybernetik, die er aber wiederum nicht sinnvoll nutzt, sondern nur als das geistige Material für unsere wichtigste Wachstumstechnologie: die Computerindustrie.

Doch da ist auch noch die *Versklavung des Individuums.* Wo sich die Propheten einer ›schöneren Welt‹ auf die Ermächtigung seitens ›übermenschlicher Wesen‹ berufen, dort locken sie den verzweifelt nach Sinn strebenden Menschen von seinem eigenen Leben fort und machen ihn, unter dem Hinweis auf ›jenseits‹ und ›später‹, das Leben (sein eigenes Leben!) *hier* und *jetzt* vergessen. Das Sektierertum blüht ja bekanntlich wieder, und es ist erschreckend, wie viele Menschen sich für dumm verkaufen lassen: ›Wenn du mir folgst, mir dein Leben verkaufst, dann hast du Aussicht auf das Paradies‹ – wie viele psycholabile Jugendliche fallen doch auf diesen von Sektierern mit trivialem Raffinement vorgetragenen Schwachsinn rein!

Selbstverständlich muß hier manch einer widersprechen, mit dem Argument, Führungssysteme, die auf den ›göttlichen Urgrund‹ zurückgreifen, hätten sich vielfach als notwendige *ethische* Orientierungshilfe erwiesen. Möglich, daß der eine oder andere Leser auch dazu neigt, die Metapher vom Abbild Gottes im Menschen schlechthin als Prämisse für ein ethisches System zu erklären. Nun will ich nicht leugnen, daß der in den verschiedenen Religionen unterschiedlich akzentuierte Normenkodex moralisches Fehlverhalten gelegentlich verhindern *kann*. Will aber, bitte schön, jemand bestreiten, daß ein absolut genommener Normenkodex, unter Berufung auf den ›göttlichen Auftrag‹ psychologisch und sozial meist mehr geschadet hat, als er sinnvoll Ethik zu stabilisieren vermochte?

Bertrand Russell, großer Freiheitsdenker, Fürsprecher freier Gesinnung, schrieb unmißverständlich: »Wenn Sie in der Kirche Leute anhören, wie sie sich selbst erniedrigen und als erbärmliche Sünder bekennen..., dann scheint das verächtlich und menschenunwürdig« (Russell 1957 [1970, S. 26]). Man denke, ja, doch einmal an die seelische Bedrängnis von Kindern wie auch von unmündigen Erwachsenen angesichts der Androhung einer ›göttlichen Bestrafung‹, wobei den Bildern des Grauens (Feuer, Hölle, Teufel) keine Grenzen gesetzt sind – es ist dies fürwahr ein skandalöser Umstand und gerade ein Zeichen für den moralisch *unreifen* Menschen. Und ich bitte den kritischen Leser, jetzt nicht einfach zu sagen, dies wäre ein Nachhall aus vergangenen Zeiten. Es müssen ja nicht gleich ›Höllenstrafen‹ sein: Selbsternannnte Propheten, Demagogen und Scharlatane waren nie um Formeln verlegen, dem einzelnen (oder bestimmten Menschengruppen) seine (oder ihre) Schuld vor Augen zu führen und den Menschen an die unumgängliche Bestrafung zu erinnern; und die Gehirnwäsche ist heute noch lange nicht abgeschafft...

Ein zweites Bild vom Menschen, das sich zwar aus einer anderen Quelle speist, aber ähnliche Probleme und fatale Konsequenzen mit sich bringt, möchte ich in der Folge etwas ausführlicher darlegen:

Der Mensch, eine Maschine

Unweigerlich denkt man hier an das gleichnamige klassische Werk von de Lamettrie, ›L'Homme machine‹, welches 1748 erschienen war und einiges Aufsehen erregte. Dieses Werk ist die im Prinzip konsequente Fortsetzung der – schon umrissenen – allgemeinen Maschinentheorie vom Lebendigen im Bereich der Deutungen *menschlichen* Lebens. Seine Schwächen sind leicht zu finden: »Dadurch..., daß de Lamettrie die Gleichartigkeit des Ursprungs von Mensch und Tier sowie deren materiell-stoffliche Gleichartigkeit mit künstlich konstruierten Maschinen betont, verliert seine gesamte Untersuchung den Charakter einer Analogiebetrachtung und wird zu einer materialistischen Metaphysik« (Oeser 1976, Bd. 2, S. 64). Aber de Lamettrie lebt heute noch fort, oder man sollte sagen: Er ist im 20. Jahrhundert auferstanden. In mindestens zwei Richtungen läßt sich gegenwärtig eine Wiederholung der alten Maschinentheorie vom Menschen feststellen.

Die eine Richtung ist als im weitesten Sinne *behavioristisch* zu kennzeichnen. Im Behaviorismus treibt die Maschinentheorie neue Blüten (siehe hierzu etwa auch die Ausführungen von Skolimowski 1972, und man entsinne sich der schon erwähnten Technologie des Verhaltens). Die andere Richtung ist, ungeachtet früherer Ansätze, als Disziplin sehr jung: es ist die *Soziobiologie*, die sich zu dem bezeichnenden Ausdruck ›Überlebensmaschine‹, *survival machine* (Dawkins 1976), verstieg, mit dem allen Ernstes Lebewesen definiert werden sollten. Daß die Reduktion des Lebens, jedes einzelnen Lebewesens, auf eine Überlebensmaschinerie im Hinblick auf ihren potentiellen ideologischen Gebrauch bzw. Mißbrauch große Gefahren in sich trägt, wird man einsehen müssen. Ich komme weiter unten noch darauf zurück.

Zunächst aber ist festzuhalten, daß der Behaviorismus und die Soziobiologie, obwohl sie auf gemeinsame Wurzeln im 18. Jahrhundert zurückverfolgt werden können, was ihre maschinentheoretische Ausrichtung anlangt, einander entgegengesetzte Lehren sind: Die Grundidee des Behaviorismus ist *der Mensch als Produkt der Umwelt*, die der Soziobiologe *der Mensch als Produkt der Vererbung*. ›Milieutheorie‹ und ›Vererbungstheorie‹ stehen einander gegenüber: Gene *versus* Umwelt, ›Diktat der Gene‹ *versus* ›Umweltzwang‹. (Siehe dazu die historische Übersicht in Tab. 7, vgl. auch z.B. Morris

1983.) Zwar sind sowohl der Behaviorismus als auch die Soziobiologie Erklärungsversuche, die keinesfalls auf den Menschen beschränkt sind, sondern generell Leben (oder bestimmte seiner Teilaspekte: die Mechanismen des Verhaltens nämlich) ergründen wollen, doch interessieren im Rahmen des vorliegenden Kapitels primär ihre anthropologischen Implikationen und Schlußfolgerungen.

Die Soziobiologie, die in neuerer Zeit große Debatten ausgelöst hat – einen Querschnitt bietet das von Caplan (1978) edierte Sammelwerk –, darf nicht von vornherein als rassistisches Schreckgespenst hingestellt werden. Dies gilt, *mutatis mutandis*, ebenso für den Behaviorismus, solange es sich um Forschungsansätze handelt. Der Forschungsansatz bzw. das Erkenntnisziel im Falle der Soziobiologie ist, eine Basis zu finden für das Sozialverhalten von Tieren, woraus sich dann naturgemäß auch das menschliche Verhalten erhellende Erkenntnisse ergeben. Der Ausgangspunkt ist, völlig korrekt, die Evolutionstheorie. Michael Ruse (1979), der vom Standpunkt des Philosophen eine erste kritische Analyse der Soziobiologie, ihrer Methoden und Intentionen geliefert hat, geht von der lapidaren Feststellung aus, daß sich die Soziobiologen für (tierisches) Verhalten interessieren, sofern es Interaktionen mit anderen Tieren zeigt, also *Sozial*verhalten. Das ist zweifelsohne ein interessantes Programm, und wer sollte Einwände dagegen haben, das Sozialverhalten der Tiere zu studieren. Aber selbstverständlich muß auch *menschliches* Sozialverhalten seine ›Anfangsgründe‹ im biologischen Bereich haben[108]; und nichts wäre törichter und der gegenwärtigen Situation der Menschheit abträglicher als der bewußte Verzicht auf ein mögliches Wissen um jene ›Anfangsgründe‹ unseres Verhaltens.

Die Bedeutung dieses Wissens war schon dem alten Pfarrherrn Hermann Samuel Reimarus klar, der in seiner 1740 veröffentlichten Schrift ›Allgemeine Betrachtungen über die Triebe der Thiere, hauptsächlich über ihre Kunsttriebe‹ meinte: »Von angeborenen Fertigkeiten haben wir Menschen selbst... einige, welche die Nothdurft unserer Lebensart erfordert, an uns: und unsere Unachtsamkeit ist bloß Schuld daran, wenn wir sie nicht bemerken« (zit. nach Wickler und Seibt 1981, S. 32f.). Solche Worte flossen aus der Feder eines Pfarrers – und das mehr als ein Jahrhundert vor Darwin.

Tab. 7 Einige Tendenzen und Strömungen in der ›Vererbungstheorie‹ in Gegenüberstellung zur ›Milieutheorie‹ in der Philosophie der Neuzeit

Vererbungstheorie: Der Mensch ist in erster Linie oder ausschließlich ein Produkt der Vererbung bzw. seiner ›Anlagen‹ (genetischer Determinismus)	*Milieutheorie:* Der Mench ist in erster Linie oder ausschließlich ein Produkt seiner Umwelt (Erziehung) (Umwelt-Determinismus)
Der (angeborene) Egoismus ist die Triebfeder des gesamten kulturellen und sittlichen Lebens (B. de Mandeville [1670–1733])	Der Mensch ist durch die Erziehung bildbar (C. A. Helvétius [1715–1771])
Laster und Tugenden sind erblich (J. O. de Lamettrie)	Die Menschheitsgeschichte ist von einer ›sozialen Dynamik‹ getragen (Fortschritt) (A. Comte [1798–1857])
Aus der natürlichen Entwicklung resultiert das Gute, es degeneriert unter der Hand des Menschen; daher ›zurück zur Natur‹ (J.-J. Rousseau [1712–1778])*	Für die Geschichte des Menschen sind seine physische, soziale und geistige Umwelt maßgeblich (H. Taine [1828–1893])
Tendenz zum Rassismus: Die (Menschen-)Rassen sind auch geistig verschieden, in ihrer Vermischung kommt es zur Entartung; die einzige ›kulturfähige‹ Rasse ist die arische (J. A. Gobineau [1816–1882])	Die Lebewesen (einschließlich des Menschen) sind Anpassungsprodukte im Sinne der Evolution (z. B. H. Spencer; vgl. S. 34)
Extreme Version der *Soziobiologie*: Das Verhalten des Menschen in all seinen Aspekten (soziales und kulturelles Verhalten eingeschlossen) ist ein Resultat geneti-	*Behaviorismus:* Das Verhalten des Menschen basiert auf Umweltreizen; durch die Umwelt ist also der Mensch formbar ↓

scher Disposition; der Mensch ist genetisch programmiert

↓

Der Mensch ist eine ›Überlebens-Maschine‹ | Der Mensch ist eine ›Reiz-Reaktions-Maschine‹

↓ | ↓

Maschinentheorie des Menschen

Aber wenn wir das Studium des Sozialverhaltens der Lebewesen in der Geschichte noch weiter zurückverfolgen, werden wir schon in der Antike erste Ansätze dazu erkennen. Selbst eine Soziobiologie des Menschen mag man etwa Vergil (70–19 v. Chr.) zuzuschreiben geneigt sein, wenn man sich daran erinnert, daß dieser gefeierte Dichter im kaiserlichen Rom den Bienenstaat zum Vorbild für den Menschenstaat erhob. Andererseits kamen solche Darstellungen über den Charakter von vagen Analogien nicht hinaus. Immerhin: Daß zwischen dem Sozialverhalten verschiedener Tiere und den Sozialstrukturen des Menschen bemerkenswerte Ähnlichkeiten bestehen, ist eine alte und durchaus richtige Erkenntnis.

Dieser Erkenntnis allerdings wurde erst in den späten vierziger Jahren unseres Jahrhunderts ein erster disziplinärer Rahmen gezogen, als nämlich (1948) auf einer Konferenz in New York, wo sich Verhaltensforscher versammelt hatten, um Probleme des Sozialverhaltens unterschiedlicher Spezies zu diskutieren, die Bezeichnung ›Soziobiologie‹ aus der Taufe gehoben wurde, »mit dem Ziel, durch vergleichend zoologisch-soziologische Arbeiten auf allgemein gültige Gesetzmäßigkeiten zu stoßen, die für den Menschen ebenso wie für die anderen Lebewesen gültig sind« (Wickler und Seibt 1981, S. 79).

Aber diese Soziobiologie geriet danach für das Viertel eines Jahrhunderts praktisch in Vergessenheit. Erst im Jahre 1975 wieder trat die Soziobiologie mit dem Anspruch einer neuen Synthese auf und wurde mit dem Buch ›Sociobiology – The New Synthesis‹ des Entomologen Edward O. Wilson richtiggehend populär. Wilson hatte sich eingehend mit den Verhaltensstrukturen sozial lebender Insekten beschäftigt und dehnte im Laufe seiner weiteren Forschungsarbeit die so gewonnenen Einsichten auf andere Organismen,

* Daher plädierte Rousseau für eine Erziehung, in der alle Hemmungen der ›natürlichen‹ Entfaltung beseitigt werden sollten.

schließlich auch auf den Menschen aus. In der Sphäre des Menschlichen argumentierte Wilson (1975) zunächst eher vorsichtig und bedachte durchaus die Eigenarten unserer Gattung. Worum es in seiner ›neuen‹ – vom Ansatz her, wie gesagt, jedoch recht alten – Synthese geht, ist in erster Linie der Versuch, in dem schon oben erwähnten Sinne menschliches Sozialverhalten hinsichtlich seiner biologischen Voraussetzungen und seiner stammesgeschichtlichen Entwicklung zu untersuchen. Ferner stellt sich nach Wilson (1975) nicht die Frage, *ob* (menschliches) Sozialverhalten schlechthin genetisch determiniert ist, sondern *in welchem Ausmaß* das Sozialverhalten auf genetische Determinanten zurückgeführt werden kann.

Mitnichten soll also hier das Anliegen der Soziobiologie als einer Disziplin der biologischen respektive biologisch-anthropologischen Forschung in Frage gestellt werden. Die von der Soziobiologie ans Tageslicht gehobenen Erkenntnisse haben sicher ihre Relevanz für die Erkenntnis der Vorbedingungen für das soziokulturelle Verhalten des Menschen. Dies zu betonen, ist mir hier – wie schon an anderer Stelle (Wuketits 1984d) – wichtig, um mit meiner Kritik an der Soziobiologie nicht einen falschen Eindruck beim Leser zu hinterlassen. Diese Kritik wendet sich nämlich allein gegen jene extreme Variante der Soziobiologie, in der der Mensch buchstäblich zur Überlebensmaschine degradiert wird und de Lamettrie seine Auferstehung feiert.

Fragwürdig sind einige *Interpretationen* soziobiologischer Aussagen und Thesen und einige Konsequenzen, die aus der Soziobiologie bereits gezogen worden sind – fragwürdig zumal im Licht einer um sich greifenden Destruktion des Menschenbildes. Nun ja, der Gesichtspunkt des *Überlebens*, der in der Soziobiologie seine zentrale Rolle spielt, ist a priori nicht fragwürdig; im Gegenteil. Ein Einwand gegen die Erkenntnis, ein Lebewesen folge seinem genetischen, in der Evolution stabilisierten ›Überlebensprogramm‹ und entwickle systemerhaltende, arterhaltende Antriebe, ist weder wissenschaftlich noch moralisch abzulehnen. Auch der Mensch kann davon keine Ausnahme sein. Jedoch: Wird der Mensch so gesehen, als sei er *nichts anderes* als eine auf die Weitergabe seiner Gene programmierte Maschine, dann werden wichtige Aspekte unseres Menschseins ignoriert und unter den Rädern eines genetischen Determinismus zermahlen; dann gehen gerade jene ›Werte‹ verloren, die den Menschen doch als Menschen auszeichnen. Im Hinblick auf ihre Extrapolationen im ethischen Bereich halte ich die Soziobiologie daher für nicht ganz ungefährlich. Sie ist, was das aus einem genetischen Determinismus resultierende Menschenbild betrifft, nur eine verbesserte Neuauflage der klassischen Maschinentheorie; die Thesen des de Lamettrie erscheinen frisch poliert vor dem Hintergrund eines ›Selektionismus‹ und die ›Vererbungsmythologie‹ feiert fröhliche Urständ. Es gilt, auf der Hut zu sein.

Schon im Vorwort seines Buches ›The Selfish Gene‹ (›Das egoistische Gen‹) verrät Dawkins (1976) seinem Leser, daß wir Menschen Überlebensmaschinen sind, Roboter, dazu programmiert, unsere *egoistischen* Erbfaktoren zu erhalten. Folglich sei das Gros unserer Verhaltensweisen dazu da, andere so zu beeinflussen (zu manipulieren), daß der einzelne in dieser oder jener Situation für sich *auf Kosten anderer* ›mehr herausholen‹ kann; und nach Dawkins ist auch schon das Lächeln des Kindes im Sinne einer Manipulation seiner Eltern selektiert worden, um mehr als nur den ›gerechten‹ (?) Elternaufwand zu gewinnen: Umgekehrt muß dann auch eine Mutter eine programmierte Überlebensmaschine sein, und sie wird aufgrund ihres genetischen Programms alles tun, um ihre Gene weiterzugeben. Es ist zu entschuldigen, daß Dawkins sich einer metaphorischen, pointierten Schreibweise bedient, um das von ihm Gemeinte zu unterstreichen. Und mit etwas Humor kann man seine Aussagen, auch wörtlich verstanden, als zwar vereinfachte, aber immerhin *denkbare* Erklärungen komplexer Phänomene akzeptieren. Weniger spaßig finden wird der kritisch um sich blickende Zeitgenosse jedoch Dawkins' Meinung, daß ein menschlicher Fötus nicht mehr menschliche Gefühle hätte als eine Amöbe und dennoch besonderen Schutz genießt, mehr noch als ein erwachsener Schimpanse, der doch (nach Dawkins) fühlt und denkt.

Ich weiß nicht genau, welchen Begriff Dawkins von ›Fühlen‹ und ›Denken‹ hat. Aber: Was wäre denn die potentielle Konsequenz einer solchen Einstellung zu ungeborenem menschlichem Leben? Ich meine, daß der Leser diese Frage für sich selbst wird beantworten können. Überflüssig ist es wohl, eigens zu betonen, daß selbstverständlich ein (erwachsener wie junger) Schimpanse den Schutz des Menschen voll genießen sollte. Das bedarf keiner Begründung. Und daß *Tierschutz*, im allgemeinen, nicht zu verwechseln ist mit den Träumen einiger Romantiker, sondern längst eine ausdrückliche (für viele Spezies zu spät kommende!) Forderung an den Menschen sein muß, wird jeder einsehen, der sich einen Begriff vom Lebendigen zu bilden vermag und dem unsere Technokraten nicht schon alle Zugänge zum Verständnis der Vielfalt des Lebenden, der Individualität einzelner Lebewesen, der Natur überhaupt, versperrt haben. Für den, dem Lebewesen etwas bedeuten, der einen umfassenden Lebensbegriff gewonnen oder noch nicht verloren hat, wird sich aber auch der Schutz *menschlichen* Lebens (auch vor seiner Geburt) lückenlos einfügen lassen in ein allgemeinverbindliches Ethos des Schutzes aller Lebewesen.[109]

Wahrscheinlich hat Dawkins (1976) die Fährnisse seiner Behauptungen, seiner Aussagen, seiner Deutungen des Lebens nicht begriffen, sonst hätte er behutsamer argumentiert oder doch zugegeben, daß das Dogma vom Egoismus der Gene ideologische Gefahren in sich birgt (wenngleich ein derartiges Geständnis ihn von einer Kritik auch nicht ganz hätte entbinden können). Den naheliegenden, vor den Augen vieler sich praktisch aufdrängenden ideologischen Folgerungen aus der Sozialbiologie bleibt also vorzubeugen. Um hier nicht mißverstanden zu werden: Die Soziobiologie selbst ist keineswegs rassistisch, aber rassistisch sind einige aus ihr abgeleiteten *Interpretationen* des Lebens, des Menschen. Dabei übrigens reiche ich Müller-Hill (1981) meine Hand, der – obwohl (oder weil) leider gefangen von einem anderen ideologischen Apriori (meine Kritik auf S. 38 zielt darauf ab) – klare Verbindungslinien gezogen hat zwischen dem Maschinenstandpunkt eines de Lamettrie, den sozialdarwinistischen Exzessen im Nationalsozialismus und den ideologischen Extrapolationen der Soziobiologie. Niemand sollte heute so naiv sein zu glauben, daß der *Sozialdarwinismus* der Geschichte angehört und ins Gruselkabinett der Psychopathen des Dritten Reiches delegiert werden kann.[110] Moderne soziobiologische Interpretationen des (menschlichen) Lebens zeigen in ihrer extremen Version Parallelen zu jener Mythologie, die in Auschwitz (und nicht nur dort) Millionen von Menschen das Leben kostete. Die Wurzeln des Rassismus, wo immer sie in der Soziobiologie versteckt liegen, sind ausfindig zu machen und zu eliminieren. Nicht diejenigen sind also von der Kritik zu erfassen, die in der Soziobiologie in dem besagten Sinn einen Forschungsansatz erblicken, sehr wohl aber all jene, die – wenn auch guten Glaubens – mit verschiedenen Vokabeln so unvorsichtig umgehen, daß sie den politischen ›Menschenmachern‹ neue Parolen anbieten.

Die Überbetonung des Faktors ›Vererbung‹ in der Entwicklung des individuellen Menschen bedarf an dieser Stelle aber noch einiger Zusatzbemerkungen. Wie ausgehend durch die von Konrad Lorenz (siehe seine zusammenfassende Darstellung 1978a) wissenschaftlich erst begründeten und salonfähig gemachten Verhaltensforschung deutlich geworden ist, lassen sich viele Grundmuster menschlichen Verhaltens insofern als erblich und angeboren betrachten, als sie stammesgeschichtlich sich allmählich herausgebildet haben. Insbesondere Eibl-Eibesfeldt (1972, 1976a, b) konnte anhand zahlreicher eindrucksvoller Beispiele stammesgeschichtliche Anpassungen plausibel darstellen und verdeutlichen, daß phylogenetische Anpassungen im menschlichen Verhalten *kulturbedingt* abgewandelt werden. Doch gerade daraus, daß der Mensch nicht nur eine biologische, sondern auch eine kulturelle Entwicklung durchmacht, muß eine nichtbiologische ›Überformung‹ des angeborenen, genetisch bedingten Verhaltens zumindest partiell möglich sein. Das Prinzip *Eigennutz* (Wickler und Seibt 1977, 1981) ist ein evolutives Selbsterhaltungsprinzip, aber die Evolution hat es ermöglicht, in der Schaffung immer neuer Muster auch ein diesem entgegengerichtetes Prinzip der ›Uneigennützigkeit‹ walten zu lassen. »Die Wirklichkeitsebene, auf der sich die Genselektion abspielt, liefert – selbst wertneutral – Voraussetzungen sowohl für uneigennütziges als auch für eigennütziges Sozialverhalten« (Hassenstein 1983, S. 62). Auf einer jener Wirklichkeitsebene übergeordneten Plattform soziokulturellen Verhaltens kann der Mensch uneigennützige Verhaltensweisen verstärken, er kann seine genetischen Determinationsfaktoren kraft seines Bewußtseins in gewissem Maße steuern.

Der Mensch als Ganzes ist ebensowenig ausschließlich genetisch determiniert wie er – der behavioristischen Lehre gemäß – im Geburtszustand ein beliebig durch Umwelteinflüsse formbarer Materieklumpen ist.[111] Den Behaviorismus und/oder den genetischen Determinismus können mit aller Konsequenz nur diejenigen postulieren, die den Menschen – und wahrscheinlich auch ihre eigene Person – tatsächlich nur als Maschine zu sehen vermögen. Der Mensch aber ist keine Maschine! »Auch wenn die Gene theoretisch im Sinne von Dawkins egoistisch sein sollten, macht uns das nicht zu bloßen

Überlebensmaschinen« (Wassermann 1983, S. 182). Sowohl die Auffassung, daß der Mensch *nichts anderes* als eine Maschine sei, als auch die gemäßigtere Form des Maschinenstandpunkts, wonach der Mensch eben eine *besondere* Maschine mit besonderen Eigenschaften (wie Fühlen, Denken usw.) darstellen soll – beide Versionen werden von Agassi (1977) historisch und erkenntnistheoretisch differenziert – halte ich für falsch und obendrein für sehr gefährlich in unserer ohnehin schon längst lebens- und menschenfeindlich gewordenen Welt. Und Dawkins und Skinner würden sich vermutlich wundern, wenn ihre Karikaturen des Menschen ideologische Wirklichkeit werden würden; denn in einer Welt der ›Menschmaschinen‹ – schon dieser Ausdruck muß jedem *Menschen* als Widerspruch in sich erscheinen – würde auch ihnen das Lachen vergehen.

In der Entwicklung seines Bewußtseins und dessen Entäußerungen in der Kultur hat der Mensch die unleugbare Fähigkeit erlangt, auch darüber nachzudenken, inwieweit seine angeborenen Verhaltensweisen seinem Menschsein – das auch die *Humanität* einschließt – eventuell zuwiderlaufen könnten. Hier wäre dann abermals das Phänomen der *Aggression* zu erwähnen. Seit Lorenz das entsprechende einschlägige Werk ›Das sogenannte Böse‹ (1963) veröffentlichte, wurde der Aggressionsbegriff quer durch alle Disziplinen der Humanwissenschaften so oft diskutiert und so häufig grundlegend mißverstanden wie kaum ein anderer auf den Menschen in neuerer Zeit angewandter Begriff. Ich will an dieser Stelle die um das Problem der Aggression entstandenen Debatten nicht aufwärmen, deutlich aber sagen, daß die *Entscheidung* über die Auswirkungen angeborener Aggressionspotentiale dem denkenden, *humanen* Menschen obliegt. Die Tatsache, daß aggressive Verhaltensweisen in verschiedener Form existieren, entbindet uns nicht davon, diese Verhaltensweisen zu hinterfragen und entschuldigt in keiner Weise ihre Auswirkungen im Bereich menschlichen Lebens. »Weil jede soziale Veranlagung des Menschen«, so folgen wir Hassenstein (1972, S. 84), »durch Traditionen und andere Lerneinflüsse zu verändern ist, gehört die Entscheidung über das Töten von Mitmenschen ... in den *Kultur*bereich des Menschen; seine Naturanlage liefert hier keine Richtschnur.«

In diesem Zusammenhang weist Hassenstein auch auf die Gefahr der ansteckenden, *kollektiven* Aggressivität hin. Von dieser erfaßte Menschen werden in der Tat zu willenlosen Objekten; wer kennt es nicht, das Bild der tobenden, zur Selbstkontrolle unfähigen Massen!? Man hat dabei die Gesichter jener Fanatiker im Sinn, die von ihren Führern durch gezielte Parolen zu Marionetten im grausamen Spiel des Krieges herabgewürdigt werden. »Hiergegen hilft nur«, so Hassenstein (1972, S. 95), »die Entlarvung dieser Reaktionsnorm als eines naturhaften Triebgeschehens sowie die bewußte Übernahme des Zieles, die spezifisch menschliche innere Situation des Nachdenkens und der Entscheidungsfreiheit aufrechtzuerhalten.« Der Mensch also müßte bestrebt sein, die Abgründe seines Denkens und Wollens, seine Unvernunft, zu durchleuchten, um sie dort zu zügeln, wo sie sich gegen das Leben wendet. Eine besondere Aufgabe stellt sich daraus jedem Pädagogen, jedem Lehrer vor allem im Biologieunterricht, der mancherorts noch in den Kinderschuhen steckt, weil man meint, der heranwachsende Mensch wisse viel über das Leben, wenn er nur die Anordnung seiner Zähne kennt, die Zahnformel auswendig hersagen kann und derlei mehr.

An die *menschliche* Vernunft muß demnach der Appell ergehen. Was aber, wenn diese, wenn das Bewußtsein selbst wieder nur die Äußerung einer Maschine sein sollte? Folgt man Steinbuch (1971, 1972a), dann kann man das Bewußtsein als eine Eigenart des Menschen getrost vergessen. Ich will ja nicht leugnen, daß durch die sogenannte *künstliche Intelligenz* anhand von Simulationsmodellen an Automaten heuristisch wertvolle Erkenntnisse etwa in bezug auf Wahrnehmungsleistungen verschiedener Tiere gewonnen werden können (vgl. Boden 1983); aber das ›Sich-Klammern‹ an das technisch Realisierbare birgt Gefahren großen Ausmaßes in sich, führt zu einer Destruktion des Lebens. Die Warnungen des Vaters der modernen Kybernetik, Norbert Wiener, drängen sich auf: Warnungen vor den drohenden Gefahren einer Diktatur der *machine à gouverner* (vgl. Wiener 1952 [1966]). Doch allenfalls kann man hoffen, daß auch die vom ›Mythos Maschine‹ Gefangenen erkennen, wo uns unser Maschinenzeitalter nicht nur Annehmlichkeiten beschert hat, auf die wir kaum noch zu verzichten bereit sind, sondern auch längst die Möglichkeit bietet, einerseits den Menschen durch Automaten zu ersetzen, andererseits den Menschen selbst auch theoretisch als einen Automaten zu interpretieren. *O sancta machina!*

Solches vermag der bornierte *homo faber* nicht einzusehen, wenn er in dem gleichnamigen ›Bericht‹ bei Max Frisch (1957 [1982, S. 107]) sagt: »Wir leben technisch, der Mensch als Beherrscher der Natur, der Mensch als Ingenieur, und wer dagegen redet, der soll auch keine Brücke benutzen, die nicht die Natur gebaut hat. Dann müßte man schon konsequent sein und jeden Eingriff ablehnen, das heißt: sterben an jeder Blinddarmentzündung. Weil Schicksal! Dann auch keine Glühbirne, keinen Motor, keine Atom-Energie, keine Rechenmaschine, keine Narkose – dann los in den Dschungel!« Das hat Max Frisch sehr genau beobachtet: Der *homo faber*, die Verkörperung der technischen Existenz, denkt tatsächlich nach dieser ›Alles-oder-Nichts-Haltung‹; weil er kurzsichtig ist, technisch zwar versiert, ansonsten aber engstirnig. Und das trifft heute für die allermeisten unserer am technischen ›Fortschritt‹ bastelnden Zeitgenossen zu: Die Augen vor allem schließen, was sich nicht messen und technisch irgendwie konstruieren oder rekonstruieren läßt – selig also die Technik-Fetischisten...

Die Deutung des Menschen als Maschine ist, wie gesagt, nicht neu, und der Mythos der Menschmaschine geisterte schon im 18. Jahrhundert umher, aber greifbar in aller Konsequenz werden die Ausmaße dieses Mythos heute erst – da das Leben, da der Mensch fragwürdig geworden ist in einer vollautomatisierten Welt.

Da nun auf der anderen Seite der Mensch als Wesen mit ethischer Verantwortung erscheint, sucht man krampfhaft nach einem Wertesystem. So schwang sich auch Steinbuch (1972b) zu einem Plädoyer für die *humane Gesellschaft* auf; doch worauf soll, so frage ich mich, eine humane Gesellschaft sich stützen, wenn ihre Mitglieder nur Automaten sind. Ich möchte unterstellen, daß ein Plädoyer für die Humanität überflüssig wäre, wenn wir einmal gelernt hätten, den Menschen, uns selber, als *Menschen* zu verstehen. Wird aber der Mensch mit einem Automaten identifiziert, dann entsteht ein ethisches Vakuum und man braucht besondere Gründe, um die Notwendigkeit der Humanität einsichtig zu machen. Eine höchst merkwürdige Situation, charakteristisch aber für ein schizophrenes Lebewesen: Man beraubt den Menschen theoretisch (und praktisch) seiner Menschlichkeit, indem man ihn als Maschine erklärt (und ihn wie einen Roboter behandelt), um ihm im nachhinein klarzumachen, daß er sich *menschlich* verhalten, daß er *menschlich* handeln soll.

Das damit anklingende Problem hat einen denkbar weiten Radius: Es beginnt überall dort, wo der Mensch die Technik der Natur (letztlich seiner eigenen Natur) *entgegenstellt*; hier steht dann das ›künstlich Gemachte‹, dort das ›natürlich Gewordene‹. Und das Problem setzt sich in jene Bereiche des Denkens fort, wo für Natur im engeren Sinn kein Platz mehr bleibt und wo für den Menschen als *Menschen* kein Freiraum mehr zur Verfügung steht. So ist das Leben vergessen worden, so ist der Mensch vergessen worden, so hat der Mensch zu leben verlernt.

Wie einst die Gesandten des sich selbst verherrlichenden Pontifikats, nehmen sich heute die Exekutoren eines zur Monstrosität entarteten technisch-bürokratischen Apparats des Lebens des einzelnen an; wie jene, so führen auch diese den einzelnen weit weg von seinem Leben – indem sie ihm beispielsweise klarzumachen versuchen, daß die friedliche Koexistenz der Völker nur durch fortgesetzte atomare Aufrüstung gewährleistet ist: *Realpolitik – Sachzwang – Endlösung!* Es scheint nur eine Frage der Zeit... Und während Politiker und militärische Apparatschiks ihre Strategien zur Ausrottung der Menschheit ausklügeln, gibt es andere, die da in ihren Versionen das Paradies sehen, Trost im ›ewigen Leben‹ versprechen und anderes mehr. Nur: Wo bleibt ein Platz für den Menschen? Für den Menschen, der in der Gegenwart die Probleme seiner Gattung zu lösen hat?

Ob der Mensch – und darauf kommt es mir hier besonders an – als Ebenbild Gottes erscheint oder als Maschine: *in der Konsequenz bleibt sich das gleich, dann da wie dort ist er nicht Mensch.* Beide ›Menschen‹-Bilder also führen in ihrer Konsequenz zu einer Verfremdung des Menschen.

Was nun, um kurz noch dazu zurückzukehren, die Technik betrifft, sollte man freilich meinen, daß sie, die Technik, *im Dienste des Menschen steht.* Aber dieses Verhältnis beginnt sich umzukehren: Der Mensch beginnt sich *der Technik unterzuordnen* oder er wird ihr von jenen untergeordnet, die damit ihre irrationale Überzeugung legitimieren wollen, das Wohlergehen der Menschheit wäre nur in der Veräußerung des einzelnen an den Dämon ›Machbarkeit‹ zu erzielen. Daher pflanzt sich auch immer schneller die Auffassung fort, schon der heranreifende Mensch in der Schule von heute müßte mit Computern vertraut gemacht werden (damit er nach Absolvierung der Schule möglichst ohne Ablaufzeit in diesen Prozeß der Versklavung eingefügt werden kann). Wie erschreckend wenig aber dem Heranwachsenden elementares ›Lebensverständnis‹ vermittelt wird, welches in so mancher Hinsicht ungleich wichtiger wäre als mechanisches Hantieren-Können an und mit Automaten (wobei alberne und teils auch gefährliche Video-Spiele besonders modern geworden sind) – ja, dieses Defizit des Lebensverständnisses wird von unter dem Stichwort ›frustrierte Jugend‹ verborgenen Phänomenen bezeugt.

Insgesamt muß, wie häufiger betont, der maschinentheoretische Lebensbegriff, der also *menschliches* Leben einschließt, als eine philosophisch tiefe Wurzel des spürbar werdenden Unbehagens in einer technisierten, automatisierten Welt herausgestellt werden. Denn dieser Deutungsversuch des Lebenden ist – und heute pfeifen es die Spatzen von den Dächern – nicht ohne *praktische* Folgen (Folgen für das menschliche Handeln) geblieben, wovon nicht zuletzt durch eine mehr und mehr bürokratisierte, dem Mythos der technischen Machbarkeit verfallene Medizin zeugt. Die mit einem technischen Instrumentarium ungeahnten Ausmaßes ausgestattete Medizin hat es – trotz ihrer unbestreitbar positiven Effekte – nicht zu verhindern vermocht, daß aus dem *homo patiens* ein Behandlungs*objekt* wird, eine Maschine also, die, sobald defekt geworden, repariert werden kann. Ein medizinischer Befund über die Verfassung eines Patienten entspricht daher, was Wunder, einer Zahlentabelle, aus der lediglich hervorgeht, welche Maschinenteile geölt oder etwa ausgewechselt werden sollten und wieviel die Reparatur kosten mag (sofern sie überhaupt rentabel erscheint). Wer dies als Defätismus oder gar ›Fortschrittsfeindlichkeit‹ abzutun geneigt ist, der möge doch einmal einen Blick werfen auf und in eines unserer supermodernen Spitäler oder, wenn jemand noch genauer hinsehen will, in eine psychiatrische Klinik, wo für die Leiden der Patienten nicht einmal der Ausdruck Krankheit benutzt wird.[112]

Apropos Medizin: Die medizinische Genetik macht neuerdings – nachdem vor allem im deutschen Raum (aus wohlbekannten Gründen) das Problem der Erbkrankheiten lange genug tabuisiert wurde – wieder Schlagzeilen. Auch dies hängt zusammen mit einer Verbindung von Heilkunde und Technik. Die *Gentechnologie* ist damit gemeint. »Die Gentechnologie kann Gene manipulieren, indem sie sie mit anderen Genen verknüpft und sie z.B. in einem anderen, neuen Organismus vermehrt« (Winnacker 1982, S. 158). Das ist, wird man – nicht zu Unrecht – sagen, zunächst nicht fragwürdig, weil man dadurch berechtigte Hoffnungen erweckt, Erbschäden aus dem Weg zu räumen oder doch bald aus dem Weg räumen zu können. Und die etwa von Karl Illmensee durchgeführten Versuche an Mäusen (vgl. die zusammenfassende Darstellung bei Illmensee 1983) könnten – eingedenk der Tatsache, daß die Maus ein ideales Säugetiermodell darstellt und an ihr erzielte Ergebnisse sich mithin in der Humanmedizin verwerten lassen – zu ungeahnten neuen Einsichten in der Krebsforschung führen[113], was auch wünschenswert wäre, da sich die Krebsforschung zu oft schon in Sackgassen verfangen hat.

Es bedarf indes nur wenigen Nachdenkens, um gleich die Kehrseite der Medaille zu erkennen: Was tun, wenn sich Baron Frankenstein der Sache annimmt? Gentechnologische Möglichkeiten, ergänzt durch Skinners Träume von einer Verhaltens-Technologie und gemünzt auf die Auffassung, derzufolge der Mensch nur eine Maschine ist, könnten – wenn die *humane Vernunft* nicht dagegenwirkt – eine Welt erzeugen, die sich Aldous Huxley (›Brave New World‹) und George Orwell (›1984‹) nicht einmal in ihren Fieberträumen als Wirklichkeit vorstellen konnten.

Das Problem ›als solches‹ reicht jedoch tiefer in ethische Bereiche hinein, ist komplex und nicht trivial: Man kann bekanntlich jeden beliebigen Gegenstand zum Nutzen des Menschen verwenden, man kann damit aber auch Unheil über Menschen bringen, je nachdem, wie der fragliche Gegenstand gebraucht wird und *zu welchem Zweck* (schließlich sind ja schon Rasierklingen wiederholt als Mord- und Selbstmordinstrumente verwendet worden). »Vom Guten zum Bösen aber gibt es hier keine Grenze«, meint Riedl (1982, S. 335) und es scheint mir, daß der Appell an den zugleich vernünftigen *und* humanen Menschen ergehen muß: der Appell, sich nicht vom technologischen Fetischismus ins Verderben führen zu lassen.

Dabei freilich wird der Mensch zu und auf sich selbst geführt werden müssen – nicht auf Gott und nicht auf die Maschine. Ich kann mich daher dem ›Optimismus‹ Karl Steinbuchs nicht anschließen, wonach eines Tages Automaten Bewußtsein haben werden. Es sei denn, Steinbuchs Begriff vom Bewußtsein und der aller, die gleiches behaupten, wäre ein gänzlich anderer als der meine, der ein untrennbar mit dem lebenden Menschen verbundenes Phänomen, den Ausdruck menschlicher Lebendigkeit meint. Dann aber bleiben alle Automaten mit angeblichen Bewußtseinsleistungen schlechte Karikaturen des *bewußt* lebenden, seine Individualität erfahrenden Menschen. Unter Hinweis auf meine Bemerkungen zum künstlichen Leben ergibt sich hier, aus einer biophilosophischen Perspektive, Leben als spezifische Komplexitätsform der Materie und stellt sich in seiner Einmaligkeit irreduzibel dar: nur mit sich selbst identisch.

Weder die Deutung des Menschen als Ebenbild Gottes, so sei Bilanz aus diesen beiden Abschnitten gezogen, noch seine Interpretation als Maschine vermag einem Menschenbild gerecht zu werden, verstanden als Bild vom lebendigen, *sein* Leben erfahrenden, das Leben anderer Organismen erkennenden Menschen. Beide dargestellten Versuche, den Menschen zu begreifen, müssen scheitern, weil sie ihn nicht als *Menschen* erfaßt haben, sondern ihn entweder auf vage Bildanalogien projizieren oder schlechterdings durch seine eigenen technischen Produkte ersetzen.

Eine Erneuerung des Menschenbildes – Die Erkenntnis der Einheit von Leben und Geist

Das Bild, das der Mensch sich von sich selbst macht, ist also häufig ein Trugbild, als ob er, der Mensch, sich selbst zum Narren halten wollte. Wie heißt es doch gleich bei Goethe:

»Wir kennen dich, du Schalk!
Du machst nur Possen;
Vor unsrer Nase doch
ist viel verschlossen.«

Sodann: »Wir haben eine neue Vorstellung vom Menschen zu finden. Etwas ist grundsätzlich falsch, und wir haben herauszufinden was, oder wir gehen zugrunde« (Bertalanffy 1967, S. 18). Was mit am menschlichen Selbstbildnis prinzipiell falsch ist, mag aber in den voranstehenden Ausführungen dem Leser deutlich genug vor Augen getreten sein. Sicher, für den kritischen Zeitgenossen ist all das nicht neu – für ihn werden meine Ausführungen nur eine Art der Bestätigung seiner eigenen Gedanken sein; das hoffe ich zumindest. Andererseits dürfen wir die Probleme nicht bagatellisieren: Trivial und harmlos sind die vielen Verirrungen des Menschen auf der Suche nach seinem Selbstverständnis nicht, denn wären sie es, dann stünden wir heute nicht vor der Gefahr, uns selbst auszurotten.

Notwendig geworden ist, worin Radnitzky (1980) zugestimmt

werden muß, ein Selbstverständnis des Menschen, das die menschliche Wissenskapazität *realistisch* begreift. Nichts anderes kann damit gemeint sein, als daß der Mensch seine Erkenntnis um sein eigenes Wesen in kritischer Eigenreflexion prüft, seiner Existenz *in der Natur* gewahr wird. Sich *in* der Natur kraft des Bewußtseins zu begreifen und nicht als Wesen *außerhalb* der Natur (Gott oder Maschine) zu deuten, ist für den *homo sapiens* das vordringliche Postulat, wenn sein Name nicht endgültig durch *homo demens* ersetzt werden soll.

Nach meiner Ansicht ist eine Biologie als Lehre vom Leben in voller Wortbedeutung, eine der kritisch-philosophischen Reflexion gegenüber offene Biologie, hierbei das grundlegende Bezugssystem. »Als Wissenschaft zwischen dem Anorganischen und dem Geistigen ist sie dazu angetan, das gerissene Band zwischen Natur und Geist, Natur und Kultur und Naturwissenschaft und Geisteswissenschaft an der ›richtigen‹ Stelle zusammenzuknüpfen« (Wuketits 1981b, S. 144). Es geht, wie man sieht, um die *Einheit von Leben und Geist.* Der lebende Mensch ist stets diese Einheit; aber er wurde durch noch heute sehr starke Traditionen entzweit.

Die auf S. 266 artikulierte, der Biologie verpflichtete Sichtweite des Menschen liefert uns mindestens drei Haltegriffe auf dem Weg zu einem erneuerten Selbstverständnis des Menschen:

- Wir sind dank der Erkenntnisse aus Evolutionsbiologie, Paläanthropologie und verwandter Disziplinen in der Lage, unseren Werdegang als *biologische* Spezies zu rekonstruieren.
- Es ist uns aber auch möglich, die Entstehung des Bewußtseins mit dieser Entwicklungsgeschichte in Verbindung zu bringen und das psychophysische Problem somit jenseits eines Dualismus wie auch eines Monismus (vor allem, sofern letzterer als strikter Materialismus oder als Spiritualismus verstanden wird) anzusetzen.
- Indem wir uns nun auf diese Weise Zugang verschaffen zu uns selbst, Zugang ›von außen‹, aus dem Blickwinkel objektiver Erkenntnis, leugnen wir niemals unser ›Selbst‹, sondern versuchen gerade, dieses Selbst zu beleuchten, wohl bedacht, daß ›Außen‹ und ›Innen‹ zwei Seiten ein und derselben Wirklichkeit sind, jener Wirklichkeit, die wir als Menschen fortgesetzt *erleben*.

Zu diesem dritten Punkt ist hier noch einiges anzumerken, womit der

Leser besser die Möglichkeiten abschätzen können soll, die sich uns heute im Bestreben um die Ergründung unseres Selbst bieten.

Unter vielen anderen hat beispielsweise Christian Vogel (1977) die Ansicht ausgesprochen, die auf *Intersubjektivität* zielende Biologie des Menschen müsse den subjektiven (Erlebnis-)Aspekt ausblenden. Richtig ist meiner Meinung nach vielmehr, daß in der Forschungspraxis, in der empirischen Arbeit des (Human-)Biologen – wenn er Knochen fossiler Hominiden ausgräbt, die Körpermerkmale von Menschenrassen auflistet usw. – zwar allein objektive Erkenntnis und nicht subjektive Interpretation zählen kann, daß aber diese objektive Erkenntnis dazu dienen kann, letzten Endes vielleicht dazu dienen muß, den Vorstoß auch zu einem Verständnis der menschlichen Subjektivität zu erleichtern. Denn immerhin verfügt der Mensch über die Fähigkeit, sich sogar über *subjektives* Erleben mittels seiner Sprache *intersubjektiv* zu verständigen. Daß diese Kommunikation stets nur Teilinhalte der Subjektivität vom einen zum anderen Subjekt übertragen kann, bedarf keiner besonderen Erwähnung. Aber allein, daß Subjektives überhaupt mitgeteilt werden *kann*, daß ›der andere‹ es aufgrund eigener, ähnlicher Selbsterfahrung – wenn auch nur teilweise – nachzuvollziehen vermag, darf bereits als sicheres Indiz dafür gelten, daß die subjektive Erlebniswelt, ohne ihrer Vielfalt beraubt und ohne in ihrer Vielschichtigkeit vereinfacht zu werden, auf den Mitgliedern unserer Spezies *gemeinsame*, in der Tiefe unserer Geschichte liegende Grundmuster zurückzuverfolgen ist.

Daß eine ›Anthropologie der Subjektivität‹ noch den weitaus größten Teil ihres Weges vor sich hat, ist zuzugeben, wenigstens sollte an dieser Stelle aber auf diese erhellende Perspektive hingewiesen sein. Keine das Bewußtsein vereinfachende oder gar es leugnende Automatentheorie wird hierfür die Basis abgeben können, sondern ausschließlich die Reflexion des *erlebenden, denkenden* Menschen. Man wird aus der Kenntnis stammesgeschichtlicher Grundstrukturen des individuellen menschlichen Verhaltens nämlich folgern können, daß die uns als Mensch bekannte »wunderbare höchste Integrationsstufe der Materie« (Rensch 1970, S. 210) für ihre *individuelle* Entfaltung im Subjekt einen großen ›Freiheitsraum‹ offenhält. Der Mensch, und nur er allein, kann als einzelner aber auch andere indoktrinieren (und von anderen indoktriniert werden) und damit seine subjektiven Freiheiten, bis zu ihrer völligen Preisgabe, reduzieren; er kann es, in betrügerischer und selbstbetrügerischer Absicht, nur er, denn – um ein Wort des Sokrates zu gebrauchen – »eine Eiche schwört kaum einen Meineid!«

Wie gesagt, jedes Bild vom Menschen bleibt ein Torso, solange nur bestimmte Wesenszüge des Menschen herausgestrichen werden. Demgegenüber ist davon auszugehen, *daß der heutige Mensch Folge komplexer biologischer und soziokultureller Entwicklungsprozesse ist, die engstens miteinander verwoben sind.* Daß der Mensch unverstanden und sich selbst ein Rätsel bleibt, wenn er versucht, sein Werden eindimensional zu sehen, hat gerade in neuerer Zeit mancher bemerkt, es sind aber noch zu wenige!

Folgerichtig schreibt beispielsweise Morin (1974, S. 67): »Den *multidimensionalen Prozeß der Menschwerdung*, der schließlich zum Auftreten von *homo sapiens* führt, muß man... als das Resultat der vielfältigen Wechselbeziehungen, Wechselwirkungen und Interferenzen zwischen genetischen, ökologischen..., zerebralen, sozialen und schließlich kulturellen Faktoren sehen« (meine Texthervorhebung). Ähnlich spricht Erben (1980) von einer *holo-evolutionistischen* Konzeption des Menschen, die dem Umstand Rechnung trägt, daß der Mensch sich im Wechselspiel der Bio- und Psycho-Evolution und der soziokulturellen Entwicklung zeigt, jedoch nie gänzlich von seiner ›Naturhaftigkeit‹, also seinen biologischen Existenzbedingungen, zu befreien wäre. Die Abhängigkeit des Menschen von seinem ›biologischen Unterbau‹ (Sturm 1978) wird von ›Geistersehern‹ aller Art nur zu oft übersehen (oder verdrängt), was wiederum zu der beklagenswerten Apotheose des Menschen führt; ›beklagenswert‹ keineswegs allein deshalb, weil sie rational nicht stichhaltig ist, sondern auch (und vor allem), weil in seiner Vergötterung der Mensch seine *von Natur aus* ihm gezogenen Grenzen übersieht.

Wie oft doch wurde der (vergleichenden) Verhaltensforschung vorgeworfen, sie würde den Menschen simplifizieren, das spezifisch Menschliche übersehen, ihn zu stark biologisch relativieren. Dabei beruhen diese und ähnlich lautende – gelegentlich an Dummheit grenzende – Vorwürfe in der Hauptsache auf grundlegenden Mißverständnissen, was wiederum nicht verwundern kann, weil jeder Hanswurst meint, von der vergleichenden Verhaltensforschung schon genug zu verstehen, wenn er weiß, daß Konrad Lorenz eine ›Aggressionstheorie‹ postuliert hatte. Man könne nicht, so etwa ließe sich eine ganze Gruppe von Vorwürfen zusammenfassen, die gegen die Ethologie gerichtet sind, man könne also nicht aus den im Organismenreich allgemein erkennbaren Gesetzlichkeiten illegitim auf den Menschen schließen; und genau das täte die Verhaltensforschung. *O sancta ignorantia!*

Nun wird erstens niemand ernsthaft bezweifeln können, daß der Mensch somatisch ein Lebewesen ist, damit also – aufgrund der Stammesgeschichte – Ähnlichkeiten aufweist mit anderen Organismen, so daß es nur natürlich ist, wenn bestimmte Verhaltensgrundmuster des Lebendigen auf den Menschen ebenso zutreffen wie auf verschiedene andere Lebewesen, insbesondere die höheren Wirbeltiere. Zweitens kann von einem illegitimen Übergriff ›vom Tier‹ auf ›den Menschen‹ keine Rede sein. Gerade Konrad Lorenz, der in diesem Zusammenhang häufig Zielscheibe der Kritik war und ist, sagt unmißverständlich: »Ein solcher... Übergriff liegt... *nicht* vor, wenn wir auf gewisse Gesetzlichkeiten des menschlichen Verhaltens aufmerksam machen, die von unserer eigenen, vergleichend-phylogenetischen Induktionsbasis aus, *und nur von dieser*, überhaupt bemerkt werden können« (Lorenz 1976, S. 93). Und daß sich die vergleichende Verhaltensforschung nicht anmaßt, die Rolle einer (Human-)Psychologie[114] oder Soziologie zu übernehmen, geht aus dem hervor, das Lorenz an derselben Stelle wie folgt formuliert: »Die vergleichende Verhaltensforschung selbst kann nur die Aussage machen, *daß*... Dinge [Gesetzlichkeiten des Verhaltens] auch das menschliche Verhalten beeinflussen; in welcher Weise das geschieht, kann sie schon deshalb nicht sagen, weil sie die vielen anderen, spezielleren Sondergesetzlichkeiten, die in Psychologie und Soziologie des Menschen obwalten, aus eigener Induktion nicht kennt.« Also keine Rede von einer illegitimen Vereinfachung des menschlichen Verhaltens. Es wäre höchst töricht, anstelle des Bemühens um eine Synthese dieser mit jenen Gesetzlichkeiten einen Prioritätsstreit zu entzünden – Verhaltensforschung oder Soziologie? – oder, wo er schon entzündet ist, ihn fortzuführen, so daß Lorenz auch mit Recht darauf verweist, daß die spezielleren Disziplinen der Humanwissenschaften einen Verstoß gegen die Erkenntnisse der Verhaltensforschung begehen, wenn sie sie unberücksichtigt lassen; schlimmer noch: sie begehen einen Verstoß gegen das Postulat, den Menschen verstehen zu lernen.

Abermals ist hier hinzuweisen auf die Bedeutung des Biologieunterrichts in den Schulen. Ein guter Biologie-Lehrer könne, sagt Lorenz (1984), mehr Seelen retten als ein sehr guter Pfarrer. Gewiß. Vor allem, wenn der Lehrer sich bemüht, die Kinder auf die elementaren Werte des Lebens zurückzuführen, kann er sie davor bewahren, ein amputiertes Menschenbild zu adaptieren.

Doch auch im Unterricht der Biologie und verwandter Fächer muß letztlich ein Menschenbild gezeichnet werden. Erwähnenswert in diesem Zusammenhang ist der auch didaktisch interessante Versuch von Kattmann (1977), den Menschen als Bezugssystem in die Biosphäre zu stellen. Damit ist kein Anthropozentrismus bezweckt, eher das Gegenteil ist gemeint: Kattmann versucht, den Menschen als komplexes System *in* der Biosphäre darzustellen und die vielfachen Wechselwirkungen zwischen dem Menschen und der Biosphäre plausibel zu machen.

Einen verdienstvollen Versuch, die biologischen Grundlagen des menschlichen Sozialverhaltens in die soziologische Diskussion einzubauen, ohne damit gewissen soziobiologischen Platitüden das Wort zu reden (siehe oben), hat schließlich Peter Meyer (1982) unternommen, einen Versuch, der – so will mir scheinen – ebenfalls auch didaktisch, im Unterricht, ausgewertet werden könnte. Voraussetzung hierfür wäre freilich, daß die Lehrpläne nicht von Personen zusammengestellt werden, die keine blasse Ahnung haben von biologischen Problemen und deren Tragweite. »Eine künftige Sozialwissenschaft könnte«, so zieht Meyer Bilanz (1982, S. 120), »sofern sie mit ihrer Kritik zur Entfaltung einer nicht mechanistischen Soziobiologie beiträgt, diese in das Fundament einer anthropologischen Soziologie einbringen.« Dieser Versuch ist, ganz abgesehen von seiner möglichen didaktischen Relevanz, schon deshalb begrüßenswert, weil er im Dienst einer Synthese sehr wesentlich den Dialog zwischen Biologen und Soziologen zu fördern vermag.

Nun ist hier nicht der Ort, die Linien der biologischen und soziokulturellen Entwicklung des Menschen im einzelnen nachzuzeichnen, so daß ich den interessierten Leser nur noch auf einige (teils in diesem Buch schon zitierten) neuere Werke hinweisen will, die sich ausführlich mit der Evolution des Menschen beschäftigen und dabei seiner soziokulturellen Entwicklung gebührend Rechnung tragen, so etwa B.G. Campbell (1972), Dobzhansky (1965), Heberer (1968), Hofer und Altner (1972), Pfeiffer (1973), Rensch (1970) und Young

Abb. 20: Das multifaktorielle Bedingungsgefüge in der Entwicklung des Menschen und der Zusammenhang von biologischer und soziokultureller Evolution. Die Bio-Evolution ist die Grundlage der Bildung des Bewußtseins und demnach der soziokulturellen Evolution. Insbesondere waren die Befreiung der Vorderextremität von der Aufgabe der Fortbewegung im Zusammenhang mit der Entwicklung des aufrechten Ganges (Bipedie) und die Vergrößerung des Gehirns wesentliche biologische (anatomisch-funktionelle) Voraussetzungen für die Evolution kultureller Systeme.

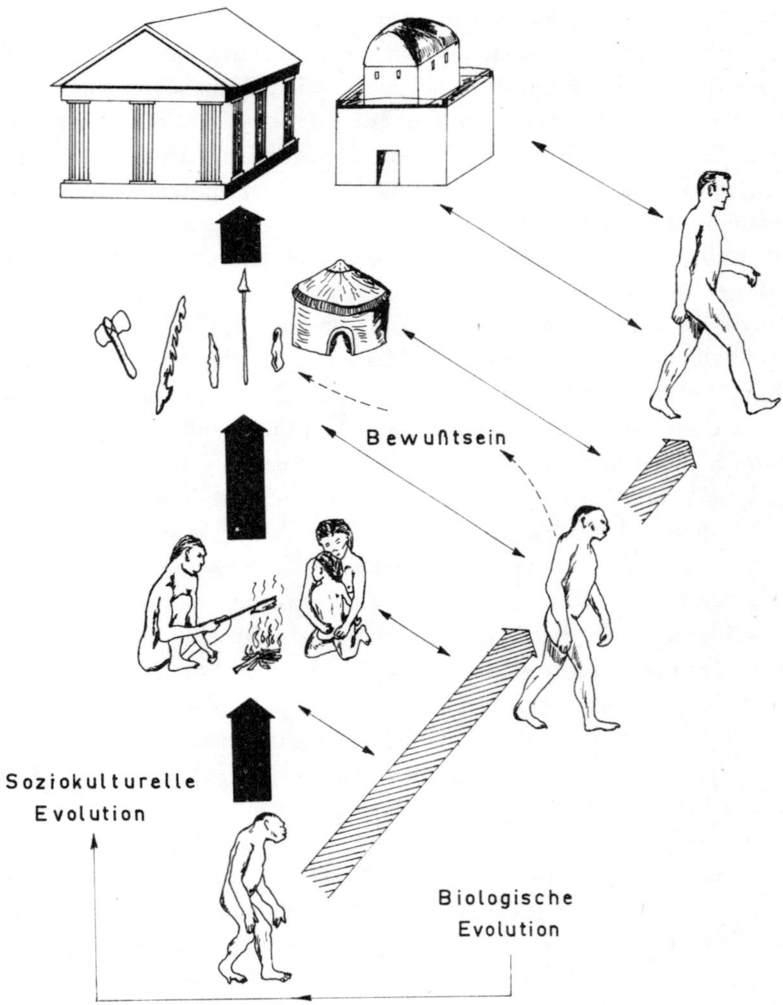

(1971). Ebenfalls auf breiter Basis, jedoch – wie schon gesagt – mystizistisch verbrämt, behandelt Eccles (1979) die Entwicklung des *homo sapiens*; will ein Leser aber einen theistisch zu verstehenden Versuch der Deutung der menchlichen Evolution kennenlernen, dann jedenfalls möge er sich ›in Gottes Namen‹ damit beschäftigen. Interesse und Skepsis werden sich im Geist des kritischen Lesers vermutlich die Waage halten, wenn er zu Ardrey (1967) greift – einer sehr persönlichen Untersuchung der Entstehungsgeschichte des Menschen aus der Feder des einstigen Broadway-Autors: Der Mensch als ›aggressives Raubtier‹, gewalttätig gegen seine Artgenossen und stets bestrebt, neue Territorien zu erobern – das etwa ist die Quintessenz aus Ardreys Überlegungen. Na ja, so unrecht hat Ardrey damit gar nicht, wenn man sich das erschreckende Rüstungspotential der Großmächte (und nicht nur der Großmächte) vor Augen führt.[115] (Zum Gewaltphänomen aus biologisch-soziologischer Sicht siehe aber auch Meyer 1981.) In Erinnerung rufen möchte ich hier auch die, zwar nicht evolutionär orientierte, im Hinblick auf die Probleme der individuellen Entwicklung des Menschen (Embryogenese, Wachstum, Altern) aber durchaus nützliche ›Zoologie und das neue Bild des Menschen‹ (1956) sowie die ›Biologischen Fragmente zu einer Lehre vom Menschen‹ (1969) von Adolf Portmann.

Ein *Systemmodell* der Entwicklungsgeschichte des Menschen muß auf jeden Fall die zwei *ineinandergreifenden* Faktorengefüge (das biologische und das soziokulturelle) berücksichtigen: Abb. 20 ist ein Versuch in diese Richtung. Gemäß der begrifflichen Ausweitung des Psychischen kann die *Psycho-Evolution* dabei als Teilaspekt der Bio-Evolution begriffen werden, während die Entwicklung des *Bewußtseins* im biologischen Bereich wurzelt, sich aber in die ›kulturelle Sphäre‹ gleichsam entäußert. Umgekehrt ist die kulturelle Entwicklung der Gradmesser für das Bewußtsein. (Vgl. Anmerkung 104.) (Siehe hierzu Abb. 21.)

Es mag also sichtbar werden, daß das Problem einer Standortbestimmung des Menschen in der Hauptsache ein *Interferenzproblem* ist. Den Weg der Entwicklung des Menschen als einen Weg vom instinktgebundenen zum rational-reflektierenden Verhalten nachzugehen, als einen Weg ›von der Vorprogrammierung zur Selbststeuerung‹ (Hernegger 1982), einen Weg, auf dem ein Lebewesen ›Besitz ergreift‹ von seiner Umwelt, diese Umwelt zu seinen Zwecken gestal-

Abb. 21: Felsmalereien des prähistorischen Menschen, die die Entwicklung des Abstraktionsvermögens dokumentieren. Die Figur oben stammt aus einer Zeit von vor etwa 25 000 Jahren, die Figur unten ist etwa 15 000 Jahre alt. Obwohl die obere Figur noch sehr unbeholfen anmutet, ist sie offenbar von dem Bemühen des Zeichners getragen, das betreffende Objekt naturgetreu und vollständig darzustellen; die untere Figur ist etwas abstrakter, bestimmte in der Wahrnehmung abstrahierte Merkmale (vor allem das Wollkleid des Tieres) sind stärker hervorgehoben. Das Bewußtsein des frühen Menschen muß also in jenem Zeitraum von etwa einem Jahrzehntausend eine differenziertere Entwicklungsstufe erreicht haben. (Nach verschiedenen Autoren, gezeichnet nach Young 1971.)

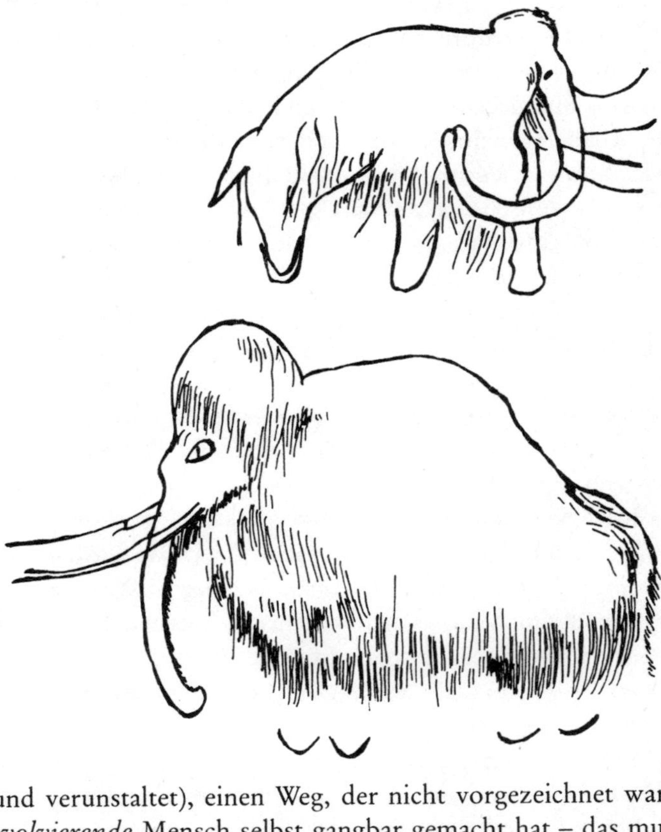

tet (und verunstaltet), einen Weg, der nicht vorgezeichnet war, den der *evolvierende* Mensch selbst gangbar gemacht hat – das muß das grundsätzliche Anliegen einer umfassenden Anthropologie werden: einer Anthropologie, die sich am Leitfaden des *Menschen* orientiert und damit ›Außen‹ und ›Innen‹, Objektivität und Introspektion vereint, einer Anthropologie als Ort der Begegnung der ›zwei Kulturen‹. Allein auf diese Weise kann eine ›Lehre vom Menschen‹ den Anspruch erheben, naturwissenschaftlich (biologisch) ›standfest‹ zu sein und gleichzeitig philosophischen Anforderungen zu genügen. Hat man dieses zur Kenntnis genommen, dann wird man so manchen Versuch einer Bestimmung des Menschen als Irrtum erkennen – erkennen aber wird man auch neue Möglichkeiten eines menschlichen Selbstverständnisses.

Ein befriedigendes Selbstverständnis des Menschen, eine ›Selbsterneuerung‹ des Menschenbildes, wird nur dann möglich sein, wenn der Mensch sich als *lebendiger* Mensch begreift: als sich seiner selbst bewußtes Lebewesen. Das klingt vielleicht trivial. So trivial aber ist es, wie mir scheint, auch wieder nicht. Denn sein Lebendigsein hat der Mensch preisgegeben, um den Preis seines Lebendigseins kaufte er sich, neben den vielen Annehmlichkeiten des Alltags, die Kontrolle über sich selbst von seiten eines undurchschaubar gewordenen bürokratischen, technischen Apparats. Der Mensch ist langsam ein Sklave seiner Bedürfnisse nach Machbarkeit geworden; seine vielgepriesene Zivilisation hat ihn in ihren Auswüchsen überrollt. Und beharrlich ›sündigt‹ der Mensch wider die Natur, und fortwährend glaubt er an seine eigenen Wunderwerke, so etwa an jenes in Hiroshima und Nagasaki erstmals ›erfolgreich‹ erprobte Teufelswerk der Zerstörung, wodurch er sich heute den Frieden *erkämpfen* zu können glaubt... Wenn irgendwo, dann zeigt sich hier der fatale Umstand, daß der Mensch sein Bewußtsein *gespaltet* hat.

So werden wir wieder auf die Notwendigkeit einer *Ethik* zurückgeführt. Die Evolution hat dem Menschen, wie zu wiederholen ist, weder seinen Weg noch seine Pflichten auf diesem Weg vorgeschrieben. Nirgends im Kosmos steht vermerkt, was wir zu tun haben. Verzweifelt fragt daher der nach Sinn Strebende: Liegt es etwa im Wesen der Evolution, daß eine Spezies sich selbst und die sie umgebende Natur zerstört? Leben ist, unter anderem, auch Sterben, gewiß; aber wir können uns nicht entbinden von den Erfordernissen ethischen Sollens, woran uns unsere Vernunft, wenn vereint mit Humanität, gemahnt. Es bleibt indes die Frage, wie der Mensch sich ›ethisch richtig‹ verhalten soll, wie er den Maßstab finden kann für eine verbindliche Ethik, und ob er überhaupt eine allgemeinverbindliche Ethik zu schaffen in der Lage sei.

Aus der Verhaltensforschung wissen wir, daß zumal bei höheren

Tieren (Vögeln, Säugetieren) nicht nur das Töten von Artgenossen vorkommt, sondern vielfach eine *Tötungshemmung* existiert.[116] Das trifft auch für den Menschen zu. Was aber offensichtlich nur für den Menschen zutrifft, für den *homo demens*, ist die häufig realisierte Möglichkeit des Massenmordes, der Ausrottung eines ganzen Stammes, eines ganzen Volkes; das kann blitzartig oder allmählich, im Prozeß der Deformierung einer Kultur (Anmerkung 2), geschehen. Und mit unseren rationalen Möglichkeiten steigt, erschreckenderweise, unsere ethische Ratlosigkeit. Stellen etwa Rationalität und Ethik Widersprüche dar?

Dem kritischen Leser wird es einsichtig sein, daß eine Konzeption des Menschenbildes, welche den *ganzen* Menschen umfaßt, solche Widersprüche nicht duldet. Nur im Rahmen einer dualistischen Theorie des Menschen können Vernunft und Moral auseinandergerissen werden. Eine im weitesten Sinne monistisch verstandene Auffassung vom Menschen wird hingegen zu der Überzeugung drängen, daß rationale *und* ethische Strukturen »eine biologische Tatsache darstellen und nicht kontingente Produkte sozialer oder philosophischer Konventionen. Daher sind diese Begriffe tatsächlich immanente Eigenschaften der Vernunft, und sie zu erwerben bedeutet, als ein geistig gesunder Mensch aufzuwachsen« (Stent 1979, S. 356).[117] Anders ausgedrückt heißt das: Als der Mensch – wann immer das war, sicher aber vor mehreren Jahrzehntausenden – erstmals seiner selbst gewahr wurde, sah er sich gleichzeitig sowohl vor die Möglichkeit seiner Vernunft als auch vor die daraus *naturgemäß* erwachsene Pflicht gestellt: die Pflicht als Moral. Vernunft und Moral haben eine *gemeinsame kognitive* Basis, aber im Verlaufe der Entwicklung spezifischer soziokultureller Kontexte sind sie auseinandergefallen. Der Grund für dieses so oft bemerkbare Mißverhältnis ist die vom Menschen selbst wiederholt vollzogene Spaltung seines Wesens, seine Selbsterklärung einmal als ausschließlich biologische Spezies, ein andermal als Kulturwesen, hier als Ebenbild Gottes, dort als Maschine, hier als Geist, dort als Materie. Den Menschen zu ihm selbst zurückzuführen ist daher nochmals als ein vordringlich gewordenes Postulat *an den Menschen* anzusprechen.

Man ahnt hier vielleicht eine ›evolutionäre Ethik‹, einen *evolutionären Humanismus*, wie er bei Julian Huxley (1957, 1964) dargestellt wurde. Ja, ich wäre mit dieser Deutung meiner Sicht einverstanden, sehe aber auch die Gefahren einer Fehldeutung, so daß einige aufklärende Bemerkungen vonnöten sind.

Eine evolutionäre Ethik kann – womit nur schon Gesagtes zu wiederholen ist – *nicht* bedeuten, daß der ›Grund‹ für menschliche Moralität in der Evolution gefunden werden könnte; nur insofern, als auch unser kognitiver Apparat der Evolution entsprungen ist, mit ihm also auch die Moralität ihre tiefen Wurzeln in der Evolution unserer Gattung hat. Aber die Evolution sagt uns nicht, *warum* wir uns ethisch auf diese oder jene Weise verhalten sollen, sie sagt uns auch nicht, *ob* wir überhaupt eine bestimmte ethische Pflicht zu erfüllen haben. Was wir jedoch aus der Evolution lernen können, ist, *daß der Mensch das Vermögen, sich moralisch zu verhalten, nicht als Widerspruch zu seinen rationalen Fähigkeiten erworben hat.* Wir müssen diese Entwicklung der Moralität im Gesamt der Entwicklung menschlicher Bewußtseinsleistungen sehen.

Auf diese Betrachtungsweise stoßen wir schon bei Darwin (1871 [1966, S. 155]): »Wenn der Mensch in der Kultur fortschreitet und kleine Stämme zu größeren Gemeinwesen sich vereinigen, so führt die einfachste Überlegung jeden Einzelnen schließlich zu der Überzeugung, daß er seine sozialen Instinkte und Sympathien auf alle, also auch auf die ihm persönlich unbekannten Glieder desselben Volkes auszudehnen habe. Wenn er einmal an diesem Punkte angekommen ist, kann ihn nur noch eine künstliche Schranke hindern, seine Sympathien auf die Menschen aller Nationen und aller Rassen auszudehnen.« Eine künstliche Schranke seiner Sympathie für ›den Anderen‹ hat der Mensch fortgesetzt in einseitigen Menschenbildern errichtet, in *ethnozentrischen* Menschenbildern[118], die letztlich dazu führen, daß die Völker einander bekriegen, nationalistischen, rassistischen, chauvinistischen Parolen (›Für Gott, Kaiser und Vaterland‹) Folge leisten und Greueltaten begehen, die für jeden humanen Menschen unverständlich bleiben müssen.

Wie aber wäre nun jenes ›Lernen aus der Evolution‹ zu verstehen? Vorausgesetzt, der Mensch *will* überleben, dann ist aus rationalen Erwägungen das Lernen aus der Evolution eine Notwendigkeit. Denn »indem wir die Evolution als komplexes Systemgeschehen verstehen..., können wir zugleich einsehen, wo unsere Einwirkungen auf diese Evolution auf uns selbst zurückzuwirken beginnen. Indem wir aus der Evolution lernen, gelangen wir zur Einsicht nicht nur unserer Möglichkeiten, sondern auch unserer Grenzen« (Wuketits 1981c, S. 326f.).

Klarerweise ergeben sich daraus entsprechende Forderungen für jede *ökologische Planung*. Was der Mensch sich spätestens heute mit aller Deutlichkeit vor Augen führen müßte, ist die erschreckende Tatsache, daß er sich – weil er sich der Natur entgegengestellt hat, als Ebenbild Gottes oder als Maschine – von seiner eigenen und der ihn umgebenden Natur nach einer geradezu exponentiell steigenden Kurve entfernt hat; daß er die ökologischen Kreisläufe gestört, daß er die Maschen im Netzwerk der Biosphäre an vielen Stellen durchtrennt hat. So steht er heute da mit der Frage, wie er retten könnte, was noch zu retten ist. Und was tut der Mensch? Er »nimmt kosmetische Operationen vor, anstatt ein sinnvolles System der Informationsrückkoppelung zu schaffen« (Nachtigall 1983, S. 261). Der *altsteinzeitliche* Mensch hatte dem *homo faber* immerhin so viel voraus, daß er die Natur nicht ausbeutete und verhältnismäßig gut, im Einklang mit den übrigen Kreaturen lebte, wobei seine ›natürlichen Instinkte‹ jeden Raubbau an der Natur verhinderten und seine beschränkten technologischen Möglichkeiten auch keine hohen ökonomischen Bedürfnisse weckten (vgl. Markl 1980). Aber die Altsteinzeit ist lange vorbei und jene Instinkte haben wir so gut wie verloren.

Aus der Ohnmacht erwachend, in die der Mensch nach dem ›ökologischen Schock‹ gesunken war, steht er heute vor der Notwendigkeit, eine verplante Welt seinem Überleben dienstbar zu machen. Eine heikle Aufgabe, gewiß; denn Planung des Überlebens muß im Einklang stehen mit ökologischen Gesetzen. Die Forderung einer ›Ethik von Gesamtsystemen‹ wird hörbar: »Du sollst die Welt als Ganzes anschauen« (Müller 1976, S. 58). Man sucht zurückzufinden zu einer ›kosmosfreundlichen Ethik‹ (Zihlmann 1976), zu einem moralischen Prinzip der ›Naturethik‹, wonach die natürliche Ordnung bewahrt werden muß, andere Lebewesen nicht geschädigt werden sollen (Kadlec 1976), zu einer an den *Prozessen*, an der Dynamik orientierten Ethik (Jantsch 1978). Ich will hier diese einzelnen Ansätze nicht referieren, die ihnen gemeinsame Überzeugung aber unterstreichen: Der Mensch muß in jedem Versuch einer kritischen Reflexion seines Sollens die Natur als komplexe Ganzheit bedenken.[119]

Eine Ethik, gestern wie heute, hängt jedenfalls ab von dem Begriff, den wir uns vom Leben, vom Menschen bilden. Wir erkennen, daß ein einseitig konzipiertes Menschenbild zu falschen ethischen Vorstellungen führen kann oder gar zur ethischen Orientierungslosigkeit, weil es auf falschen Prämissen und lebensfernen Dogmen beruht. Es ist, so hoffe ich, auch zu erkennen, warum sowohl das in der Metapher vom Ebenbild Gottes als auch das in der Maschinentheorie des Lebens wurzelnde Menschenbild eine Ethik nicht einlösen kann: Jeder theistische Versuch einer Ethik resultiert zwar in *Normen*, keiner dieser Versuche vermag aber *Werte* zu begründen, und zwar Werte, die der Mensch als solche zu erkennen in der Lage ist und akzeptieren kann, ohne daß sie ihm gewaltsam eingeimpft werden. Und wird der Mensch auf die Maschine reduziert, dann ist nicht einzusehen, wie aus dieser Reduktion überhaupt ethische Pflichten resultieren können: Eine vorprogrammierte Maschine wird sich stets ihrem starren Programm gemäß verhalten, und ist dieses Programm gleichzeitig eine Anweisung, egoistisch zu handeln, dann wird der so als Überlebensmaschine verstandene Automat (siehe oben) sich vor keinerlei Moral beugen können, die etwa auf den Schutz anderer Lebewesen zielt.

Die Schwierigkeiten, die sich gegenwärtig einer Ethik entgegenstellen, folgen im wesentlichen daraus, daß der Mensch den Lebensbegriff verloren hat, jenen Lebensbegriff, der ihn zu seinem Dasein als Mensch in der Natur zurückzubringen vermag, was stets eine *humane Vernunft* zu bedeuten hätte: Und eine *vernünftige Ethik* wäre eine Ethik ohne sinnlose Normen, immer aber mit Werten! Nicht Normentabellen, nicht Tafeln mit Geboten und Verboten, Paragraphen, mit denen die Gesetzesmacher nicht selten lediglich ihre eigene Blöße zu bedecken suchen, ergeben ein ethisches System – sie sind eher Verlegenheitslösungen, gefunden in der Erkenntnis, daß der Mensch eben nicht immer ›ethisch richtig‹ handelt, ohne daß man aber in der Lage wäre zu sagen, was ethisch *richtig* heißen soll. So wird auch eine Straßenverkehrsordnung (deren Bedeutung ja nicht abzustreiten ist) im Grunde nichts aussagen über das *Wertempfinden* jener, die ihr Folge leisten, und sollten eines Tages sich *alle* Verkehrsteilnehmer überall auf dem Globus ›gesittet benehmen‹, dann wird das kein Zeichen dafür sein, daß die Menschheit endlich ihre ›ethische Reife‹ erlangt hat. Die Probleme liegen also viel tiefer.

Mit Lorenz (1978b, S. 28) lautet die Diagnose: »Die allgemeine und rasch um sich greifende Entfremdung von der lebenden Natur trägt einen großen Teil der Schuld an der ästhetischen und ethischen Verrohung des Zivilisationsmenschen.« Und »woher soll«, fragt Lorenz an derselben Stelle, »dem heranwachsenden Menschen *Ehrfurcht* vor irgend etwas kommen, wenn alles, was er um sich sieht, Menschenwerk, und zwar sehr billiges und häßliches Menschenwerk ist? Selbst der Blick auf das gestirnte Firmament ist dem Städter durch Hochhäuser und chemische Atmosphärentrübung verhüllt.« Ja, wodurch sollen Eltern ihren Kindern, Lehrer ihren Schülern eine Ehrfurcht vor dem Leben, vor der Natur begründen, wenn sie selbst nicht wissen, was Leben, was Natur ist? Und der Heranwachsende wird den ihm von unmündigen Erziehern diktierten Normen mit Skepsis begegnen, da er dahinter keine Werte zu entdecken vermag. So wird er auf der anderen Seite nur allzu rasch zum Opfer jener um sich greifenden ›Heilslehren‹, gesponnen in den Köpfen von Utopisten, selbsternannten Propheten, politischen Verführern, Demagogen und Scharlatanen, zum Opfer jener Lügengespinste, die mit erfundenen ›ewigen Wahrheiten‹ auch ›ewige Werte‹ vorspielen, welche aber lediglich dem Wohl ihrer Urheber dienen, jeden einzelnen, der daran glaubt, indessen in die Bewußtlosigkeit führen. Nie haben Ideologen, ob links oder rechts, ein leichteres Spiel, als unter dem Empfinden einer ›Wertlosigkeit‹ des individuellen Lebens; denn der ethisch Ohnmächtige wird sein Leben zu einem niedrigen Preis verkaufen und der, der vergessen hat (oder den man vergessen gemacht hat), daß er *lebt*, wird schon das Funkensprühen von Lebenslügen irrtümlich als Leben deuten.

Wenn »die Einzelentscheidung, welchen Wert wir bejahen wollen, welche Rangordnung der Werte wir wählen«, wie Zimmermann (1968, S. 267) meint, »letzten Endes immer intuitiv-subjektiv« erfolgt, selbst dann bleibt, wie ich zu bedenken geben möchte, doch *das Subjekt selbst* als ein Wert von gleichsam unmittelbarer Evidenz, als ein ›ethisches Apriori‹ für den einzelnen.[120] Dieses Apriori ist nicht entsprechend dem Prinzip der Eigennützigkeit (siehe oben) zu verstehen. Was ich meine, ist vielmehr folgendes: Ist sich der einzelne Mensch des Wertes seines eigenen Lebens bewußt, und ist er sich zugleich bewußt, daß dieses *sein* Leben eingeflochten ist in das Netzwerk des Lebens auf der Erde, dann wird er, so ist zu vermuten, eher in der Lage sein, *alles Leben an und für sich als wertvoll zu empfinden.*

Die Moralität des einzelnen also liegt im Leben selbst; zumal das Vermögen zu moralischem Handeln nimmt beim einzelnen Menschen ihre Ursprünge im eigenen Leben, in der eigenen Lebenserfahrung. Schon Rousseau bemerkte, daß die Moralität nicht in einfachen Begriffen in das Individuum hineingetragen werden kann (vgl. Grimsley 1973). Befindet man sich mit dieser These im Einklang, wird man zu der Überzeugung gelangen, daß die Entdeckung des eigenen und ›fremden‹ Lebens die Wertschätzung desselben zu erzeugen vermag; was natürlich zur Voraussetzung hat, daß der Mensch eigenes und ›fremdes‹ Leben in bewußter Reflexion nachvollzieht.[121]

Die Erkenntnis der *Einheit von Leben und Geist* allein kann hierfür einen übergeordneten, rational einsichtigen Rahmen bilden. »Was wir im Bewußtwerden erfahren, ist letztlich das Hervortreten und die Entfaltung des Lebens selber« (Sachsse 1976, S. 45). Das Bewußtsein des Menschen ist nicht vom Leben des Menschen zu trennen und dieses nicht von seinem Bewußtwerden. *Menschliches Leben ist bewußtes Leben* – die theoretische Loslösung des Bewußtseins, des ›Geistes‹, vom Leben war ein grundlegender Irrtum.

Alles das ist freilich nur als ein Hinweis auf die Notwendigkeit eines Neuansatzes in der Ethik zu verstehen. Möglicherweise aber ist der eine oder andere Leser dadurch ermutigt worden, sein eigenes Leben in neuem Licht zu sehen und in dem hier um das Leben kreisenden Scheinwerfer *sein* Leben als *Einheit von Vernunft und Moralität* zu erkennen. Dem, der das Leben in all seinen Dimensionen begriffen hat, werden meine Ausführungen aber lediglich und bestenfalls eine Formulierungshilfe sein können.

Im letzten freilich will diesem hoffnungsvollen Aspekt unseres Daseins jene im Grunde düstere Aussicht gegenüberliegen, zu der wir in bezug auf die Position des Menschen im Kosmos gelangt sind: Es läßt sich vernünftig kein Beweis finden für die Annahme, des Menschen Heimatplanet hätte in dieser Welt eine ausgezeichnete Position inne; und ebenso besteht keinerlei Veranlassung für den Glauben, der Mensch sei – dank seines Bewußtseins, seiner Vernunft – aus der Kette des Lebenden auf der Erde herauszulösen. Im uns bekannten Universum gibt es keine Instanz, die die Menschheit in ihrer Ratlosigkeit anrufen könnte; und nirgends steht geschrieben, welchen Sinn der Mensch als einzelner und im globalen Kollektiv, als Menschheit, hätte. Noch ein weiteres Mal müssen wir mit Monod (1971) zugeben, daß der Kosmos dem Menschen gegenüber teilnahmslos ist, daß niemand ›da draußen‹ das Wehklagen des Menschen hört; und wenn der Mensch ›dorthin‹ die Gesetze projiziert, die er in umgekehrter Reihenfolge wieder als ›göttliche Inspiration‹ empfangen zu können vermeint, dann unterliegt er der alten Selbsttäuschung, um seine eigenen Mängel, Irrtümer, Fehlleistungen und Fehlleitungen zu entschuldigen, getreu den mephistophelischen Zeilen, ohne aber deren ironischen Klang zu vernehmen:

»Denn eben wo Begriffe fehlen,
Da stellt ein Wort zur rechten Zeit sich ein.
Mit Worten läßt sich trefflich streiten,
Mit Worten ein System bereiten,
An Worte läßt sich trefflich glauben,
Von einem Wort läßt sich kein Jota rauben.«

Will unsere Selbsterkenntnis mehr sein als bloß ein Gefüge von Worten, dann werden wir zuallererst lernen müssen, mit uns allein zu leben.

Dies scheint mir die letzte Konsequenz einer *am Leben* orientierten biophilosophischen Reflexion; der Prüfstein für eine solche Reflexion wird das Leben selbst sein müssen; von wo anders sollten wir denn auch die Leitlinien nehmen für eine Biophilosophie, wenn nicht aus der Evidenz des Lebens...!? Und was würde denn auch diesen, hier vorgelegten Entwurf einer biophilosophischen Synthese rechtfertigen, wenn nicht das Leben selbst – und jener betrübliche Umstand, daß der Mensch der Erfahrung dieses Lebens längst schon verlustig zu werden beginnt!?

Noch einmal: Materie ist ein dynamisches Prinzip, Leben ist ein spezifischer Ausdruck dieses Prinzips. Der Mensch vermag dieses Prinzip zu erkennen – und sich selbst in dieses Prinzip eingebunden zu sehen. Sich so sehen heißt, sich in der Natur zu erfahren, als Lebewesen mit dem Attribut der Bewußtheit. In dieser Bewußtheit liegt das Gefühl der Euphorie wie das der Ohnmacht.

Erwacht der Mensch als *Mensch*, dann wird er viele seiner Hoffnungen als Träume erkennen, als Illusionen; ebenso aber wird er sich selbst erkennen, als der, der er ist: der Mensch nämlich und nicht ein Abbild Gottes oder ein Automat. So zum Bewußtsein seiner selbst erwacht, wird der Mensch erkennen müssen, daß die von ihm erfundenen Götter ihn nicht erlösen werden von seinen Qualen; und er wird erkennen müssen, daß seine Ohnmacht um so tiefer wird, je mehr er von seinem Leben denen verkauft, die im Namen göttlicher oder pseudogöttlicher ›Vernunft‹ zu handeln vorgeben.

Der einzelne wird einzusehen haben, daß er sich nicht verlassen kann auf die ›Heilslehren‹ jener kirchlichen und weltlichen Priester, die ihn auf eine ferne, für ihn unerreichbare Zukunft vertrösten; sobald er sich als *lebendiger Mensch* wahrnimmt, wird er einsehen, daß jeder Griff nach diesen trostspendenden Lehren ein Fehlgriff war. Er wird dann freilich erneut dastehen mit seinen Fragen, mit seinen Ängsten und Nöten. Es wird ihm nur eines bleiben: *sich mit dem Leben zu versöhnen.*

Epilog: Die Versöhnung mit dem Leben

»Und so lang du das nicht hast,
Dieses: Stirb und werde!
Bist du nur ein trüber Gast,
Auf der dunklen Erde.«

Johann Wolfgang v. Goethe

Der Mensch muß heute also erkennen, daß er sich vom Leben entfernt hat, daß ihm die Natur, die gleichwohl sein eigenes Leben einbegreift, fremd geworden ist. Spätestens hat das 20. Jahrhundert die Zeichen für diese Fortentwicklung des Menschen vom Leben an die Oberfläche gebracht: Zeichen, die uns zu denken geben müssen, nicht nur, weil sie Ausdruck menschlicher Fehlleistungen in der Geschichte wären, sondern weil sie deutlich zeigen, wie fragwürdig die Welt, in der wir leben, auch heute und morgen sein wird.[122] In dem Bestreben, seine Lebenswelt fortgesetzt zu verbessern, zu verschönern, gefangen aber von den Halluzinationen des Machbaren und geblendet von dem Wunsch nach einer totalen Beherrschung der Natur hat der Mensch – und das ist die erste, alarmierende Bilanz – die elementaren Lebenswerte aus den Augen verloren.

Die Vielfalt natürlicher Lebens- und Landschaftsformen genießt der Mensch nicht etwa, um von der Hektik des Alltags zu entspannen, vielmehr kalkuliert er nur die Möglichkeiten, sie sich ökonomisch nutzbar zu machen, sofern die Natur, das Leben, seinen Plänen nicht sogar im Wege steht. Und wo letzteres zutrifft, werden ganze Populationen und Arten ausgerottet, werden Sümpfe trockengelegt, Teiche zugeschüttet, Wälder gerodet.

Die Prozesse der Ökonomisierung haben freilich längst auch auf das menschliche Leben übergegriffen: Lebensqualität im Sinne einer bewußten individuellen Gestaltung wird verdrängt von Wettbewerbszwang und Konsumeuphorie, und wenn sich Kulturen, ja ganze Völker, dem Normenkodex des sogenannten zivilisierten Menschen nicht freiwillig beugen, dann werden sie einfach vernichtet, oder es wird ihnen – wie beispielsweise den Eskimos – eine ›Blechtonnen-Zivilisation‹ übergestülpt (vgl. Anmerkung 2). Innerhalb unserer von Kapital und Profit gelenkten Gesellschaften sieht sich der einzelne (in

Ost und West) einem gewaltigen bürokratischen Apparat gegenüber, der sich des Individuums in allen nur erdenklichen Lebenslagen mehr oder weniger gewaltsam annimmt[123], während seine eigene Schwerfälligkeit ihn zunehmend an den Rand der Funktionsunfähigkeit führt. Dieser das Leben kontrollierende, nicht nur unpersönliche und anonyme, sondern nachgerade *lebensfeindliche* Apparat ist zwar ein Produkt abermals des Menschen selber – genauer gesagt: ein Ergebnis menschlicher Not, Angst, Hoffnung, (Vor-)Sorge, Illusion und Utopie –, jedoch entgleitet er immer mehr einer sinnvollen Kontrolle seitens derer, die ihn geschaffen haben und beginnt eine beängstigende Eigendynamik zu entwickeln.

Da mithin des modernen Menschen Welt von Kosten-Nutzen-Rechnungen bestimmt wird, von Leistungsdruck und Produktionszwang, der in nicht mehr überschaubarem Ausmaß Kriegsgerät aller Art einschließt, ist es nicht verwunderlich, daß die *Lebensqualität* – worunter allgemein »der persönliche Erfolg in der stufenweisen Erfüllung von Bedürfnissen« (Peterson 1975, S. 170) zu verstehen wäre – kaum noch durch *lebensimmanente* Faktoren definiert wird. Daher wird auch jene Institution, die ursprünglich dem Wohlergehen des Menschen dienen sollte – jedes einzelnen Menschen, der sie, in leiblich-seelische Bedrängnis geraten, um Hilfe angeht –, heute den Richtlinien eines über- und unpersönlichen Systems angeglichen: die Medizin, die man einst als Heilkunst rühmte, heute aber eher nur als Heil*technik* verstehen muß.

Der Prozeß der ›Ent-Persönlichung‹ und ›Dehumanisierung‹ – womit ich keineswegs unterstellen möchte, daß die Menschheit schon je human gewesen sei – greift längst (und mit fatalen Auswirkungen) schon sehr früh ins Lebensalter, in das Leben des einzelnen Individuums ein: Die weitverbreitete Reduktion von Lebensqualitäten auf materielle ›Werte‹, auf ein Leistungspotential im Sinne des ›Sich-Leisten-Könnens‹, gefährdet die Entwicklung des Kindes; denn die Gesellschaft toleriert den Wettbewerb auch dort, wo er eine Gemeinschaft auflöst und die Bewußtseinsbildung des Kindes empfindlich stört (Hassenstein 1978).

Nicht selten werden Kinder von ihren Eltern einem materiellen Besitzgut entsprechend behandelt. Der Leser kennt wahrscheinlich selbst das eine oder andere Beispiel: wenn etwa Kinder von ihren stolzen Müttern beim Kaffeekränzchen zur Besichtigung herumgereicht werden wie neue Kleidungsstücke oder sonstige ›herzeigbare‹ Gegenstände. Auch das Kind also ist ein Wettbewerbsgut. Wehe also, wenn es sich bei einem solchen Anlaß nicht mustergültig verhält, dem Normenkodex der Erwachsenen nicht entspricht! Schließlich erfüllt es für seine Eltern häufig Ersatzfunktionen: Die eigene Unfähigkeit, das eigene Versagen wird am Kind wettzumachen versucht; an das Kind werden deshalb oft rücksichtslos unerfüllbare Forderungen gestellt. In anderen Fällen werden Kinder einfach als Last empfunden – daß sie selbst ihre biologische ›Ursache‹ sind, vergessen so manche Eltern nur allzu gern – und wachsen in einem zerrissenen Bezugssystem auf, so daß sie andere Bezugssysteme finden oder erfinden müssen, um Wertbedürfnisse befriedigen, um sich ›identifizieren‹ zu können. In einer neurotischen Umgebung ist das Finden der eigenen Identität allerdings nicht gerade leicht.

Die Entwicklung eines so früh gestörten Kindes ist inzwischen bekannt: Einmal in eine *Identitätskrise* geraten, schwanken Kinder und heranwachsende Jugendliche zwischen Skylla und Charybdis, zwischen *Identitätsverlust* und kümmerlichem *Identitätsersatz* und orientieren sich an Leitbildern von Pseudo-Helden (siehe hierzu z. B. Hernegger 1982). Diese Entwicklung setzt sich oft im Erwachsenenalter fort. Noch hat jeder Guru seine Opfer gefunden.

Auch das Bildungswesen hat der bürokratische Apparat nicht verschont. Unermüdlich sorgt er dafür, daß Bildung zu *Aus*bildung verkommt und daß derjenige in der Schule besser bewertet wird, dessen ›Leistungen‹ der wirtschaftlichen Profitgier entgegenzukommen versprechen – besser jedenfalls als einer, dessen Kreativität und intellektuelle Beweglichkeit sich nicht einordnen lassen in die starre Ordnung des Apparats. Zunehmend werden Kultur und Bildung politisiert und bürokratisiert, ja, in weiten Bereichen einem Parteienproporz angeglichen. Als unvermeidliche Folge davon wird die Bildung ›verbeamtet‹ – und Hamlets Totengräber wartet, auf seinen Spaten gestützt, um Kultur und Bildung als supreme Werte jedes humanen Menschen zu begraben.

Die Diagnose lautet, *in summa*: Auflösung von Qualität in Quantität, Reduktion des Subjekts auf das Objekt, Ersatz lebensimmanenter Bedürfnisse durch Erfüllung der von außen an das Individuum herangetragenen Forderungen. Meinte Herder ehedem: »Vollkommenheit eines einzelnen Menschen ist…, daß er im Kontinuum seiner Existenz er selbst sei und werde« (Herder, vgl. 1957, S. 320), so bieten sich heute dem einzelnen ›Vollkommenheits-Ideale‹ an, die ihm nie und nimmer erlauben, *er selbst* zu sein.

Dennoch, verehrter Leser, möchte ich nicht mißverstanden werden: Es war nämlich ›früher‹ keineswegs besser als heute, wir brauchen uns keiner Nostalgie in der Erinnerung an die ›gute alte Zeit‹ hinzugeben. Wahr ist vielmehr – und wagen wir ihn, dann wird der Blick auf die Menschheitsgeschichte *im Ganzen* uns dies mit aller Deutlichkeit zeigen –, daß in den Jahrtausenden der Entwicklung seiner Kultur der Mensch ebenso viele neue Übel in die Welt gesetzt hat, wie alte Übel beseitigt und daß er noch für jede seiner neuen Errungenschaften einen Preis zu zahlen hatte. Die Frage ist nur, wie hoch dieser Preis sein darf.

Gegenwärtig jedenfalls bezahlt der Mensch die Schaffung seiner (neuen) ›Lebens‹-Welt mit dem Verlust seines *Lebensbewußtseins*. Und wenn Ditfurth (1977, S. 14) sagt: »Wir werden, so scheint es, nur deshalb vorübergehend benötigt, damit dereinst die Zukunft stattfinden kann«, dann ist zu bedenken, daß es von uns abhängen wird, *ob* eine Zukunft überhaupt noch wird stattfinden *können*. Verhindern wir die Zukunft – was wir, wie schon häufiger erwähnt, ›nur‹ auf der Erde vermögen, denn auf das Universum haben wir nicht den geringsten Einfluß –, dann ist es auch gleichgültig, ob wir heute die »Neandertaler von morgen« (Ditfurth 1977) sind oder etwas anderes.

In seiner Geschichte hat der Mensch zweifelsohne viele Veränderungen bewirkt und – wäre dieser Ausdruck nur nicht ideologisiert! – ›Fortschritte‹ erzielt. Dieser Fortschritt nämlich ist nur im Vergleich des ›Neuen‹ mit dem ›Alten‹ zu bemessen: Es ist schon richtig, daß die uns aus der Geschichte beispielsweise der Vereinigten Staaten von Amerika bekannte Form der Sklaverei abgeschafft ist; aber ebenso richtig ist es, daß mittlerweile andere, raffiniertere Formen der Versklavung um sich greifen (oder was bedeutet die Beschäftigung für jene zu Ameisen degradierten Menschenmassen, die nicht wissen, ob sie am Fließband Bestandteile von Nähmaschinen oder Atombomben herstellen!?). Ebenso hat die Medizin die Menschheit von vielen ihrer Geißeln befreit und etwa die Säuglingssterblichkeit in vielen Ländern signifikant gesenkt; aber in ihrer Verflechtung mit der pharmazeutischen Industrie und mit Krankenversicherungsanstalten hilft sie auch mit, den einzelnen zu entmündigen (was denn bedeutet etwa der Umstand, daß es heute Ärzte gibt, die die Bezeichung ›Amtsarzt‹ tragen und den hippokratischen Eid weniger auf die Behandlung des Kranken als auf die sie bezahlende Institution schwören!?). Und für die christliche Kirche gehört die Inquisition der Vergangenheit an, aber nach wie vor müssen viele Menschen in verschiedenen Ländern andere Arten der Inquisition fürchten (wofür sonst brauchten wir eine Menschenrechts-Kommission?).

In dieser merkwürdigen Welt, die der Mensch selbst sich geschaffen hat, in dieser widersprüchigen Situation, in die der Mensch sich hineinmanövriert hat, ist allein auf eine *humane Vernunft* Verlaß, vorausgesetzt, wir finden zu ihr. Rupert Riedl (1980, S. 192) ist darin voll beizupflichten, »daß zuletzt nur die objektive Erkenntnis des Menschen anerkannt werden kann; und als jene versöhnliche Instanz, die, wie so nötig, angerufen werden kann, wenn die Ideologien streiten.« Es gilt, die objektive Erkenntnis als Teil unseres Lebens zu begreifen[124] und – umgekehrt – unser Leben auf der Suche nach Erkenntnis an den Leitlinien objektiver Erkenntnis zu orientieren und nicht an den Prämissen ideologischer Heilslehren. Denn nur so haben wir die Chance, letztlich auch einen Blick zu erhaschen ins ›Innere unseres Selbst‹.

Wer will leugnen, daß des Menschen Krise stets eine *geistige* Krise ist? Und ist auch, woran ich nicht zweifeln kann, unsere *heutige* Krise, deren oberflächlich sichtbare Zeichen niemandem verborgen bleiben können, eine geistige, »dann muß auch die Lösung auf dieser geistigen (rationalen) Ebene liegen« (Wuketits 1981b, S. 147). Der menschliche ›Geist‹, die (menschliche) Bewußtheit aber ist, in erster und letzter Instanz, *menschliches Leben*, menschliches *Lebendigsein.*

Ich bin in diesem Buch davon ausgegangen, daß es an der Zeit wäre, *Leben* zu bestimmen und zugleich unser ›vorbewußtes Wissen‹ vom Leben, unsere ›Lebenserfahrung‹, neu einzubringen. Nicht daß es an solchen Versuchen fehlte. Jedoch hat es den Anschein, daß das, was eine Biologie als Wissenschaft vom Leben in ihrem weitesten Umfang uns heute zu sagen hat, noch nicht verarbeitet worden ist: nicht verarbeitet in der ganzen Tragweite innerhalb der Biologie selbst, und nicht verarbeitet in der Philosophie, die als kritische Instanz unbestreitbare Bedeutung hat.

Um so dringender erscheint eine *biophilosophische Synthese*, die –

wie ich hoffe, deutlich gemacht zu haben – tief in die menschliche ›Lebenspraxis‹ sich fortsetzen könnte und nicht Gegenstand eines Diskussionsforums von ›Schulphilosophen‹ bleibt. Bausteine zu dieser Synthese zu liefern, verstand ich als Aufgabe dieses Buches. Daß die erforderlichen Synthese-Schritte nur zu vollziehen sind, wenn der Dialog zwischen Naturwissenschaft und Philosophie, zwischen Biologie und Philosophie konstant geführt wird, bedürfte keiner eigentlichen Erwähnung, hätten sich nicht bedauerlicherweise beide mehr und mehr voneinander entfernt. Eine biophilosophische Synthese ist nur denkbar, wenn das Lebendige selbst zum Kristallisationspunkt wird, wenn Biologie und Philosophie eine ›lebensnahe‹ Denkweise entwickeln.

Was, mit anderen Worten, dabei in Rede steht, ist DIE VERSÖHNUNG MIT DEM LEBEN. Wie kommt es, daß Biologen heute so oft die Frage ›Was ist Leben?‹ als nicht biologisch abtun? Die *Bio*logie, als die Wissenschaft vom *Leben*, wird sich doch auch einen Begriff von Leben gebildet haben (?). Gewiß, jeder Biologe bildet sich tatsächlich diesen Begriff, nur läuft er Gefahr, ihn – umgeben von einem stets größer und komplizierter werdenden technischen Instrumentarium – aus den Augen zu verlieren. Das hat damit zu tun, daß die Biologie gegenwärtig unter den grandiosen Erfolgen der reduktionistischen Verfahrensweise die Lebewesen in ihrer Vielfalt und Eigentümlichkeit zu vergessen beginnt. Ein Zeichen der Zeit: An die Stelle des konkreten, lebenden Organismus wird ein physikalisches, technisches Modell desselben gesetzt; allzu rasch wird der Organismus aufgelöst in seine kleinen und kleinsten Teilchen, an denen sich die Biologen in ihren Laboratorien dann eifrig zu schaffen machen, kaum mehr mit dem Bewußtsein, daß es sich um ›Teilchen‹ eines *Lebe*wesens handelt. Frei nach Goethe gesagt:

»Sie haben Teile in ihrer Hand,
Doch fehlt ihnen das lebend'ge Band.«

Ja, wir »müssen bekannt sein mit Natur, vertraut damit, nicht bloß Bescheid wissend. Nicht wer Tiere und Pflanzen kennt, ist ein Biologe. Entscheidend ist, daß es ihn treibt, ihnen nahezukommen, daß er sie nicht nur unterscheiden will als Sammlungsstücke, die er besitzen möchte, sondern als Lebewesen, an deren Wohlergehen ihm liegt« (Mollenhauer 1982, S. 111). Und daß er, wie ich hinzufügen möchte – sei ›er‹ nun Biologe oder nicht –, das Lebewesen als

*Lebe*wesen sieht und nicht als einen Klumpen Materie. Denn wo diese Betrachtungsweise daheim ist, dort überall wird Leben nicht begriffen. Wir kennen das in den mechanistischen Denksystemen aus der Vergangenheit wie aus der Gegenwart.

Aber Leben ist auch überall dort nicht begriffen worden, wo man spirituelle ›Kräfte‹ den konkreten Lebenserscheinungen vor- und übergeordnet hat, also in den verschiedenen Varianten der vitalistischen Lehre.

Zahlreiche Philosophen haben sich nicht zufriedengegeben mit dem ›konkreten Lebewesen‹, sie haben sich genötigt gesehen, das Lebewesen einzufügen in einen ›Weltzweck‹, unterzuordnen einer ›Weltvernunft‹, zu ›beseelen‹, ja zu ›denaturalisieren‹. Ob das Ergebnis einer so verstandenen Philosophie vom Lebendigen dann wieder auf einen Vitalismus hinausläuft, auf ein theistisches Denkgebäude im Sinne des Schöpfungsglaubens, oder ob dabei in weitester Wortbedeutung von einem Finalismus die Rede ist – alle diese Vorstellungen von Leben hängen ja ideengeschichtlich zusammen –, das bleibt sich gleich; aber mit *Leben* haben diese ›Lebens‹-Deutungen nicht viel gemein.

Im Widerstreit der Meinungen pendelt der Begriff von Leben hin und her, zwischen Materialismus und Idealismus, zwischen Mechanismus und Vitalismus, zwischen Biologie und Philosophie, wird mit zusätzlichen Attributen versehen, so daß er als *Leben* nicht mehr erkennbar ist; oder das Leben wird auf den kümmerlichen Begriff mechanischer Modelle und Automaten gebracht – eine ganze Dimension ging dabei verloren.

Ähnliches geschah mit dem menschlichen Bewußtsein: Es wurde auf Materieelemente reduziert, als mechanistisches Funktional definiert. Oder es wurde von der Materie – genau gesagt: vom Menschen – getrennt, um uns ein für allemal zu entgleiten; Monismus und Dualismus stehen so einander gegenüber. Daß der Mensch selbst dann nicht als *Mensch* verstanden worden ist, sondern entweder als Ebenbild Gottes oder als Maschine, kann bei dieser konsequenten Verleugnung seiner Ganzheit nicht verwundern.

Kurzum: Tief in der Geschichte der Biologie wie in der Geschichte der Philosophie verwurzelt sind jene Hypothesen über das Lebendige, jene ›Lebens‹-Erklärungen und ›Lebens‹-Deutungen, die sich, bei Licht betrachtet, als lebensfremd, ja lebensfeindlich erweisen. Die historischen Exkursionen in diesem Buch haben dies hoffentlich deutlich gemacht.

Daß *Nachdenken* über das Leben nicht ohne Konsequenzen geblieben ist für das *Leben selbst*, wird mancherorts deutlich sichtbar: so beispielsweise dort, wo der Mensch (und von den übrigen Lebewesen sei hier einmal abgesehen) auch so *behandelt* wird, als sei er ein bloßes ›Ding‹, ein Automat etwa, also in den Ordinationsräumen vieler Ärzte, in psychiatrischen Kliniken, in vielen Schulen usw. usw. – Womit der Kreis sich wieder schließt. Ja, es tut not, sich MIT DEM LEBEN ZU VERSÖHNEN.

Die moderne Biologie kann hierfür entscheidende Anstöße liefern, wenn ihre Ergebnisse aus kritisch-philosophischer Sicht durchleuchtet werden. Denn die Biologie hat mittlerweile die fundamentalen Paradoxien unseres Verständnisses von Leben als bloß *scheinbare* Paradoxien aufgelöst – eine intellektuelle Entwicklung, die selbst einige Biologen in ihrer Tragweite für ein Weltbild nicht begriffen haben (weil ihnen der auf die Synthese gerichtete Überblick versperrt ist) und den viele Philosophen schlechterdings ignorieren (weil sie den Naturwissenschaften mit Skepsis begegnen).

Erinnern wir uns: Indem die Organismen als offene Systeme erkennbar und beschreibbar sind, ist geklärt, warum sie letztlich in einer dem Chaos (dem ›Wärmetod‹) zustrebenden Welt möglich sind als geordnete Systeme. Mag also der Kosmos im Ganzen düster und kalt sein, mag das Leben also ein unvorhersehbares Ereignis in diesem Universum gewesen sein – immerhin war Leben, war die Entstehung des Lebens *möglich*.

Gewiß, es gibt keinen vernünftigen, naturwissenschaftlich stichhaltigen Grund für die Annahme, daß Leben *notwendigerweise* auf der Erde entstand und sich *zwangsweise* in einer ungeheuren Vielfalt entwickelte. Viel eher wird man – und ich sehe eigentlich keine sinnvolle Alternative dazu – das Auftreten des Lebens auf diesem Planeten als ein unvorhersehbares Ereignis auffassen müssen; aber Leben *ist* entstanden und *hat* sich in Millionen verschiedener Spezies entwickelt, und wir können aus dieser Entwicklung rückblickend Gesetzlichkeiten ablesen, Gesetzlichkeiten, die den Zufall steuern, ihn einengen. Die Evolution ist so ein Prozeß, der sich seine Gesetzlichkeiten selbst schafft. Abermals also wird damit jenem Glauben an einen universellen ›Weltzweck‹ eine Absage erteilt, jene Annahme

›geistiger Prinzipien‹ entkräftet, wonach Leben in einer göttlichen, prästabilierten Harmonie ›vorgeformt‹ auf diesem Planeten entstanden sein soll.

Die Biologie hat ferner die Organisation der Biosphäre als komplexes Netzwerk begreifbar gemacht. Einmal in seiner Dynamik erfaßt, zeigt der ›Strom des Lebendigen‹ uns, wie aus einem ›Meer von Schwankungen‹ fortgesetzt Stabilität hervorgehen kann und wie sich die Evolution und wie sich einzelne Lebewesen zweckmäßig organisieren, ohne daß Absichten oder Zwecke im Spiel wären.

Den Prinzipien der Evolution, wie sie seit Charles Darwin in der Selektionstheorie niedergelegt sind, und auch den Prinzipien der Thermodynamik hat somit die Biologie des 20. Jahrhunderts ein wenig von ihrem Schrecken genommen: Ein gegebener Anlaß also, sich nicht nur mit dem Leben, sondern darüber hinaus auch mit der Materie zu versöhnen, deren spezifische Entfaltungen Lebewesen sind – im Sinne einer biophilosophischen Synthese. Die moderne Biologie hat, indem sie die erwähnten Widersprüche dieser Welt – gestützt dabei auf physikalische Konzepte – aufzulösen vermochte, auch die Materie rehabilitiert: Materie ist, da sie Leben offenbar möglich macht(e), nicht als toter Stoff zu sehen, sondern eben – ich betonte es schon im Prolog – als dynamisches Prinzip. Man kann sich unter diesen Voraussetzungen auch als ›Materialist‹ durchaus wohl fühlen.

Es sollte indes nicht verschwiegen werden, daß alle diese Erkenntnisse dem einzelnen Menschen keinen *subjektiven* Sinn zu vermitteln vermögen, weil eine Wissenschaft und eine auf ihren Erkenntnissen fußende philosophische Synthese keine Heilslehre sein kann. Ich meine aber, selbst auf die Gefahr hin, daß der Leser dies als intellektuellen Kunstgriff versteht, daß der einzelne, erkennt er einmal die wahren Dimensionen des Lebenden, sich selbst auch eher in seiner Lebendigkeit wird erfahren können und damit schließlich in der Lage sein wird, sich seinen subjektiven Sinn zu suchen und diesen auch zu finden. Dann wird er auch fähig sein, sich gegen die Verwaltung seines Denkens zu wehren und unabhängig von Ideologien und Institutionen aller Art das Modewort ›Selbstverwirklichung‹ mit neuem Sinn zu füllen.

Eine biophilosophische Synthese also dient schließlich dazu, im Vorfeld der subjektiven Sinngebung Hindernisse fortzuräumen, die einer Erkenntnis des Lebenden im Wege stehen. Um dem Subjekt die Erkenntnis *seiner selbst* zu ermöglichen, bedarf es allerdings auch der Überwindung ›kollektiver Illusionen‹. Jacob (1983) versuchte zu zeigen, daß die Wissenschaft eine klare Aufgabe im Dialog zwischen dem *Möglichen* und dem *Wirklichen* zu erfüllen hat. Sie hat aber, glaube ich, im konstanten Wechselspiel mit der philosophischen Kritik auch deutlich zu machen, wo des Menschen Hoffnungen sich als Wunschträume erweisen. Das wäre vor allem dort, wo Sehnsüchte nach ›schöneren Welten‹ entstehen, während der Mensch dabei ist, seine Welt *heute* zu zerstören: wo das Mögliche auf Kosten des Wirklichen zu erreichen versucht wird.

Versöhnung mit dem Leben hieße in meiner Version freilich auch, auf verschiedene Heilslehren zu verzichten; es hieße, sich mit dem Leben *hier* und *jetzt* auseinanderzusetzen; es hieße, in letzter Konsequenz, sich von dem Gedanken an ein ›Weiterleben nach dem Tod‹ im buchstäblich, aber auch im metaphorisch gemeinten Sinne zu trennen.

Gerade diesem Gedanken folgen heute wieder viele Menschen, wovon die stetig zunehmende Literatur vor allem von theologischer Seite ein beredtes Zeugnis ablegt. Dabei braucht uns das, was von irgendwelchen Sektierern, Geistersehern und Gurus dazu produziert wird, nicht zu interessieren. Unser Interesse verdienen einzig diejenigen, deren Aussagen einer Ehrlichkeit nicht entbehren und durch philosophisches Gedankengut angereichert sind (wenngleich letzteres keine Garantie zu sein braucht für die Schlüssigkeit der Argumentation). Ich will hier exemplarisch nur einige wenige Stellungnahmen aus der neuesten Literatur herausgreifen.

Aus der Sicht des theologisch orientierten Philosophen meinte kürzlich Oeing-Hanhoff (1981) in einem Essay über Weltanfang und Weltende, wir könnten uns darauf verlassen, daß Gott die Welt erschaffen hätte; und daß er somit auch das Versprechen einer neuen Schöpfung erfüllen könne. Abgesehen davon, daß für den Menschen heute der Gedanke an eine Neuschöpfung ›irgendwann‹ – vielleicht, nachdem der letzte Mensch den ›Atomtod‹ gestorben ist – wenig tröstlich ist, muß ich hier fragen: Was aber, wenn uns dieser Glaube einfach *täuscht*?

Sehr optimistisch äußert sich auch der evangelische Theologe Böhme (1980, S. 110): »Da soll am Ende ein ›neuer Himmel und eine neue Erde‹ stehen, soll auch die Materie in die ›Auferstehung des Leibes‹

mit einbezogen werden. Mag die Evolution, die wir erforschen können, wo immer hinführen, mag am Ende der Entwicklungen, die wir zu berechnen vermögen, eine Welt stehen, in der es kein Leben, schon gar kein menschliches Leben mehr gibt – Gottes Wege führen weiter. Die von ihm gemeinte Evolution kennt die Grenze des Todes nicht.« – Ich bin mir ja durchaus bewußt, daß vielen Menschen solche Worte Trost spenden. Für meine eigene Person aber bleibe ich mit der Frage zurück, *wohin* denn Gottes Wege führen sollen...(?)

Ein drittes Beispiel schließlich liefert (ebenfalls aus theologischer Perspektive) Hans Küngs Buch ›Ewiges Leben?‹ (1982), der in jüngster Zeit imposanteste Versuch, das ›Weiterleben nach dem Tode‹ zu ›begründen‹. Küng, dem Kompetenz in Sachen Theologie ebensowenig abzustreiten ist wie intellektuelle Redlichkeit, stellt in seinem Buch (S. 294) fest: »Glaube ich an ein ewiges Leben, so weiß ich: Diese Welt ist nicht das Letzte, die Verhältnisse bleiben nicht so auf ewig, alles Bestehende... hat provisorischen Charakter... Glaube ich an ein ewiges Leben, dann ist mir immer wieder neu in meinem Leben und im Leben der anderen Sinnstiftung ermöglicht.« Mit der Stimme des *advocatus diaboli* aber frage ich hier erneut: Kann es denn nicht sein, daß dieser Glaube einfach eine Illusion ist?

Akzeptiert der Leser den im vorliegenden Buch im Kontrast zur Metapher von der Ebenbildlichkeit Gottes eingenommenen Standpunkt, dann wird er auch zustimmen, daß der Glaube an irgendeine Form des ›ewigen Lebens‹ menschlichem Wunschdenken entspricht und in der Hauptsache wohl darauf zurückzuführen ist, daß der Mensch sich mit seinem Leben *hier* und *jetzt* nicht identifizieren will oder kann. So unverständlich ist dies ja nicht, weil der Mensch sich das Leben selbst unerträglich macht und weil ihm ein befriedigender Lebensbegriff fehlt.

Die Tragik menschlicher ›Erlösungssehnsüchte‹ ist nur zu offensichtlich: »Ihr Streben nach ewigem Leben ist ja gerade Streben nach *Leben*; und sie [die religiöse Erlösungssehnsucht] muß dieses ›Heil‹, weil ›Leben in Ewigkeit‹ ein Selbstwiderspruch und innerhalb des menschlich-weltlichen Bereichs nie erreichbar ist, denn auch der menschlichen Kompetenz überhaupt entziehen« (Keller 1971, S. 131). Also bleibt das ›ewige Leben‹ stets nur eine Sehnsucht, die jedoch um so stärker wird, je weniger der Mensch sich mit seinem Leben in einem streng diesseits gemeinten Sinne identifiziert.

Wir verstehen das aus der Ambivalenz des menschlichen Verhaltens; und es sei nicht in Abrede gestellt, daß dem einen oder dem anderen das Leben sinnvoller, ›lebenswerter‹ erscheinen *kann*, wenn es im Hinblick auf das *Weiter*leben betrachtet wird. Ebenso aber kann es sein, daß der einzelne zu spät in seinem Leben erkennt: die Hoffnung auf ein besseres, schöneres Leben im ›Jenseits‹, frei von den Hürden des ›Diesseits‹, war Selbstbetrug. Der trostspendenden Wirkung, die von dem Gedanken an ein ›ewiges Leben‹ ausgehen kann, ist mithin die vernichtende Wirkung der Erkenntnis entgegenzustellen, daß mit dem *Tod* des Individuums sein Leben ein für allemal beendet ist; beendet zunächst natürlich innerhalb der Grenzen des Erfahrbaren. Aber mit dem Unerfahrbaren hat es bekanntlich ohnehin eine besondere Bewandtnis: Wann immer wir es fassen wollen, müssen wir bemerken, daß der gähnende Abgrund kein Ende hat; das Unerfahrbare ist unerfahrbar und kann auch nicht erfahrbar gemacht werden. Wozu also überhaupt darüber reden? Der Glaubende freilich wird sich an das Unerfahrbare klammern, denn gerade die Gewißheit, daß ›es‹ unerfahrbar bleibt, enthebt ihn auch der Gefahr, durch den Beweis des Gegenteils enttäuscht zu werden. Andererseits nimmt er mit seinem Glauben das Risiko auf sich, daß eben dieser Glaube am Ende doch inhaltsleer sein könnte, nämlich dann, wenn das Unerfahrbare selbst sich als Illusion herausstellen sollte. Aber wenn es eine bloße Illusion ist, dann wird das Unerfahrbare als solches auch nie erfahrbar sein. – Man sieht, welcher Gedankenkonstruktionen das menschliche Gehirn fähig ist!

Eines zunächst ist jedenfalls gewiß: Kein Mensch war ›schon immer‹ da, kein Mensch ›lebt ewig‹, jedem ist der Tod in die Wiege gelegt. So sieht man sich zu der für so manchen wohl schmerzhaften Vermutung berechtigt, daß mit dem Tod des einzelnen sein Leben für alle Zeit erloschen ist und daß mit dem ›Tod‹ der Biosphäre dieses Planeten (egal, ob dieser ein ›natürliches‹ Ereignis sein oder durch die menschliche Torheit bewirkt werden wird) die Geschichte des Lebens, so wie sie einst anfing, auch ein Ende finden wird. Und wenn nicht alles falsch ist, was uns die Thermodynamik lehrt, dann wird eines Tages auch das ›Weltende‹ eintreten, der Wärmetod. Es scheint keine Frage: »Was... einmal war, kann auch wieder untergehen, vernichtet werden. Ja, es liegt in der Natur alles Entstehenden mit Nothwendigkeit, daß es wieder zu Grunde gehe« (Büchner 1864, S. 201).

Wenn das Leben jedes einzelnen Lebewesens so einmalig ist, wenn das Leben jedes einzelnen Menschen mit seinem Tod für immer erlischt – hätten wir dann nicht um so mehr einen Grund, uns mit dem Leben zu versöhnen?

Sicherlich spielten, um kurz einen Blick zurück zu werfen, bereits beim frühen Menschen psychologisch zu verstehende Faktoren in der Konstruktion von Gedanken an ein ›ewiges Leben‹ eine Rolle. »Die ältesten Zeugnisse für eine konkrete Jenseitsvorstellung und für einen bereits entwickelten Bestattungsritus besitzen wir aus der Zeit der Neandertaler« (Winkler und Schweikhardt 1982, S. 111). Die ursprünglich unüberbrückbar scheinende Kluft zwischen Belebtem und Unbelebtem mag hierzu das ihre beigetragen haben, und zwar zu der Vorstellung einer ›Seele‹, woran sich – wie Rensch (1968) vermutet – allmählich auch der *Wunsch* eines Weiterlebens nach dem Tode knüpfte. Die dualistischen Weltsysteme, die sich durch eine Trennung der (unsterblich vermuteten!) Seele vom Körper ausweisen, lieferten diesem Wunsch eine zusätzliche philosophische Stütze.

Sollte also das Problem mit dem ›ewigen Leben‹ schließlich, woran ich persönlich nicht zweifle, *psychologisch* zu lösen sein, sollte diese Lösung auch vom Menschen akzeptiert werden, dann allerdings sind viele Hoffnungen dahin. Vielleicht aber lernt der Mensch auch einmal, seinen individuellen Tod in ganz anderer Hinsicht als ›positives‹ Ereignis zu begreifen, nämlich etwa so, wie Mohr (1983, S. 12) es nahelegt: »Wenn wir... die Evolution des Lebens als ein in der Bilanz positives Ereignis... ansehen, akzeptieren wir damit auch unseren Tod als einen positiven und kreativen Faktor, nicht mehr als ›einen geheimnisvollen Tribut an Tränen, Blut und Sünde‹, wie es noch Teilhard de Chardin ausgedrückt hat.«[125]

Wir stoßen hier an eine Grenze. Voll beizupflichten ist Erben (1981), daß man aus der Sicht einer *Naturwissenschaft* sich nicht verbindlich zur Frage nach einem ›Weiterleben nach dem Tode‹ im *theistisch* bzw. religiös verstandenen Sinne äußern kann; denn naturwissenschaftlich handelt es sich dabei um eine *contradictio in adjecto*. Also: *ignoramus*? Aus aller naturwissenschaftlichen Erfahrung läßt sich jedoch die an sich triviale Feststellung treffen, daß alles Gewordene, alles Werdende, wie gesagt, ein Ende haben muß, so wie es einen Anfang hatte. Was also die Vorstellungen und Phantasien des Menschen, teils schon in vorgeschichtlicher Zeit, anbelangt, ein

›Jenseits‹ vom ›Diesseits‹ abzuheben, in das ›Jenseits‹ hier im ›Diesseits‹ unerfüllte Wünsche, Hoffnungen, Sehnsüchte zu projizieren – ungeachtet der grundsätzlichen Unerfahrbarkeit alles ›Jenseitigen‹ –, ist es zumindest klar, daß es sich für die dabei geltend gemachten ›Gründe‹ niemals um Verstandesgründe handeln kann! Um Bedürfnisse kann es sich handeln, um Bedürfnisse, die ihre Wurzel im menschlichen, allzumenschlichen Streben nach Vollkommenheit, nach Ewigkeit haben – und ist Vollkommenheit *hier* nicht zu erreichen, dann bedarf es für den Glaubenden (ob er sich nun darin täuscht oder meint, im Recht zu sein) also der Hoffnung auf das ›Jenseits‹.

Zitieren wir nochmals Erben (1981, S. 22): »Tatsächlich ist unser geistiger Erkenntnisapparat ausschließlich darauf eingerichtet, das durch die Sinne in empirisch gesicherter Weise Erfaßbare zu beurteilen... Da nun auch ein möglicherweise bestehendes Jenseits für unsere Evolutionslinie von vornherein nicht lebenswichtig war (sondern allenfalls ›todeswichtig‹), hat unsere adaptiv entstandene Vernunft zu ihm keinen Zugang.«

Wir stehen also an der Grenze des Faßbaren, an der Grenze der objektiven Erkenntnis. Ich weiß den Standpunkt *objektiver* Erkenntnis, wie ich mehrmals betonte, zu schätzen, halte es somit – um sie nicht über Gebühr zu strapazieren – für angemessen, an dieser Stelle zu schließen. Ich persönlich dagegen neige dazu, die Frage nach ›ewigem Leben‹ zur Scheinfrage zu deklarieren; nicht weil sie objektiv nicht beantwortbar ist, sondern weil, auch für den konstruierten Fall, daß sie mit einem eindeutigen ›Nein‹ dereinst beantwortet werden könnte, nach meiner Überzeugung der seiner Lebendigkeit gewahr gewordene Mensch nicht im Gedanken an das ›ewige Leben‹, sondern im *Leben* seine Stütze, seinen Sinn finden wird.

Sich nicht auf ›später‹ vertrösten zu müssen, nicht auf Ungewisses, Unerfüllbares zu hoffen, das Leben *hier* in seinen vielfältigen Aspekten zu erfahren, eigenes Leben verbunden zu sehen mit der gesamten, die Erde umspannenden Biosphäre – das dürfte für den einzelnen Menschen möglich und erstrebenswert sein, im Sinne der Versöhnung mit dem Leben.

Anhang

Anmerkungen

1 Bei wachsender Zahl biologischer Spezialdisziplinen werden deren Bereiche immer enger. Welcher Biologe der jüngeren Generation wird schon behaupten, daß er z. B. Physiologie im weitesten Sinne betreibt?! Der ›Physiologe‹ von heute forscht vielmehr auf einem sehr speziellen Gebiet, etwa auf dem Gebiet der Stoffwechselphysiologie, um aber auch davon meist nur einen kleinen Ausschnitt zu behandeln.

2 Wie unter dem Einfluß des ›zivilisierten‹ Menschen verschiedene dieser Völker – die zu Unrecht die Bezeichnung *Natur*völker tragen – bereits ausgestorben sind bzw. buchstäblich ausgerottet wurden und wie andere ihrem sicheren Untergang entgegengehen, hat Erben (1981) eindrucksvoll wiedergegeben. Eines der erschütterndsten Beispiele ist die Vernichtung der Tasmanier. Um das Jahr 1800 gab es schätzungsweise 4000 Angehörige dieses Volkes, 1836 waren es nur 220 und 1877 starb der letzte Vertreter dieser steinzeitlichen Reliktkultur. Die Errichtung der Sträflingskolonie Restdown auf Tasmanien, die nachfolgende Besiedlung der Insel durch Weiße (meist britischer Herkunft) und das Sendungsbewußtsein eines selbsternannten Missionars waren die Gründe für das Aussterben der Tasmanier innerhalb weniger Jahrzehnte. Das gleiche oder ein ähnliches Schicksal steht heute mehreren Völkern bevor – werden sie nicht ausgerottet, wird ihre Kultur deformiert, wie z. B. im Falle der Eskimo.

3 Der englische Ausdruck *science* bezeichnet nicht nur die Naturwissenschaften, sondern darüber hinaus auch solche Disziplinen, die sich naturwissenschaftlicher Methoden bedienen, ohne vom Gegenstand her Naturwissenschaften zu sein (beispielsweise die Linguistik).

4 Die Begriffe ›Leben‹, ›Lebendes‹, ›Lebendiges‹ und ›Organisches‹ verwende ich in diesem Buch synonym und meine damit stets die Kategorie der realen (Gegenstands-)Welt, die sich aus der Gesamtheit bestimmter (konkreter) Phänomene (Organismen) abstrahieren läßt. Näheres dazu in Kapitel 2.

5 Oder er greift zu Paul Watzlawicks köstlicher Satire ›Anleitung zum Unglücklichsein‹ (1983).

6 Die analytische Philosophie ist eine gegenwärtig vor allem in den USA, in Großbritannien und in den skandinavischen Ländern stark vertretene philosophische Richtung, welche – unter dem Einfluß Ludwig Wittgensteins – die Aufgaben der Philosophie im wesentlichen auf die sprachanalytischen Auseinandersetzungen der verschiedenen traditionellen Probleme einschränkt. – Mit dem Neukantianismus ist eine Reihe philosophischer Strömungen bezeichnet, die unter Rückbezug auf Kant

etabliert worden sind und sich zumeist als ›Reaktionen‹ auf die spekulative Metaphysik des deutschen Idealismus (Fichte, Hegel Schelling) verstehen lassen. Der Neukantianismus ist in einige Schulen zersplittert, die in ihren Intentionen mehr oder minder stark voneinander abweichen (Marburger Schule, Südwestdeutsche Schule; eine Übersicht gibt z.B. Noack 1976).

7 Abzuheben wäre der Begriff des Weltbildes von dem der *Weltanschauung*. Die Weltanschauung, welcher Art immer, ist eine ›Schau‹ der Welt auf der Grundlage der subjektiven Haltung eines Menschen zur Welt. Als *Ideologie* kann sie natürlich von mehreren Menschen Besitz ergreifen. Ein Weltbild hingegen ist die auf *intersubjektiven* (wissenschaftlichen) Erkenntnissen basierende strukturelle Gesamtheit des Wissens über die reale Welt. (Siehe hierzu Titze 1971.)

8 Die moderne Konzeption der biologischen Art oder *Biospezies* beruht auf der Kreuzbarkeit natürlicher Populationen (›Fortpflanzungsgesellschaften‹). Nach Mayr (1979, S. 234) sind Arten »Gruppen sich untereinander fortpflanzender natürlicher Populationen, die reproduktiv von anderen solchen Gruppen isoliert sind«.

9 Die dahinterliegende Idee einer *scientia universalis* auf mathematischer Grundlage ist eine Lieblingsidee vieler Philosophen und Naturforscher, sie findet sich beispielsweise auch bei Leibniz (vgl. z.B. Mittelstraß 1979).

10 Mit der Verwendung des Begriffs ›Philosophie‹ folgte Lamarck allerdings dem Sprachgebrauch der Enzyklopädisten, wo mit Philosophie ›theoretische Wissenschaft‹ gemeint war (vgl. Oeser 1974).

11 Lamarck nahm einen den Organismen innewohnenden Vervollkommungstrieb an, wonach diese zu immer ›besseren‹ Anpassungen hin sich entwickeln sollten.

12 So wie hier sind alle wörtlichen Zitate aus englischsprachigen Arbeiten von mir frei ins Deutsche übersetzt worden. In der Folge werden solche Zitate nicht eigens gekennzeichnet.

13 *Philosophy of science* meint zwar die Wissenschaftstheorie (insbesondere die Wissenschaftstheorie der Naturwissenschaften), enthält aber auch Elemente der Erkenntnistheorie, die aus systematischen Gründen jedoch von der Wissenschaftstheorie getrennt sind (siehe Glossar).

14 Wird eine Theorie T_1 auf eine andere Theorie T_2 reduziert, so bedeutet dies, daß die Begriffe von T_1 durch Begrifffe von T_2 ausgedrückt werden können und die Gesetze in T_1 durch in T_2 enthaltene Gesetze erklärbar sind. Das Erklärungspotential der neuen Theorie ist umfassender (vgl. z.B. Kanitscheider 1981). In der Biologie gilt dies z.B. für die sog. Synthetische Theorie der Evolution gegenüber der Evolutionstheorie Darwins: Die alte Theorie (der ›klassische Darwinismus‹) geht in die Synthetische Theorie ein, diese aber ist wesentlich umfänglicher (siehe auch Wuketits 1978b).

15 Warum *Molekular*biologen und nicht einfach Biologen? Hier dürfte ein kleiner Lapsus passiert sein, der wohl auf die Herkunft des Autors von

der Molekularbiologie zurückzuführen ist. Tatsächlich will Müller-Hill offenbar nicht nur Molekularbiologen, sondern auch Biologen im allgemeinen ansprechen.

16 Mit Realwissenschaften sind alle Disziplinen gemeint, die sich mit der wahrnehmbaren, konkreten Gegenstandswelt beschäftigen (Physik, Chemie, Biologie, Sprachwissenschaft u. a.), während z. B. die Struktur- oder Formalwissenschaften sich mit (formalen) Beziehungen zwischen realen oder gedachten Objekten befassen (z. B. Mathematik, Logik u. a.). (Siehe hierzu die Übersicht von Vollmer 1975 und Wuketits 1983 b.)

17 In ihrem Untertitel wurde diese Buchserie bezeichnet als ›Abhandlungen zur theoretischen Biologie und ihrer Geschichte, sowie zur Philosophie der organischen Naturwissenschaften‹. Die weitaus meisten Autoren, die dort publiziert haben, waren einem metaphysischen Holismus verpflichtet (vgl. S. 74).

18 Diese Zeitschrift erscheint monatlich bei der *Academic Press* (London). Ihre Herausgeber sind bestrebt, sie als ein »zentrales Publikationsorgan für theoretische Arbeiten auf allen Gebieten der Biologie« zu führen.

19 Popper (1972) verbindet alle ›Was-ist-Fragen‹ mit der Suche nach dem ›Wesen‹ der Dinge, was charakteristisch ist für den Essentialismus (vgl. S. 121). Stellt man Fragen von der Art ›Was ist?‹, dann muß das aber keinesfalls ein Bekenntnis zum Essentialismus bedeuten.

20 Nach den Aussagen der heutigen Anthropologie bzw. Humanbiologie kommen für diese Entwicklung mindestens fünf Jahrmillionen in Betracht. Die Skelettreste der ersten sicher menschenähnlichen Lebewesen (*Australopithecus afarensis*) dürften ein Alter von vier Millionen Jahren aufweisen, wobei sich die Trennung der Hominiden (›Menschenartigen‹) von den Pongiden (Menschenaffen) also schon früher vollzogen haben muß (vgl. z. B. Winkler und Schweikhardt 1982).

21 Allsätze in der Biologie sind zum Unterschied von *partikulären Sätzen* Aussagen, die für sämtliche Lebewesen ihre Gültigkeit haben (vgl. Mohr 1965, 1981, Wuketits 1978 b, 1983 b).

22 Den Ausdruck *Definition* verwende ich hier – vermutlich zum Ärger einiger an der Physik orientierten Wissenschaftstheoretiker – nicht in der Schärfe, wie man das von den sog. exakten (Natur-)Wissenschaften gewohnt ist. Der Leser möge sich andererseits vor Augen führen, daß wir es in der Biologie wiederholt mit Phänomenen zu tun haben, die fließende Übergänge zeigen. Die Begriffe ›Leben‹, ›Pflanze‹, ›Tier‹, ›Individuum‹ u. a. kennzeichnen Erscheinungen, die im Sinne einer Abgrenzung nach dem Vorbild der Physik schwer zu definieren sind. Es handelt sich um *abbildende Begriffe*, die zwar den zu repräsentierenden Wirklichkeitsbereich abdecken, nicht aber den Charakter von Definitionen zu haben brauchen. Hassenstein (1976) spricht dabei von *Injunktion* und stellt diesen Ausdruck der Definition zur Seite.

23 Diese These vom *Selbstvollzug* des Lebens erinnert den erfahrenen Leser wahrscheinlich an die Ausführungen von Hans Jonas, etwa in

seinem Buch ›Organismus und Freiheit‹ (1973). Ich kann hier auf Jonas' Ausführungen nicht näher eingehen, auch können die Unterschiede zwischen seiner und meiner eigenen Position an dieser Stelle nicht genauer erläutert werden. Im Hinblick auf die vorliegende Frage jedenfalls, scheint mir, kommt Jonas meiner Auffassung entgegen.

24 Unter Bezugnahme auf eine meiner früheren Arbeiten (Wuketits 1980c) hat Regelmann (1982) gegen den Versuch einer epochalen Klassifizierung bzw. Periodisierung der Biologiegeschichte Bedenken angemeldet. Ich nehme das gerne zur Kenntnis, und daß sich die Mechanismus-Vitalismus-Kontroverse nicht einfach in starre historische Klassifikationsschemata einordnen läßt, wird hoffentlich aus der folgenden Darstellung hier hervorgehen. Trotzdem aber lassen sich die ›roten Fäden‹ der Geschichte der Biophilosophie im Spannungsfeld zwischen Vitalismus und Mechanismus gut zeichnen.

25 Der Ausdruck ›Vitalismus‹ ist allerdings verhältnismäßig jungen Datums: Er findet sich im deutschen Sprachraum erst gegen Ende des 19. Jahrhunderts (vgl. Engels 1982).

26 Die Bezeichnung ›Biologie‹ für die Wissenschaft von den Lebewesen taucht erst zu Beginn des 19. Jahrhunderts auf, und zwar bei mehreren Autoren (Lamarck, Treviranus u. a.). Wenn ich ihn auch für die Zeiträume davor verwende, dann ist das bloß eine nachträgliche Etikettierung, in dem Bewußtsein, daß von der Biologie *expressiv verbis* vor dem beginnenden 19. Jahrhundert nicht gesprochen werden kann (vgl. z.B. Wuketits 1978 b).

27 Swedenborg wurden mystische Fähigkeiten nachgesagt. Man wird verstehen, daß Kant, der ›Architekt der reinen Vernunft‹, dagegen gewettert hat. In seinem Buch ›Träume eines Geistersehers‹ schrieb Kant (1766 [1976, S. 56]): »Es lebt zu Stockholm ein gewisser Herr Swedenborg, ohne Amt oder Bedienung, von seinem ansehnlichen Vermögen. Seine ganze Beschäftigung besteht darin, daß er... mit Geistern und abgeschiedenen Seelen im genauesten Umgang stehet... So wie er, wenn man ihm selbst glauben darf, der Erzgeisterseher unter allen Geistersehern ist, so ist er auch sicherlich der Erzphantast unter allen Phantasten.«

28 Boerhaave wurde ursprünglich übrigens ein wichtiger Bezugsautor für Kant in Fragen der Physiologie (vgl. Löw 1980).

29 In einem anderen Sinne aber sprach Rudolf Virchow (1821–1902) vom ›alten‹ oder ›neuen‹ Vitalismus: Der neue Vitalismus in dem hier spezifizierten Sinne entspricht dem alten Vitalismus Virchows, der seine eigene Position als einen neuen Vitalismus kennzeichnet, damit jedoch eher mechanistisch geprägte Vorstellungen ausdrückt (vgl. Engels 1982). Eine kritische Übersicht über den Neovitalismus hat jüngst auch Mann (1983) gegeben.

30 Das Prinzip von der Erhaltung der Energie (der Energiesatz) besagt, daß bei jedem (physikalisch-chemischen) Vorgang die Summe aller Energieformen (die Gesamtenergie) unverändert bleibt. Über die nicht uninter-

essanten historischen Hintergründe der Entdeckung dieses Prinzips berichtet z. B. Sexl (1982).

31 Dieser Deutungsversuch entspricht im wesentlichen dem Panpsychismus, der auf S. 229 noch zur Sprache kommen wird.

32 Der Begriff ›Paradigma‹ ist bei T. S. Kuhn (1967) in unterschiedlichen Bedeutungen verwendet worden; Masterman (1970) weist nicht weniger als einundzwanzig solcher Bedeutungen auf, was uns aber hier nicht beunruhigen soll. Denn ganz allgemein kann unter einem Paradigma eine bestimmte Denk- oder Betrachtungsweise verstanden werden, die innerhalb jenes Bereichs, auf den sie angewandt wird, auch weithin Zustimmung findet (so etwa das Paradigma der Evolution in der Biologie). (Näheres zum Paradigmenbegriff in der modernen Wissenschaftstheorie entnehme man z. B. der Darstellung von Bayertz 1981.) Solange eine Betrachtungsweise aber empirisch und/oder argumentativ nicht hinreichend untermauert ist und eine alternative Betrachtung des fraglichen Problems angezweifelt wird, spricht man von einem Lückenparadigma.

33 Das bestätigt auch Erhard Oeser (mündlich), der mit dem 1975 verstorbenen Schubert-Soldern in regem Kontakt gestanden hatte.

34 Allerdings nicht immer, denn ein Finalist kann annehmen, die Welt würde nach bestimmten (End-)Zielen streben, im einzelnen aber *mechanisch* organisiert sein. Also sind der Finalismus und der Mechanismus ebenso verträglich, sie schließen einander nicht aus.

35 Hinweisen möchte ich den an Goethes Naturansicht interessierten Leser auf eine kürzlich erschienene, von Konrad Dietzfelbinger (1982) herausgegebene, reichhaltige Auswahl der biologischen Schriften Goethes.

36 Ontologisch heißt: ›im Hinblick auf den Aufbau der Welt und ihre Organisationsprinzipien‹ (siehe S. 150).

37 Daß Empedokles, wie Löw (1980) meint, bereits eine Theorie der Phylogenese anvisiert hatte, ist jedoch nur zu behaupten, wenn ›Phylogenese‹ in einem sehr weiten Sinn als Entwicklung aufgefaßt wird, aber kaum, wenn damit die Stammesentwicklung des Lebendigen als *Evolution* in moderner Wortbedeutung verstanden ist (vgl. Wuketits 1982c).

38 Die Kluft zwischen *Erklären* und *Verstehen* ist, kurz gesagt, die alte Zäsur zwischen *Szientistik* und *Hermeneutik*, d. h. zwischen naturwissenschaftlichem Zurückführen der Phänomene auf bereits Bekanntes (Reduktion im erkenntnistheoretischen Sinn) und geisteswissenschaftlichem ›Interpretieren‹ der Dinge (man vergegenwärtige sich nochmals die Ausdrücke *scientific culture* und *traditional culture* auf S. 16). Diese Trennungslinie zwischen zwei Denkstilen ist tief verwurzelt in der Geschichte abendländischer Kultur der Neuzeit; sie ist eine künstlich gezogene Linie durch den menschlichen Erkenntnisapparat. Rupert Riedl formulierte es einmal so: »Wir werden geboren mit dem Bedürfnis zu verstehen, die Ausbildung an unseren Schulen und Universitäten aber zwingt geradezu, uns mit dem Erklären zu begnügen, wobei dieses Erklären weitgehend identisch ist mit den mechanistischen Erklärensweisen« (mündliche Mitteilung; näheres bei Riedl 1984b).

39 Zu Vaucansons Kuriositäten zählt auch eine Mandolinenspielerin, die nicht nur zur Musik sang, sondern auch mit dem Fuß den Takt klopfte.

40 Regelmann (1982) geht so weit zu sagen, daß Darwin für eine Inbesitznahme durch eine dieser Denkweisen – Mechanismus und Teleologie – überhaupt nicht in Frage kommt. Das mag vielleicht sogar so sein. Nicht leugnen aber wird man können, daß unter der *Wirkungsgeschichte* Darwins die teleologische Betrachtungsweise sehr gelitten hat und in den Hintergrund gedrängt worden ist.

41 In Kants ›Kritik der Urteilskraft‹ (1790 [1976, S. 380]) heißt es: »Es ist nämlich ganz gewiß, daß wir die organisierten Wesen [Organismen]... nach bloß mechanischen Prinzipien der Natur nicht einmal zureichend kennenlernen, viel weniger uns erklären können;... es ist für Menschen ungereimt... zu hoffen, daß noch etwa dereinst ein Newton aufstehen könne, der auch nur die Erzeugung eines Grashalms nach Naturgesetzen, die keine Absicht geordnet hat, begreiflich machen werde.«

42 Haeckel hat mit größter Vehemenz für die Verbreitung der Lehre Darwins gesorgt. Die Wirkung der Selektionstheorie wäre – zumal im deutschen Sprachraum – ohne Haeckels Zutun kaum vorstellbar. Im Gegensatz zur ruhigen, besonnenen Art Darwins klingt Haeckels Stimme als die eines Fanatikers. Aber so wie Darwin selbst in seinen späteren Werken lamarckistisches Gedankengut lancierte, so dachte auch Haeckel in vielem lamarckistisch. Regelmann (1982) bezeichnet Haeckel schlechterdings als einen Lamarckisten. Doch dieser Streitpunkt soll an dieser Stelle nicht entschieden werden. Richtig ist auf jeden Fall, daß Haeckels *Wirkung* auf dem Felde des Darwinismus lag.

43 Die Synthetische Theorie der Evolution erklärt das Evolutionsgeschehen durch ein Wechselspiel der Faktoren genetische Neukombination, Mutation und Selektion und berücksichtigt daneben weitere Faktorengruppen (z.B. geographische Isolationsmechanismen). Ein sehr gutes Bild von der Argumentationsweise in der Synthetischen Theorie geben die Essays von Mayr (1979); siehe ferner auch meine kritische Darstellung der Theorie (Wuketits 1984d).

44 Man muß es leider sagen: Viele Biologen und Ärzte der älteren Generation haben – sei es bewußt oder bloß aufgrund ihrer Naivität, was hier dahingestellt bleiben soll – mit ihrem Lebensbegriff den nationalsozialistischen Doktrinen eine wissenschaftliche Stütze geboten. Selbstverständlich kann man (und muß man wohl) trennen zwischen den wissenschaftlichen Leistungen einer Person und ihrem privaten moralischen Fehlverhalten. Ehebruch und sonstige Delikatessen sind, wenn auch nicht zu begrüßen, *eine* Sache; eine *andere* Sache ist, durch wissenschaftliche (oder scheinbar wissenschaftliche) Argumente einer Ideologie des Massenmordes Vorschub zu leisten; hier hört dann der Spaß auf. In einer Buchbesprechung aus den dreißiger Jahren liest man: »Die Schrift Armin Müllers erscheint gerade zur rechten Zeit, jetzt, wo sich bei uns der Führergedanke auf allen Gebieten wieder durchsetzt. Der Verfasser zeigt, daß auch in den biologischen Ganzheiten aristokratische

Prinzipien herrschen. Es gibt keine ›Demokratien‹...« (die Besprechung bezieht sich auf ein 1933 erschienenes Buch und ist teilweise abgedruckt auf der Rückseite des Werkes von Meyer-Abich 1934). Geht es noch deutlicher? Man sage jetzt nicht achselzuckend: ›Das sind vergangene Zeiten.‹ Seien wir auf der Hut! Jederzeit ist eine Besprechung eines Buches denkbar, die sich etwa folgendermaßen liest: ›Die Schrift kommt zur rechten Zeit, jetzt, wo wir Menschen brauchen, die wie Maschinen funktionieren. Und der Verfasser zeigt, daß auch der Mensch tatsächlich nur eine Maschine ist, ein willenloser Automat...‹ (vgl. Kapitel 6).

45 Dieser Satz geht auf die Gestaltpsychologen zurück, die ihn ihrerseits wohl unter Rückgriff auf die Antike (Aristoteles) eingeführt haben. Explizit sprach der Psychologe Ehrenfels (1859–1932) von *Gestaltqualitäten*, die eine gewisse Unabhängigkeit von den in sie eingehenden Elementen besitzen. Eine Übersicht über die Gestalts- und Ganzheitspsychologie findet man z. B. bei Hofstätter (1971).

46 Einige Vertreter des Organizismus, so meint Kochanski (1979), würden einen ›versteckten‹ Vitalismus verfechten; dies gelte etwa für J. S. Haldane (1932) – der auch in der Tat eine starke Affinität zum metaphysischen Holismus bei Meyer-Abich erkennen läßt. Nach Kochanski wäre dieser *Kryptovitalismus* zu unterscheiden vom *metaphysischen Vitalismus* (= Vitalismus im engeren Sinn). – Hinzuweisen ist hier auch darauf, daß mit ›organismischer Biologie‹ auch nicht immer ein und dasselbe gemeint ist. Schaxel (1887–1943) beispielsweise verstand darunter den Vitalismus (vgl. Bendmann 1967). Deutlich vom Vitalismus abzuheben ist jedoch die organismische (holistische) Biologie, wie sie Ludwig v. Bertalanffy in seinen Werken auseinandergesetzt hat; *ausschließlich* in diesem Sinne verstehe ich hier den Organizismus oder Holismus.

47 Was der Mensch von der Natur auch im Hinblick auf *Überlebensstrategien* lernen könnte, welche Gesetzlichkeiten er hierbei ›nachzubilden‹ hätte, zeigt sehr schön Werner Nachtigall in seinem Buch ›Biostrategie‹ (1983).

48 In seinem Referat über Kausalität in Physik und Biologie – gehalten anläßlich eines Arbeitsgesprächs der ›Senckenbergischen Arbeitsgruppe für Phylogenetik‹ (Frankfurt/M.) im Mai 1982 – sagte Peter Janich: »Die Angaben von Wahrheitskriterien evolutionstheoretischer Aussagen sind (nur) durch Rückführung auf Handlungen (von Züchtern) zu gewinnen... *Natürliche* Selektion wird so verstanden, *als ob* ein menschlicher Züchter eine sinnvolle Auswahl von Fortpflanzungschancen getroffen hätte. ›Sinnvolle Auswahl‹ ist wiederum nur handlungstheoretisch als Anpassung an die Umwelt in dem Sinne erklärbar, als die Beschreibung der Angepaßtheit sich interpretieren läßt als zweckrationales Verfügungswissen zur besseren Bewältigung des individuellen Lebens unter vorfindlichen, natürlichen Umständen« (zit. nach dem Vortragsmanuskript). Was also Janich meint: Die Natur, hier vor allem das Phänomen der Evolution, können wir *nur deshalb* erklären, weil wir Tier- und

Pflanzenzucht betreiben; und je größer unsere Zuchterfolge, um so größer unsere Chance, die Evolution zu erklären. Dem möchte ich widersprechen: Die Evolution vollzieht sich ja nicht im Hinblick auf unsere Zuchterfolge; diese können doch nur als eine Analogie herangezogen werden, also eine Analogie zur natürlichen Selektion. Die möglichen Konsequenzen seines – wissenschaftstheoretisch nicht uninteressanten – *handlungstheoretischen* Ansatzes hat Janich möglicherweise nicht bedacht: Züchten und handeln wir, bis wir einmal die Natur, das Leben, erklärt haben werden – im Klartext: hinweggezüchtet und hinweggehandelt haben werden. Da ist Bacon ein wenig überstrapaziert worden. Im übrigen erfahren wir von einem handlungstheoretischen Modell wohl etwas über das Handeln, wenig aber über das Leben.

49 Der Terminus ›Biogenese‹ ist eigentlich nicht korrekt, wenn er die Entstehung des Lebens aus unbelebter Materie bezeichnen soll, weil Biogenese wörtlich ›Entstehung des Lebens *aus Leben*‹ bedeutet. Man müßte also sagen: *Abiogenese* (Sagan 1974). Wenn ich den unglücklich gewählten Begriff der Biogenese für den Ursprung des Lebens auf der Erde trotzdem verwende, dann nur, weil er sich sehr häufig in der Literatur findet – in eben der semantisch unkorrekten Bedeutung, aber im richtigen Sinne: Leben aus unbelebter Materie.

50 Von Kant wurde der Ausdruck ›Evolutionstheorie‹ für die Präformationstheorie (vgl. S. 117) gebraucht. Im heutigen Sinn sprach erst Spencer von Evolution und Evolutionstheorie.

51 Ich bin weit davon entfernt, Darwins Größe zu schmälern. Trotzdem muß gesagt werden, daß seine Kenntnisse über das Vererbungsgeschehen dürftig gewesen sind. Aber er dachte in vielem *intuitiv richtig*.

52 Der Scheiterhaufen ist eines der düstersten Kapitel unserer Kulturgeschichte. So mancher, der im Dienst der Erkenntnis gesprochen hat, mußte sein Leben nach oft denkbar grausamen Torturen beenden. Ja, wenn der Glaube an eine göttliche Allmacht säkularisiert wird und der menschliche Hochmut es einigen gestattet, ›im Namen Gottes‹ zu handeln, dann nimmt eine Religion häufig grausame Züge an und wird zu einer menschenfeindlichen Ideologie pervertiert.

53 Entrüstet waren breite Kreise von Halbgebildeten vor allem wegen der Einbeziehung des Menschen in die Evolution (was allerdings schon vor Darwin weitblickende Denker angestrebt hatten). War bereits der Nachweis, die Erde sei nicht Mittelpunkt der Welt, in seiner Wirkung für viele Menschen eine große Kränkung, so fühlte sich der Mensch nun einmal mehr degradiert, seiner Sonderstellung in der Welt beraubt (vgl. auch S. 264); zu Unrecht allerdings, denn wie schon Wilhelm Bölsche, einer der großen Popularisatoren der Abstammungslehre um die Jahrhundertwende schrieb, bleibt der Mensch dabei, »was er ist. Das raubt ihm niemand. Es bleiben alle seine Ideale« (Bölsche 1912, S. 110). Charles Darwin selbst hat sich ursprünglich, in seinem Werk ›On the Origin of Species‹ (1859), nur äußerst zurückhaltend zum ›Problem Mensch‹ ausgedrückt. Wesentlich später, 1871 erst, erschien sein Buch

›The Descent of Man‹, worin er sich eingehend mit der Evolution des Menschen befaßt (das Buch ist übrigens eine Pionierarbeit zur vergleichenden Verhaltensforschung!). Vom Schöpfungsglauben, von der (christlichen) Religion, hat sich Darwin jedoch schon lange davor losgelöst. Er muß seinen Glauben in den Jahren 1837/38 verloren haben (vgl. Farrington 1982, Himmelfarb 1968, Mayr 1979).

54 Von mir danach befragt, worin er denn die Funktion eines Priesters heute sehe, antwortete ein junger Jesuitenpater vor einigen Jahren anläßlich einer Tagung in Bayreuth: »Der Priester soll in erster Linie ein Partner sein, allen in Not geratenen Menschen, die ihn anrufen.« Das ist die beste – weil sehr lebensbezogene und humane – Charakterisierung des Priesteramtes, die ich bislang gehört habe.

55 Ein 1937 gegründetes Institut in den USA setzte sich die ›Propaganda-Analyse‹ zum Ziel – und mußte sehr bald geschlossen werden, nicht nur unter dem Druck von Werbefachleuten und Militaristen, sondern auch die Kirchen waren gegen derartige Formen der Aufklärung (vgl. Lorenz 1983). Die verschiedensten Organisationen und Institutionen, Ideologen aller Farben, wünschen den aufgeklärten Menschen natürlich nicht; sie brauchen Armeen von Entmündigten, müssen daher befürchten, durch die Analyse ihrer Propaganda an Einfluß und an Anhängern zu verlieren.

56 Daraus aber abzuleiten, Kant wäre ein Verfechter der Urzeugungslehre gewesen, ist sicher nicht legitim. In seiner ›Kritik der Urteilskraft‹ (1790 [1976, S. 410]) sprach er davon als einem gewagten Abenteuer der Vernunft »und es mögen«, so wörtlich, »wenige... sein, denen die Urzeugung nicht bisweilen durch den Kopf gegangen wäre«. Aber Kant stand der Urzeugung skeptisch gegenüber. Seine theoretischen Überlegungen dazu sind zu trennen von der ›praktischen‹ Konsequenz, die Fensterläden geschlossen zu halten. Dies ist, so wie vieles, ein Merkmal seiner liebenswert komischen Lebensart.

57 Die Erkenntnis, daß alle Organismen aus Zellen bestehen, ist im 19. Jahrhundert explizit von Schleiden (1804–1881) und Schwann (1810–1882) formuliert worden.

58 Hier sind die Anhänger des *Kreationismus* zu erwähnen, die *creationists*, die in neuerer Zeit in den USA von sich reden lassen, aber auch in Europa wiederholt Staub aufgewirbelt haben. Der Kreationismus will eine ›ausgewogene‹ Darstellung von Schöpfungsmythos und Evolutionstheorie in öffentlichen Schulen; natürlich geht das auf Kosten der Evolutionstheorie. Hundert Jahre nach Darwins Tod ist das alles schwer zu begreifen. Aber halten wir uns damit nicht auf. Wer wissen will, was von den Kreationisten zu halten ist – nämlich gar nichts –, möge näheres bei Ditfurth (1981) und Erben (1981) in Erfahrung bringen.

59 Über den Zeitpunkt der Schöpfung gab es immer wieder Berechnungen mit amüsanten Resultaten. So etwa kam im 17. Jahrhundert der Altphilologe John Lightfood zu der Überzeugung, die Schöpfung hätte am 17. September des Jahres 3928 v. Chr. stattgefunden; daß er auch noch die

Stunde der Schöpfung (9 Uhr am Morgen) zu wissen glaubte, macht die Sache ja wirklich perfekt.

60 Die Zahl der Weltkörper, die zumindest dem Prinzip nach Leben beherbergen *könnten*, ist freilich nicht gering. Wie Kaplan (1972) ausführt, sind unter den ca. 10^{11} Sternen unseres Milchstraßensystems etwa 10^7 lebenermöglichende Körper zu erwarten. Aber wir müssen eine Einschränkung machen: Ist Leben auf einem Weltkörper möglich, dann heißt das nicht, daß es auch tatsächlich dort entstanden ist. Kaum ein Grund scheint denkbar, daß bestimmte Bedingungen, die für Lebewesen sich als günstig erweisen können, Leben auch zwangsweise hervorbringen. Daß nun anderswo eine Evolution in *derselben* Weise sich vollzogen hat wie auf der Erde, ist äußerst unwahrscheinlich (vgl. Erben 1984).

61 Das behauptet der Hylozoismus, der auf die *ionische Naturphilosophie* – z.B. Thales (625–545 v. Chr.) – zurückgeht und sich später beispielsweise bei Giordano Bruno (1548–1600) findet. (Bruno ist übrigens einer jener Bedauernswerten, die, als ›Ketzer‹ verurteilt, am Scheiterhaufen ihr Leben ließen; vgl. Anmerkung 52.)

62 Obwohl ich in einer Diskussion mit Bernd Küppers, einem Eigen-Schüler, eher den gegenteiligen Eindruck gewinnen konnte. Doch das scheint an der für Küppers typischen Scheu dem Holismus und der Systemtheorie gegenüber zu liegen, und an seiner Befürchtung, daß in der Systemtheorie irgendeine alte Metaphysik wiederbelebt wird. Eine Argumentationsweise, die sich wesentlich auf Rückkoppelungsvorgänge in der Natur stützt, was eben für den Hyperzyklus exakt zutrifft, kann jedoch am holistischen Lebensbegriff nicht vorbeigehen.

63 Die gegenwärtig auf der Erde existierenden Arten sind lediglich 0,001 % aller Spezies, die bis heute unseren Planeten bevölkert haben (vgl. Erben 1981). Hunderte Millionen von Arten sind also schon ausgestorben.

64 Die ersten Bio-Aggregate müssen sich vor fast vier Jahrmilliarden formiert haben. Lebewesen in einem engeren Sinn dürfte es seit rund drei Milliarden Jahren geben, die ersten vielzelligen Organismen sind vor über einer Milliarde Jahren aufgetreten.

65 ›Geschlossen‹ heißt hier nur, daß das Universum das größte Supersystem ist und keine anderen, umfassenderen Systeme denkbar sind. Hingegen ist das Universum insoferne als *offen* zu bezeichnen, als es seit dem Urknall beständig expandiert, sich ausdehnt; es steht also nicht still, sondern zeigt eine gewisse Dynamik (siehe hierzu Sexl 1982). Allerdings gehen wir davon aus, daß der Kosmos *endlich* ist. Warum? Wenn er *unendlich* groß wäre, dann – so argumentierte schon der Arzt und Astronom Olbers (1758–1840) – müßte es auch unendlich viele Sterne (Sonnen) geben, so daß es nachts nie dunkel werden dürfte.

66 Das Meßbare zu messen und das Nichtmeßbare meßbar zu machen – dies wurde seit Galilei gleichsam die Parole der Naturwissenschaft. »Erreicht wurde mit ihr«, wie Riedl (1982, S. 38) bemerkt, »eine ungeheure Verbesserung der Prognostik, erkauft durch ungeheure Verluste der Wahrnehmung.«

67 Der Zufallsbegriff ist mehrdeutig. Wie Rensch (1981) ausführt, kann er in drei unterschiedlichen Bedeutungen gebraucht werden: Erstens kann ein Ereignis als zufällig bezeichnet werden, das zwar streng kausalen bzw. determinierten Abläufen folgt, jedoch so komplex ist in seiner Determination, daß diese nicht durchschaubar ist; zweitens spricht man von Zufall, wenn beispielsweise in einem Würfelspiel mehrere Male hintereinander die Sechs nach oben zu liegen kommt (wobei in einer Serie von Würfen die Sechs mit jedem Wurf erfahrungsgemäß unwahrscheinlicher, der Zufall seiner Möglichkeit nach immer geringer wird); drittens kann mit dem Zufallsbegriff auch die ontologische Überzeugung einer durchgehenden Akausalität ausgesprochen werden, d.h. die Überzeugung einer Unabhängigkeit der Naturereignisse von allen Gesetzlichkeiten. In der neueren Literatur werden diese drei Bedeutungen des Zufallsbegriffs meist – wenn überhaupt – nur unscharf voneinander getrennt.

68 Mit der Ursuppe ist das an vielen verschiedenen organischen Stoffen reiche Meerwasser gemeint, wobei sich aus diesen (organischen) Verbindungen ›Urlebewesen‹ bildeten; zugleich lieferte das mit organischem Material angereicherte Meerwasser den ersten Lebewesen genügend Nährstoffe (vgl. z.B. Kaplan 1972).

69 Dieses Prinzip wurde bereits gegen Ende des 19. Jahrhunderts von dem belgischen Paläontologen Louis Dollo (1857–1931) als ›Gesetz der Nichtumkehrbarkeit der Entwicklung‹ formuliert.

70 Dieser Aufgliederung der Natur entsprach bis in die jüngste Zeit noch der Naturgeschichts-Unterricht in den Schulen.

71 Sollte dem Leser Feyerabend noch unbekannt sein: Feyerabend ist Dadaist, allem, was Menschen Freude bereiten könnte, aufgeschlossen. Insofern verdient er die Sympathie aller Menschen und derer, die es werden wollen. Aber er ist auch verschiedenen Arten der Mystik hingegeben (ich vermute, daß er auch in der Herstellung eines Zaubertranks geübt ist). Seine ›Erkenntnistheorie‹, niedergelegt in dem Buch ›Wider den Methodenzwang‹ (1976), will keine Erkenntnistheorie sein, sondern folgt dem ›Grundsatz‹ *anything goes* – ›mach, was du willst‹. So weit, so gut. Todernste Wissenschaftstheoretiker haben diesen Grundsatz als methodologische Anweisung fehlgedeutet und – über diesen erkenntnistheoretischen ›Anarchismus‹ erschrocken – zahlreiche (amüsante und weniger amüsantse) Pamphlete kontra Feyerabend geschrieben, anstatt zu bemerken, daß mit Feyerabend die (wissenschaftliche) Methodologie ganz einfach Feierabend hat und daß *anything goes* außerhalb jeder (wissenschaftlichen) Methodologie steht. Lustig ist, daß viele seiner Leser und vor allem seine Kritiker Feyerabend sehr ernst nehmen, während er selbst offensichtlich recht gerne die Funktion des Clowns oder des Kabarettisten auf der Bühne der Wissenschaftstheorie erfüllt und seinen Kritikern, wenn überhaupt, meist nur mit einem (je nach seiner Tagesverfassung) müden, süffisanten oder diabolischen Lachen antwortet. Ich gestehe, daß ich bei der Lektüre der verschiedenen

Schriften Feyerabends ebenfalls in unterschiedlichen Varianten gelacht habe (was in seinem Sinne sein dürfte, denn nichts scheint Feyerabend mehr zu hassen, als durch Mangel an Humor zur Leblosigkeit erstarrte Gesichter). So also meine ich, seinem Naturell besser dadurch gerecht werden zu können, daß ich auf seine Schriften im vorliegenden Buch nicht näher, sondern nur am Rande eingehe – mit dem Risiko, den Leser unbefriedigt zu lassen, in dem Bewußtsein aber, daß einiges von dem, was Feyerabend der Menschheit mitzuteilen hat, trotz allem von Bedeutung ist (vgl. das Zitat auf S. 159 des vorliegenden Buches). Aber wenn schon: da man ›machen kann, was man will‹ (vorausgesetzt, man kann wirklich), ist es doch ziemlich gleichgültig, ob man Feyerabend Beachtung schenkt oder nicht. Oder?

72 Den Ausdruck ›Biosphäre‹ prägte der Geologe Eduard Sueß im Jahre 1875, jedoch hat schon Lamarck die hinter diesem Terminus liegende Idee ihrem Wesen nach vorweggenommen (vgl. z.B. Hutchinson 1970).

73 Die Integration erfolgt mithin sowohl in vertikaler als auch in horizontaler Richtung. Gerade das Zentralnervensystem erfüllt dabei Funktionen, die als höchst spezifische Systemeigenschaften manifest werden (vgl. S. 242). Integration schließt die Möglichkeit ein, daß Untersysteme von ihren jeweiligen Obersystemen kontrolliert werden, also sozusagen eine kausale Bedingung von oben nach unten (*downward causation* nach D. T. Campbell 1974 a).

74 Unter dem Genom versteht man die Gesamtheit der auf den Chromosomen lokalisierten Gene.

75 Die Neandertaler sind nicht unsere Urgroßväter, sondern eher unsere Urgroßonkel. Sie tragen in der paläanthropologischen Terminologie ebenfalls die Artbezeichnung *sapiens (homo sapiens neandertalensis)* und dürften sich mit dem bereits als *homo sapiens sapiens* gekennzeichneten ›modernen Menschentypus‹ vor einigen Jahrzehntausenden gelegentlich auch vermischt haben (vgl. z.B. Winkler und Schweikhardt 1982).

76 Das hängt vor allem zusammen mit der Etablierung der Kybernetik in den vierziger Jahren.

77 Über diese Unterscheidung orientiere man sich bei Stegmüller (1969). Dort wird zielintendiertes Verhalten mit echter Teleologie gleichgesetzt, zielgerichtetes Verhalten (das nicht zielintendiert ist) als scheinbare Teleologie bezeichnet.

78 Solche Prozesse im Anorganischen hat Mayr (1979) als *teleomatisch* bezeichnet.

79 Der Begriff ›Teleonomie‹ wurde 1958 von dem Verhaltensforscher Pittendrigh eingeführt. Die Hintergründe dieser Wortschöpfung schildert Pittendrigh selbst in seinem Brief vom 26. Februar 1970 an Mayr: »Was es war, dem der Biologe nicht ausweichen konnte, war die blanke Tatsache..., die er... erklären muß: daß die Gegenstände der biologischen Forschung Organisationen... und als solche endgerichtet sind... Die Organisation *ist* zielgerichtet... Ich brauchte ein Wort, das es mir (uns Biologen allen) gestatten würde, dieses Endgerichtetsein eines

völlig respektablen mechanistischen Systems zu beschreiben, hervorzuheben oder auch einfach zu nennen, ohne damit Anstoß zu erregen. Das Wort Teleologie wäre nicht gegangen, denn es ist mit jener Bedeutung belastet, beim gegenwärtigen Funktionieren der Maschine sei das Ziel ursächlich wirksam« (zit. nach Mayr 1979, S. 210f.).

80 Zwischen *Zweck* und *Vorsatz* besteht also ein Unterschied: »Was ich mir vorsetze, *dient* einem Zweck, setzt ihn also voraus« (T. v. Uexküll 1953, S. 97).

81 ›Information‹ ist hierbei in einem weiten Sinne verwendet, als Eigenschaft materieller Systeme mit bestimmten ›Signalmengen‹. Näheres entnehme man der Untersuchung von Wagner (1981 a).

82 Dies entspricht im wesentlichen dem, was ich in Kapitel 4 über die netzartige Beziehung der verschiedenen Komplexitätsniveaus in der Biosphäre gesagt habe.

83 Diese irrtümliche Annahme spiegelt sich in verschiedenen Ausdrücken und Redewendungen der Umgangssprache, wie z.B. ›Herzschmerz‹, ›sich etwas zu Herzen nehmen‹ u.a.

84 Dies ist jenes Apriori, das in der biologischen Philosophie von Hans Jonas eine entscheidende Rolle spielt (vgl. Anmerkung 23).

85 ›Mystiker‹ sind hier in einem bestimmten philosophiehistorischen Kontext gemeint, und zwar als Vertreter einer in der Spätantike begründeten religiösen Richtung, die sich unter die Bezeichnung ›Mystik‹ stellen läßt und insbesondere die mittelalterliche Philosophie nachhaltig beeinflußt hat. An anderen Stellen dieses Buches (z.B. auf S. 15) verwende ich den Ausdruck ›Mystiker‹ ebenso wie die Begriffe ›Mystik‹ und ›Mystizismus‹ in einem weiteren Sinne.

86 Es ist ja einfacher, die Menschen (und verschiedene ihrer Körperteile) zu *verwalten* als ihnen zu *helfen.* Aber die spontane Hilfe ohne Ansehung des Krankenscheins oder sonst irgendeines Zettels, auf dem der Patient als Nummer vermerkt ist, steht bei vielen Ärzten heute eben nicht mehr auf dem Programm. Das Gesundheitswesen wird unter einem dermaßen angewachsenen bürokratischen Apparat betrieben, daß für den kranken Menschen immer weniger Zeit bleibt. In manchen Krankenhäusern des ›perfekten Sozialstaates‹ Schweden besteht, wie mir Percy Löwenhard mitteilte, das Personal aus 25% Administrationskräften, die natürlich nicht mit dem Patienten und seinem persönlichen Leid beschäftigt sind, sondern mit allerlei Verwaltungskram.

87 Die Tausenden Tabletten und Pillen, die der ›Normalverbraucher‹ in der westlichen Welt im Laufe seines Lebens schluckt, sind ein gewaltiger Wirtschaftsfaktor. Jedes kleinste Anzeichen von leiblichem Unbehagen wird durch irgendwelche Arzneien zu bekämpfen versucht, und bevor auch nur die geringsten Anzeichen eines Krankseins gegeben sind, meinen viele, als Präventivmaßnahme diese oder jene Medizin regelmäßig einnehmen zu müssen. Guten Appetit!

88 Zu Ende gedacht gelangt man mit dieser idealistischen Position zum *Solipsismus*: ›Nur mein eigenes Ego existiert, alles andere ist Produkt

meiner Einbildung.‹ Daß ein solcher Solipsismus *logisch* nicht widerlegt werden kann, wußte schon Immanuel Kant, der auch das Leib-Seele-Problem außer Reichweite menschlicher Erkenntnis und damit im Prinzip als unlösbar erachtete. ein ›Solipsist‹ (ich glaube ja nicht, daß es einen solchen wirklich gibt) bräuchte aber nur eine verkehrsreiche Straße zu überqueren, um zu bemerken, daß er nicht alleine auf der Welt ist (sofern er, einmal von einem Auto überfahren, überhaupt noch imstande wäre, etwas zu bemerken).

89 Die von Kuhlenbeck (1973) verwendete Bezeichnung *transzendentaler Neutralismus* deckt sich damit nur teilweise.

90 Das ist die Meinung des *Pantheismus*, dem auch Goethe sehr nahestand.

91 Hylozoistische Vorstellungen reichen auf die Zeit vor der abendländischen Philosophie zurück, finden sich schon in vorgeschichtlicher Zeit. Auch heute noch zehren Mythen verschiedener Völker von derlei Vorstellungen; ebenso ist der Hylozoismus im Weltbild des Kleinkindes vertreten und wird in bestimmten Redewendungen der Alltagssprache reflektiert (z. B. ›die See *tobt*‹), wobei aus dem Bereich menschlicher Emotionen oder Handlungen Begriffe zur Beschreibung von Naturphänomenen auf diese übertragen werden, wenngleich der Hylozoismus dann bloß noch auf der *unbewußten* Ebene anzutreffen ist. In einer umfassenden Studie über das Wirklichkeitsbild des Kindes berichtet Jean Piaget (1973 a) u. a. von einem sechsjährigen Kind, aus dessen Antworten auf gezielt gestellte Fragen deutlich hylozoistische Vorstellungen ablesbar sind: Auf die Frage, warum ein Stein im Wasser sinkt, während ein Boot auf der Wasseroberfläche treibt, kam als Antwort, das Boot wäre ›intelligenter‹ als der Stein; als intelligent wurden von dem Kind ferner auch der Mond und die Sonne bezeichnet. Gegenstände mit bestimmten Eigenschaften (z. B. Ausstrahlen von Wärme) werden also von Kindern häufig mit dem Bewußtsein analogen Fähigkeiten betrachtet.

92 In seinem 1952 erschienenen Buch ›Psychische Komponenten der Sinnesorgane‹ hat Rensch eine später von ihm aufgegebene ›ästhetophysische Hypothese‹ aufgestellt, wonach sich, in Kurzform, sagen ließe, »daß wir im wesentlichen ›mit dem Hirn in den Sinnesorganen‹ denken« (Rensch 1952, S. 175). Schon im Rahmen dieser Hypothese war jedoch der panpsychistische Identismus angesprochen. – Inwieweit indes die Philosophie von Spinoza einer (panpsychistischen) Identitätstheorie nahesteht, hat Rensch in einer späteren Arbeit (1972) diskutiert. Spinoza hatte angenommen, daß alle materiellen als auch mentalen (geistigen) Prozesse gesetzmäßig ablaufen, also kausal determiniert sind. Das entspricht durchaus der Sicht von Rensch, der von einer *polynomistischen Determination* biologischer Prozesse sprach (Rensch 1974) und darüber auch zu einer Leugnung der Willensfreiheit gelangte. Was letzteres betrifft, meinte Spinoza, daß es sich nur um eine Täuschung des Bewußtseins handelt, in dem Sinne, daß das Subjekt sich ›frei fühlen‹ *kann* (eben kraft seines Bewußtseins), dabei aber nicht seiner Determinierbarkeit gewahr wird. Der Mensch also kann so tun, *als ob* er frei

wäre. Unter Rückbezug auf unsere gegenwärtigen Kenntnisse über die Struktur und Funktionsweise des Gehirns ist die Vermutung naheliegend, daß in der Tat alles, was wir denken, fühlen, wollen letztlich durch das (uns nicht bewußte) Hirngeschehen kausal determiniert wird, wonach die Willensfreiheit in einem absoluten Sinne nicht möglich ist (siehe hierzu auch Wuketits 1981 b). Das ist aber ein *theoretisches* Resultat, welches nicht notwendig Konsequenzen für die *Praxis* des menschlichen Handelns nach sich zieht: Denn auch, wenn ich mich in meinem Tun determiniert meine, ändert dies nichts am Tun selbst; das Nachdenken darüber, ob ich frei gehandelt habe oder nicht, ist dem Handeln stets *nachgeordnet*, und zu welchem Ergebnis ich in diesem Nachdenken auch komme, ändert es nicht mehr das Geschehene. Das heißt aber auch, daß eine Leugnung der Willensfreiheit (die paradoxerweise auch wieder Ausdruck der Freiheit des Willens sein kann) nicht in einem *Fatalismus* enden muß und schon gar nicht ethische Erwägungen außer Kraft setzt. Das überaus komplexe Netzwerk unseres Gehirns ermöglicht uns immerhin, daß wir – was ein kleiner Trost sein mag – einen breiten Spielraum des Denkens und demnach des Handelns zur Verfügung haben; und in diesen ›Denkraum‹ paßt sogar theoretisch die Annahme der Willensfreiheit.

93 Das erinnert an den Pantheismus. Wenn Whitehead sich in diesem Zitat auf Spinoza beruft, dann doch in erster Linie in Form einer Analogie. So müßte eine Parallelisierung der Philosophien von Spinoza und Whitehead auch ihren Unterschieden Rechnung tragen.

94 So beruft sich denn auch Prigogine häufig auf Whitehead, zitiert ihn nicht nur, sondern folgt ihm in vielen seiner Entwürfe (vgl. Prigogine und Stengers 1981).

95 Hier ist der Begriff ›Erkenntnis‹ in seiner weitesten Bedeutung gemeint, als *Informationsaufnahme*, so daß er nicht auf den menschlichen Bereich des Erkennens einzuschränken ist. Erkenntnis ist somit ein Vermögen aller mit Sinnesorganen oder diesen äquivalenten Strukturen ausgestatteten Lebewesen. Eine evolutionäre *Erkenntnis*theorie ist mithin nicht im Sinne der philosophischen Erkenntnistheorie zu verstehen, die ausschließlich menschliche Vernunfterkenntnis zum Gegenstand hat.

96 Das Gehirn ist – anatomisch und funktionell – ein Abschnitt des ZNS, und zwar jener Abschnitt, in dem sich die wichtigsten Steuerungs- bzw. Schaltzentren befinden.

97 Die Atmosphäre ist nicht für alle Wellenlängen gleich durchlässig; beispielsweise wird ultraviolettes Licht stark absorbiert.

98 Der Pawlowsche Hund – der mit den Experimenten des russischen Physiologen Iwan P. Pawlow (1849–1936) zum festen Bestandteil des psychologischen und verhaltensbiologischen Begriffsrepertoirs geworden ist – demonstriert jedoch auch, wie die vorbewußte Kausalitätsverrechnung (die Verrechnung des Zusammenhangs zwischen Ursache und Wirkung) das Lebewesen in die Irre leiten kann. Denn tatsächlich operiert der Hund hierbei mit der Erwartung, daß dem Glockenton das

Futter folgt, wohingegen der Glockenton als Ursache desselben verrechnet wird: Aus der Assoziation ›wenn Glocke, dann Futter‹ wird die Ursachenhypothese ›Futter, *weil* Glocke‹ gebildet. Der Hund täuscht sich also. Im künstlichen, vom Experimentator geschaffenen Milieu ist seine ›Hypothese‹ falsch, so daß er auch dann speichelt, wenn er bloß den Glockenton vernimmt, ohne aber das Futter danach zu bekommen. – Aber auch wir Menschen operieren vielfach mit einer vorbewußten Ursachenhypothese von der Art ›wenn a, dann b‹, in der Meinung, das Ereignis b vollziehe sich als *Wirkung* des Ereignisses a. Diese Hypothese hat sich im Selektionsbereich unserer stammesgeschichtlichen Vorfahren gut bewährt, sie verläßt uns aber in unserer komplexen, von uns ›künstlich geschaffenen‹ Welt heute. Der Mensch verrechnet diese, durch seine eigene Vernunft und ihr entsprungene Technologien hervorgebrachte Welt oft zu einfach und steht dann ratlos vor seinem selbstverschuldeten Schlamassel.

99 Zum Unterschied vom bloßen Werkzeug*gebrauch*, wobei gegebene Gegenstände lediglich für diesen oder jenen Zweck herangezogen werden (was auch unterhalb des Primaten-Niveaus weit verbreitet ist, man denke an den Nestbau der Vögel), ermöglichte dem Menschen seine Vernunft im echt teleologischen Sinne (vgl. S. 184) die Werkzeug*herstellung*, so daß der Mensch als ›Werkzeug-Macher‹, als *homo faber* (vgl. S. 263) charakterisiert werden kann. Das Werkzeugverhalten des *homo sapiens* hat mithin eine andere Stufe erklommen als das seiner frühen Vorfahren in der Säugetierreihe. (Zur Entwicklung des Werkzeugverhaltens in der Evolution der Hominiden kann sich der Leser z.B. bei Oakley 1972 einen guten Überblick verschaffen.)

100 Die Gesamtheit der vorbewußten, der Vernunft (dem Bewußtsein) analogen, ihr aber stammesgeschichtlich vorgeordneten und mit ihr nicht identischen ›Erkenntnis‹-Leistungen (Anmerkung 95) hat der Psychologe Egon Brunswik (1903–1955) als den *ratiomorphen Apparat* bezeichnet. In meiner Terminologie ist das Psychische in Entsprechung zu ratiomorphen Mechanismen zu verstehen (vgl. S. 207). Der ratiomorphe Apparat ist, wie ja z.B. schon in Anmerkung 98 angedeutet wurde, auch elementarer Bestandteil menschlicher Erkennntisleistungen, nämlich in der Alltagserkenntnis, wird aber beim Menschen eben durch das Bewußtsein (die Vernunft) überformt.

101 Das altmammalische Gehirn entspricht im wesentlichen dem sog. *limbischen System*, welches früher mit dem Riechhirn identifiziert wurde; seine Funktionen aber sind, wie man heute weiß, weit umfassender (vgl. Abb. 17; siehe nochmals Mac Lean 1970).

102 Die Anthropologie als ›Wissenschaft vom Menschen‹ entstand aus der Neugier bzw. aus Kuriositäteninteresse. Dadurch und durch wachsende Kenntnisse über verschiedene Länder und ihre Bewohner stellte sich mit immer größerer Intensität die Frage nach der Herkunft und Entwicklung des Menschengeschlechts, nach Gemeinsamkeiten und Unterschieden im Verhalten der Rassen und Völker (vgl. Mühlmann 1968).

103 Dieses wurde allerdings schon im alten Ägypten vorgedeutet, so daß die kopernikanische ›Revolution‹ eher als Innovation denn als ›echte‹ Umwälzung zu verstehen wäre (Oeser 1979 [Bd. 1]).

104 Im Rahmen der *Drei-Welten-Theorie* Poppers entspricht die Kultur der ›Welt 3‹ und ist gekennzeichnet durch die Überlieferungen in Kunst, Dichtung usw. sowie durch das objektive Wissen der Wissenschaften, während ›Welt 2‹ die (menschliche) Bewußtseinssphäre im Sinne von Bewußtseinszuständen und ›Welt 1‹ die unabhängig vom Bewußtsein gegebenen Naturzustände (des Organischen wie des Anorganischen) beschreiben soll (vgl. Popper und Eccles 1977). Wie sinnvoll es ist, die Kultur als eigene Sphäre vom Bewußtsein abzuheben, will ich hier nicht diskutieren. Es muß aber klar sein, daß Kultur und Bewußtsein untrennbar miteinander verbunden sind, daß ›Kultur an sich‹ nicht existieren kann.

105 Nicht übersehen werden darf aber, daß Leibniz den Evolutionsgedanken insofern bereits anvisiert hatte, als er die Idee der Geschichtlichkeit in die Erdbeschreibung einführte (vgl. z.B. Engelhardt 1979).

106 Daß Theologen von Amtes wegen diese Idee auch heutzutage in verschiedenen Spielarten vertreten, bedarf keiner besonderen Erwähnung. Illies aber war kein Theologe, sondern merkwürdigerweise Zoologe!

107 Gemeint ist die sog. *analogia entis.* Danach ist Gott ein Gleichnis seines Wesens, steht aber über diesem Gleichnis. Zum Trugschluß dieser Lehre schreibt Topitsch (1979, S. 223): »Einerseits soll Gott aufgrund der... Vollkommenheitsgesichtspunkte über alle Aussagbarkeit erhaben sein, aber in diesem Fall kann man über ihn nur schweigen. Andererseits will man über ihn dennoch aus verschiedenen Gründen Aussagen machen: Priester wollen über ihn predigen, Theologen wollen über ihn Traktate schreiben... Angesichts dieses Dilemmas verfiel man auf einen linguistischen Kunstgriff: die von den irdischen Dingen und Wesen entlehnten Prädikate würden weder in univokem noch in äquivokem, sondern in analogem Sinne von Gott ausgesagt.« Tja, wenn es darum ging, den Leichtgläubigen an der Nase herumzuführen, kamen ›die Kirchen‹ kaum je in die Verlegenheit, nicht weiterzuwissen.

108 So wie im Rahmen der evolutionären Erkenntnistheorie die phylogenetischen Vorbedingungen des Bewußtseins ergründet werden, untersucht die Soziobiologie, auf den Menschen angewandt, die stammesgeschichtlichen Voraussetzungen seines Sozialverhaltens. Systematisch befindet sich die Soziobiologie zwischen der Verhaltensforschung (im engeren Sinne) und der Populationsbiologie (Immelmann 1979), ihre Argumentationsbasis ist die Evolutionslehre. Im Hinblick auf ihre Aussagen über phylogenetische Grundlagen des *menschlichen* Sozialverhaltens bildet sie einen Brückenschlag von der Biologie zur Soziologie (Meyer 1982).

109 Der Mensch empfindet von Natur aus angesichts etwa eines sich vor Schmerz windenden Hundes anders als in Anbetracht eines sterbenden Fisches; und den meisten Menschen wird es leichterfallen, eine Spinne zu zertreten als eine Katze zu erschlagen. Im Falle höherer, also auch

stammesgeschichtlich (genealogisch) dem Menschen näherstehender Lebewesen, reagiert der ›normale‹ Mensch *mitleidvoll.* Sein Mitleid mit leidenden Tieren nimmt entlang der steigenden Komplexitätsniveaus zu, was auch damit zu tun haben dürfte, daß der Mensch schwerlich den Schmerz von wirbellosen Tieren zu erkennen bzw. zu interpretieren vermag. – Man verstehe das Ethos des Tierschutzes nicht falsch: Von einem von Moskitos geplagten Menschen wird niemand verlangen können, diesen Tieren seine hütende Hand zu reichen. Auch kann es kaum darum gehen, fleischliche Nahrung zu vermeiden (ich muß gestehen, daß ich noch nie einen saftigen Braten verachtet habe), denn schließlich werden bestimmte Tiere eigens zum Verzehr gezüchtet. Worum es aber geht, ist – erstens –, den Kreaturen dieses Planeten prinzipiell freundlich gegenüberzustehen und zu lernen, *mit* ihnen zu leben, und – zweitens – dort, wo wir Tiere als Nahrungslieferanten töten, auf jeden Fall Exzesse zu vermeiden (man denke an die entsetzlichen Bilder, die die städtischen Schlachthöfe bieten!). Muß es denn sein, dem Menschen unterlegenen Geschöpfen mit Abneigung zu begegnen? Muß denn der Mensch, um alles in der Welt, seine Überlegenheit anderen Lebewesen gegenüber stets aufs neue grausam demonstrieren? Wer in der Lage ist, einen Hund zu martern, einem lebenden Affen fortgesetzt Elektroden ins Gehirn zu führen, der wird, bei aller Regel, auch menschliches Leben nicht besonders schätzen! Wenn es jemandem ebenso leichtfällt, eine Katze durchzuschneiden wie eine Miesmuschel, der sollte, rät Konrad Lorenz (1984), bei nächster sich bietender Gelegenheit Selbstmord begehen, weil er ein menschheitsgefährdendes Monstrum ist.

110 Der Sozialdarwinismus meint allgemein jene Bemühungen, die genetische Entartung des Menschen zu verhindern, den Erbschäden beim Menschen durch entsprechende Eingriffe vorzubeugen. Nur allzubald gerieten diese Bemühungen ins Spannungsfeld einer Diskussion über ›lebenswertes‹ und ›lebensunwertes‹ Leben, führten zu moralischen Vorurteilen und endeten (einstweilen) in den vierziger Jahren in einer Katastrophe. Der Sozialdarwinismus fügt sich historisch in eine biologistische Betrachtungsweise der kulturellen Entwicklung des Menschen ein, die im 19. Jahrhundert deutliche Umrisse zu zeigen begann (siehe hierzu die einschlägige Arbeit von Gunter Mann 1975), entspricht einem Nationalismus, einem Rassismus, der sich bei Haeckel mit nahezu erschreckender Offenheit ausgesprochen findet (vgl. Winau 1981). Es ist ein häufig anzutreffender Irrtum, Darwin als den Urheber sozialdarwinistischer Ideen zu betrachten. Darwin war alles andere als Sozialdarwinist (siehe auch Regelmann 1980), seine Evolutionstheorie verhält sich zum Sozialdarwinismus ungefähr so, wie die Astronomie zur Astrologie.

111 Neulich bemerkte Sjölander (1984), der Behaviorismus sei eigentlich tot. Da bin ich nicht so sicher. Tot ist er, vielleicht, als naturwissenschaftliche Theorie. Er lebt aber offensichtlich noch in Gestalt jener Ideologien, die von der ›gesellschaftlichen Machbarkeit‹ des Menschen

ausgehen; und er lebt in den Gehirnen so mancher Erzieher, Lehrer, er lebt beispielsweise auch in den Köpfen jener Eltern, die ihre Kleinkinder in Tageshorte stecken, um sie so früh wie möglich zu ›sozialisieren‹. Unsere lebensfeindlich gewordene Welt liefert solchen Rabeneltern einen denkbar idealen Hintergrund.

112 ›Geisteskranke‹ oder ›Irre‹? Das ist die Frage. Noch gegen Ende des zweiten Jahrtausends sind wir offenbar nicht soweit, im Geisteskranken eben einen *Kranken* zu erblicken, sondern sprechen von ›Irren‹, von ›Verrückten‹, die zu meiden sind. ›Hüte dich vor den Gezeichneten‹ – tiefstes Mittelalter! Wie weit ist doch noch der Weg zur *humanitas*!?

113 Es ist beruhigend, daß Illmensee (1983) experimentelle Eingriffe (genetische Manipulationen) am Menschen aus ethischen Gründen ablehnt. Und es ist bezeichnend, daß man solche Eingriffe ablehnen muß, als ob es selbstverständlich wäre, sie am Menschen vorzunehmen. Das bringt uns unmittelbar zu der heiklen Frage, die ich hier zumindest anschneiden möchte: Inwieweit rechtfertigt die Aussicht auf für den Menschen eventuell wichtige medizinische Erkenntnisse das Experiment am Menschen? Zweifelsfrei bedarf die medizinische Forschung einer Kontrolle von seiten *aller* Betroffenen, d.h. einer Reglementierung durch die Öffentlichkeit. Aber Vorsicht! Die sog. Öffentlichkeit darf wiederum nicht von irgendwelchen antiintellektuellen Schwärmern indoktriniert sein, die die Freiheit der Forschung in Mitleidenschaft ziehen, so daß der Wissenschaftler eines Tages dann jedes auch noch so lächerliche Experiment inkompetenten ›Gutachtern‹ zur Prüfung vorzulegen und die Genehmigung zur Durchführung des Experiments bei den Analphabeten irgendeiner Behörde einzuholen hätte. Man müßte an das Verantwortungsbewußtsein des Wissenschaftlers selbst appellieren können. Das wissenschaftliche Ethos (›sei fair‹, ›manipuliere niemals Daten‹ usw.) reicht hier nicht aus, da es ein *Partialethos* ist (Mohr 1979, 1981). Es hat für den Wissenschaftsbetrieb absolute Gültigkeit, kann aber außerhalb desselben versagen. So erhebt sich die Forderung eines weiter ausgreifenden Ethos, das sich generell in einer *Wertschätzung des Lebens* ansetzen läßt. Etwas ausführlicher habe ich mich damit andernorts schon beschäftigt (vgl. Wuketits 1984d).

114 Der Zusatz ›Human‹ ist hier deswegen angebracht, weil ich psychische Fähigkeiten allen Organismen beiräume (vgl. S. 207), wonach eine Psychologie sich nicht nur auf den Menschen beschränken würde.

115 Wußten Sie, verehrter Leser, daß jeder einzelne Mensch heute (Kinder mitgerechnet) auf einem Pulverfaß von etwa drei Tonnen hochexplosiven Sprengstoffs sitzt? So gewaltig ist nämlich das militärische Vernichtungspotential, daß es für jeden einzelnen von uns dieses Maß an Vertilgungsmitteln zur Verfügung hat (siehe hierzu die näheren Zahlenwerte z.B. bei Nussbaumer 1982). Ich habe den Eindruck, daß wir alle da sehr unbequem sitzen...

116 Lorenz (1963) spricht von einem moral*analogen* Verhalten im Tierreich. Selbstverständlich hat dieses Verhalten nichts zu tun mit bewußter

Moralität, sondern es wird mit ihr nur ›verglichen‹, es wird mit der menschlichen Moral adäquaten Begriffen analog beschrieben. Auch in diesem Zusammenhang ist Lorenz häufig mißverstanden worden.

117 Stent bezieht sich dabei auf Untersuchungen von Jean Piaget, die die Ontogenese der Moralität ergründen (vgl. Piaget 1973 b). Danach ist die Entwicklung der Moralität beim Kind Teil der allgemeinen Entwicklung kognitiver Fähigkeiten und nicht davon loszulösen.

118 *Ethnozentrismus* meint jenes kollektive Gefühl eines Volkes, einer Kultur, das ›auserwählte Volk‹ zu sein, womit stets ein Nationalismus oder Rassismus umschrieben ist, dessen Gefährlichkeit ja bekannt ist. (Siehe hierzu z.B. Winkler und Schweikhardt 1982.)

119 Zu verweisen ist hier auf die interessanten und wichtigen Bemühungen einer *evolutionären Managementlehre*, welche Ergebnisse der Ökologie, Evolutionsforschung, Psychologie und anderer Disziplinen in die Planung und Gestaltung sozialer bzw. ökonomischer Systeme einfließen läßt (vgl. Malik und Probst 1981).

120 Ich sage das unter Ausklammerung der vielfältigen Gesichtspunkte des Problems der *Entscheidung*, sofern dieses Gegenstand sozialwissenschaftlicher bzw. wissenschaftstheoretischer Erörterungen ist (vgl. z.B. Zelger 1980), worauf ich hier nicht näher eingehen will, um meine Darstellung nicht zu überdehnen.

121 Abermals begegnen wir hier Hans Jonas. Aber seine Philosophie ist – unbeschadet ihrer Bedeutung – dem ›Innenaspekt‹ des Lebens verhaftet, wobei der ›Außenaspekt‹, die Betrachtungsweise der Naturwissenschaften, zu kurz kommt.

122 Ich verwende den Begriff ›Lebenswelt‹ hier recht allgemein, und zwar als Gesamtheit der dem Menschen *vorgegebenen* als auch der von ihm selbst *geschaffenen* Strukturen, die beide sein Leben begleiten und es gleichsam tragen. Damit grenze ich diesen Begriff gegenüber der von Edmund Husserl (1859–1938) geprägten Auffassung ab, wonach ›Lebenswelt‹ als dem *objektiven* Wissen vorgeordnete, *subjektive* Weltschau definiert ist. Eine umfassende Darstellung auch der historischen Hintergründe einer ›Philosophie der Lebenswelt‹ hat in neuerer Zeit Ulmer (1972) gegeben.

123 Dabei sorgt dieser Apparat heutzutage sogar schon *vor der Geburt* des Individuums für ›geordnete Verhältnisse‹: Kaum ist ›das Ereignis‹ angekündigt, nimmt sich der werdenden Mutter ein bürokratisches System an (durch Schwangerenberatung usw.) die Frau wird einige Tage vor der Entbindung oder spätestens am Tag derselben in eine Klinik gebracht, um nicht unbeaufsichtigt zu gebären. Andererseits ist diese medizinische Betreuung nötig, weil die ›zivilisierte Frau‹ nicht mehr – und wenn, dann meist mit einem bestimmten Risiko für sie und ihr Kind – ohne Zuhilfenahme von im weitesten Sinne technischen Instrumentarien gebären kann. Auch dies ist ein – sehr hervorstechendes! – Symptom der Verfremdung der Natur im menschlichen Leben.

124 Damit dürfte die These von Radnitzky (1982, S. 60) konform gehen:

»Zu den Rahmenbedingungen jeder Methodologie gehören bestimmte Menschenbild-Hypothesen.«

125 Das *Todesbewußtsein* bleibt, da ›lebensverneinend‹, freilich ein negatives. Kein Wunder, daß damit auch der Bonvivant Voltaire seine Probleme hatte: »Der Todesapparat ist scheußlich«, meinte er, »... die Grausamkeit, uns darauf aufmerksam zu machen, daß es aus ist mit uns... Hätte man ein bißchen Liebe für uns, so ließe man uns sterben, ohne uns etwas zu sagen« (Voltaire, vgl. 1939, S. 157).

Glossar

Es werden die wichtigsten Begriffe und biophilosophischen Grundrichtungen, die im Text besprochen worden sind, in Kurzform erläutert. Aufgenommen wurden hier ferner Begriffe, die im Text und in den Anmerkungen nicht genauer definiert sind, sich aber für das Verständnis der entsprechenden Stellen als wichtig erweisen mögen. Sofern ich einen Ausdruck in einem speziellen Sinn gebrauche oder in seiner Definition von anderen abweiche, wird das jeweils vermerkt.

Agnostizismus: Lehre von der prinzipiellen Unerkennbarkeit der die Erfahrung übersteigenden Phänomene (›Wesen der Welt‹). Der A. leugnet die Möglichkeit einer → Metaphysik.

Animismus: Im allgemeinen die Auffassung, daß die gesamte Natur beseelt ist und daß spirituelle ›Kräfte‹ die Ursache für einzelne Naturerscheinungen sind. Der A. ist eine besondere Variante des → Vitalismus (Tab. 3) und in bezug auf das psychophysische Grundproblem eine Spielart des → Dualismus (Tab. 5).

Anthropologie: Allgemein die Lehre vom Menschen. Die A. ist jedoch keine einheitliche Disziplin, sondern meint vielmehr eine Reihe von Disziplinen, sofern sich diese mit dem Menschen beschäftigen. Je nach Methode, Gesichtspunkt und Zielsetzung in der Betrachtung des Menschen lassen sich die biologische A., die philosophische A., die Kultur-A. u. a. voneinander unterscheiden. Ungeachtet der disziplinären Unterschiede in der Betrachtungsweise wäre die Hauptaufgabe einer interdisziplinär verstandenen Lehre vom Menschen die Erforschung des spezifisch Menschlichen und der Wechselbeziehung zwischen dem Menschen und den anderen Phänomenen der realen Welt.

Anthropozentrismus: Jene Auffassung, wonach der Mensch den Mittelpunkt der Welt darstellt (›Krone der Schöpfung‹).

Apriori: Vor aller individuellen Erfahrung und unabhängig davon gegebene ›Erkenntnisstruktur‹. Allgemein kann als A. die Gesamtheit der Prämissen eines (philosophischen) Systems gelten, die innerhalb des betreffenden Systems schlechthin den Ausgangspunkt bilden und nicht hinterfragbar sind.

Atomistik: Auf die Antike zurückgehende naturphilosophische Lehre, die alle Dinge der realen Welt auf kleine, selbständige Elemente (Atome) zurückführt. (→ Mechanismus, → Reduktionismus; Tab. 4.)

Autopoiesis: Eine Eigenschaft insbesondere der Lebewesen, unter Beibehaltung der Struktur, sich selbst zu erneuern. (→ Selbstorganisation.)

Behaviorismus: Eine zu Beginn des 20. Jahrhunderts begründete und vor allem in den USA vertretene Forschungsrichtung, die die objektive Beobachtung des Verhaltens der Organismen unter wechselnden Umweltbedingungen postuliert. Das Verhalten wird mithin auf den Antagonismus ›Reiz-Reaktion‹ reduziert. Das Menschenbild des B. entspricht einer → Milieutheorie, so daß die behavioristische Lehre als Gegenstück zur → Soziobiologie betrachtet werden kann.

Bewußtsein: Im allgemeinen die Fähigkeit eines Systems, sich auf sich selbst zu beziehen (→ Selbstreflexion). In spezifischer Ausprägung wird das B. im vorliegenden Buch auf den Menschen eingeengt. (→ Geist, → Ratio.)

Biogenese: Entstehung erster Lebewesen auf der Erde; Lebensursprung (siehe aber Anm. 49).

Biologismus: Die Anwendung biologischer Prinzipien, Theorien und Begriffe auf die Beschreibung und Deutung von Phänomenen außerhalb des Bereichs der Lebewesen. Der B. meint vor allem die Übertragung biologischer Erkenntnisse auf soziokulturelle Zusammenhänge. (→ Sozialdarwinismus.)

Bionomie: Ein von Rothschuh (1963) verwendeter Begriff für die Gesamtheit der zweckdienlichen Strukturen und Funktionen im Vollzug der Lebensleistungen. (→ Selbstregulation, → Teleonomie.)

Biophilosophie: Ein Teilgebiet der → Naturphilosophie, meist als ›Philosophie des Organischen‹ verstanden. In diesem Buch (vgl. S. 39ff.) wird die B. als Schnittpunkt von Biologie und Philosophie definiert, als Disziplin, die sowohl biologische Realerkenntnis als auch philosophische Reflexion erfaßt. Zentrales Anliegen der B., wie sie hier verstanden wird, ist ein umfassender Begriff von → Leben jenseits des → Vitalismus und des → Mechanismus; Leben soll aus kritisch-philosophischer Sicht unter Rückbezug auf (empirische) biologische Erkenntnisse als eigenständige, wenngleich in die reale Welt als Ganzes eingeflochtene → Kategorie eingebracht werden.

Biosphäre: Der Gesamtlebensraum, die belebte ›Sphäre‹ des Planeten Erde.

Darwinismus: Im engeren Sinne die → Selektionstheorie Darwins, im allgemeineren Wortgebrauch eine weltanschauliche (ideologische) Position, welche diese Theorie auf soziokulturelle Zusammenhänge überträgt. (→ Biologismus, → Sozialdarwinismus.)

Determinismus: Diejenige Auffassung, die alles Geschehen im anorganischen wie im organischen Bereich auf eine eindeutige kausale Bestimmtheit zurückführt. Das Gegenteil des D. nimmt der → Indeterminismus an.

Dissipative Strukturen: Formen supramolekularer Organisation; dynamische Zustände der → Materie, bedingt durch die Wechselwirkung zwischen einem → System und seiner Außenwelt. (→ Fluktuation, → Selbstorganisation, → Thermodynamik.)

Dualismus: Generell jede philosophische Position, die das Nebeneinander zweier verschiedener Prinzipien bzw. → Kategorien postuliert. Im Zusammenhang mit dem → psychophysischen Grundproblem die Annahme, daß → Materie und → Geist bzw. Gehirn und → Bewußtsein voneinander getrennt sind (psychoneuraler D.; Tab. 5).

Emergenz: Wörtlich das Auftauchen neuer Systeme bzw. → Systemeigenschaften. In der → Evolution bedeutet E. allgemein das Entstehen des jeweils Neuen. (→ Fulguration.)

Entharmonie: Nach Rensch (1968) die jedem Organismus eigene strukturelle und funktionelle Abstimmung seiner Teile zueinander. (→ Bionomie, → Teleonomie.)

Entropie: Zustandsgröße eines thermodynamischen Systems; Ausdruck für ›Unordnung‹. (→ Negentropie, → Ordnung, → Thermodynamik.)

Epharmonie: Nach Rensch (1968, S. 53) »weitgehend zweckmäßige Anpassung der Lebensansprüche jeder einzelnen Art an ihre spezifische Lebensstätte und meist vorteilhafte Einpassung in eine bestimmte Lebensgemeinschaft.« (→ Teleonomie.)

Epigenesislehre: Die auf Aristoteles zurückgehende, später von Wolff aufgegriffene und präzisierte Auffassung, wonach im Gegensatz zur → Präformationstheorie die Entwicklung eines individuellen Lebewesens (im engeren Sinne: Embryonalentwicklung) als eine Kette von Neubildungen zu verstehen ist.

Erkenntnistheorie: Eine der traditionellen philosophischen Disziplinen. Die E. befaßt sich mit dem Phänomen menschlicher Erkenntnis, sie fragt, wie Erkenntnis möglich ist, wie sie sich vollzieht, ob ihr Grenzen gesetzt sind. Im Zentrum erkenntnistheoretischer Auseinandersetzungen steht auch die Beziehung zwischen dem Objekt und dem Subjekt. Die E. ist insofern der → Wissenschaftstheorie vorgeordnet, als sie die ›tiefer‹ liegende Alltagserkenntnis untersucht. (→ Evolutionäre Erkenntnistheorie.)

Essentialismus: Eine auf die Antike (Platon) zurückgehende philosophische Richtung, die die Existenz universeller ›Wesenheiten‹ (›Ideen‹) der realen Welt zugrunde legt. (→ Idealismus.)

Ethik: Eine philosophische Grunddisziplin; als ›Sittenlehre‹ auf die Frage konzentriert, wie der Mensch handeln soll bzw. welche Verantwortung er in seinem Handeln trägt. Die E. steht als praktische Philosophie der theoretischen Philosophie gegenüber. (→ Ethos, → Kategorischer Imperativ, → Moralität.)

Ethos: Die für eine Kultur, ein Volk, eine historische Epoche kennzeichnende Gesamtheit moralischer Vorstellungen. (→ Moralität.)

Evolution: Die Veränderung der Organismenarten in der Zeit. Der Begriff der E. in seiner heutigen Verwendung geht auf Spencer zurück. Im engeren Sinne beschränkt er sich auf den Bereich des Lebendigen, wird aber heute auch in erweiterter Bedeutung gebraucht: für die Entwicklung des Kosmos (kosmische E.), die Entwicklung chemischer Strukturen (insbesondere im Hinblick auf die chemischen Voraussetzungen der → Biogenese als präbiotische oder chemische E.) und auch die Entwicklung soziokultureller Systeme sowie der Bewußtseinsvorgänge. (→ Evolutionäre Erkenntnistheorie, → Phylogenese.)

Evolutionäre Erkenntnistheorie: Eine vor allem in der Biologie wurzelnde Perspektive des Erkenntnisphänomens. Die e. E. untersucht das Zustandekommen und die biologischen Vorbedingungen des (menschlichen) Erkennens und Denkens (→ Bewußtsein) in der → Evolution. Sie geht davon aus, daß auch diese spezifischen Eigenschaften des Menschen Evolutionsprodukte sind und versucht die ihnen stammesgeschichtlich vorgeordneten Mechanismen und Prozesse (→ Ratiomorpher Apparat) zu ergründen.

Evolutionärer Humanismus: Im weitesten Sinne die evolutionäre Pespektive in der Betrachtung spezifisch menschlicher Eigenschaften, vor allem aber die evolutionäre Sicht menschlicher Pflichten im Gesamtkontext der Natur. Der e. H. begründet sein → Ethos aus der Tatsache, daß der Mensch Teil der Natur und als solcher der → Evolution entsprungen ist. In meiner Version bedeutet der e. H. bzw. eine evolutionäre → Ethik, daß der Mensch sein Sollen zwar nicht aus der Natur ableiten kann, diese aber als den größeren Rahmen seines Sollens zu betrachten hat, wobei dieses Sollen selbstverständlich (und vor allem) die menschliche Natur als einen elementaren Wert einschließt.

Evolutionstheorie: Die Theorie der → Evolution. Heute das Grundgerüst der Biologie, wurde die E. im 19. Jahrhundert durch Lamarck und Darwin begründet, obwohl der Gedanke einer Wandelbarkeit der Organismen ins 18. Jahrhundert zurückgeht. Neben dem Finden von Indizien für die Evolution (die heute längst in großem Ausmaß vorhanden sind) und der Rekonstruktion der Phylogenese besteht die Aufgabe der E. insbesondere in der Untersuchung der Evolutionsmechanismen (Triebkräfte der Evolution). (→ Lamarckismus, → Selektionstheorie, → Synthetische Theorie.)

Finalismus: Die Auffassung, daß Naturprozesse einem vorgegebenen Ziel zustreben, daß auch die Entfaltung des Lebenden einen Endzweck hat (also etwa auf den Menschen hin ausgerichtet war; → Anthropozentrismus). Der F. verträgt sich nicht mit der Evolutionstheorie. (→ Schöpfungsglaube, → Teleologie.)

Fließgleichgewicht: Eine charakteristische Eigenschaft der Lebewesen. Als offenes → System vermag jeder Organismus unter bestimmten Bedingungen einen Zustand zu erreichen oder zu erhalten, so daß das Gesamtsystem trotz makroskopischer Ein- und Ausfuhrprozesse (Stoff- und Energiewechsel) relativ stationär bleibt. Das wurde von Bertalanffy als F. oder dynamisches Gleichgewicht bezeichnet. Indes befindet sich ein lebender Organismus niemals im Zustand des thermodynamischen Gleichgewichts (→ Thermodynamik).

Fluktuation: Im allgemeinen die Schwankung eines Systems. In der Theorie von Prigogine entstehen aus Schwankungen neue Formen supramolekularer Organisation bzw. → Ordnung (→ dissipative Strukturen).

Fulguration: Von Lorenz (1973) anstelle von → Emergenz verwendeter Ausdruck für die Entstehung neuer Systeme.

Geist: Im allgemeinen die der → Materie entgegengerichtete, immaterielle → Kategorie. Der Begriff G. wurde in der Philosophiegeschichte in vielfältiger Bedeutung gebraucht. Im vorliegenden Buch wird G. synonym mit → Bewußtsein verwendet. (→ Psychophysisches Grundproblem.)

Gene: Im allgemeinsten Sinne die Erbfaktoren; genauer bestimmte sich selbst reduplizierende Abschnitte der DNS-Moleküle (→ Nucleinsäuren) als Einheiten des Erbgeschehens.

Gentechnologie: Technologie der Manipulation von Erbanlagen, wobei bestimmte → Gene mit anderen künstlich verknüpft werden. Trotz zu erwartender positiver Effekte der G. in der Bekämpfung von Erbkrankheiten fordert dieses Verfahren eine Reglementierung bzw. Einschränkung seiner Anwendungen heraus und muß Gegenstand ethischer Überlegungen sein, weil neben den positiven Anwendungen die Gefahr des Mißbrauchs nicht übersehen werden darf.

Gestaltwahrnehmung: Fähigkeit der Lebewesen, aus Gegenständen ihrer Umgebung die typischen Merkmale zu abstrahieren und danach einen Gegenstand in verschiedenen seiner Variationen durch die Wiederkehr ein und derselben Grundgestalten wahrzunehmen (vgl. Abb. 3).

Hierarchie: Ein Grundprinzip der Organisation des Lebendigen, mit einem ›Schachtelungs-Prinzip‹ zu vergleichen. Ein Lebewesen besteht stets aus mehreren Untersystemen und ist selbst Teil ihm übergeordneter Systeme. Das umfassendste System in der Organisation des Lebendigen ist die → Biosphäre.

Historisierung: Eine der Denkvoraussetzungen der → Evolutionstheorie; die Entdeckung, daß die Natur in langen Zeiträumen allmählich sich zu ihrem heutigen Bild entwickelt hat und im Gegensatz zum Konzept der → Stufenleiter nicht starr organisiert ist.

Holismus: Generell jede Denkweise, die die Betrachtung von Ganzheiten in den Vordergrund stellt. Der H. in der → Biophilosophie kann in zwei Grundrichtungen unterschieden werden: zum einen meint der metaphysische H., daß Ganzheiten vor ihre Teile zu stellen sind, daß sich die Teile auf eine Ganzheit hin finalistisch organisieren (→ Finalismus), andererseits aber ist mit H. die von der → Systemtheorie ausgehende Denkweise zu verstehen, wonach Teil(e) und Ganzheit(en) nur in Wechselwirkungen zueinander sinnvoll beschrieben und verstanden werden können. Dieser zweite, systemtheoretische Begriff des H. ist gleichbedeutend mit dem → Organizismus und bildet in diesem Buch die Basis für einen umfassenden Lebensbegriff.

Hyperzyklus: In der Theorie der → Selbstorganisation von Eigen entwickeltes Modell der Lebensentstehung. Ein H. ist die zyklische Verknüpfung von Reaktionskreisen; jede → Nucleinsäure repräsentiert einen selbstreproduktiven Zyklus, mehrere solcher Zyklen schließen sich, funktionell durch Eiweiße gekoppelt, zu einem größeren Zyklus zusammen (Abb. 8).

Hypothetischer Realismus: Eine erkenntnistheoretische Position, die davon ausgeht, daß es eine reale Welt auch außerhalb subjektiver Wahrnehmungen bzw. Erfahrungen gibt, daß diese Welt stets bestimmte Strukturen zeigt, die für das Subjekt zumindest teilweise erkennbar sind. Der h. R. ist eine Konsequenz der → evolutionären Erkenntnistheorie: Wenn menschliches Erkennen sich auch (und vor allem) in seinen ratiomorphen Vorstufen (→ ratiomorpher Apparat) an die Strukturen einer Außenwelt angepaßt hat bzw. in kontinuierlicher Wechselwirkung mit der Außenwelt entstanden ist, dann muß dem, was wir zu erkennen glauben, jederzeit etwas Wirkliches entsprechen; über dieses Wirkliche bildet der Erkenntnisapparat fortgesetzt Hypothesen, die sich ihrerseits in systemerhaltender (arterhaltender) Weise zweckmäßig an der Realität bewähren müssen.

Idealismus: Jene philosophische Ansicht, daß die für uns erkennbare Wirklichkeit nur vermeintlich Wirklichkeit ist, daß die Gegenstandswelt durch eine ›Ideenwelt‹ (→ Essentialismus), eine ›Weltvernunft‹ bzw. – allgemein – ein ›Geistprinzip‹ bestimmt wird. In der → Erkenntnistheorie ist der I. der Gegensatz zum → Realismus, im Zusammenhang mit dem → psychophysischen Grundproblem steht der I. den meisten Formen des → Monismus gegenüber.

Idealistische Morphologie: Die von der Auffassung des → Idealismus geleitete Vorstellung, daß die Mannigfaltigkeit der Lebewesen auf bestimmte ›Urtypen‹ und/oder ›Baupläne‹ zurückführbar ist; diese Urtypen werden dabei im Sinne einer metaphysisch gemeinten Idee verstanden (→ Essentialismus). Die i. M. geht in der Hauptsache auf Geoffroy de St. Hilaire (1772–1844) zurück und findet sich – allerdings in abgewandelter Form – bei Goethe. Im 20. Jahrhundert wird die i. M. u.a. durch Portmann repräsentiert.

Ideologie: Allgemein ein Ideensystem insbesondere über soziokulturelle Zusammenhänge und Entwicklungen; die Gesamtheit wertender Aussagen über die Organisation gesellschaftlicher Systeme. Den Ausgangspunkt einer I. bilden weniger objektive Erkenntnisse, sondern vielmehr subjektive Anschauungen. Allerdings kann auch wissenschaftliche Erkenntnis ideologisch mißbraucht werden, wovon z.B. der → Sozialdarwinismus Zeugnis ablegt.

Indeterminismus: Die dem → Determinismus entgegengesetzte Position. Der I. beruht auf der Annahme, daß nicht alles Naturgeschehen kausal bestimmt wird; im Extremfall meint der I. die ausschließlich durch den Zufall bedingte Organisation der materiellen und mentalen Strukturen.

Information: Im allgemeinen eine nicht auf den Bereich der menschlichen Kommunikation beschränkte Mitteilung bzw. Nachricht. In der Biologie bedeutet I. sozusagen die in einem Organismus genetisch fixierten Bauanleitungen. Die genetische I. ist in den → Nucleinsäuren gespeichert und chemisch verschlüsselt; ihr Träger ist die DNS, bei Viren die RNS. (→ Gene.)

Injunktion: Ein Begriff der beschreibenden Naturwissenschaften zur Repräsentation eines Gegenstandsfeldes mit fließenden Übergängen (Hassenstein 1976). Die I. entspricht nicht der Definition im Sinne der physikalischen Wissenschaften, ist in der Biologie allerdings unentbehrlich.

Intersubjektivität: Eine mehrere Subjekte miteinander verbindende Erfahrung bzw. Erkenntnis. Vom Subjekt abhängige Erfahrungen bzw. subjektive Erlebnisinhalte lassen sich durch subjektneutrale Komunikationsformen (Sprache) so formulieren und mitteilen, daß sie zumindest teilweise auch von anderen Subjekten verstanden und nachvollzogen werden können.

Involution: Ganz allgemein Rückbildung oder Schrumpfung (Degeneration). Involutionstendenzen im kulturellen Bereich bzw. in der menschlichen Lebenswelt manifestieren sich im Verlust einer Empfindung von Werten (in Natur und Kultur), in der Gigantomanie technischer Machbarkeit, im Verluste des Gefühls für das ›Gute‹ und das ›Böse‹ usw. Derartige Involutionserscheinungen des modernen Menschen hat Lorenz (1974) als ›das wirklich Böse‹ bezeichnet, um sie abzugrenzen vom ›sogenannten Bösen‹, welches im Orgnanismenreich wertneutral, jenseits ethischer Wertungen durch den Menschen existiert (Tötung von Artgenossen u. dgl.).

Jatromagie: Auf die Antike zurückgehende Magie im Bereich der Medizin; ›magische Heilkunst‹. Nach Rothschuh (1978, S. 7) »magisches Denken und Handeln, soweit es sich auf die Erhaltung, Wiedererlangung und Stärkung der Gesundheit bezieht«. Die J. tritt beispielsweise in der Heilkunst des Paracelsus auf.

Jatromechanik: Eine medizinische Schule, die biologische Funktionen (vornehmlich des menschlichen Organismus) auf mechanische Funktionen zu reduzieren suchte. Die J. ist ideengeschichtlich der → Maschinentheorie des Lebendigen zuzuordnen und ist damit eine Variante des → Mechanismus (Tab. 4).

Kategorie: In der Philosophie allgemeinste Wirklichkeits- oder Begriffsform (z. B. → Materie), auch im Sinne einer ›Urform‹ des Seins. Darüber hinaus sind die fundamentalen Erscheinungsformen der Welt, sofern sie qualitativ voneinander unterscheidbar sind (z. B. Anorganisches und Organisches), als Kategorien zu bezeichnen. Bei Kant ist eine K. eine bestimmte gegebene Denkform (→ Apriori), z. B. → Kausalität.

Kategorischer Imperativ: Nach Kant allgemeingültige sittliche Maxime. Der einzelne soll stets so handeln, daß seine Handlungsmaxime jederzeit auch als Prinzip einer allgemeinen (ethischen) Gesetzgebung gelten kann.

Kausalität: Allgemein der Zusammenhang zwischen zwei oder mehreren Phänomenen (Ereignissen) im Sinne von Ursache(n) und Wirkung(en). Der Ursache-Wirkung-Zusammenhang ist bei komplexen Systemen vom Typ der Lebewesen netzförmig zu denken, wegen der Gleichzeitigkeit des Auftretens verschiedener miteinander verknüpfter Elemente und Funktionen. (→ Koexistenzgesetze.)

Koexistenzgesetze: In der Biologie solche Aussagen, welche die Gleichzeitigkeit (Koexistenz) von Strukturen und Funktionen ausdrücken.

Kontinuitätsprinzip: Auf Aristoteles zurückgehendes, später insbesondere von Buffon und Leibniz formuliertes Prinzip, demgemäß alle Wirklichkeitsbereiche miteinander verknüpft sind zu einer ›Kette‹ der realen Gegenstände. (→ Stufenleiter.)

Kybernetik: Interdisziplinäre Betrachtungsweise der Phänomene der Steuerung bzw. Regelung. Die K. untersucht unter einem einheitlichen Gesichtspunkt Steuerungs- bzw. Regelungsprinzipien in verschiedenen Bereichen (z.B. in der Biologie, in der Technik u.a.); sie wurde in den vierziger Jahren durch Wiener begründet.

Lamarckismus: Die → Evolutionstheorie Lamarcks. Danach wird die Evolution durch die Vererbung individuell erworbener Eigenschaften und einen dem Lebewesen eigenen ›Willen‹ zur Veränderung zu erklären versucht. Anders als die → Selektionstheorie erklärt der L. mithin die Evolution als einen ziemlich geradlinigen Prozeß des ›Fortschritts‹.

Leben: Die Gesamtheit der Organismen in ihrer gegenüber dem Anorganischen greifbaren Eigenart und Typik und somit eine spezifische → Kategorie der realen Welt. Der Begriff L. ist nur sinnvoll im Zusammenhang mit konkreten Gegenständen, denen wir bestimmte Merkmale zuschreiben können und die wir kraft unserer → Gestaltwahrnehmung als spezifisch erfahren. Daher ist L. kein metaphysischer Begriff. Nach der im vorliegenden Buch vertretenen systemorientierten Konzeption von L. handelt es sich dabei um spezifische Komplexitätsformen der → Materie, die aber nicht einem ontologischen → Reduktionismus gemäß auf die einfacheren physikalisch-chemischen (anorganischen) Strukturen der Materie restlos zurückzuführen sind, weil sich erst durch eine spezifische Verknüpfung primär anorganischer Elemente L. ergibt.

Lebenskraft: Im → Vitalismus angenommenes ›Lebensprinzip‹. Die L. wird dabei vielfach als spirituelles Prinzip verstanden (→ Animismus), jedenfalls als ein nicht in physikalisch-chemischen Termini beschreibbares Phänomen. (→ Lebenskraftlehren.)

Lebenskraftlehren: Im 18. Jahrhundert vitalistische Konzepte, die dem → Leben eine über physikalisch-chemische Prinzipien hinausgehende ›Kraft‹ zuschreiben. Sofern diese als natürliches Prinzip angenommen worden ist, setzen sich die L. von den animistischen Versionen des → Vitalismus ab (Tab. 3).

Maschinentheorie: In der → Biophilosophie die Auffassung, daß Lebewesen dem Prinzip nach mit Maschinen gleichzustellen sind. Die M. ist eine im 17. und 18. Jahrhundert etablierte Richtung des → Mechanismus (Tab. 4).

Materialismus: Im allgemeinen jede (philosophische) Lehre, die von der → Materie als Grundkategorie der realen Welt ausgeht. Im Zusammenhang mit dem → psychophysischen Grundproblem ist der M. in verschiedenen Varianten des → Monismus vertreten; die Existenz eines immateriellen ›Prinzips‹, eines eigenständigen (vom Materiellen unabhängigen) Geistes wird dabei geleugnet (Tab. 5). Der dialektische M. bedeutet in der → Naturphilosophie die Auffassung, daß in der Entwicklung der Materie Quantität in Qualität umschlägt; der → Geist wird dabei als eine bestimmte Bewegungsform der Materie angesehen. Der historische M. ist die Übertragung dieser Denkweise auf die Betrachtung der Geschichte: danach bestimmt die Produktionsweise des materiellen Lebens alle geistigen ›Lebens‹-Prozesse, das gesellschaftliche Sein des Menschen bestimmt sein → Bewußtsein. Der im vorliegenden Buch vertretene ›dynamische M.‹ ist davon grundverschieden: ausdrücklich nur im naturphilosophischen Sinn wird die Materie als ›Urprinzip‹ genommen, woraus sich immer komplexere Strukturen in der → Evolution entwickelt haben.

Materie: In allgemeiner Bedeutung ›Stoff‹; meist als Gegensatz zu → Geist verstanden. In diesem Buch wird M. als dynamisches Prinzip angesehen, als Voraussetzung für die Entfaltung komplexer Systeme. (→ Selbstorganisation.)

Mechanismus: Im Gegensatz zum → Vitalismus jene biophilosophische Richtung, die alle Lebensprinzipien bzw. -erscheinungen auf ihre Mechanik zurückzuführen versucht (→ Maschinentheorie, → Reduktionismus) (Tab. 4).

Mesokosmos: Die ›Welt der mittleren Dimensionen‹ (Vollmer 1975), also jener Ausschnitt der realen Welt, auf den in der → Evolution der Wahrnehmungsapparat der Lebewesen sich sozusagen zugeschnitten hat. (→ Hypothetischer Realismus.)

Metaphysik: Ursprünglich die Bezeichnung für diejenigen Schriften des Aristoteles, die das nach den konkreten Dingen, also nach der ›Physik‹ Stehende behandeln. Allgemein ist als M. jedes System von Behauptungen bzw. Aussagen zu verstehen, die mit wissenschaftlichen Methoden nicht begründet oder überprüft werden können und sich jeder Erfahrung entziehen.

Milieutheorie: In der → Anthropologie diejenige Auffassung, die den Menschen als weitgehend durch seine Umwelt determiniert erklärt; im wesentlichen also die Auffassung des → Behaviorismus.

Monismus: Allgemein jede dem → Dualismus entgegengerichtete Position, welche also die Wirklichkeit als einheitlich beschaffen annimmt. Im Zusammenhang mit dem → psychophysischen Grundproblem handelt es sich beim M. um die Auffassung, daß → Materie und → Geist bzw. Gehirn und → Bewußtsein im wesentlichen identisch sind (psychoneuraler M.; Tab. 5). Die in diesem Buch eingenommene monistische Position erklärt das Bewußtsein als eine → Systemeigenschaft des Gehirns bzw. ZNS.

Moralität: Generell sittliche Gesinnung, vor allem insofern, als die Sittlichkeit nicht bloß durch ein Sittengesetz bedingt ist, sondern einem Pflichtgefühl ideell entspringt (Kant).

Mythos: Im allgemeinen jede durch naives Empfinden entstandene, irrationale Deutung der Wirklichkeit. Obwohl der rationalen Kontrolle entzogen, erhebt der M. – so wie die → Ideologie – oft Wahrheitsansprüche (z.B. mit der Annahme ›göttlicher Prinzipien‹).

Naturalismus: Jede ›naturbezogene‹ (philosophische) Anschauung, die alle Phänomene der Wirklichkeit (also auch das Geistige) aus der Natur heraus zu erklären versucht. In einem speziellen Sinn ist der N. eine Variante mechanistischer Erklärungsversuche des Lebenden (Tab. 4).

Naturphilosophie: Eine philosophische Disziplin, die sich mit der Natur beschäftigt, allgemein die Gesamtheit philosophischer Reflexionen über die Natur. In diesem Buch meint N. – sofern nicht auf bestimmte historische Epochen mit anderen Deutungen bezogen – das Studium philosophischer Probleme im Umfeld der Naturphänomene, stets im Zusammenhang mit naturwissenschaftlichen Tatsachen, Aussagen bzw. Theorien. Die N. ist der größere Rahmen für die → Biophilosophie.

Negentropie: Umkehrung der → Entropie, also → Ordnung. Lebewesen widersprechen dem Entropieprinzip zwar nicht, sie können es aber als offene → Systeme sozusagen umgehen und daher in der Lage sein, Ordnung aufzubauen.

Neurobiologie: Das Studium des Nervensystems, insbesondere der Verarbeitung wahrgenommener Strukturen, ihrer Koordination im Gehirn und ihrer ›Beantwortung‹ durch entsprechende Reaktionen. Im engeren Sinne bedeutet die N. die Erforschung des menschlichen Gehirns.

Nucleinsäuren: Biologische Makromoleküle, aus kleineren molekularen Einheiten bestehend. N. sind die Basis des Erbgeschehens. Das Erbprogramm, die genetische → Information ist in den Desoxyribonucleinsäuren (DNS) verschlüsselt und wird über die Ribonucleinsäuren (RNS) zu den Proteinen (Eiweißen) übermittelt, welche für den Aufbau mikro- und makroskopischer Strukturen der Lebewesen maßgeblich sind.

Ontogenese: Die Entwicklung eines individuellen Lebewesens; im weitesten Sinne die Entwicklung von der befruchteten Eizelle (›Keim‹) bis zum Tod des Lebewesens.

Ontologie: Eine philosophische Disziplin, meist als → Metaphysik des Seins verstanden. Im vorliegenden Buch ist die O. allerdings als eine nur im Zusammenhang mit empirischen Erkenntnissen der Naturwissenschaften relevante Disziplin verstanden. So gesehen ist die O. als System von Aussagen über den Aufbau der Wirklichkeit gemeint, hier der organischen Wirklichkeit (→ Leben).

Ordnung: Physikalisch aus der → Entropie ableitbares Phänomen: Umkehrung der (atomaren) Unordnung eines → Systems. Alle Lebewesen sind geordnete Systeme, wobei die → Hierarchie ein fundamentales Prinzip der O. darstellt.

Organizismus: Vor allem von Bertalanffy in neuerer Zeit forcierte Richtung in der Betrachtung der Lebewesen und ihrer Eigenheiten. Der O. hat seine Wurzeln im beginnenden 20. Jahrhundert und versteht sich als Überwindung sowohl des → Mechanismus als auch des → Vitalismus. Er betrachtet lebende Systeme als Ganzheiten (→ Holismus), resultierend aus den spezifischen Wechselwirkungen ihrer Elemente (Teilsysteme).

Panspermiehypothese: Die Auffassung, daß → Leben auf der Erde von außerirdischen Lebenskeimen herrührt. Diese zu Beginn unseres Jahrhunderts vor allem von Arrhenius vertretene, gelegentlich auch heute noch ausgesprochene Meinung (Crick), löst aber nicht das Problem der →

Biogenese, sondern umgeht es, indem die Lebensentstehung in den Weltraum hinaus verlagert wird.

Pantheismus: In wörtlicher Bedeutung ›All-Gott-Lehre‹; eine philosophische Richtung, die eine Eigenexistenz Gottes im wesentlichen aufhebt und Gott in der Natur erblickt. Der P. findet sich schon in der Antike – etwa bei Xenophanes (580–485 v. Chr.) – und wurde in der neuzeitlichen Philosophie in unterschiedlichen Varianten vertreten, so von Goethe, Spinoza u. a.

Perspektivismus: Die von Bertalanffy im Rahmen der allgemeinen → Systemtheorie postulierte Betrachtungsweise der realen Welt, die die Komplexitätsniveaus der Wirklichkeit unter dem Gesichtspunkt bestimmter, allen Wirklichkeitsformen zugrunde liegender Prinzipien betrachtet. Damit versucht der P. sowohl den ontologischen → Reduktionismus als auch den metaphysischen → Holismus zu überwinden.

Phylogenese: Stammesgeschichte der Lebewesen. (→ Evolution.)

Präformationstheorie: Die der → Epigenesislehre entgegengesetzte Auffassung, daß der Organismus bereits im Keim (im Ei oder im Sperma) als vollständige Miniaturform vorhanden ist.

Prästabilierte Harmonie: Nach Leibniz die Ordnung der Welt nach einem vorgegebenen (Schöpfungs-)Plan. Gehirn und → Geist sind demnach parallel zueinander gegeben, aber aufeinander eingestellt (gleichgestellt vergleichbar mit zwei Uhren).

Psychophysisches Grundproblem: Das Materie-Geist-Problem bzw. das Leib-Seele-Problem; die Frage ob Beziehungen zwischen → Materie und → Geist bestehen und wenn, welcher Art diese Beziehungen sind. Sinnvoll stellt sich diese Frage heute praktisch nur als Frage nach den Gehirn-Bewußtseins-Beziehungen. (→ Dualismus, → Monismus.)

Ratio: Vernunft; die beim Menschen dem instinktiven Verhalten übergeordnete Fähigkeit zur → Selbstreflexion; der ›Überbau‹ zum → ratiomorphen Apparat. Die → evolutionäre Erkenntnistheorie sieht die Bedingungen für das Auftreten der R. im Bereich der Bio-Evolution und weist rationales Verhalten als Folge spezifischer Integrationsmuster des Gehirns bzw. des ZNS aus.

Ratiomorpher Apparat: Die Gesamtheit vorbewußter Verrechnungsleistungen bzw. kognitiver Mechanismen. Diese Mechanismen des r. A. sind in gewisser Weise der Vernunft analog, nicht aber damit identisch; es sind jedem Lebewesen von der → Evolution ›eingebaute‹ realistische Kalkulationen der es umgebenden Welt (→ Mesokosmos).

Realismus: Im allgemeinen jene erkenntnistheoretische Haltung, die von einer außersubjektiven Wirklichkeit und von deren Erkennbarkeit ausgeht. Im vorliegenden Buch versteht sich der R. als → hypothetischer Realismus.

Reduktionismus: Methodisch das Zurückführen von Phänomenen auf ihre Einzelteile (Analyse). Ontologisch darüber hinaus die Überzeugung, daß sich jede Ganzheit restlos aus den Eigenschaften ihrer Teile erklären läßt, wonach z. B. → Leben auf physikalische und chemische Komponenten zurückführbar ist und nicht als eigenständige → Kategorie bestehen kann. Der ontologische R. ist dem → Holismus (im Sinne von → Organizismus) entgegengerichtet und bedeutet eine grobe Vereinfachung der komplexen Zusammenhänge im Bereich des Lebendigen.

Schöpfungslehre: Die mit der → Evolutionstheorie unvereinbare, im → Mythos verwurzelte Auffassung, wonach die heutigen Lebewesen und darüber hinaus die Gesamtheit der Erscheinungsformen der realen Welt Resultat eines (einmaligen) göttlichen Schöpfungsprozesses sind.

Selbstorganisation: In der Theorie von Eigen und Kuhn die Fähigkeit spezieller Materieformen, unter gegebenen Bedingungen selbstreproduktive Strukturen hervorzubringen. Bei Eigen wird die Entstehung des Lebens auf der Erde durch materielle S. im → Hyperzyklus veranschaulicht.

Selbstreflexion: ›Ich-Erkenntnis‹; dem Menschen eigenes Vermögen, sich zum Ich in Distanz begeben zu können, die Reflexion des Ich, seine Position in der Welt, seines Handelns und seines Sollens.

Selbstregulation: Das Vermögen aller Lebewesen, den eigenen Zustand zu erhalten und Störeinflüsse aus der Umgebung so zu regulieren, daß der Organismus relativ stationär bleibt (→ Autopiesis, → Fließgleichgewicht), daß der Vollzug der Lebensleistungen in arterhaltend zweckmäßiger Weise (→ Telonomie) gewährleistet ist.

Selektion: Natürliche Auslese, natürliche Zuchtwahl. Bei Darwin ist die S. die basale Triebfeder des Evolutionsgeschehens. Es überleben danach stets nur diejenigen Variationen einer Art, die die bessere Anpassung an die vorherrschenden (Lebens-)Bedingungen aufweisen und im natürlichen Wettbewerb um Nahrung usw. sich sozusagen als tauglich erweisen.

Selektionstheorie: Die Theorie der natürlichen Auslese, die Evolutionstheorie Darwins im engeren Sinne. Die S. beruht auf den Beobachtungen, daß stets mehr Nachkommen einer Art hervorgebracht werden als überleben können und daß diese Nachkommen hinsichtlich verschiedener Körper- und Verhaltensmerkmale voneinander verschieden sind. Die Selektion bevorzugt im natürlichen Wettbewerb stets diejenigen, die die besseren anatomisch-physiologischen Voraussetzungen mitbringen.

Sozialdarwinismus: Generell die Übertragung der → Selektionstheorie auf gesellschaftliche Systeme. Der S. ist eine illegitime Form der Ausdehnung strikt naturwissenschaftlich gemeinter Prinzipien auf nichtbiologische Bereiche (→ Biologismus). In seinen praktischen Bemühungen versucht der S. den Erbschäden vorzubeugen, was andererseits in der neueren Geschichte zu katastrophalen Konsequenzen geführt hat. Das rührt vor allem daher, daß die Formel vom ›Überleben des Tüchtigsten‹ ideologische Fehldeutungen erfuhr.

Soziobiologie: Im allgemeinen das Studium der biologischen Grundlagen des Sozialverhaltens der Lebewesen einschließlich des Menschen unter dem Gesichtspunkt der → Evolution. In der von manchen Vertretern der S. gezogenen theoretischen Konsequenz ergibt sich daraus ein dem → Behaviorismus entgegengesetztes Bild des Lebendigen, das einer → Maschinentheorie entspricht.

Stufenleiter: Ein auf die Antike zurückgehendes Prinzip der linearen Anordnung der Gegenstände der realen Welt gemäß ihrer unterschiedlichen Komplexität.

Subjektivismus: Allgemein jede auf das Subjekt bezogene Lehre; genauer jene Auffassung, die das Subjekt (subjektives Erleben, Denken, Fühlen) als Ausgangspunkt einer Weltdeutung nimmt. In seiner extremen Version meint der S., daß die Gegenstände außerhalb des Subjekts im Grunde nur Produkte der subjektiven Vorstellungskraft bzw. Imagination darstellen (Solipsismus).

System: Ein Komplex von Elementen, der Gesetzlichkeiten entwickelt, die seinen Elementen noch fehlen (→ Systemeigenschaften). In der Biologie spielt das Konzept des offenen S. eine hervorragende Rolle: Organismen sind definitionsgemäß offene S., sie entziehen ihrer Umgebung Energie, die sie zum Aufbau körpereigener Energie und letztlich → Ordnung benötigen. Jedes S. ist ein hierarchisch geordnetes Gefüge; ein S. ist stets mehr als die Summe seiner Teile.

Systemeigenschaften: Spezifische Eigenschaften (Gesetzlichkeiten) jedes → Systems, die noch nicht auf der Ebene seiner Elemente auftreten. Die S. einer Zelle beispielsweise unterscheiden sich von den Eigenschaften der sie aufbauenden Moleküle.

Systemtheorie: Von Bertalanffy und Weiss entwickelte allgemeine Theorie der Systeme. Die S. ist aus einer Verallgemeinerung der organismischen Betrachtung der Lebewesen (→ Organizismus) im Zusammenhang mit der Theorie offener Systeme als interdisziplinäre Denkweise hervorgegangen.

Tautologie: Überflüssige Verdoppelung eines Begriffs bzw. einer Aussage oder eine zirkelhafte Definition durch Nennung eines Merkmals, das bereits in dem zu definierenden Begriff enthalten ist, z.B. der Schimmel ist weiß.

Teleologie: Im ursprünglichen Sinn die ›Lehre von der Zweckmäßigkeit‹ (Aristoteles). Die T. wird im Vorgang, in dem ein Ziel bewußt vorweggenommen wird (menschliches Planen) im Gegensatz zur → Kausalität gesehen. In die → Biophilosophie hat die T. schon früh ihren Einzug gehalten, im Zusammenhang mit vitalistischen und finalistischen Denkweisen. Echte T. im Bereich des Lebenden würde aber die Gültigkeit der → Schöpfungslehre und ähnlicher Dogmen voraussetzen. Die moderne, evolutionstheoretisch orientierte Biologie hat daher die T. durch die → Teleonomie ersetzt.

Teleonomie: Ausdruck für Strukturen, Funktionen, Verhaltensweisen mit systemerhaltendem (arterhaltendem) Charakter. Im Bereich des Lebenden sind Vorgänge in diesem Sinne zweckmäßig, aber nicht zielintendiert. T. bedeutet, daß sich die Lebenserscheinungen auf der Basis eines in der → Evolution allmählich herausgebildeten genetischen Programms vollziehen.

Thermodynamik: Eine physikalische Disziplin (›Wärmelehre‹); sie untersucht die Phänomene Energie und → Entropie. Nach dem sog. zweiten Hauptsatz der T. (Entropiesatz) verändern sich geschlossene Systeme in Richtung zunehmenden Gleichgewichts (›Chaos‹, ›Wärmetod‹), verstanden als völliger Ausgleich von Temperaturdifferenzen. In neuerer Zeit hat sich als Zweig der T. die Ungleichgewichts-T. herausgebildet, die vor allem an die Verdienste von Prigogine geknüpft ist. Diese ist auf Systeme anwendbar, die sich jenseits des thermodynamischen Gleichgewichts befinden, also im → Fließgleichgewicht stehen und (wie die Lebewesen) → Ordnung aufzubauen in der Lage sind. (→ Fluktuation.)

Urknall: Der Beginn des Universums vor ca. 15 bis 20 Milliarden Jahren. Zu dieser Zeit begann nach der heute gängigen astrophysikalischen bzw. kosmologischen Auffassung die Expansion des Weltalls und damit die kosmische → Evolution, d.h. die Entstehung und Entwicklung von Sternen und Galaxien (Milchstraßen bzw. Milchstraßensystemen).

Urzeugung: Nach der Vorstellung von der U., die in der Antike ihre Ursprünge nimmt und bis ins 18. und 19. Jahrhundert reicht, können einzelne Lebewesen spontan aus anderen (auch nicht belebten) Dingen entstehen (Abb. 7).

Verhaltensforschung: Biologische Disziplin, die sich mit dem Verhalten der Organismen befaßt und dieses Verhalten mit physiologischen Mechanismen korreliert (Verhaltensphysiologie). Die Grundlage der modernen, vergleichenden V., die von Lorenz begründet wurde, ist die → Evolutionstheorie. Die V. ist heute unerläßlich auch für die → Anthropologie, da sie wesentlich zum Verständnis menschlichen Verhaltens, seiner Ähnlichkeiten mit anderen Organismen als auch seiner Eigentümlichkeiten durch kulturelle Abwandlungen beiträgt. Die V. überwindet die einseitigen Vorstellungen, wonach das Verhalten eines Lebewesens entweder ausschließlich genetisch oder durch Umweltfaktoren bedingt wird (→ Behaviorismus, → Milieutheorie) und sucht beiden Komponenten in ihrer Wechselwirksamkeit Rechnung zu tragen.

Vitalismus: Dem → Mechanismus entgegengesetzte Lehre, derzufolge Lebewesen nur unter Zuhilfenahme spezieller Lebenskräfte (→ Lebenskraft) erklärbar sind bzw. in all ihren Erscheinungen auf durch die Erfahrung unergründbaren Faktoren beruhen (Tab. 2). Der V. wurde in jeder historischen Epoche der Biologie bzw. Biophilosophie auf die eine oder andere Art und Weise vertreten, obwohl er insbesondere seit dem 19. Jahrhundert gegenüber dem Mechanismus in den Hintergrund gedrängt worden ist.

Weltbild: Die jeweils verfügbare Gesamtheit intersubjektiven Wissens (→ Intersubjektivität) über die reale Welt, im engeren Sinn auch die Auffassung über die Position der Erde und des Menschen im Kosmos. Zu Beginn der Neuzeit wurde das geozentrische W., das die Erde in den Mittelpunkt der Welt gestellt hat, abgelöst durch ein heliozentrisches W., wo die Erde zusammen mit anderen Planeten um die Sonne kreist. Heute freilich ist längst erkannt, daß auch unser Sonnensystem nur ein winziger Teil des Kosmos ist. Der Begriff W. ist zu unterscheiden von dem der Weltanschauung (vgl. Anm. 7).

Wissenschaftstheorie: Die Theorie der wissenschaftlichen Erkenntnis, ihrer Bedingungen und ihrer Entwicklung, genauer: eine Theorie der internen Bedingungen der Wissenschaftsentwicklung. Die W. ist der → Erkenntnistheorie nachgeordnet, da sie sich mit der wissenschaftlichen Erkenntnis als einer speziellen Form menschlicher Erkenntnis beschäftigt. Die wissenschaftliche Erkenntnis ist gegenüber der Alltagserkenntnis eine verobjektivierte, verallgemeinerte Form der Erkenntnis bzw. des Wissens und wird in Theorien bzw. Theoriesystemen repräsentiert.

Bibliographie

Agassi, J. 1977: Towards a Rational Philosophical Anthropology. Martinus Nijhoff, The Hague.

Altner, G. (Hrsg.) 1981: Der Darwinismus. Die Geschichte einer Theorie. Wissenschaftliche Buchgesellschaft, Darmstadt.

Alverdes, F. 1935: Die Totalität des Lebendigen. Barth, Leipzig.

Anker, J. und Dahl, S. 1938: Werdegang der Biologie. Hiersemann, Leipzig.

Ardrey, R. 1967: African Genesis. A Personal Investigation into the Animal Origins and Nature of Man. Collins, Glasgow.

Aster, E. v. 1932: Naturphilosophie. Mittler, Berlin.

Austeda, F. 1972: Moderne Philosophie. Probleme – Positionen – Profile. Rombach, Freiburg.

Ayala, F. J. 1968: Biology as an Autonomous Science. Amer. Sci. 56, 202–221.

Ayer, A. J. 1976: The Central Questions of Philosophy. Penguin Books, Harmondsworth.

Bacon, F. 1620 (1974): Novum Organum. (Neues Organ der Wissenschaften. Wissenschaftliche Buchgesellschaft, Darmstadt.)

Bartley, W.W. 1983: The Challenge of Evolutionary Epistemology. In: Proceedings of the Eleventh International Conference on the Unity of the Sciences. International Cultural Foundation Press, New York (pp. 835–880).

Bateson, G. 1981: Ökologie des Geistes. Anthropologische, psychologische, biologische und epistemologische Perspektiven. Suhrkamp, Frankfurt/M.

Bavink, B. 1928: Die Hauptfragen der heutigen Naturphilosophie. Bd. II. Salle, Berlin.

Bayertz, K. 1981: Wissenschaftstheorie und Paradigmabegriff. Metzler, Stuttgart.

Becher, E. 1949: Einführung in die Philosophie. 2. Aufl. Duncker & Humblot, Berlin–München.

Beckner, M.O. 1967: Organismic Biology. In: Edwards, P. (ed.): The Encyclopedia of Philosophy. Vol. V. MacMillan, New York (pp. 549–551).

Bendmann, A. 1967: L. von Bertalanffys organismische Auffassung des Lebens in ihren philosophischen Konsequenzen. Fischer, Jena.

Bergson, H. 1907 (1921): L'évolution créatrice. Alcan, Paris. (Schöpferische Entwicklung. Diederichs, Jena.)

Berkeley, G. 1710 (1962): The Principles of Human Knowledge. (Collins, Glasgow.)

Bernal, J. D. 1972: Der Ursprung des Lebens. In: Die Enzyklopädie der Natur. Bd. 20. Editions Rencontre, Lausanne (S. 1–280).

Bertalanffy, L. v. 1932, 1942: Theoretische Biologie. 2 Bde. Bornträger, Berlin.
– 1951: Auf den Pfaden des Lebens. Ein biologisches Skizzenbuch. Umschau, Frankfurt/M.
– 1967: Robots, Men and Minds. Psychology in the Modern World. Braziller, New York.
– 1972: The Model of Open Systems: Beyond Molecular Biology. In: Breck, A.D. and Yourgrau, W. (eds.): Biology, History, and Natural Philosophy. Plenum Press, New York (pp. 17–30).
– 1968 (1973): General System Theory. Foundations, Development, Applications. Braziller, New York. (Penguin University Books, Harmondsworth.)
Bilz, R. 1973: Wie frei ist der Mensch? Suhrkamp, Frankfurt/M.
– 1974: Studien über Angst und Schmerz. Suhrkamp, Frankfurt/M.
Blumenberg, H. 1981: Die Genesis der kopernikanischen Welt, Bd. 1: Die Zweideutigkeit des Himmels – Eröffnung der Möglichkeit eines Kopernikus. Suhrkamp, Frankfurt/M.
Boden, M.A. 1983: Artificial Intelligence and Animal Psychology. New Ideas Psychol. *1*, 11–33.
Böhme, W. 1980: Schöpfung und Evolution. Herrenalber Texte *23*, 106–110.
Bölsche, W. 1912: Die Abstammung des Menschen. Kosmos / Franckh, Stuttgart.
Bonik, K. und Gutmann, W.F. 1980: Evolution, Naturphilosophie und die Konsequenzen für die Physiologie. Natur und Museum *110*, 1–8.
– 1982: Evolution, Energiefluß und das Organisationsproblem der Lebewesen. In: Ziegler, W. (Hrsg.): Organismus und Anpassung. Kramer, Frankfurt/M. (S. 55–80).
Bourguignon, A. 1979: Certains problèmes épistémologiques évoqués par Claude Bernard. In: Poirier, J. et Poirier, J.L. (eds.): Medicine et philosophie a la fin du XIX°-siecle. Cahier de l'institut de recherche universitaire d'histoire de la connaissance, des idees et des mentalites. N° 2, p. 85–100.
Braitenberg, V. 1973: Gehirngespinste. Neuroanatomie für kybernetisch Interessierte. Springer, Berlin–Heidelberg–New York.
Brazier, M.A.B. 1977: La neurobiologie, du vitalisme au matérialisme. La Recherche *8*, 965–972.
Breidbach, O. 1982: Das Organische in Hegels Denken. Studie zur Naturphilosophie und Biologie um 1800. Königshausen & Neumann, Würzburg.
– 1983: Zur wissenschaftskonstitutiven Funktion der Evolutionslehre. Philos. Nat. *20*, 365–381.
Bresch, C. 1977: Zwischenstufe Leben. Evolution ohne Ziel? Piper, München–Zürich.
– 1983: Evolution aus Alpha-Bedingungen, Zufalls-Türmen und Systemzwängen. In: Riedl, R. und Kreuzer, F. (Hrsg.): Evolution und Menschenbild. Hoffmann und Campe, Hamburg (S. 22–39).

Büchel, W. 1982: Teleologie und Negentropie. Zeitschrift f. allgem. Wissenschaftstheorie *13*, 40–47.
Büchner, L. 1864: Kraft und Stoff. Empirisch-naturphilosophische Studien. 8. Aufl. Thomas, Leipzig.
Bunge, M. 1977: Emergence and the Mind. Neuroscience *2*, 501–509.
– 1979a: Some Topical Problems in Biophilosophy. J. Social Biol. Struct. 2, 155–172.
– 1979b: The Mind-Body Problem in an Evolutionary Perspective. In: Wolstenholme, G. and O'Connor, M. (eds.): Brain and Mind. Elsevier, Amsterdam–New York (pp. 53–63).
– 1980: The Mind-Body Problem. A Psychobiological Approach. Pergamon Press, Oxford–New York–Toronto.
– and Llinás, R. 1978: The Mind-Body Problem in the Light of Neuroscience. In: Proceedings of the Sixteenth World Congress of Philosophy. University of Düsseldorf, Düsseldorf (pp. 131–133).
Buytendijk, F. J. J. 1967: Prolegomena einer anthropologischen Physiologie. Müller, Salzburg.

Campanella, T. 1602 (1955): Civitas Solis. (Der Sonnenstaat. Idee eines philosophischen Gemeinwesens. Akademie-Verlag, Berlin.)
Campbell, B.G. 1972: Entwicklung zum Menschen. Voraussetzungen und Grundlagen seiner physischen Adaptationen und seiner Verhaltensanpassungen. Fischer, Stuttgart.
Campbell, D.T. 1974a: ›Downward Causation‹ in Hierarchically Organised Biological Systems. In: Ayala, F. J. and Dobzhansky, T. (eds.): Studies in the Philosophy of Biology. MacMillan, London (pp. 179–186).
– 1974b: Evolutionary Epistemology. In: Schilpp. P. A. (ed.): The Philosophy of Karl Popper. Part I. Open Court, La Salle (pp. 413–463).
Canguilhem, G. 1979: Wissenschaftsgeschichte und Epistemologie. Suhrkamp, Frankfurt/M.
Caplan, A.L. (ed.) 1978: The Sociobiology Debate. Readings in the Ethical and Scientific Issues Concerning Sociobiology. Harper & Row, New York–San Francisco–London.
Cassirer, E. 1950: The Problem of Knowledge. Philosophy, Science, and History Since Hegel. Yale University Press, New Haven–London.
Cohen, J. 1968: Golem und Roboter. Über künstliche Menschen. Umschau, Frankfurt/M.
Conrad-Martius, H. 1949: Abstammungslehre. Kösel, München.
Creutzfeldt, O.D. 1979: Neurophysiological Mechanisms of Consciousness. In: Wolstenholme, G. and O'Connor, M. (eds.): Brain and Mind. Elsevier, Amsterdam–New York (pp. 217–253.
Crick, F. 1983: Das Leben selbst. Sein Ursprung, seine Natur. Piper, München–Zürich.

Darwin, Ch. 1859 (1966): On the Origin of Species by Means of Natural Selection. Murray, London. (Die Entstehung der Arten durch natürliche Zuchtwahl. Reclam, Stuttgart.)

– 1871 (1966): The Descent of Man. Murray, London. (Die Abstammung des Menschen. Kröner, Stuttgart.)
Dawkins, R. 1976: The Selfish Gene. Oxford University Press, New York–Oxford.
Descartes, R. 1641 (1902): Meditationes de prima philosophia. Soly, Paris. (Meditationen über die Grundlagen der Philosophie. Dürr, Leipzig.)
Diderot, D. 1769 (1981): Gespräch zwischen d'Alembert und Diderot. In: Diderot, Erzählungen und Gespräche. Insel, Frankfurt/M. (S. 363–380).
Diemer, A. 1959: Einführung in die Ontologie. Hain, Meisenheim.
– 1967: Philosophie. In: Diemer, A. und Frenzel, I. (Hrsg.): Das Fischer Lexikon – Philosophie. Fischer, Frankfurt/M. (S. 251–262).
Dingler, H. 1931: Über die Anfänge des exakten Systemdenkens bei den Griechen. Archaion *5*, 1–10.
Ditfurth, H. v. 1976: Der Geist fiel nicht vom Himmel. Die Evolution unseres Bewußtseins. Hoffmann und Campe, Hamburg.
– 1977: Zusammenhänge. Gedanken zu einem naturwissenschaftlichen Weltbild. Rowohlt, Reinbek.
– 1981: Wir sind nicht nur von dieser Welt. Naturwissenschaft, Religion und die Zukunft des Menschen. Hoffmann und Campe, Hamburg.
Dobzhansky, T. 1965: Dynamik der menschlichen Evolution. Gene und Umwelt. S. Fischer, Frankfurt/M.
Driesch, H. 1917: Wirklichkeitslehre. Ein metaphysischer Versuch. Reinecke, Leipzig.
– 1928: Philosophie des Organischen. 4. Aufl. Quelle & Meyer, Leipzig.
– 1933: Die nicht-mechanistische Biologie und ihre Vertreter. Nova Acta Leopoldina, Neue Folge *1*, 282–287.
Dullemeijer, P. 1982: Strukturalismus, Klassifikation und Evolution. In: Ziegler, W. (Hrsg.): Organismus und Anpassung. Kramer, Frankfurt/M. (S. 7–35).

Eccles, J.C. 1970: Facing Reality. Philosophical Adventures by a Brain Scientist. Springer, New York–Heidelberg–Berlin.
– 1973: Brain, Speech and Consciousness. Naturwiss. *60*, 167–176.
– 1979: The Human Mystery. Springer, New York–Heidelberg–Berlin.
Edwards, P. 1967: Panpsychism. In: Edwards, P. (ed.): The Encyclopedia of Philosophy. Vol. VI. MacMillan, London (pp. 22–31).
Eibl-Eibesfeldt, I. 1972: Stammesgeschichtliche Anpassungen im Verhalten des Menschen. In: Gadamer, H.-G. und Vogler, P. (Hrsg.): Neue Anthropologie. Bd. 2: Biologische Anthropologie (zweiter Teil). G. Thieme/Deutscher Taschenbuch Verlag, Stuttgart–München (S. 3–59).
– 1976a: Der vorprogrammierte Mensch. Das Ererbte als bestimmender Faktor im menschlichen Verhalten. Deutscher Taschenbuch Verlag, München.
– 1976b: Menschenforschung auf neuen Wegen. Die naturwissenschaftliche Betrachtung kultureller Verhaltensweisen. Molden, Wien–München.

Eigen, M., Gardiner, W., Schuster, P. and Winkler, R. 1981: The Origin of Genetic Information. Scient. Amer. *244* (4), 78–94.

– and Schuster, P. 1979: The Hypercycle. A Principle of Natural Self-Organization. Springer, Berlin–Heidelberg–New York.

– und Winkler, R. 1975: Das Spiel. Naturgesetze steuern den Zufall. Piper, München–Zürich.

Engelhardt, D. v. 1979: Historisches Bewußtsein in der Naturwissenschaft von der Aufklärung bis zum Positivismus. Alber, Freiburg–München.

Engels, E.-M. 1980: Lebenskraft. In: Ritter, J. und Gründer, K. (Hrsg.): Historisches Wörterbuch der Philosophie. Bd. 5. Schwabe, Basel (S. 122–127).

– 1982: Die Teleologie des Lebendigen. Eine historisch-systematische Untersuchung. Duncker & Humblot, Berlin.

Engels, F. 1883 (1973): Dialektik der Natur. 7. Aufl. Dietz, Berlin.

Erben, H.K. 1980: A Holo-Evolutionistic Conception of Fossil and Contemporaneous Man. Abh. Akad. Wiss. u. Lit. (Mathemat.-naturwiss. Kl.) (Mainz), Nr. 1, S. 1–18.

– 1981: Leben heißt Sterben. Der Tod des einzelnen und das Aussterben der Arten. Hoffmann und Campe, Hamburg.

– 1984: Intelligenzen im Kosmos? Die Antwort der Evolutionsbiologie. Piper, München–Zürich.

Farrington, B. 1982: What Darwin Really Said. Schocken Books, New York.

Feigl, H. 1973: Leib-Seele, kein Scheinproblem. In: Gadamer, H.-G. und Vogler, P. (Hrsg.): Neue Anthropologie. Bd. 5: Psychologische Anthropologie. G. Thieme/Deutscher Taschenbuch Verlag, Stuttgart–München (S. 3–14).

Feyerabend, P.K.1976: Wider den Methodenzwang. Skizze einer anarchistischen Erkenntnistheorie. Suhrkamp, Frankfurt/M.

Frisch, M. 1957 (1982): Homo faber. Ein Bericht. 14. Aufl. Suhrkamp, Frankfurt/M.

Fuchs-Kittowski, K. 1976: Probleme des Determinismus und der Kybernetik in der molekularen Biologie. 2. Aufl. Fischer, Jena.

– 1979: Zum Charakter der Gesetzmäßigkeit der Evolution. In: Hörz, H. und Nowiński, Ĉ. (Hrsg.): Gesetz – Entwicklung – Information. Zum Verhältnis von philosophischer und biologischer Entwicklungstheorie. Akademie Verlag, Berlin (S. 287–309).

Gehlen, A. 1957: Die Seele im technischen Zeitalter. Sozialpsychologische Probleme in der industriellen Gesellschaft. Rowohlt, Hamburg.

– 1971: Der Mensch. Seine Natur und seine Stellung in der Welt. 9. Aufl. Athenäum, Frankfurt/M.

Glasenapp, H. v. 1957: Das Fischer Lexikon – Die nichtchristlichen Religionen. Fischer, Frankfurt/M.

Goerdt, W. 1973: Holismus. In: Ritter, J. und Gründer, K. (Hrsg.): Historisches Wörterbuch der Philosophie. Bd. 3. Schwabe, Basel (S. 1167).

Goethe, J.W. v. 1982: Schriften zur Biologie. Hrsg. von Dietzfelbinger, K. Langen/Müller, München–Wien.
Gould, S. J. 1982: Darwinism and the Expansion of Evolutionary Theory. Science *216*, 380–387.
Gradmann, H. 1962: Das Rätsel des Lebens im Lichte der Forschung. Reinhardt, München–Basel.
Grassé, P.P. 1973: Das Ich und die Logik der Natur. Die Antwort der modernen Biologie. List, München.
Gregory, F. 1977: Scientific Materialism in Nineteenth Century Germany. Reidel, Dordrecht–Boston.
Gregory, R.L. 1972: Auge und Gehirn. Zur Psychophysiologie des Sehens. Fischer, Frankfurt/M.
Grene, M. 1974: The Understanding of Nature. Essays in the Philosophy of Biology. Reidel, Dordrecht–Boston.
Grimsley, R. 1973: The Philosophy of Rousseau. Oxford University Press, London–Oxford–New York.
Grmek, M. 1972: A Survey of the Mechanical Interpretations of Life from Greek Atomists to the Followers of Descartes. In: Breck, A.D. and Yourgrau, W. (eds.): Biology, History and Natural Philosophy. Plenum Press, New York (pp. 181–195).
Grobstein, C. 1974: The Strategy of Life. 2nd ed. Freeman, San Francisco.
Grünthal, E. 1968: Psyche und Nervensystem. Geschichte eines Problems. Duncker & Humblot, Berlin.
Grüsser, O.-J. 1969: Menschliche und maschinelle Intelligenz. Stud. Gen. *22*, 30–48.
Gutmann, W.F. und Bonik, K. 1980a: Die Dynamik von Selbstorganisation und Destruktion im heutigen Evolutionsverständnis. Eichstätter Hochschulreden, Heft 20. Minerva Publikation, München.
– 1980b: Borelli und die Folgen – kann man Mechanik in Lebewesen sehen? Natur u. Museum *110*, 263–275.

Haas, J. 1958: Das Lebensproblem heute. Beitrag der Zellforschung zur Philosophie des Organischen. Pustet, München–Salzburg–Köln.
Haeckel, E. 1899: Die Welträthsel. Gemeinverständliche Studien über Monistische Philosophie. Kröner, Stuttgart.
– 1905: Die Lebenswunder. Gemeinverständliche Studien über Biologische Philosophie. Kröner, Stuttgart.
Haldane, J. S. 1932: Die philosophischen Grundlagen der Biologie. Prismen-Verlag, Berlin.
Hammen, L. van der 1983: Unfoldment and Manifestation: The Natural Philosophy of Evolution. Acta Biotheor. *32*, 179–193.
Hartmann, N. 1951: Teleologisches Denken. De Gruyter, Berlin.
Hassenstein, B. 1972: Das spezifisch Menschliche nach den Resultaten der Verhaltensforschung. In: Gadamer, H.-G. und Vogler, P. (Hrsg.): Neue Anthropologie. Bd. 2: Biologische Anthropologie (zweiter Teil). G. Thieme/Deutscher Taschenbuch Verlag, Stuttgart–München (S. 60–97).

– 1973: Biologische Kybernetik. Eine elementare Einführung. 4. Aufl. Quelle & Meyer, Heidelberg.
– 1976: Injunktion. In: Ritter, J. und Gründer, K. (Hrsg.): Historisches Wörterbuch der Philosophie. Bd. 4. Schwabe, Basel (S. 367–368).
– 1978: Gefährdung des Kindes in der gegenwärtigen Leistungsgesellschaft. Zeitschrift f. Allgemeinmedizin *54*, 555–566.
– 1980: Biologische Teleonomie. Neue Hefte f. Philosophie *20*, 60–71.
– 1983: Evolution und Werte. In: Riedl, R. und Kreuzer, F. (Hrsg.): Evolution und Menschenbild. Hoffmann und Campe, Hamburg (S. 59–81).
Hays, H.R. 1972: Birds, Beasts, and Men. A Humanist History of Zoology. Penguin Books, Baltimore.
Heberer, G. 1968: Homo – unsere Ab- und Zukunft. Herkunft und Entwicklung des Menschen aus der Sicht der aktuellen Anthropologie. Deutsche Verlags-Anstalt, Stuttgart.
Hemleben, J. 1968: Charles Darwin in Selbstzeugnissen und Bilddokumenten. Rowohlt, Reinbek.
Herder, J.G. 1957: Mensch und Geschichte. Sein Werk im Grundriß. Hrsg. von Koch, W.A. Kröner, Stuttgart.
Hernegger, R. 1982: Psychologische Anthropologie. Von der Vorprogrammierung zur Selbststeuerung. Beltz, Weinheim–Basel.
Himmelfarb, G. 1968: Darwin and the Darwinian Revolution. The Norton Library, New York.
Hofer, H. und Altner, G. 1972: Die Sonderstellung des Menschen. Naturwissenschaftliche und geisteswissenschaftliche Aspekte. Fischer, Stuttgart.
Hofstätter, P.R. 1971: Das Fischer Lexikon – Psychologie. Fischer, Frankfurt/M.
Holländer, H. 1976: Hieronymus Bosch. Weltbilder und Traumwerk. 2. Aufl. DuMont, Köln.
Hörz, H. und Wessel, U.-F. 1983: Philosophische Entwicklungstheorie: VEB Deutscher Verlag der Wissenschaften, Berlin.
Hubel, D.H. 1979: The Brain. Scient. Amer. *241* (3), 38–47.
Hull, D. 1974: Philosophy of Biological Science. Prentice-Hall, Englewood Cliffs.
Humboldt, A. v. 1845: Kosmos. Entwurf einer physischen Weltbeschreibung. Bd. 1. Cotta, Stuttgart–Augsburg.
Hutchinson, G.E. 1970: The Biosphere. Scient. Amer. *223* (3), 44–53.
Huxley, A. 1932 (1977): Brave New World. Chatto & Windus, London. (Granada, London–Toronto–Sydney–New York.)
Huxley, J. 1957: New Bottles for New Wine. Essays. Harper and Brothers, New York.
– (Hrsg.) 1964: Der evolutionäre Humanismus. Zehn Essays über die Leitgedanken und Probleme. Beck, München.
Huxley, T.H. 1863 (1981): Evidence as to Man's Place in Nature. Murray, London. (Teilnachdruck in dter. Übers.: Der Abstand zwischen Mensch und Tierwelt. In: Altner, G. [Hrsg.]: Der Darwinismus. Die Geschichte einer Theorie. Wissenschaftliche Buchgesellschaft, Darmstadt [S. 361–373]).

Illies, J. 1979: Schöpfung und Evolution. Ein Naturwissenschaftler zur Menschwerdung. Edition Interform, Zürich.
– 1982: Das Geheimnis des Grünen Planeten. Natur und Mensch – Der ökologische Frieden und seine Bedrohung. Umschau, Frankfurt/M.
Illmensee, K. 1983: Entwicklungsgenetische Konsequenzen eines experimentellen Eingriffs am Säugerembryo. In: Koslowski, P., Kreuzer, P. und Löw, R. (Hrsg.): Die Verführung durch das Machbare. Ethische Konflikte in der modernen Medizin und Biologie. Hirzel, Stuttgart (S. 20–32).
Immelmann, K. 1979: Einführung in die Verhaltensforschung. 2. Aufl. Parey, Berlin–Hamburg.

Jacob, F. 1972: Die Logik des Lebenden. Von der Urzeugung zum genetischen Code. S. Fischer, Frankfurt/M.
– 1983: Das Spiel der Möglichkeiten. Von der offenen Geschichte des Lebens. Piper, München–Zürich.
Jahn, I., Löther, R. und Senglaub, K. (Hrsg.) 1982: Geschichte der Biologie. Theorien, Methoden, Institutionen, Kurzbiographien. Fischer, Jena.
Jantsch, E. 1975: Design for Evolution. Self-Organization and Planning in the Life of Human Systems. Braziller, New York.
– 1976: Evolution: Self-Realization through Self-Transcendence. In: Jantsch, E. and Waddington, C.H. (eds.): Evolution and Consciousness. Human Systems in Transition. Addison Wesley, Reading/Mass. (pp. 37–70).
– 1978: Ethics, Morality, and Systems Management. An Evolutionary Perspective. Futures *10*, 459–468.
– 1979: Die Selbstorganisation des Universums. Vom Urknall zum menschlichen Geist. Hanser, München–Wien.
Jaspers, K. 1971: Einführung in die Philosophie. 2. Aufl. Piper, München.
Jerison, H.J. 1976: Paleoneurology and the Evolution of Mind. Scient. Amer. *234* (1), 90–101.
Jeuken, M. 1975: The Biological and Philosophical Definitions of Life. Acta Biotheor. *24*, 14–21.
Jonas, H. 1973: Organismus und Freiheit. Vandenhoeck & Ruprecht, Göttingen.
– 1981: Macht oder Ohnmacht der Subjektivität? Das Leib-Seele-Problem im Vorfeld des Prinzips Verantwortung. Insel, Frankfurt/M.

Kadlec, E. 1976: Realistische Ethik. Verhaltenstheorie und Moral der Arterhaltung. Duncker & Humblot, Berlin.
Kanitscheider, B. 1978: Die Stellung des Menschen in der Natur. Gegenwärtige Tendenzen der Reanthropozentrierung im Erkennntisprozeß der Naturwissenschaft. In: Dautzenberg, G., Schering, E.A., Schmalenberg, G. und Stolte, M. (Hrsg.): Theologie und Menschenbild. Lang, Frankfurt/M.–Bern–Las Vegas (S. 211–242).
– 1981: Wissenschaftstheorie der Naturwissenschaft. De Gruyter, Berlin–New York.
Kant, I. 1766 (1976): Träume eines Geistersehers, erläutert durch Träume der Metaphysik. Kanter, Königsberg. (Reclam, Stuttgart.)

– 1788 (1974): Kritik der praktischen Vernunft. Hartknoch, Riga. (Meiner, Hamburg.)
– 1790 (1976): Kritik der Urteilskraft. Lagarde, Berlin. (Reclam, Stuttgart.)
– 1968: Werke. Hrsg. von Weischedel, W. 10 Bde. Wissenschaftliche Buchgesellschaft, Darmstadt.
Kaplan, R.W. 1972: Der Ursprung des Lebens. Biogenetik, ein Forschungsgebiet heutiger Naturwissenschaft. G. Thieme/Deutscher Taschenbuch Verlag, Stuttgart–München.
Kaspar, R. 1978: Die Geschichtlichkeit lebendiger Ordnung. Biol. i. unserer Zeit *8*, 42–47.
– 1980: Naturgesetz, Kausalität und Induktion. Ein Beitrag zur theoretischen Biologie. Acta Biotheor. *29*, 129–149.
– 1981: Die Evolution des Erkennens. Geschichte, Grundlagen und Konsequenzen der evolutionären Erkenntnistheorie. In: Kaltenbrunner, G.-K. (Hrsg.): Wir sind Evolution – Die kopernikanische Wende der Biologie. Herder, Freiburg–Basel–Wien (S. 57–77).
Kattmann, U. 1977: Bezugspunkt Mensch. Grundlegung einer humanzentrierten Strukturierung des Biologieunterrichts. Aulis, Köln.
Keller, W. 1971: Einführung in die philosophische Anthropologie. Francke, München.
– 1974: Philosophische Anthropologie – Psychologie – Transzendenz. In: Gadamer, H.-G. und Vogler, P. (Hrsg.): Neue Anthropologie. Bd. 6: Philosophische Anthropologie (erster Teil). G. Thieme/Deutscher Taschenbuch Verlag, Stuttgart–München (S. 3–43).
Kendrew, J. 1966: The Thread of Life. An Introduction to Molecular Biology. G. Bell, London.
Klerk, G. J. M. de 1979: Mechanism and Vitalism. A History of the Controversy. Acta Biotheor. *28*, 1–10.
Kochanski, Z. 1979: Kann Biologie zur Physiko-Chemie reduziert werden? In: Kanitscheider, B. (Hrsg.): Materie – Leben – Geist. Zum Problem der Reduktion der Wissenschaften. Duncker & Humblot, Berlin (S. 67–120).
Köhler, W. 1973: Intelligenzprüfungen an Menschenaffen. 3. Aufl. Springer, Berlin–Heidelberg–New York.
König, G. 1967: Naturphilosophie. In: Diemer, A. und Frenzel, I. (Hrsg.): Das Fischer Lexikon – Philosophie. Fischer, Frankfurt/M. (S. 186–209).
Kraft, M. 1982: Kant's Theory of Teleology. Internat. Philos. Quart. *22*, 41–49.
Kugler, R. 1967: Philosophische Aspekte der Biologie Adolf Portmanns. Editio Academica, Zürich.
Kuhlenbeck. H. 1973: Gehirn und Bewußtsein. Duncker & Humblot, Berlin.
Kuhn, H. 1973: Entstehung des Lebens: Bildung von Molekülgesellschaften. In: Forschung '74. Fischer, Frankfurt/M. (S. 78–104).
Kuhn, T. S. 1967: Die Struktur wissenschaftlicher Revolutionen. Suhrkamp, Frankfurt/M.
Kullmann, W. 1979: Die Teleologie in der aristotelischen Biologie. Aristote-

les als Zoologe, Embryologe und Genetiker. Sitzungsber. Heidelberg. Akad. Wiss. (Philos.-histor. Kl.) (Heidelberg), 2. Abh., S. 1–72.
– 1981: Die wissenschaftliche Bedeutung der aristotelischen Biologie. In: Skiades, A.D. (Hrsg.): Gedenkschrift für Anastasios Giannarás. Papazissis, Athen (S. 48–66).
Küng, H. 1982: Ewiges Leben? Piper, München–Zürich.
Küppers, B. 1981: Evolution im Reagenzglas. In: Mannheimer Forum 80/81. Boehringer, Mannheim (S. 47–114).

Lagerspetz, K. 1959: Teleological Explanations and Terms in Biology. Ann. Zool. Soc. ›Vanamo‹ *19* (6), 1–73.
Lamarck, J.B. de 1809 (1909): Philosophie zoologique. Verdière, Paris. (Zoologische Philosophie. Kröner, Leipzig.)
Lamettrie, J.O. de 1747 (1909): L'homme machine. (Der Mensch eine Maschine. Dürr, Leipzig.)
Larson, J.L. 1979: Vital Forces: Regulative Principles or Constitutive Agents. Isis *70*, 235–249.
Leibniz, G.W. 1710 (1883): Die Theodicee. 2 Bde. Reclam, Leipzig.
Leinfellner, W. 1967: Einführung in die Erkenntnis- und Wissenschaftstheorie. 2. Aufl. Bibliographisches Institut, Mannheim–Wien–Zürich.
– 1982: Ontology of Evolution: Ontology of Becoming or Becoming of an Ontology? In: Leinfellner, W., Kraemer, E. und Schank, J. (Hrsg.): Sprache und Ontologie. Hölder-Pichler-Tempsky, Wien (S. 367–376).
Lenoir, T. 1980: Kant, Blumenbach, and Vital Materialism in German Biology. Isis *71*, 77–108.
– 1981: Teleology Without Regrets. The Transformation of Physiology in Germany: 1790–1847. Stud. Hist. Phil. Sci. *12*, 293–354.
– 1982: The Strategy of Life. Teleology and Mechanics in Nineteenth Century German Biology. Reidel, Dordrecht–Boston.
Levinson, P. 1982: Evolutionary Epistemology Without Limits. Knowledge: Creation, Diffusion, Utilization *3*, 465–502.
Levinton, J.S. 1982: Charles Darwin and Darwinism. BioScience *32*, 495–500.
Lewontin, R.C. 1978: Adaptation. Scient. Amer. *239* (3), 156–169.
Loeb, J. 1906: Vorlesungen über die Dynamik der Lebenserscheinungen. Barth, Leipzig.
Lohff, B. 1980: Die Entwicklung des Experiments im Bereich der Nervenphysiologie. Gedanken und Arbeiten zum Begriff der Irritabilität und der Lebenskraft. Sudhoffs Archiv *64*, 105–129.
Lorenz, K. 1963: Das sogenannte Böse. Borotha-Schöler, Wien.
– 1973: Die Rückseite des Spiegels. Versuch einer Naturgeschichte menschlichen Erkennens. Piper, München–Zürich.
– 1974: Das wirklich Böse. Involutionstendenzen in der modernen Kultur. In: Schatz, O. (Hrsg.): Was wird aus dem Menschen? Styria, Graz–Wien–Köln (S. 287–305).
– 1976: Vom Weltbild des Verhaltensforschers. Drei Abhandlungen. 9. Aufl. Deutscher Taschenbuch Verlag, München.

– 1978a: Vergleichende Verhaltensforschung. Grundlagen der Ethologie. Springer, Wien–New York.
– 1978b: Die acht Todsünden der zivilisierten Menschheit. 10. Aufl. Piper, München–Zürich.
– 1983: Der Abbau des Menschlichen. Piper, München–Zürich 1983.
– 1984: Der Mensch in der Falle. In: Kreuzer, F. (Hrsg.): Nichts ist schon dagewesen. Konrad Lorenz, seine Lehre und ihre Folgen. Piper, München–Zürich (S. 185–190).
– und Wuketits, F.M. (Hrsg.) 1983: Die Evolution des Denkens. Piper, München–Zürich.
Lovejoy, A.O. 1936: The Great Chain of Being. A Study of the History of an Idea. Harvard University Press, Cambridge/Mass.–London.
Löw, R. 1980: Philosopie des Lebendigen. Der Begriff des Organischen bei Kant, sein Grund und seine Aktualität. Suhrkamp, Frankfurt/M.
– 1982: Neue Träume eines Geistersehers. Bemerkungen zu Hoimar von Ditfurth: »Wir sind nicht nur von dieser Welt«. Scheidewege *12*, 685–697.
Löwenhard, P. 1981: Consciousness. A Biological View. Göteborg Psychological Reports *11* (10), 1–88.
– 1982: Knowledge, Belief and Human Behaviour. Göteborg Psychological Reports *12* (11), 1–71.

Mac Lean, P.D. 1970: Der paranoide Zug im Menschen. In: Koestler, A. und Smythies, J. R. (Hrsg.): Das neue Menschenbild. Die Revolutionierung der Wissenschaften vom Leben. Molden, Wien–München–Zürich (S. 254–271).
Malik, G. und Probst, G. 1981: Evolutionäres Management. Die Unternehmung Nr. 2, S. 121–140.
Mann, G. 1975: Biologie und Geschichte. Ansätze und Versuche zur biologistischen Theorie der Geschichte im 19. und beginnenden 20. Jahrhundert. Medizinhist. Journal *10*, 281–306.
– (Hrsg.) 1981: Naturwissen und Erkenntnis im 19. Jahrhundert: Emil Du Bois-Reymond. Gerstenberg, Hildesheim.
– 1983: Neovitalismus. Medizinhist. Journal *18*, 386–393.
Markl, H. 1980: Ökologische Grenzen und Evolutionsstrategie Forschung. Mitteilungen der DFG *3*, I–VIII.
– 1983: Untergang oder Übergang – Natur als Kulturaufgabe. In: Mannheimer Forum 82/83. Boehringer, Mannheim (S. 61–98).
Masterman, M. 1970: The Nature of a Paradigm. In: Lakatos, I. and Musgrave, A. (eds.): Criticism and the Growth of Knowledge. Cambridge University Press, London (pp. 59–89).
Maturana, H.R. 1982: Erkennen: Die Organisation und Verkörperung der Wirklichkeit. Vieweg, Braunschweig–Wiesbaden.
Mayr, E. 1979: Evolution und die Vielfalt des Lebens. Springer, Berlin–Heidelberg–New York.
Meinecke, G. 1969: Das Problem des Bewußtseins. Über seine Wiederentdeckung in der programmierten Welt. Duncker & Humblot, Berlin.

Meyer, P. 1981: Evolution und Gewalt. Ansätze zu einer bio-soziologischen Synthese. Parey, Berlin–Hamburg.
– 1982: Soziobiologie und Soziologie. Eine Einführung in die biologischen Voraussetzungen sozialen Handelns. Luchterhand, Darmstadt–Neuwied.
Meyer-Abich, A. 1934: Ideen und Ideale der biologischen Erkenntnis. Barth, Leipzig.
– 1948: Naturphilosophie auf neuen Wegen. Hippokrates, Stuttgart.
Mittelstrass, J. 1979: The Philosopher's Conception of *Mathesis Universalis* from Descartes to Leibniz. Annals of Science *36*, 593–610.
Mohr, H. 1965: Das Gesetz in der Biologie. Freiburg. Dies Univ. *12*, 23–49.
– 1979: The Ethics of Science. Interdiscipl. Sci. Rev. *4*, 45–53.
– 1981: Biologische Erkenntnis, ihre Entstehung und Bedeutung. Teubner, Stuttgart.
– 1983: Leiden und Sterben als Faktoren der Evolution. Herrenalber Texte *44*, 9–25.
Mollenhauer, D. 1982: Gegen eine ereignislose Biologie. Anschauung und Erlebnis als Grundlagen des Naturverständnisses. Scheidewege *12*, 99–111.
Monod, J. 1971: Zufall und Notwendigkeit. Philosophische Fragen der modernen Biologie. Piper, München.
Morin, E. 1974: Das Rätsel des Humanen. Grundfragen einer neuen Anthropologie. Piper, München–Zürich.
Morris, B. 1983: Evolution and Human Nature. Avon Books, New York.
Mühlmann, W.E. 1968: Geschichte der Anthropologie. 2. Aufl. Athenäum, Frankfurt/M.–Bonn.
Müller, R. 1976: Zur Ethik von Gesamtsystemen. Zehn Thesen. In: Kaltenbrunner, G.-K. (Hrsg.): Überleben und Ethik. Die Notwendigkeit, bescheiden zu werden. Herder, Freiburg–Basel–Wien (S. 55–76).
Müller-Hill, B. 1981: Die Philosophen und das Lebendige. Campus, Frankfurt/M.–New York.

Nachtigall, W. 1972: Einführung in biologisches Denken und Arbeiten. Quelle & Meyer, Heidelberg.
– 1983: Biostrategie. Eine Überlebenschance für unsere Zivilisation. Hoffmann und Campe, Hamburg.
Nauta, J.H. and Feirtag, M. 1979: The Organization of the Brain. Scient. Amer. *241* (3), 78–105.
Noack, H. 1976: Die Philosophie Westeuropas. Wissenschaftliche Buchgesellschaft, Darmstadt.
Nussbaumer, J. 1982: Zur materiellen Zukunftsbetrachtung. Conceptus *16*, 6–21.

Oakley, K.P. 1972: Man the Toolmaker. 6th ed. British Museum, London.
Oeing-Hanhoff, L. 1981: Anfang und Ende der »Welt« als Probleme der Philosophie. Herrenalber Texte *33*, 48–77.

Oeser, E. 1974: System, Klassifikation, Evolution. Historische Analyse und Rekonstruktion der wissenschaftstheoretischen Grundlagen der Biologie, Braumüller, Wien–Stuttgart.
– 1976: Wissenschaft und Information. Systematische Grundlagen einer Theorie der Wissenschaftsentwicklung. 3 Bde. Oldenbourg, Wien–München.
– 1979: Wissenschaftstheorie als Rekonstruktion der Wissenschaftsgeschichte. Bd. 1: Metrisierung, Hypothesenbildung, Theoriendynamik. Oldenbourg, Wien–München.
– 1983: Evolution und Involution der Wissenschaft. In: Riedl, R. und Kreuzer, F. (Hrsg.): Evolution und Menschenbild. Hoffmann und Campe, Hamburg (S. 145–163).
Olby, R. 1971: Schrödinger's Problem: What is Life? J. Hist. Biol. *4*, 119–148.
Olding, A. 1983: Biology and Knowledge. Theoria *49*, 1–21.
Oparin, A.I. 1949: Die Entstehung des Lebens auf der Erde. Volk und Wissen, Berlin–Leipzig.
– 1963: Das Leben. Seine Natur, Herkunft und Entwicklung. Fischer, Jena.
Orwell, G. 1949 (1983): Neunzehnhundertvierundachtzig. Roman. Ullstein, Frankfurt/M.–Berlin–Wien.
Osborn, H.F. 1930: Ursprung und Entwicklung des Lebens auf Grund einer Theorie von der Wirkung, Gegenwirkung und Zwischenwirkung der Energie dargestellt. Schweizerbart, Stuttgart.
Osche, G. 1975: Die vergleichende Biologie und die Beherrschung der Mannigfaltigkeit. Biol. i. unserer Zeit *5*, 139–146.

Peterson, R.W. 1975: The Quest for Quality of Life. BioScience *25*, 166–171.
Pfeiffer, J. E. 1973: The Emergence of Man. Cardinal, London.
Piaget, J. 1973 a: The Child's Conception of the World. Paladin, St Albans.
– 1973 b: Das moralische Urteil beim Kinde. Suhrkamp, Frankfurt/M.
Platon 1959: Sämtliche Werke. Bd. 5. Rowohlt, Reinbek.
Plessner, H. 1969: De Homine Abscondito. Social Research *36*, 497–509.
Popper, K.R. 1962: The Open Society and Its Enemies. 4th ed 2 vols.
– 1974: Scientific Reduction and the Essential Incompleteness of All Science. In: Ayala, F. J. and Dobzhansky, T. (eds.): Studies in the Philosophy of Biology. MacMillan, London (pp. 259–283).
– and Eccles, J.C. 1977: The Self and Its Brain. An Argument for Interactionism. Springer, New York–London–Heidelberg–Berlin.
Portmann, A. 1956: Zoologie und das neue Bild vom Menschen. Rowohlt, Reinbek.
– 1965: Neue Wege der Biologie. Piper, München.
– 1969: Biologische Fragmente zu einer Lehre vom Menschen. 3. Aufl. Schwabe, Basel–Stuttgart.
Poutledge & Kegan Paul, London: Objective Knowledge. An Evolutionary Approach. Clarendew Press, Oxford

– 1973: Biologie und Geist. Suhrkamp, Frankfurt/M.
– 1976: An den Grenzen des Wissens. Vom Beitrag der Biologie zu einem neuen Weltbild. Fischer, Frankfurt/M.
Prigogine, I. 1972: La thermodynamique de la vie. La Recherche *3*, 547–562.
– 1976: Order through Fluctuation: Self-Organization and Social Systems. In: Jantsch, E. and Waddington, C.H. (eds.): Evolution and Consciousness. Human Systems in Transition. Addison Wesley, Reading/Mass. (pp. 93–133).
– 1982: Es gibt keine wirkliche Evolution, wenn alles gegeben ist. Interview mit Ilya Prigogine. In: Bayertz, K., Heidtmann, B. und Rheinberger, H.-J. (Hrsg.): Darwin und die Evolutionstheorie. Pahl-Rugenstein, Köln.
– und Stengers, I. (1981): Dialog mit der Natur. Neue Wege naturwissenschaftlichen Denkens. Piper, München–Zürich.

Radnitzky, G. 1980: Contemporary Changes in our Image of Man and their Historical Roots. In: Proceedings of the Eighth International Conference on the Unity of the Sciences. International Cultural Foundation Press, New York (pp. 308–317).
– 1982: Zur theoretischen Grundlage von Wissenschaft und Technik. Das Bild der Wissenschaft in der zeitgenössischen Methodologie. In: Rössler, D. und Lindenlaub, E. (Hrsg.): Möglichkeiten und Grenzen der technischen Kultur. Schattauer, New York–Stuttgart (S. 53–111).
– 1983: Die Evolution der Erkenntnisfähigkeit, des Wissens und der Institutionen. In: Riedl, R. und Kreuzer, F. (Hrsg.): Evolution und Menschenbild. Hoffmann und Campe, Hamburg (S. 82–120).
Rahmann, H. 1972: Die Entstehung des Lebendigen. Vom Atomgas zur Zelle. Fischer, Stuttgart.
Reenpää, Y. 1973: Über das Körper-Seele-Problem. In: Gadamer, H.-G. und Vogler, P. (Hrsg.): Neue Anthropologie. Bd. 5: Psychologische Anthropologie. G. Thieme/Deutscher Taschenbuch Verlag, Stuttgart–München (S. 15–50).
Regelmann, J.-P. 1979: Die Stellung der Biologie in den neukantianischen Systemen von Ernst Cassirer und Nicolai Hartmann. Acta Biotheor. *28*, 217–233.
– 1980: Notwendige historische Bemerkungen über das Verhältnis von Darwinismus und Sozialdarwinismus. Behindertenpädagogik *19*, 377–381.
– 1982: Struktur des Arguments als Struktur der Geschichte? – oder: Paradigm lost! Medizinhist. Journal *17*, 37–53.
Reinig, W.F. 1934: Was ist Leben? Eine Einführung in die allgemeine Biologie von Pflanze und Tier. Deutsche Buch-Gemeinschaft, Berlin.
Reinke, J. 1911: Einleitung in die theoretische Biologie. Paetel, Berlin.
Remane, A., Storch, V. und Welsch, U. 1973: Evolution. Tatsachen und Probleme der Abstammungslehre. Deutscher Taschenbuch Verlag, München.
Rensch, B. 1952: Psychische Komponenten der Sinnesorgane. Eine psychophysische Hypothese. G. Thieme, Stuttgart.

– 1968: Biophilosophie auf erkenntnistheoretischer Grundlage (panpsychistischer Identismus). Fischer, Stuttgart.
– 1970: Homo sapiens. Vom Tier zum Halbgott. 3. Aufl. Vandenhoeck & Ruprecht, Göttingen.
– 1972: Spinoza's Identity Theory and Modern Biophilosophy. In: The Philosophical Forum, Boston (pp. 193–297).
– 1974: Polynomistic Determination of Biological Processes. In: Ayala, F. J. and Dobzhansky, T. (eds.): Studies in the Philosophy of Biology. MacMillan, London (pp. 241–258).
– 1977a: Das universale Weltbild. Evolution und Naturphilosophie. Fischer, Frankfurt/M.
– 1977b: Arguments for Panpsychistic Identism. In: Cobb, J.B. and Griffin, D.R. (eds.): Mind in Nature. University Press of America, Washington (pp. 70–78).
– 1977c: Panpsychistic Identism and its Meaning for a Universal Evolutionary Picture. Scientia *112*, 337–349.
– 1979: Gesetzlichkeit, psychophysischer Zusammenhang, Willensfreiheit und Ethik. Duncker & Humblot, Berlin.
– 1981: Drei heterogene Bedeutungen des Begriffs »Zufall«. Philos. Nat. *18*, 197–208.
Restak, R.M. 1981: Geist, Gehirn und Psyche. Psychobiologie – Die letzte Herausforderung. Umschau, Frankfurt/M.
Riedl, R. 1975: Die Ordnung des Lebendigen. Systembedingungen der Evolution. Parey, Hamburg–Berlin.
– 1976: Die Strategie der Genesis. Naturgeschichte der realen Welt. Piper, München–Zürich.
– 1977: A Systems-Analytical Approach to Macro-Evolutionary Phenomena. Quart. Rev. Biol. *52*, 351–370.
– 1980: Biologie der Erkenntnis. Die stammesgeschichtlichen Grundlagen der Vernunft. Parey, Berlin–Hamburg.
– 1982: Evolution und Erkenntnis. Antworten auf Fragen aus unserer Zeit. Piper, München–Zürich.
– 1984a: Die Mühseligkeit der menschlichen Existenz zu erleichtern. In: Kreuzer, F. (Hrsg.): Nichts ist schon dagewesen. Konrad Lorenz, seine Lehre und ihre Folgen. Piper, München–Zürich (S. 206–227).
– 1984b: Die Spaltung des Weltbildes. Biologische Grundlagen des Erklärens und Verstehens. Parey, Berlin–Hamburg.
Roll-Hansen, N. 1976: Critical Teleology: Immanuel Kant and Claude Bernard on the Limitations of Experimental Biology. J. Hist. Biol. *9*, 59–91.
Rothschuh, K.E. 1963a: Theorie des Organismus. Bios, Psyche, Pathos. 2. Aufl. Urban & Schwarzenberg, München–Berlin.
– 1963b: Der bionome psychophysische Parallelismus oder die Zuordnung von Leben und Seele. Zeitschrift f. Biol. *114*, 216–226.
– 1965: Physiologie im 16. und 17. Jahrhundert. Bild d. Wiss. *2*, 44–51.
– 1978: Iatromagie. Begriff, Merkmale, Motive, Systematik. Westdeutscher Verlag, Opladen.

Roux, W. 1914: Die Selbstregulation – ein charakteristisches und nicht notwendig vitalistisches Vermögen aller Lebewesen. Nova Acta Leopoldina *100* (2), 1–91.
Rudolph, G. 1983: Das Mechanismusproblem in der Physiologie des 19. Jahrhunderts. Ber. zur Wissenschaftsgeschichte *6*, 7–28.
Ruse, M. 1979: Sociobiology – Sense or Nonsense? Reidel, Dordrecht–Boston.
Russell, B. 1957 (1970): Why I am not a Christian. Allen & Unwin, London.
– 1959: My Philosophical Development. Allen & Unwin, London.
– 1967: The Problems of Philosophy. Oxford University Press, Oxford–London.
Ryle, G. 1966: The Concept of Mind. Penguin Books, Harmondsworth.

Sachsse, H. 1968: Die Erkenntnis des Lebendigen. Vieweg, Braunschweig.
– 1976: Der Mensch als Partner der Natur. In: Kaltenbrunner, G.-K. (Hrsg.): Überleben und Ethik. Die Notwendigkeit, bescheiden zu werden. Herder, Freiburg–Basel–Wien (S. 27–54).
Sagan, C. 1974: On the Terms ›Biogenesis‹ and ›Abiogenesis‹. Origins of Life *5*, 529.
Sapper, K. 1928: Naturphilosophie. Philosophie des Organischen. Hirt, Breslau.
Sartre, J.-P. 1948 (1973): Conscience de soi et connaissance de soi. Bulletin de la Société Française de Philosophie XLII. (Bewußtsein und Selbsterkenntnis. Die Seinsdimension des Subjekts. Rowohlt, Reinbek.)
Schipperges, H. 1972: Anthropologien in der Geschichte der Medizin. In: Gadamer, H.-G. und Vogler, P. (Hrsg.): Neue Anthropologie. Bd. 2: Biologische Anthropologie (zweiter Teil). G. Thieme/Deutscher Taschenbuch Verlag, Stuttgart–München (S. 179–214).
– 1978: »Medical Nemesis« im Quadrat. Zur Neuauflage von Illichs »Enteignung der Gesundheit«. Ärztebl. Baden-Württemberg, Heft 7, S. 1–4
Schmalfuß, H. 1937: Stoff und Leben. Barth, Leipzig.
Schöndorfer, U. 1954: Philosophie der Materie. Styria, Graz–Wien–Köln.
Schramm, G. 1965: Belebte Materie. Neske, Pfullingen.
Schrödinger, E. 1944 (1967): What is Life? The Physical Aspect of the Living Cell. Cambridge University Press, Cambridge.
– 1958 (1967): Mind and Matter. Cambridge University Press, Cambridge.
– 1961: Meine Weltansicht. Zsolnay, Wien–Hamburg.
Schubert-Soldern, R. 1951: Philosophie des Lebendigen auf biologischer Grundlage. Pustet, Graz–Salzburg–Wien.
– 1974: Evolution, Evolutionismus und Leben. In: Oeser, E. und Schubert-Soldern, R.: Die Evolutionstheorie. Geschichte – Argumente – Erklärungen. Braumüller, Wien–Stuttgart.
Seitelberger, F. 1980: Das Gehirn und das Nervensystem im psychosomatischen Geschehen. Erkenntnisse der Forschung. Universitas *35*, 33–40.
– 1981: Neurobiologische Grundlagen der menschlichen Freiheit. Herrenalber Texte *33*, 26–47.

Sexl, R.U. 1982: Was die Welt zusammenhält. Physik auf der Suche nach dem Bauplan der Natur. Deutsche Verlags-Anstalt, Stuttgart.
Shapiro, H.L. 1974: Peking Man. The Discovery, Disappearance and Mystery of a Priceless Scientific Treasure. Simon and Schuster, New York.
Shaw, B. 1898 (1971): Plays Pleasant. Penguin Books, Harmondsworth.
Sherrington, Ch. 1946: Man on his Nature. Cambridge University Press, Cambridge.
Siegmund, F. 1873: Naturgeschichte der drei Reiche. Hartleben, Wien–Leipzig.
Siewing, R. (Hrsg.) 1982: Evolution. Bedingungen – Resultate – Konsequenzen. 2. Aufl. Fischer, Stuttgart–New York.
Simpson, G.G. 1963: This View of Life. The World of an Evolutionist. Harcourt, Brace & World, New York.
Sjölander, S. 1984: Angeborene Welt – erworbene Welt. In: Kreuzer, F. (Hrsg.): Nichts ist schon dagewesen. Konrad Lorenz, seine Lehre und ihre Folgen. Piper, München–Zürich (S. 11–18).
Skinner, B.F. 1971: Beyond Freedom and Dignity. Knopf, New York.
Skolimowski, H. 1972: Epistemology, the Mind and the Computer. In: Breck, A.D. and Yourgrau, W. (eds.): Biology, History and Natural Philosophy. Plenum Press, New York (pp. 299–330).
Snow, C.P. 1964: The Two Cultures and a Second Look. Cambridge University Press, Cambridge–London.
Spaemann, R. und Löw, R. 1981: Die Frage Wozu? Geschichte und Wiederentdeckung des teleologischen Denkens. Piper, München–Zürich.
Specht, R. 1980: René Descartes in Selbstzeugnissen und Bilddokumenten. Rowohlt, Reinbek.
Spengler, O. 1931 (1971): Der Mensch und die Technik. Beitrag zu einer Philosophie des Lebens. Beck, München.
Stegmüller, W. 1969: Probleme und Resultate der Wissenschaftstheorie und Analytischen Philosophie. Bd. 1: Wissenschaftliche Erklärung und Begründung (Teil 4: Teleologie, Funktionalanalyse und Selbstregulation). Springer, Berlin–Heidelberg–New York (S. 518–623).
– 1975: Hauptströmungen der Gegenwartsphilosophie. Eine kritische Einführung. Bd. 2. Kröner, Stuttgart.
Steinbuch, K. 1971: Automat und Mensch. Auf dem Weg zu einer kybernetischen Anthropologie. 4. Auflage Springer, Berlin–Heidelberg–New York.
– 1972a: Mensch und Maschine. Nova Acta Leopoldina, Neue Folge *37/1*, 451–461.
– 1972b: Die humane Gesellschaft. Jenseits von Kapitalismus und Kommunismus. In: Lubkoll, K. und Naumann, K. (Hrsg.): Die humane Gesellschaft. Seewald, Stuttgart (S. 31–49).
Stent, G. 1979: Naturwissenschaft und Ethik als paradoxe Schöpfungen der Vernunft. Naturwiss. *66*, 354–357.
Stöhr, A. 1909: Der Begriff des Lebens. Winter, Heidelberg.
Strombach, A. 1968: Natur und Ordnung. Eine naturphilosophische Deu-

tung des wissenschaftlichen Welt- und Menschenbildes unserer Zeit. Beck, München.
– 1979: Möglichkeiten und Grenzen des erkenntnistheoretischen Realismus in der heutigen Naturphilosophie. Philos. Nat. *17*, 306–326.
Sturm, H. 1978: Gedanken zum Menschenbild der Biologie. In: Pöppel, K.G. (Hrsg.): Das Bild des Menschen in der Wissenschaft. Olms, Hildesheim–New York (S. 151–169).

Tanner, J.M. und Taylor, G.R. 1970: Wachstum. Rowohlt, Reinbek.
Taylor, G.R. 1967: The Science of Life. A Pictorial History of Biology. Thames & Hudson, London.
Tennant, N. 1983: Evolutionary Epistemology. In: Weingartner, P. und Czermak, J. (Hrsg.): Erkenntnis- und Wissenschaftstheorie. Hölder-Pichler-Tempsky, Wien (pp. 168–173).
Teilhard de Chardin, P. 1974: Aufstieg zur Einheit. Die Zukunft der menschlichen Evolution. Hrsg. von Häflinger, L. Walter, Olten–Freiburg.
Titze, H. 1971: Weltanschauung und Weltbild. Volkshochschule *5* (3). 25–33.
– 1981: Im Anfang war die Freiheit. Hain, Meisenheim.
Topitsch, E. 1979: Erkenntnis und Illusion. Grundstrukturen unserer Weltauffassung. Hoffmann und Campe, Hamburg.

Uexküll, J. v. 1928 (1973): Theoretische Biologie. Springer, Berlin. (Suhrkamp, Frankfurt/M.)
Uexküll, T. v. 1953: Der Mensch und die Natur. Grundzüge einer Naturphilosophie. Francke, Bern.
Ulmer, K. 1972: Philosophie der modernen Lebenswelt. J.C.B. Mohr, Tübingen.
Unsöld, A. 1981: Evolution kosmischer, biologischer und geistiger Strukturen. Wissenschaftliche Verlagsgesellschaft, Stuttgart.

Vogel, Ch. 1977: Zum biologischen Selbstverständnis des Menschen. Naturwiss. Rundschau *30*, 241–250.
Vollmer, G. 1975: Evolutionäre Erkenntnistheorie. Angeborene Erkenntnisstrukturen im Kontext von Biologie, Psychologie, Linguistik, Philosophie und Wissenschaftstheorie. Hirzel, Stuttgart.
– 1980: Evolutionäre Erkenntnistheorie und Leib-Seele-Problem. Herrenalber Texte *23*, 11–40.
Voltaire, F.M. 1939: Für Wahrheit und Menschlichkeit. Seine Schriften ausgewählt und eingeleitet von Sakmann, P. Kröner, Stuttgart.

Wagner, G.P. 1981 a: Komponenten des Informationsbegriffs. Philos. Nat. *18*, 301–313.
– 1981 b: Feedback Selection and the Evolution of Modifiers. Acta Biotheor. *18*, 79–102.

Wassermann, G.D. 1983: Human Behaviour and Biology. Dialectica *37*, 169–184.
Watson, J.D. 1969: The Double Helix. A Personal Account of the Discovery of the Structure of DNA. New American Library, New York–Toronto.
Watzlawick, P. 1981: Bausteine ideologischer »Wirklichkeiten«. In: Watzlawick, P. (Hrsg.): Die erfundene Wirklichkeit. Wie wissen wir, was wir zu wissen glauben? Piper, München–Zürich (S. 192–228).
– 1983: Anleitung zum Unglücklichsein. Piper, München–Zürich.
Weinberg, S. 1977: Die ersten drei Minuten. Der Ursprung des Universums. Piper, München–Zürich.
Weiss, P.A. 1969: The Living System: Determinism Stratified. Stud. Gen. *22*, 361–400.
– 1978: Empirische Grundlagen des Systemdenkens. Nova Acta Leopoldina, Neue Folge *47* (226), 325–334.
Weizsäcker, C.F. v. 1974: Die Einheit der Natur. Deutscher Taschenbuch Verlag, München.
Whitehead, A.N. 1920 (1971): Concept of Nature. Cambridge University Press, Cambridge–London.
– 1926 (1975): Science and the Modern World. Cambridge University Press, Cambridge–London. (Collins, Glasgow.)
Wickler, W. und Seibt, U. 1977: Vom Eigennutz der Gene. Wie sich Aktionen der Tiere erklären lassen. Bild d. Wiss. *14* (10), 69–77.
– 1981: Das Prinzip Eigennutz. Ursachen und Konsequenzen sozialen Verhaltens. Deutscher Taschenbuch Verlag, München.
Wiener, N. 1952 (1966): Mensch und Menschmaschine. Kybernetik und Gesellschaft. Metzner, Frankfurt/M. (Athenäum, Frankfurt/M.–Bonn.)
Wieser, W. und Gnaiger, E. 1980: Über die Thermodynamik von Lebensprozessen. Biol. i. unserer Zeit *10*, 104–110.
Wilson, D.L. 1976: On the Nature of Consciousness and of Physical Reality. Perspectives Biol. Med. *19*, 568–581.
Wilson, E.O. 1975: Sociobiology. The New Synthesis. Harvard University Press, Cambridge/Mass.–London.
– 1979: On Human Nature. Bantam Books, London–New York–Toronto.
Winau, R. 1981: Ernst Haeckels Vorstellungen von Wert und Werden menschlicher Rassen und Kulturen. Medizinhist. Journal *16*, 270–279.
Winkler, E. und Schweikhardt, J. 1982: Expedition Mensch. Streifzüge durch die Anthropologie. Ueberreuter, Wien–Heidelberg.
Winnacker, E.-L. 1982: Die heutigen Grenzen der Gentechnologie. In: Rössler, D. und Lindenlaub, E. (Hrsg.): Möglichkeiten und Grenzen der technischen Kultur. Schattauer, Stuttgart–New York (S. 155–167).
Woodwell, G.M. 1970: The Energy Cycle of the Biosphere. Scient. Amer. *233* (3), 64–74.
Wooldridge, D.E. 1968: Mechanik der Lebensvorgänge. Oldenbourg, Wien–München.
Wuketits, F.M. 1978a: Der panpsychistische Identismus im Sinne von

Rensch als Denkmöglichkeit moderner Naturphilosophie. Philos. Nat. *17*, 10–30.
- 1978 b: Wissenschaftstheoretische Probleme der modernen Biologie. Duncker & Humblot, Berlin.
- 1979 a: Gesetz und Freiheit in der Evolution der Organismen. UMSCHAU *79*, 268–275.
- 1979 b: Die Bedeutung des Systemdenkens in der Biologie. Biol. i. unserer Zeit *9*, 73–79.
- 1980 a: Kausalitätsbegriff und Evolutionstheorie. Die Entwicklung des Kausalitätsbegriffes im Rahmen des Evolutionsgedankens. Duncker & Humblot, Berlin.
- 1980 b: On the Notion of Teleology in Contemporary Life Sciences. Dialectica *34*, 277–290.
- 1980 c: Das Kausalitätsproblem in der Evolutionslehre. Ein Beitrag zur Strukturgeschichte der Biologie. Medizinhist. Journal *15*, 392–402.
- 1981 a: Kybernetik, Gehirn und Bewußtsein. UMSCHAU *81*, 77–79.
- 1981 b: Biologie und Kausalität. Biologische Ansätze zur Kausalität, Determination und Freiheit. Parey, Berlin–Hamburg.
- 1981 c: Evolution und Ethik. In: Morscher, E. und Stranzinger, R. (Hrsg.): Ethik – Grundlagen, Probleme, Anwendungen. Hölder-Pichler-Tempsky, Wien (S. 325–327).
- 1982 a: Biophilosophie heute – Argumente, Probleme Perspektiven. 1. bis 4. Teil. Der mathemat. u. naturwiss. Unterricht (MNU) *35*, 65–67, 206–208, 332–335, 460–462.
- 1982 b: Systems Research – The Search for Isomorphism. In: Trappl, R., Findler, N. V., and Horn, W. (eds.): Progress in Cybernetics and Systems Research. Vol. XI. Hemisphere Publishing Corporation, Washington (pp. 403–407).
- 1982 c: Grundriß der Evolutionstheorie. Wissenschaftliche Buchgesellschaft, Darmstadt.
- 1982 d: Philosophische Probleme der modernen Biologie. Information Philosophie *10* (3), 2–13.
- 1982 e: Die Organisation des Lebendigen. Aspekte zu einer »Bio-Ontologie«. In: Leinfellner, W., Kraemer, E. und Schank, J. (Hrsg.): Sprache und Ontologie. Hölder-Pichler-Tempsky, Wien (S. 377–380).
- 1982 f: Das Phänomen der Zweckmäßigkeit im Bereich lebender Systeme. Biol. i. unserer Zeit *12*, 139–144.
- 1982 g: Die Überwindung von Mechanismus und Vitalismus – auf dem Weg zu einer neuen Biophilosophie. Philos. Nat. *19*, 371–391.
- 1983 a: Biophilosophie heute – Argumente, Probleme, Perspektiven. 5. und 6. Teil. Der mathemat. u. naturwiss. Unterricht (MNU) *36*, 70–73, 465–468.
- 1983 b: Biologische Erkenntnis: Grundlagen und Probleme. Fischer, Stuttgart.
- 1983 c: Erkenntnis ohne Illusion. Über einige Grundlagen und Konsequenzen der evolutionären Erkenntnistheorie. Conceptus *17*, 44–56.

– (ed.) 1984a: Concepts and Approaches in Evolutionary Epistemology. Towards an Evolutionary Theory of Knowledge. Reidel, Dordrecht–Boston–Lancaster.
– 1984b: Das geistige Leben – eine neue Art von Leben. In: Kreuzer, F. (Hrsg.): Nichts ist schon dagewesen. Konrad Lorenz, seine Lehre und ihre Folgen. Piper, München–Zürich (S. 191–205).
– 1984c: Die Synthetische Theorie der Evolution. Historische Voraussetzungen, Argumente, Kritik. Biol. Rundschau *22*, 73–86.
– 1984d: Evolution, Erkenntnis, Ethik. Folgerungen aus der modernen Biologie. Wissenschaftliche Buchgesellschaft, Darmstadt.

Young, J.Z. 1958: Memory, Heredity and Information. In: Huxley, J., Hardy, A.C. and Ford, E. B. (eds.): Evolution as a Process. 2nd ed. Allen & Unwin, London (pp. 281–299).
– 1971: An Introduction to the Study of Man. Oxford University Press, London–Oxford–New York.

Zelger, J. 1981: Zum Begriff der vernünftigen Entscheidung. In: Morscher, E. und Stranzinger, R. (Hrsg.): Ethik – Grundlagen, Probleme, Anwendungen. Hölder-Pichler-Tempsky, Wien (S. 215–218).
Ziehen, T. 1914: Leitfaden der Physiologischen Psychologie. 10. Aufl. Fischer, Jena.
Zihlmann, R. 1976: Auf der Suche nach einer kosmosfreundlichen Ethik. In: Kaltenbrunner, G.-K. (Hrsg.): Überleben und Ethik. Die Notwendigkeit, bescheiden zu werden. Herder, Freiburg–Basel–Wien (S. 17–26).
Zimmermann, W. 1968: Evolution und Naturphilosophie. Duncker & Humblot, Berlin.

Namenregister

Kursiv gesetzte Seitenangaben verweisen auf die Bibliographie

Sachregister

Kursiv gesetzte Seitenangaben verweisen auf das Glossar

Werner Nachtigall

Biostrategie

Eine Überlebenschance für unsere Zivilisation

280 Seiten, broschiert.

»Das ist kein Buch für Naturapostel, Maschinenstürmer oder Schwärmer, sondern eine sehr lohnende Lektüre für Zukunftsplaner, die bereit sind, der Natur eine Überlebensstrategie abzugucken.«

Wirtschaftswoche, Düsseldorf

»Dieses Buch sei jedem empfohlen, der noch wenig über biologische Zusammenhänge in der Natur erfahren hat.« Umwelt, Bonn

»Biologen, die sich mit den vielfach vernetzten Regelkreisen des Lebendigen befassen, liegt es nahe, die hier bewährten Entwicklungsgrundätze den heutigen menschlichen Planern nahezulegen, so daß sie auch Aufgaben bewältigen können, bei denen die bisher erfolgreichen Denkansätze wegen der verwickelten Gegebenheiten scheitern. Solche Ansätze, die entweder schon verwirklicht sind oder für die Zukunft bedeutsam werden können, werden vom Verfasser behandelt und an Beispielen erläutert. Er versucht zu zeigen, daß die biologisch gefundenen Verfahren, deren sich die Natur bedient, zwar meist nicht nachahmen können; jedoch wir können von ihnen im obengenannten Sinne lernen – und wir müssen das tun, wenn die Menschheit überleben will. Darum ist das Buch lesenswert und gut.«

Stuttgarter Zeitung

Karl R. Popper

Objektive Erkenntnis

Ein evolutionärer Entwurf

Überarbeitete und ergänzte Ausgabe,
416 Seiten, gebunden.

Die Wahrheit ist objektiv und absolut. Aber wir können niemals sicher sein, daß wir die Wahrheit, die wir suchen, gefunden haben. Unser Wissen ist immer Vermutungswissen. Doch wir können unsere Vermutungen (unsere Theorien) kritisch überprüfen, unsere Fehlurteile entdecken und aus unseren Irrtümern lernen. Popper hat mit seiner Theorie des Vermutungswissens und mit seiner Theorie der objektiven Erkenntnis ein neues Bild der Wissenschaft und des erkennenden, des wahrheitssuchenden Menschen geschaffen.

Ausgangspunkte

Meine intellektuelle Entwicklung

374 Seiten, gebunden.

Aus dem Leben eines der bedeutendsten Philosophen unserer Zeit, Karl Popper: Die Kindheit, die Jugendjahre während des Ersten Weltkriegs, die Auswanderung nach Neuseeland, die Berufung an die Londoner Universität. Äußere Ereignisse, die nur das Gerüst dieses Buches bilden. Das eigentliche Thema ist die nacherlebte, intellektuelle Entwicklung des Autors. Die Probleme, die ihn beschäftigen, der Kampf um ihre Lösung, das Glücksgefühl nach dem Erfolg. Ein Buch, das faszinierende Einblicke in die geistige Entwicklung dieses Philosophen gibt. Darüber hinaus ein Dokument der Ideengeschichte.